Revista de Direito Tributário

98

MALHEIROS EDITORES

Revista de Direito Tributário

Publicada sob os auspícios do
Instituto Geraldo Ataliba — IDEPE — Instituto Internacional de Direito Público e Empresarial
Presidente: Prof. Aires Barreto

ISS 0102-7956

REVISTA DE DIREITO TRIBUTÁRIO
publicação trimestral de
MALHEIROS EDITORES LTDA.
Rua Paes de Araújo, 29, 17º andar - conj. 171
CEP: 04531-940 - São Paulo - SP
Tel. (011) 3078-7205
Fax. (011) 3168-5495
Diretor Responsável: Álvaro Malheiros
Diretora: Suzana Fleury Malheiros

Assinaturas e comercialização:
CATAVENTO DISTRIBUIDORA
DE LIVROS S.A.
Rua Conselheiro Ramalho, 928
CEP 01325-000 - São Paulo - SP
Tel. (011) 3289-0811 - Fax. (011) 3251-3756
Supervisão Gráfica: Vânia Lúcia Amato
Composição: *Scripta*
Impressão: Paym Gráfica e Editora Ltda.

SUMÁRIO

XX CONGRESSO BRASILEIRO DE DIREITO TRIBUTÁRIO
SESSÃO DE ABERTURA 7

CONFERÊNCIA

REVISITANDO AS CONTRIBUIÇÕES DA CONSTITUIÇÃO DA REPÚBLICA 11
PROFA. MISABEL DERZI

MESAS DE DEBATES

A) **DIREITOS FUNDAMENTAIS E TRIBUTAÇÃO** 22
PRESIDENTE DA MESA: PROFA. CONSUELO YOSHIDA

B) **TRIBUTOS MUNICIPAIS** 46
PRESIDENTE DA MESA: PROF. ESTEVÃO HORVATH

CONFERÊNCIA

PLANEJAMENTO TRIBUTÁRIO 74
PROF. HUMBERTO ÁVILA

MESAS DE DEBATES

C) **PROCESSO ADMINISTRATIVO E JUDICIAL** 86
PRESIDENTE DA MESA: PROF. SIDNEI BENETI

D) **TRIBUTOS ESTADUAIS** 106
PRESIDENTE DA MESA: PROF. JOSÉ EDUARDO MONTEIRO DE BARROS

OFICINAS

PROCESSO JUDICIAL 124
COORDENADORA DA MESA: PROFA. MARIA LEONOR LEITE VIEIRA

PROCESSO ADMINISTRATIVO 141
COORDENADORA DA MESA: PROFA. MARIA RITA FERRAGUT

MESAS DE DEBATES

E) **RESPONSABILIDADE TRIBUTÁRIA, COMPENSAÇÃO E PARCERIA PÚBLICO-PRIVADA** 155
PRESIDENTE DA MESA: PROF. YOSHIAKI ICHIHARA

F) **IMPOSTO DE RENDA E PLANEJAMENTO TRIBUTÁRIO** 172

PRESIDENTE DA MESA: PROF. PAULO B. BONILHA

G) **CONTRIBUIÇÕES** 193

PRESIDENTE DA MESA: PROF. AMÉRICO LACOMBE

CONFERÊNCIA

CRÉDITO-PRÊMIO DE IPI 221

MIN. PEÇANHA MARTINS

SESSÃO DE ENCERRAMENTO 231

EUGÊNIO DOIN VIEIRA

TESE APROVADA NO XX CONGRESSO

RESPONSABILIDADE DOS SÓCIOS E ADMINISTRADORES EM MATÉRIA TRIBUTÁRIA 239

DANIEL MONTEIRO PEIXOTO

XXI CONGRESSO BRASILEIRO DE DIREITO TRIBUTÁRIO — SISTEMA TRIBUTÁRIO BRASILEIRO: UMA VISÃO DO PRESENTE E DO FUTURO (17 a 19 de outubro de 2007) 262

INSTITUTO GERALDO ATALIBA – IDEPE
Instituto Internacional de Direito Público e Empresarial
PRESIDENTE: PROF. AIRES BARRETO

XX CONGRESSO BRASILEIRO DE DIREITO TRIBUTÁRIO

25 a 27 de outubro de 2006

PRESIDENTE DO CONGRESSO
PROF. EUGÊNIO DOIN VIEIRA

PRESIDENTE DA COMISSÃO CIENTÍFICA
PROF. PAULO DE BARROS CARVALHO

PRESIDENTE DA COMISSÃO EXECUTIVA
PROF. SIDNEY SARAIVA APOCALYPSE

PRESIDENTE DA COMISSÃO DE TRABALHOS
PROF. CRISTIANO CARVALHO

CONFERENCISTAS
PROFA. MISABEL DERZI
PROF. HUMBERTO ÁVILA
MIN. PEÇANHA MARTINS

SESSÃO DE ABERTURA

PRESIDENTE DO IDEPE (PROF. AIRES BARRETO) – A Mesa está composta pela ilustre Secretária da Justiça, Defesa e Cidadania do Estado, Dra. Eunice Aparecida Prudente, que muito nos honra com sua presença, pelo Dr. Eugênio Doin Vieira, ilustre Professor de Direito Tributário e Financeiro da UFSC, nosso companheiro de todos os congressos, grande discursista do encerramento de todos eles, e que desta feita presidirá, para nossa honra, para nossa satisfação, para nossa alegria, o *XX Congresso Brasileiro de Direito Tributário*.

Compõem a Mesa, ainda, o professor Eduardo Bottallo, diretor do IDEPE, o professor José Artur Lima Gonçalves, a professora Helga Doin Vieira, o professor Estevão Horvath, também diretor do IDEPE, o professor José Eduardo Soares de Melo, que também integra a Diretoria do IDEPE, a nossa ilustre conferencista dessa manhã, professora Misabel Derzi – para quem persiste a nossa torcida no sentido de que venha a compor a nossa Suprema Corte, o STF. Também a nossa professora Elizabeth Nazar Carrazza, professora da PUC, onde também foi Diretora da Faculdade de Direito, em mais de uma oportunidade. Integra a nossa Mesa, ainda, o nosso ilustre Conferencista, professor Humberto Ávila.

Estão presentes vários professores, e quero mencionar especialmente a grande colaboradora e Diretora do IDEPE, a professora Maria Leonor Leite Vieira, o professor Paulo Ayres Barreto, o professor Paulo Bonilha, da USP, a professora Susy Hoffmann, que colabora sempre com nossos eventos. Menciono, também, a ilustre presença de inúmeros representantes do Conselho Municipal de Tributos, a quem homenageio na pessoa do Dr. Nelson de Almeida.

Peço desculpas se eventualmente omiti algum nome. O fato é que o IDEPE, felizmente, é composto de uma gama imensa de professores abnegados que colaboram há 20 anos neste evento. Convido a todos, agora, a que, de pé, ouçamos o *Hino Nacional*. [*Palmas*]

***

Aqui estamos reunidos, pela vigésima vez, para fazer ciência, como queria Geraldo Ataliba. Cientista do Direito, Geraldo, por seu caráter firme, dispensa que se faça reminiscência ou um grande discurso a seu respeito. Basta referir que seu testamento não era como o dos ricos, que só mostram seu patrimônio financeiro. Ao contrário, era como o dos justos, composto eminentemente das virtudes que exercitava. O testamento do Geraldo tinha por traço indelével a Constituição, cujo respeito sempre reverenciou e sempre difundiu. Geraldo era breve na voz, grande na significação, profundo na interpretação do Direito. Geraldo foi o nosso Mestre ao vivo de anteontem, a ilustração dos nossos discursos de ontem, o nosso paradigma de hoje, e seguramente o de amanhã. Geraldo não admitia que o propósito do nosso Congresso fosse outro senão fazer Ciência. Nela – dizia Geraldo – jamais haverá vencedores ou vencidos: ganhará apenas o Direito.

Geraldo pautava-se pelas lições do seu grande amigo e mestre, José Souto Maior Borges, de quem são as seguintes palavras: "Na Ciência, só o provisório é definitivo".

Nenhuma construção científica é imune ao erro, e adverte Souto para o equívoco cometido pela doutrina brasileira, que se tem comportado como se o erro fosse um hóspede indesejável nas teorias. Prefere-se, estranhamente – anotava Souto –, a verdade superficial ao erro em profundidade, pois quem brilha não deve errar, e quem erra não brilha.

Concito-os a atender ao pedido do Geraldo: vamos trabalhar todos, vamos nos empenhar, vamos refletir detidamente, vamos fazer Ciência, vamos pôr à prova nossas teses, mesmo que para isso tenhamos que errar.

Se assim o fizermos, estaremos certos de que, ao final, nossos estudos de hoje brilharão tanto como o sol do amanhã.

***

Tenho a grata satisfação de passar a presidência dos nossos trabalhos do *XX Congresso Brasileiro de Direito Tributário* ao professor Eugênio Doin Vieira. [*Palmas*]

PROF. EUGÊNIO DOIN VIEIRA – Bom dia, Srs. Congressistas!

No longínquo e místico Himalaia, onde as montanhas gigantescas são dedos de granito e neve, apontando para os céus em busca de Deus, funciona a Academia Silenciosa.

Sob a presidência do venerável Dr. Zebbe, em Amadã, ela reúne pensadores requintados, que cultivam sobretudo o silêncio fecundo e a restrição ao uso da palavra falada.

Anualmente, seus templos se abrem em magnificência de luzes, de perfumes exóticos e de músicas inspiradoras do *élan* espiritual, para receber os eleitos e os admiradores que vêm de longe.

A sessão está, este ano, em pleno funcionamento. De repente, surge à porta um peregrino, marcado pelo cansaço de longa e penosa viagem. Com passo lento e seguro, adentra o recinto e se dirige à área principal, onde estão instalados os dirigentes dos trabalhos. Galga os degraus e, na presença do venerável Dr. Zebbe, apresenta sua postulação: quer ser incluído entre os eleitos.

O venerável presidente olha-o, com o olhar de quem quer perquirir o íntimo de sua alma. E, em seguida, apanha de um copo, coloca-o sobre a mesa, colhe de uma jarra cheia de linfa cristalina e enche o copo cautelosamente, até que nem uma gota sequer caiba mais. Com um gesto, apresenta o copo repleto ao candidato. Este cerra os olhos, entende a negativa, gira sobre si mesmo e começa a descer os degraus da ara presidencial. No último lance, seu olfato é invadido pelo perfume das flores. Ele pára. Seus olhos brilham. Dirige-se ao ramalhete mais próximo e colhe uma pétala de rosa. Retorna à ara principal. Torna a galgar os degraus e, na presença do Dr. Zebbe surpreso, pousa delicadamente a pétala sobre a superfície da água, de tal forma que ela flutua e nem uma gota se derrama.

Os aplausos estrugem no recinto e o pegureiro recém-chegado é acolhido entre os eleitos.

***

Há 30 anos atrás, um modesto professor de província, que fora alçado à representação do seu Estado junto à Câmara Legislativa Federal e, em seguida, atingido pela força cruel da ditadura militar que se implantara no país, fez os caminhos da rua Monte Alegre e bateu à porta do Clube dos Eleitos, aquele ninho de águias, buscando abrigo, amparo, socorro.

Porque trazia consigo a pequenina pétala de rosa do interior, foi aceito. Trinta anos depois, este mesmo peregrino, de tantas e tão difíceis jornadas, recebe dos seus pares a incumbência – sobremaneira honrosa – de presidir o *XX Congresso Brasileiro de Direito Tributário*, que, sob a égide do Instituto Geraldo Ataliba e sob a inspiração desse espírito de escol, se realiza na mui leal e valorosa cidade de São Paulo de Piratininga.

É por isso, Sras. e Srs., que eu, Eugênio Doin Vieira, neste momento, orgulhosamente, declaro instalados os trabalhos deste *XX Congresso*!

Saúdo a todos os 500 espartanos aqui presentes, desde o mais modesto estudante de Direito, cheio de incertezas e de esperanças, até o mais ilustre dos cérebros, dos que ocupam esta Mesa Diretora, brilhante de cultura e de conhecimento. Saúdo-os a todos.

E, para que esse Congresso tenha aquela vibração uníssona e empática que faz os grandes empreendimentos, peço aos presentes que a consolidem, ruidosamente, com uma vibrante salva-de-palmas! [*Palmas*]

***

Instalados os trabalhos, oferecemos ao meio milhar de congressistas que aqui comparecem uma chave-de-ouro como abertura. Fomos buscar o ouro nas montanhas alterosas, que é onde o ouro mora. Para apresentá-lo, nós indicaremos o ilustre professor Estevão Horvath. Mas fazemos, de início, dois minutos de interrupção, para que aqueles que queiram se deslocar para a platéia se recomponham e que a Mesa se refaça, para prosseguirmos nos trabalhos. Estão rapidamente suspensos os trabalhos.

Para apresentar a mensagem dourada que desce das Minas Gerais, mais adequado seria o nosso surfista-mor, o ilustre professor Estevão Horvath. A ele passamos a palavra.

PROF. ESTEVÃO HORVATH – Bom dia a todos, colegas congressistas! Bom dia a meus colegas de Mesa! Professor Eugênio, na pessoa de quem saúdo todos os professores aqui presentes. Quanto à menção à minha pessoa, o professor Eugênio tem uma lembrança de 30 anos atrás. Eu sei também que outras pessoas muito mais versadas que eu na arte retórica poderiam fazer a apresentação da professora Misabel de maneira muito mais apropriada.

No entanto, como a professora Misabel dispensa apresentações, vou me limitar a fazer uma breve saudação, a título de homenagem à sua pessoa e à sua brilhante inteligência, lembrando alguns dos seus atributos – porque, evidentemente, ler seu currículo seria por demais extenuante, até para quem fosse ouvir.

A professora Misabel Derzi, colaboradora deste Congresso há muito tempo, também é professora de Direito Financeiro e Tributário na UFMG. Professora Titular de Direito Financeiro e Tributário das Faculdades Milton Campos, foi Coordenadora dos cursos de Pós-Graduação em Direito da UFMG, foi Procuradora-Geral do Estado de Minas Gerais, Procuradora-Geral do Município de Minas Gerais, é Relatora-Geral da Comissão de Simplificação e Revisão da Legislação Tributária de Belo Horizonte – trabalho belíssimo que ela tem realizado naquele Município, que deveria servir de exemplo para todos os grandes Municípios, do Brasil pelo menos. É Fundadora e Presidente da ABRADT – Associação Brasileira de Direito Tributário, Membro do GERFIS, que é uma Associação Européia de Pesquisas e de Finanças Públicas com sede em Paris, Membro da Academia Mineira de Letras Jurídicas, Membro da Academia Brasileira de Direito Tributário, Titular da Cadeira Miguel Reale da Academia Internacional de Direito e Economia, Membro Honorário, entre outros, do nosso Instituto Geraldo Ataliba, figura muito querida pelo ilustre e saudoso Mestre. Tem 32 livros seus ou em co-autoria publicados, inúmeras palestras pelo Brasil afora e para outros países, e desde muito já revelava o brilho da sua inteligência, até recebendo o prêmio *Barão do Rio Branco* como a melhor aluna das turmas concludentes do curso de Direito da UFMG, quando isso aconteceu.

Revisora dos livros clássicos de Aliomar Baleeiro, *Direito Tributário Brasileiro* e *Limitações Constitucionais ao Poder de Tributar* – revisão feita pela pessoa talvez a mais indicada dentre as que poderiam fazê-la, a professora Misabel Derzi.

Em resumo, é figura por todos admirada, queridíssima de todos nós aqui da Mesa, e com certeza de muitos dos Srs. aqui presentes.

Sem querer tomar mais tempo da sua palavra, vou apresentar o tema da sua fala, que será "Revisitando as Contribuições da Constituição da República" – lembrando que a professora Misabel foi uma das precursoras no Brasil do estudo das contribuições, da nova doutrina das contribuições. E lembro também, num dos nossos Congressos, quando ela trouxe novas luzes – naquele tempo, novíssimas luzes, logo depois de promulgada a Constituição de 1988 – sobre a possibilidade de medida provisória criar tributo. Então, sem maiores delongas nem perda de tempo, passo a palavra à professora Misabel Derzi. [*Palmas*]

CONFERÊNCIA

REVISITANDO AS CONTRIBUIÇÕES DA CONSTITUIÇÃO DA REPÚBLICA

PROFA. MISABEL DERZI

PROFA. MISABEL DERZI – Muito obrigada, professor Estevão Horvath, por suas palavras tão gentis, tão amigas, e que dizem fundo ao meu coração! Quero saudar a todos os presentes, especialmente ao Presidente do IDEPE – Instituto Geraldo Ataliba, Dr. Aires Barreto, e ao homenageado deste evento, como seu Presidente, Dr. Eugênio Doin Vieira, na pessoa de quem saúdo todas as autoridades presentes, os professores que aqui estão, pesquisadores de Direito, acadêmicos, participantes deste Congresso. Com muita honra inicio a minha fala sobre as contribuições à luz da Constituição de 1988.

Srs., Michel Foucault demonstrou, com sabedoria, que o conhecimento não apenas é influenciado pelo poder, mas é nele informado e conformado. Afirma em seu "A verdade e as formas jurídicas", obra publicada no *Caderno da PUC* n. 16, no Rio de Janeiro, que com Platão se inicia um grande mito ocidental: o mito de que existe antinomia entre *saber* e *poder*. Diz ele que Nietzsche começou a demolir esse mito ao mostrar que, por detrás de todo o conhecimento e de todo o saber, o que existe, o que está em jogo, é uma luta de poder.

Sras. e Srs., Foucault tem razão. Se nós quisermos estudar a história das contribuições e a história – ilustre Secretária de Direitos Humanos da Cidadania – dos direitos e garantias dos cidadãos, nós podemos fazer isso de duas formas: quer acompanhando fatos históricos, delineados no tempo e no espaço – e esse não vai ser o nosso enfoque –, quer acompanhando os conceitos jurídicos e a evolução da dogmática do Direito, para chegarmos aos mesmos resultados; ou seja: existe uma tensão constante entre poder e liberdade. Os Fiscos, em toda parte, sempre procuraram reduzir os direitos e garantias dos contribuintes, de modo a aumentar o poder discricionário do Estado na criação e na arrecadação compulsória de recursos, e a história do direito tributário nada mais é que a história dessa tensão entre poder e liberdade. Basta lembrar que no início do século XX não se reconhecia o caráter tributário inerente às taxas. A idéia de tributo era reduzida à idéia de imposto. As taxas eram vistas como preços, escapando totalmente ao controle dos Parlamentos.

Décadas foram necessárias, mesmo no Direito Brasileiro, para que sob o regime dos tributos se abrigassem também as taxas e a contribuição de melhoria. Somente 100 anos depois do início do século XX, já com a Constituição de 1988, é que nós pacificamos a idéia de que as contribuições em geral e os empréstimos compulsórios também têm caráter tributário.

E, por isso, sendo espécies tributárias, estão elas abrigadas sob o manto das limitações do poder de tributar, princípios, direitos e garantias dos contribuintes. Todos sabem que inúmeros juristas de escol muito antes da Constituição de 1988 já sustentavam o caráter tributário das próprias contribuições. Aliomar Baleeiro foi um deles, um notável e incansável lutador pelo reconhecimento do caráter tributário inerente às contribuições. À luz da Constituição de 1969, porém, depois do advento da Emenda Constitucional 8, sabemos que o STF recuou, e identificou as contribuições de custeio da previdência social, o PIS e o FGTS como obrigações compulsórias, de natureza a-tributária.

Voltemos a Foucault, que ensinou: por detrás de todo saber, de todo conhecimento, o que está em jogo é uma luta de poder. E Foucault não está se referindo apenas a ciências do espírito ou a ciências jurídicas, ele está se referindo à ciência, mesmo no campo da Natureza. Especificamente dentro do direito tributário, convém invocar Tércio Sampaio Ferraz, que, citando Ascarelli, já no campo específico da ciência do direito positivo, lembra que a ciência do Direito evolui de forma diferente das ciências da Natureza. Enquanto as ciências da Natureza – as teorias físicas sobre o movimento, por exemplo – se superam, na medida em que aquele fenômeno vai conhecendo novas explicações que se organizam lingüisticamente, a teoria da posse no Direito, por exemplo, a história da teoria da posse no Direito, corresponde à história da evolução do próprio direito positivo sobre a posse. A ciência do direito positivo – informa, ainda, o filósofo – sofre influência do direito positivo do qual parte como dogma, mas também conforma e reforma seu próprio objeto. As coisas são miscigenadas de forma contínua. O que importa – diz Tércio Sampaio Ferraz – é que, enquanto o físico faz um discurso de comunicação estritamente informativo, que ele pretende seja estritamente informativo (o que é contestado pelo próprio Foucault), já o jurista combina no seu discurso um sentido informativo a um sentido diretivo. Ele não só diz o que é a *posse*, mas ele diz, ao mesmo tempo, à luz da ordem jurídica em vigor, como ela deve ser entendida, porque a interpretação que faz dela o cientista do direito positivo é uma interpretação direcionada à decisão, direcionada à ação. Portanto – diz Tércio Sampaio –, podemos conhecer o Direito e tudo que existe do ponto de vista zetético, ou seja, podemos conhecer indagando ou perquirindo em uma cadeia sem limite, apenas cortada por premissas que os cientistas chamam de *evidência*, e podemos investigar o Direito dessa forma, tratando-o ou do ponto de vista político, ou sociológico, ou econômico, ou filosófico. Mas a dogmática da ciência do direito positivo não parte de evidências ou de enunciados, que sejam meramente verificáveis e comprováveis; parte de dogmas que são decisões do legislador, e ele pode questionar essas premissas apenas limitadamente, de forma intra-sistemática. A própria dogmática está – e tem de estar – preparada para dar respostas, ela tem de estar preparada para a tomada de decisões, para a direção das ações. A premissa, no campo da Zetética, é evidente quando está relacionada a uma verdade; já, os dogmas, na dogmática, são relacionados a uma dúvida, com toda a certeza, mas dúvidas que, não podendo ser substituídas por uma evidência, exigem decisão. E este problema vai nortear toda a ciência do direito positivo.

Enfim, o que nós vamos fazer nesse breve tempo é uma crítica, é uma história, mais ou menos zetética, ampla, sobre a teoria ou a dogmática das contribuições, com o objetivo de rever essa própria dogmática. A questão é saber se a dogmática, ou seja, a ciência do direito tributário positivo, tem orientado corretamente a ação, com vistas à efetivação da Constituição da República. A questão é saber se ela, sobretudo, tem servido aos direitos e garantias do contribuinte e mais, aos direitos e garantias do cidadão brasileiro – enfim, ao Estado Democrático de Direito.

Ora, a partir do art. 149 da CF de 1988 restou incontestável o caráter tributário das contribuições. Logo depois de promulgada a Constituição, vários juristas se alinharam, na primeira hora, defendendo o caráter tributário das contribuições – a saber: Cláudio Santos, Ives Gandra da Silva Martins, Hugo de Brito Machado, Sacha Calmon, Wagner Balera, Eduardo Soares de Melo, Valdir de Oliveira Rocha, Roque Carrazza, Paulo de Barros Carvalho, Ricardo Mariz de Oliveira, Estevão Horvath, José Carlos Graça Wagner (somente para mencionar aqueles que primeiro publicaram seus estudos, defendendo firmemente o caráter tributário das contribuições). Logo após o advento da Constituição da República. E esta firmeza da doutrina teve reflexos imediatos nas Cortes superiores.

Então, as primeiras decisões analisando as contribuições sociais sobre o lucro, as contribuições para o PIS ou a COFINS, vieram no sentido do reconhecimento de seu caráter tributário – e, portanto, projetando os contribuintes à proteção do rol de limitações do poder de tributar.

No STF, o Min. Celso de Mello não só reconhece, nos seus primeiros julgados, o caráter tributário das contribuições, mas ainda as classifica, naquele momento, como tributos vinculados. E isso a doutrina infelizmente, vai perder, ou esta classificação vai se perder ao longo do tempo, acarretando tal perda vários prejuízos para a construção do Estado Democrático de Direito e para os contribuintes.

Pois bem. Reconhecido o caráter tributário às contribuições, desencadeia-se uma reação. Não se esqueçam de que a História constantemente é uma tensão entre poder e liberdade. A reação manifestou-se em dois pontos especiais. Em primeiro lugar, na eliminação da parafiscalidade clássica dessas contribuições de custeio da seguridade social, eliminação que desembocará na teoria do caixa único, de modo que, hoje, o patrimônio da seguridade social e até mesmo as contribuições de custeio da seguridade social, incidentes sobre a folha de pagamento, são apropriadas pelo Tesouro Nacional. Esta foi a primeira reação ao reconhecimento do caráter tributário às contribuições.

A segunda reação, ou questão, está cristalizada na inércia da dogmática. E me incluo – se os Srs. o permitirem – dentre desse grupo de juristas que, embora tivessem identificado o problema com nitidez, não foram capazes de elaborar uma dogmática forte e firme para coibir os abusos e as tredestinações que se sucederiam como continuidade de uma antiga prática, no campo das contribuições.

Voltemos ao primeiro ponto, à eliminação da parafiscalidade nas contribuições de custeio da seguridade social. Como se sabe, a Constituição da República proíbe, no art. 167, que impostos sejam previamente afetados, pelo legislador tributário, a fundos, órgãos ou despesas. Em relação às contribuições, ao contrário, dispõe a Constituição, no art. 149, que elas só podem nascer para custear determinadas ações ou atuações do Estado no campo social ou de intervenção no domínio econômico ou no campo da fiscalização das corporações.

Portanto, era normal – e isso foi praticado sistematicamente – que a parafiscalidade grassasse nessa área. Mas a parafiscalidade sempre foi entendida, entre nós, como faculdade outorgada à pessoa competente para delegar sua capacidade tributária ativa, tal como constava e ainda consta dos arts. 6º e 7º do CTN. Enfim, a competência é norma constitucional atributiva de poder legislativo a pessoa estatal para criar, regular e instituir tributos. Inerente à competência constitucionalmente atribuída, deduzia-se, evidentemente, a capacidade tributária ativa para arrecadar, cobrar, administrar e fiscalizar o tributo – o que sempre se defendeu em nosso país. Notáveis, nessa área, os ensinamentos de Roque Carrazza no sentido de que a parafiscalidade era facultativa, embora a competência fosse absolutamente indelegável, ou seja, o ente estatal competente poderia, por lei própria, delegar sua capacidade tributária ativa a outra pessoa, em especial àquela pessoa que seria beneficiada com o produto da arrecadação do tributo. É o que também estabelece o art. 7º, § 2º, do CTN. Diz esse dispositivo que a atribuição da delegação para arrecadar e administrar os tributos pode ser revogada a qualquer tempo, por ato unilateral da pessoa jurídica de direito público que a tenha conferido.

Pois bem, esta era a doutrina. Cedo, alguns juristas – poucos, é verdade – e quero homenagear, aqui, especialmente a Miguel Reale e Gilberto de Ulhôa Canto – sustentaram a tese de que em relação às contribuições sociais não existia essa faculdade, o poder discricionário de se atribuir arrecadação ao órgão beneficiário. Haveria ali uma parafiscalidade necessária – tese com a qual concordávamos, e na qual insistíamos, mas rejeitada, afinal, pelo STF. Por que se sustentava essa tese? Porque a Constituição tudo mudou, para garantir que esses recursos implementassem o Estado Social, o Estado da Seguridade Social. Primeiro, obrigou a que o orçamento da seguridade social, que sempre passou ao largo do Poder Legislativo, fosse por lei incorporado à lei orçamentária e aprovado pelo Congresso Nacional. Isto porque – os Srs. sabem – a prática dos desvios entre nós, não é algo incidental ou acidental, nem fruto de uma necessidade de caixa explosiva, mas ela é histórica.

Os recursos da previdência social sempre foram desviados para se construir a capital [*Brasília*], ou usinas hidroelétricas e para custear outros objetivos, considerados de interesse nacional. Por isso, aprovado o orçamento da seguridade, por simples decreto, ele podia ser alterado por simples decreto do Executivo. Assim, para coibir o vício, a Constituição manda incorporar tal orçamento à lei orçamentária, exatamente para que essa destinação se tornasse enrijecida. E, mais, o art. 194, VII, e o art. 195, § 2º, dispõem especificamente que esses recursos merecem e devem ser geridos e administrados com independência, em separado dos recursos fiscais da União.

Em razão disso, o que sustentávamos é que estávamos, aí, em face de uma parafiscalidade obrigatória, de uma parafiscalidade necessária. No entanto, esta tese não vingou no STF. O Supremo, em várias decisões, repetiu a irrelevância do fato de a receita (arrecadada) integrar orçamento fiscal da União, o que importa é que ela se destina ao financiamento da seguridade social.

Ao analisar as contribuições sociais sobre o lucro, FINSOCIAL e o PIS, o STF insistiu nessa tese. Cedo, imediatamente, retornou tudo aquilo que já se conhecia e que era prática nacional: a não-aplicação dos recursos nas suas finalidades, os desvios e as tredestinações. Então, para socorrer o agente político e público, que já tinha reiniciado a prática condenável, vieram novas mudanças da Constituição. Primeiro o Fundo Social de Emergência; depois, com mais sinceridade, o Fundo Fiscal de Emergência; e, depois, as chamadas DRUs – Desvinculações da Receita da União. Com isso, a última desvinculação, prevista na Emenda Constitucional 42/2003, dispõe, no art. 76 do ADCT: "É desvinculado de órgão, fundo ou despesa, no período de 2003 a 2007, 20% da arrecadação da União de impostos, contribuições sociais e de intervenção no domínio econômico, já instituídos ou que vierem a ser criados no referido período, seus adicionais e respectivos acréscimos legais".

Estavam justificadas a tredestinação ou a aplicação apenas parcial dos recursos. Mas ainda não era suficiente, porque restavam determinadas contribuições que não passavam pelo caixa do Tesouro. Como tredestiná-las, se eram arrecadadas diretamente pelo INSS, as contribuições incidentes sobre a folha de pagamentos? Era preciso – e, de fato, foi o que se fez – incorporar o patrimônio do INSS ou o patrimônio da União ao Ministério da Previdência e depois a própria Receita Federal. E se passou, daí, à criação da Super-Receita, órgão da União que tudo arrecada, todos os recursos entrando para o caixa único. Assim, automaticamente, pode-se aplicar o art. 76 do ADCT.

Muito bem, essa foi a reação no campo da aplicação dos recursos ou da tredestinação. E a dogmática? E a nossa doutrina? Como é que ela vem acompanhando essas questões?

Antecipando nossas conclusões, devo deixar claro que, na verdade, não tenho preconceito algum contra a investigação das causas, a teoria das motivações, das justificações, das causações, seja a causa eficiente, seja a causa final, em qualquer ramo do Direito. O que não pode acontecer foi o que não aconteceu no direito penal, nem no direito civil. Deu-se que, na ciência do direito tributário, a teoria da causa, eficiente ou final, projetou – e isso é que não poderia acontecer – para fora da norma tributária a própria atuação do Estado que as contribuições devem ou deveriam custear. Enfim, a teoria da causa, retornando hoje ao direito tributário, projetou para fora do direito tributário exatamente aquilo que ela considera de alta relevância dentro da espécie tributária – a contribuição. Essa questão deveria ser corrigida no campo do direito tributário. Aqueles que amam a teoria da causa, ou a teoria da causa final, podem continuar amando, mas façam como os penalistas souberam fazer. Ali, tudo se discutiu no seio dos pressupostos para a aplicação da pena. Tudo no seio do próprio direito penal, nunca para fora dele, como consentimos que ocorresse no campo do direito tributário.

De fato, Descartes, ao fundar a ciência moderna, afastou a busca da causa final de suas investigações. Assim dispôs o 28º princípio filosófico: "Que não é necessário examinar para qual fim Deus fez cada coisa, mas somente por qual meio Ele quis que ela fosse produzida". Se o finalismo assumirá nova roupagem nas modalidades de plano e objetivo, aí, não será considerado causa, mas *resultado*; e, ao contrário, se nas ciências do espírito é reintegrado como *motivo* ou *motivação*, converte-se em causalidade, vista do interior; ou seja, causa ou condição de uma escolha.

Ora, não apenas o *finalismo* foi abandonado pelos cientistas (exceto metafísicos, em certos contextos), como, ainda, a própria *causa* perdeu sua força. Mesmo nas ciências chamadas da Natureza, ou explicativas, a teoria da *causa* com que Newton concebeu a sua própria teoria, reforçada em Kant, é altamente questionável e complexa (causas, concausas, contracausas, efeitos antropomórficos etc.) e veio perdendo força a partir da Física Quântica e da teoria das probabilidades. Heisenberg, trabalhando o princípio da indeterminação, e Heinchenbach a teoria da probabilidade (1949), entre tantos outros, afiançaram que não é possível uma única asserção sobre a realidade, e uma nova terminologia passa a inspirar os estudos científicos, como "constância estatística", "probabilidade", "condição" e "condicionamento"...

No mundo jurídico, a dogmática também sentiria os efeitos desse contexto.

Lembremo-nos de que houve época em que todos os tributos eram concebidos segundo sua causa final, a saber: *os impostos se diferenciavam dos demais por se destinarem ao custeio das despesas gerais*. Já as taxas *teriam como fim o financiamento de certos serviços públicos*. Por sua vez, *a contribuição de melhoria teria como causa final o custeio de obras públicas*. A causa final passou, assim, a dirigir os conceitos nucleares do direito tributário. Também não eram raros os juristas que investigavam a *causa dos tributos*, adentrando o mundo da causalidade e suas intrincadas possibilidades (formais, materiais, eficientes e finais). Gilberto de Ulhôa Canto nos dá um excelente relato desse fenômeno. Mais recentemente, retorna em alguns textos doutrinários a busca da causa e da motivação na teoria das contribuições especiais.

Qual o melhor caminho? Qual seria o melhor caminho destinado a proteger e a garantir os direitos do contribuinte e o Estado Democrático de Direito? Enfim, o modelo causal ou final deve ser rejeitado se ele – e isso é o relevante – reduzir, mitigar ou deixar sem controle a observância dos direitos e garantias dos contribuintes, dos cidadãos de um modo geral.

Para isso, lembremo-nos de que toda a ciência jurídica – não apenas do direito tributário –, por influência das correntes filosóficas dominantes, experimentou conceder maior ou menor relevância ao causalismo, ao finalismo, aos conceitos ou tipos esvaziados de valores ou mais ou menos axiologicamente carregados. O que importa é que naqueles ramos jurídicos, como no direito penal, onde deve imperar a segurança inerente ao Estado de Direito, essa batalha travou-se dentro da própria norma penal, ou, ainda, dentro do próprio ramo jurídico em questão, sem prejuízo das liberdades fundamentais. E ainda se trava dentro do próprio direito penal. Ao contrário, no direito tributário, a teoria causal, ou de motivação e justificação, ou o finalismo, colocaram questões da mais alta relevância em campo estranho à norma tributária. Nas contribuições, as ações do Estado a serem por elas custeadas ou são identificadas a *motivações*, prévia fundamentação política que leva o legislador às decisões contidas na norma tributária, mas de todo estranhas à sua atuação, ou são identificadas à *destinação legal do produto arrecadado*, um *posteriori* financeiro, superveniente à aplicação da norma tributária. Enfim, os direitos e garantias dos contribuintes e do cidadão de modo geral fogem a todo controle dogmático do direito tributário: ou se colocam em posição prévia ou posterior à atuação da norma tributária.

Recordemos brevemente o ocorrido no campo do direito penal. Sabe-se que nas leis penais a parte hipotética da norma, nos delitos comissivos, por exemplo, descreve a ação delituosa, criminosa, por meio de verbos que denotam ação ("matar"; "apropriar-se de coisa alheia"; "causar dano") – ação que produza um resultado exterior, uma modificação, uma situação nova. A imputação supõe que possamos estabelecer uma *relação de causalidade*. A questão é saber – e ela é complexa, pois a cadeia causal é praticamente infinita no mundo da Natureza – quando um sujeito é penalmente responsável por um resultado que o direito penal coíbe. Tal questão não se confunde com os pressupostos gerais para a aplicação da pena, que ainda incluem a culpabilidade. Resolver se um resultado exterior, de dano ou perigo, pode ser atribuído a um sujeito depende de se estabelecer a relação entre a ação do sujeito e aquele resultado exterior. Isso não significa que possamos aplicar a pena, pois um juízo posterior de culpabilidade ou reprovação deverá ser conduzido.

Pois bem, a simples questão da imputação do resultado (posta de lado a culpabilidade), ou seja, a simples questão da subsunção de um fato ou ação delituosa a um tipo penal, arrola uma série de doutrinas. Leciona Sebastián Soler que a causação do mundo, no campo das ciências naturais, pode nos conduzir a uma cadeia infinita. Para o crescimento de uma planta é necessária não apenas uma semente, mas, ainda, um solo fértil, um ato de arar, outro de semear, água e ar. Só arbitrariamente – diz ele – ao ato de semear como uma ação humana podemos denominar de "causa", porque, na verdade, estamos em face de várias causas e concausas que, no seu total, são chamadas de *condições* para a produção de determinados resultados (*Derecho Penal Argentino*, vol. 1, Buenos Aires, Tipográfica Argentina, 1973, p. 268).

Perseguindo as várias teorias penais, divide-as Sebastián Soler em teorias *causais* e em teorias da *ação humana*. Em resumo, são teorias *causais*: (a) a *doutrina da equivalência das condições*, para a qual a relação de causalidade existe toda vez que não se pode eliminar a ação do sujeito sem que o resultado desapareça concretamente (Finger, von Liszt etc.), ou seja, busca-se a *conditio sine qua non*; (b) a *doutrina de Mayer*, que, corrigindo a teoria da equivalência, considera que toda relação causal é relevante, bastando haver co-determinação. Isso não significa punibilidade, pois o juízo de punibilidade depende da comprovação da culpa; (c) as *doutrinas individualizadoras*, que podem ser subdivididas em *teoria da causa eficiente e próxima* (baseando-se no intrínseco poder de causação do fenômeno); em *teoria da causalidade adequada* (com von Bar, von Kries, Mezger e outros); finalmente, em *teoria da causa típica*, graças aos estudos de Beling (*Lehre von Verbrechen*. 1906), que fizeram a identificação entre teoria da causalidade e tipicidade (v. *Derecho Penal Argentino*, cit., pp. 279 e ss.).

A doutrina da *causa típica* levou ao aprofundamento dos estudos dos tipos penais e teve repercussões no direito tributário. Toda a larga e complexa questão da causalidade e dos nexos causais infinitos foi reduzida à *adequação do fato a seu tipo*, com Beling. Ou seja, nos tipos penais estão descritos certos atos ou ações *característicos*, isso o que importa. Segundo a doutrina causal geral, o crime de dano a um imóvel poderia ser imputado, dentro de uma cadeia infinita de causas, concausas e condições, ao "construtor" de uma casa, que, afinal, criou as condições para a sua destruição. Beling empreende um corte nessa cadeia, a fim de considerar apenas a ação *característica*, descrita em lei. A isso, para os causalistas persistentes, pode-se chamar de *causa típica*. Mas, como observou corretamente Sebastián Soler, o problema da causalidade não se põe mais a partir de Beling, pois com ele as dificuldades se reduzem a questões de *subsunção* e questões de *interpretação*.

O mesmo fenômeno ocorreu no direito tributário. Banidos os problemas arrastados pela causalidade e sua cadeia infinita, a chamada *causa típica* se identifica ao fato gerador ou à hipótese de incidência. Hensel, na Alemanha, Giannini, na Itália, e Amílcar Falcão – *O Fato Gerador da Obrigação Tributária* –, no Brasil, bem representam o momento em que a causa é absorvida pelo pressuposto da norma tributária. Depois fecundado pelo normativismo jurídico, esse caminho da dogmática garantiu a evolução do direito tributário.

As *teorias da ação humana* rompem com a doutrina da causalidade. Na *teoria de Binding* a identificação da ação com a causalidade configura um erro comum a todas as doutrinas causalistas. Binding – como relata Soler – distingue e separa claramente o objeto de sua investigação do problema filosófico da causalidade, "pois aqui se trata da causação pela vontade e pelo poder do homem, quer dizer, de uma forma de causação que não pode identificar-se com a das forças da Natureza" (ob. cit., p. 280). Na ação existe um elemento que não se encontra jamais na causalidade: a liberdade. Lembra Soler que essa diferença qualitativa entre *ação* e *causalidade* está muito firmemente traçada na Filosofia e na Lógica por Cohen, Sigwart, Croce e, no terreno jurídico, por Binding, ponto de partida do finalismo de Welzel. Enfim, o homem intervém no mundo natural (não como um raio partindo uma rocha), mas calculando as projeções de sua ação, "porque é uma potência inteligente, cognoscitiva, que calcula com a oportunidade (o tempo) de sua intervenção, que sabe multiplicar suas forças ou que sabe que suas forças se multiplicam (...)"(cf. ob. cit., p. 285).

Assim, o causalismo e o finalismo na ciência do direito penal (não na Filosofia) atuaram antes nos requisitos ou elementos do delito – enfim, nos pressupostos da punibilidade –, ora reduzindo a causa eficiente ao tipo, ou a uma questão de subsunção ao tipo, ora absorvendo-se a causalidade intelectualizada à ação típica, por meio do Finalismo. O que não se fez foi a expulsão da causa eficiente ou final, motivação ou justificação, por mais complexa que fosse a questão, para fora do direito penal, como se fez no direito tributário.

No direito civil não menos árduas são as batalhas entre causalistas e anticausalistas. Francisco Amaral relata que a causa, mesmo quando não mencionada expressamente pelo legislador (modo de nosso Código Civil) como elemento integrante da teoria do negócio jurídico, permanece viva na discussão de alguns juristas, como requisito de validade. Por exemplo, a função social dos contratos impulsiona a discussão, como justificação capaz de validar, ou não, um negócio jurídico. E identifica a *causa eficiente do negócio jurídico* ao fato jurídico ou ao contrato (cf. *Direito Civil. Introdução*, 5ª ed., Rio de Janeiro, Renovar, 2003, pp. 429-436). Tal modo de enfocar o tema, sem dúvida, aproxima a doutrina civilista do mesmo tratamento dado por Beling, no direito penal, à *causa típica* (e, no direito tributário, ao *fato gerador*). Na verdade, a *causa típica* de Beling suprime a teoria da causa em sua forma pura, porque reduz a cadeia causal a problemas de subsunção e de interpretação.

Ora, a grande diferenciação está em que, quer no direito civil, quer no direito penal, as *teorias da causa eficiente* ou da *causa final* não projetam os importantes elementos do delito ou do negócio jurídico para campos estranhos ao direito penal ou civil, ao contrário dos efeitos do causalismo ou finalismo no direito tributário. Essa revisão vale para lembrar que, se o quisermos, poderemos transformar todas as espécies tributárias em finalísticas, no sentido extratributário. Tudo vai depender da ideologia dominante. O finalismo colocará os atos de aplicação dos recursos – as despesas públicas (despesas gerais, no imposto; despesas com serviços públicos específicos e divisíveis, nas taxas; despesas com obras públicas, na contribuição de melhoria; despesas com outros serviços e atividades estatais, nas contribuições especiais; despesas com guerra e calamidade pública, nos empréstimos compulsórios) – como resultado integrante da norma financeira (não tributária) e projetará as garantias do contribuinte em campo estranho ao direito tributário, de tal forma que, uma vez pago o tributo, não sendo prestado o serviço (nas taxas), nem sendo realizada a obra pública (na contribuição de melhoria), ou não sendo efetivados os atos estatais sociais ou de intervenção (nas contribuições especiais) ... não poderá o contribuinte reaver do Estado as importâncias indevidamente pagas.

O mesmo se diga em relação à contribuição de melhoria. A realização de obra pública (da qual resulte valorização do imóvel do contribuinte) é hipótese, pressuposto, fato gerador. Não se trata de mera finalidade. Muitas tentativas já se fizeram para cobrar a contribuição de melhoria antes de realizada a obra, pois a simples notícia de sua realização pode desencadear uma valorização imobiliária. Tais tentativas foram corretamente repelidas pela doutrina e pela jurisprudência. Imaginemos milhares de Prefeituras a cobrar contribuição de melhoria para financiamento de obra futura. Pago o tributo pelo contribuinte e desviados os recursos para outros fins – como é costume acontecer em nosso país –, certamente a teoria finalista, que definisse o tributo como exação destinada a custear obras públicas, não seria suficiente para demonstrar o direito à devolução dos recursos pagos, já que o fenômeno de sua aplicação é questão financeira ou orçamentária superveniente.

Por tais motivos, repelindo o causalismo, especialmente o final, com que se definiam as espécies tributárias, o art. 4º do CTN foi decisivo e aperfeiçoou inegavelmente a teoria do direito tributário, a saber: "Art. 4º. A natureza jurídica específica do tributo é determinada pelo fato gerador da respectiva obrigação, sendo irrelevante para qualificá-la: I – a denominação e demais características formais adotadas pela lei; II – *a destinação legal do produto da sua arrecadação*".

Então, eu quero, neste Congresso, voltar ao modelo de Geraldo Ataliba. Parece-me que o modelo teórico das contribuições de Geraldo Ataliba, com todo o mérito e reconhecimento, foi aperfeiçoado nos estudos de Aires Barreto, aqui presente. Pois bem, Ataliba identificou nas contribuições de um modo geral, em especial na contribuição de melhoria, uma hipótese com dois núcleos. Nela, um dos núcleos seria sempre a atuação do Estado, ou a obra pública.

Srs., várias tentativas têm sido feitas entre nós para controle das contribuições de intervenção no domínio econômico. Quero citar, aqui, os esforços feitos, contemporaneamente, pela dogmática jurídica, com Fernando Facuri Scaff, Eduardo Shoueri, Roberto Ferraz, Marco Aurélio Greco. Apesar do esforço inegável em eleger critérios confiáveis de controle das contribuições especiais, sobretudo das contribuições de intervenção no domínio econômico, a doutrina não tem logrado êxito em traçar um caminho seguro, que possa garantir a cobrança correta e a aplicação efetiva e integral dos recursos arrecadados nas finalidades – sociais, de intervenção ou corporativas – autorizadas pela Constituição Federal. Lembre-se Marco Aurélio Greco ("A destinação dos recursos decorrentes da contribuição de intervenção no domínio econômico – CIDE sobre combustíveis", *Revista Dialética de Direito Tributário* 104, São Paulo – entre outros), que, a par de negar o caráter tributário às contribuições, somente admite ver reconhecidas a *tredestinação* e a *não-aplicação institucionalizadas* dos recursos por meio de elementos ou aspectos estranhos à estrutura da norma tributária, ou seja, através da análise da execução da lei de diretrizes e da lei orçamentária, segundo critérios que extrai da Lei de Responsabilidade Fiscal (Lei Complementar 101/2000) – o que supõe o decurso mínimo de dois exercícios financeiros contados a partir da arrecadação. Tal modo de solucionar o problema pode levar ao reconhecimento da inconstitucionalidade da contribuição inaplicada nas finalidades constitucionalmente previstas, segundo o autor citado, apenas em relação a exercícios futuros, não sendo possível a devolução do produto até então arrecadado por duas razões, a saber: porque a correta ou incorreta aplicação dos recursos é evento superveniente à incidência da norma (pois é evento estranho à norma tributária) e, ainda, porque, com o pagamento, dilui-se o vínculo entre o montante individual pago e a inaplicação parcial do conjunto dos recursos...

Recentemente, Luciano Camargos resgata a regra-matriz de incidência das contribuições de intervenção para o INCRA, de modo que, quer na sua conseqüência, quer na sua hipótese, os atos de intervenção estatal (a serem custeados pela própria exação) venham a modificar, a integrar e a lhe modelar a estrutura (Tese de Doutorado da UFMG, no prelo). Para isso, retoma o grande Mestre – Geraldo Ataliba –, demonstrando que as contribuições são também vinculadas a uma atuação estatal, e desenha os efeitos dessa vinculação na conseqüência. Faz a seguinte proposição normativa em relação às contribuições de intervenção no domínio econômico:

HIPÓTESE DE INCIDÊNCIA

(PRIMEIRO NÚCLEO)

Material: descrição do fato

Temporal: quando o fato será considerado perfeito e acabado

Espacial: limites de validade

Pessoal: descrição das pessoas com capacidade para realizar o fato

(SEGUNDO NÚCLEO)

Existência de atos interventivos efetivamente implementados pela União

CONSEQÜÊNCIA

Pessoal: prescrição dos sujeitos ativo e passivo

Quantitativo: prescrição da base de cálculo, alíquota ou valor fixo

Operacional: prescrições de como, quando e onde pagar

Finalístico: prescrição do destino a ser dado ao produto arrecadado

Nesse modelo proposto por Luciano Camargos a hipótese de incidência tem dois núcleos de igual relevância e eficácia. É praticamente desnecessário discutir qual será o primeiro núcleo, se os atos de intervenção ou se o fato do contribuinte posto em relação com aqueles atos. Ambos terão seus reflexos na conseqüência da norma, pois a obrigação será graduada de acordo com o fato do contribuinte e a cobrança total não poderá superar o custo da atuação estatal. Já na regra-matriz de Geraldo Ataliba, facilmente compreensível nas contribuições de melhoria, a importância da circunstância intermediária é dominante (a valorização do imóvel, advinda da obra pública), podendo o montante total arrecadado superar o custo da obra.

Seja como for, é decididamente relevante resgatar as lições de Geraldo Ataliba – como, aliás, já haviam observado José Marcos Domingues de Oliveira e Eduardo Maneira. As ações estatais que as contribuições visam a financiar devem estar no pressuposto da norma tributária, integrar sua hipótese de incidência, de tal modo que, uma vez pago o tributo, mas identificada a tredestinação ou a não-aplicação dos recursos, estaremos em face de tributos sem "causa", sendo devida a repetição do indébito. Tal modo de solucionar o problema não pode levar ao reconhecimento da inconstitucionalidade da contribuição tredestinada apenas em relação a exercícios futuros, pois, uma vez não se efetivando a atuação do Estado, a devolução do produto arrecadado impõe-se em face da não-realização do fato gerador. Nem se pode argumentar que a correta ou incorreta aplicação dos recursos é evento superveniente à incidência da norma (pois os atos estatais são pressuposto, e não causa final).

Uma ressalva deve ser feita. Há contribuições (em especial aquelas incidentes sobre os lucros, a folha de pagamentos e o faturamento/receita das empresas, previstas no art. 195 da CF) que são verdadeiros impostos afetados a fins específicos. É o caso da antiga contribuição para o FINSOCIAL, ou as atuais COFINS e PIS, como sempre alertou a doutrina nacional. Em relação a elas é difícil aplicar a regra-matriz acima, apta a reger as verdadeiras contribuições. É que a referibilidade existente, por exemplo, entre os serviços de saúde e de assistência social e os contribuintes (empresas de modo geral e equiparados) é muito tênue, frágil mesmo. Entretanto, tais contribuições são contribuições por mera equiparação constitucional, desde o texto originário, razão pela qual devem ser tratadas como contribuições, estando sujeitas ao regime das contribuições. Assim, embora verdadeiros impostos, sendo contribuições por equiparação, é indispensável a efetivação das ações estatais de previdência, de saúde e assistência social, sem as quais não podem ser cobradas as referidas exações. Além disso, tais atuações estatais devem continuar sendo os limites das respectivas arrecadações.

Tem razão Michel Foucault ao demonstrar que o poder político não está ausente do saber, ele é tramado com o saber. As conquistas do cidadão em face do poder de tributar podem ser acompanhadas por meio da análise de fatos históricos, delineados no tempo e no espaço, mas também por meio da investigação dos conceitos jurídicos, firmados na dogmática, sua evolução, seus efeitos e conseqüências. Mas nós acreditamos nos valores constitucionais. Se nós acreditamos que as promessas do legislador têm que ser cumpridas, se nós acreditamos na construção de um Estado Democrático de Direito, isso se reflete na nossa lógica e na nossa metodológica. A lógica material e a metodologia não são estranhas ao objeto, mas inerentes à sua natureza.

Ao conceito de Hans Kelsen segundo o qual fazer igualdade ou justiça era simplesmente aplicar corretamente a norma, porque a norma, sendo abstrata e geral, se aplica a todos igualmente, respondeu Norberto Bobbio, com toda razão, na mesma linha de Geraldo Ataliba, que, "ao contrário, trata-se do inverso, a norma é abstrata e geral porque devemos dar o tratamento equivalente aos iguais".

Diz a Constituição que as contribuições nascem para custear a construção do Estado Democrático de Direito, ou, melhor, a atuação da União nessa construção. Mas não exigimos que essa atuação ocorra, porque ela é mero resultado ou finalidade, estando fora do direito tributário. E o direito tributário passa a funcionar assim, sem proteção da confiança, sem obediência às promessas do legislador e da Constituição. A norma tributária não funciona porque não a tornamos efetiva, porque nós nos subordinamos a uma lógica deôntica ultrapassada, que é resquício dos tempos autoritários.

É preciso lembrar a todo momento. Houve tempo em que todos os tributos eram concebidos segundo sua causa final, a saber: *os impostos se diferenciavam dos demais por se destinarem ao custeio das despesas gerais*; já *as taxas teriam como fim o financiamento de certos serviços públicos*; por sua vez, *a contribuição de melhoria teria como causa final o custeio de obras públicas*. A causa final passou, assim, a dirigir os conceitos nucleares do direito tributário. Mas essa época levou à extrema pobreza os direitos e garantias dos contribuintes. Recentemente, com o retorno do Finalismo, não raramente travestido de motivação, até contribuições destinadas ao custeio da aposentadoria *daqueles contribuintes já aposentados* foram legitimadas, embora dentro de um quadro sofisticado de justificação... Obrigações "sem causa final" são exatamente o fenômeno, de extrema gravidade, com que somos obrigados a conviver, com sentimento de profundo retrocesso democrático. Nesse contexto, não é possível esquecer as lições de Geraldo Ataliba, o grande Mestre, que pôs a lógica e a metodologia a serviço dos grandes princípios constitucionais.

PROF. EUGÊNIO DOIN VIEIRA – Srs. Congressistas, nenhuma surpresa. A professora Misabel Derzi contribuiu para a abertura dos nossos trabalhos de forma brilhante, como habitualmente o faz. Nós agradecemos a ela por esse contributo, na certeza de estar realmente traçando normas novas para o pensamento dos que a ouviram. A ela, muito obrigado!

Além de outras presenças ilustres, cuja eventual omissão corre por conta exclusiva da nossa deficiência, registramos nesta Casa e nesta Mesa a presença do Dr. Luiz Augusto Naus, Presidente do Conselho Municipal de Tributos, e da Dra. Cíntia Trindade, é Vice-Presidente da 1ª Câmara desse mesmo Conselho Municipal de Tributos. Registramos a presença da Dra. Maria Odete Duque Bertazi, digna Vice-Presidente do Instituto dos Advogados do Brasil. E mais, na platéia, o Dr. Sidney Saraiva Apocalypse, Presidente da Comissão Executiva deste Congresso, e uma das molas propulsoras do IDEPE.

Como presidente, solicito aos Srs. Congressistas que preencham dois formulários que se encontram à disposição na Secretaria e, com prazer, convido-os ao intervalo, a fim de que tomemos juntos um café. Suspensa a sessão.

MESA DE DEBATES "A"

DIREITOS FUNDAMENTAIS E TRIBUTAÇÃO

PRESIDENTE DA MESA: PROFA. CONSUELO YOSHIDA

MEMBROS DA MESA: PROF. ALCIDES JORGE COSTA,
PROF. EDUARDO DOMINGOS BOTTALLO, PROF. ROQUE CARRAZZA

PRESIDENTE DA MESA (PROFA. CONSUELO YOSHIDA) – Quero, em primeiro lugar, agradecer à organização deste evento pelo honroso convite para presidir a esta Mesa de trabalhos que trata de aspectos tão relevantes – "Direitos Fundamentais e Tributação". Já tivemos a oportunidade de ouvir a conferência inaugural proferida pela professora Misabel Derzi e atentamos para a relevância do tema por ela abordado. E na abertura do evento tivemos a tocante homenagem ao Presidente do Congresso, professor Eugênio Doin Vieira, cujas palavras são sempre tão esperadas. Estamos iniciando o Congresso com muitas perspectivas alvissareiras.

Agradeço também ao professor Aires Barreto, Presidente do Instituto Geraldo Ataliba, pela oportunidade desta integração entre acadêmicos, universidades, operadores do Direito, Magistratura e demais áreas envolvidas. É fundamental estarmos aqui discutindo e tentando avançar nas idéias e nos posicionamentos, não apenas chancelarmos orientações jurisprudenciais traçadas pelo Judiciário, do qual faço parte.

Esta Mesa tem três temas fundamentais a serem tratados por eminentes e consagrados juristas. Inicialmente será abordado o tema "Emendas Constitucionais e Tributação" pelo professor Dr. Alcides Jorge Costa, que dispensa maiores apresentações. Apenas para pontuar, ele é Professor Titular de Direito Tributário da USP e Professor da Pós-Graduação da Universidade Mackenzie.

Em seguida falará o professor Eduardo Domingos Bottallo sobre "Súmulas Vinculantes e Normas de Relacionamento entre Fisco e Contribuintes". O Dr. Bottallo é Professor Associado da Faculdade de Direito da USP e Professor Titular e Vice-Diretor da Faculdade de Direito de São Bernardo do Campo e integra o Departamento de Filosofia da USP.

E, por fim, encerrará o painel professor Dr. Roque Carrazza, que tratará do tema "Proporcionalidade em Matéria Tributária". O professor Roque Carrazza também dispensa maiores apresentações: ele é Professor Titular de Direito Tributário da Faculdade de Direito da PUC/SP, ele é, atualmente, o Chefe do Departamento de Direito Tributário e Comercial da mesma Universidade, e Presidente da Academia Paulista de Direito.

Passo a palavra ao professor Alcides Jorge Costa, que terá 20 a 25 minutos para sua exposição, tendo em vista que já avançamos um pouco no horário. Muito obrigada!

EMENDAS CONSTITUCIONAIS E TRIBUTAÇÃO

PROF. ALCIDES JORGE COSTA – Meus cumprimentos à Sra. Presidente, aos demais companheiros da Mesa e todos os presentes!

Cabe-me falar sobre tema um pouco ingrato, "Emendas Constitucionais e Tributação". A ingratidão do tema começa pelo fato de eu, tendo me preparado, não sei se hoje já não terá saído mais uma emenda, e já estarei desatualizado, porque, na verdade, já temos 52 emendas, fora aquelas de revisão, que são mais 6. Temos 58 emendas – o que é uma quantidade razoável.

Diria que existe no Brasil, hoje, alguma coisa errada com a Constituição. Ou ela foi feita de forma totalmente equivocada, ou estas emendas são um pouco injustificadas. Na verdade, isto é produto de vários fatores, o primeiro dos quais é o que eu denominaria de *excesso de inconstitucionalidades* que o Poder Executivo e o Legislativo também têm perpetrado, embora, na verdade, o Legislativo tenha sido bastante dócil ao Executivo. Este é o primeiro problema. Quando a inconstitucionalidade é reconhecida pelos tribunais, emenda-se a Constituição, e fica tudo constitucional.

O segundo grande problema é o *medo da inconstitucionalidade*, que se criou, também, contra este excesso de inconstitucionalidades, que resulta, na minha opinião, do perigo de termos a caneta legislativa na mão do Executivo. E isto a história do Brasil mostra tranqüilamente: se nós fizermos um levantamento dos decretos-leis da ditadura getulista, vamos chegar à conclusão de que houve três por dia, e a média inclui domingos, feriados e dias santos.

Ao que eu saiba, deu margem, já àquela altura, a várias piadas. E hoje não estamos jogando em campo diferente, porque, qualquer "coisinha", lá vem uma medida provisória... Nem que seja para ser corrigida três dias depois, porque saiu com equívocos. É a leveza da caneta legislativa que provoca isto.

De qualquer forma, temos que enfrentar estas emendas. E o primeiro problema a enfrentar é o de elas poderem, ou não, ter esta amplitude, ou em quê elas estariam ofendendo aquelas cláusulas imutáveis da Constituição, as chamas *cláusulas pétreas*. É claro que todas essas emendas no campo tributário mexem um pouco com a Federação, isto é óbvio. Mas eu devo dizer o seguinte: mormente uma Constituição tão detalhista como a nossa – costumo dizer que no capítulo tributário ela chega a adquirir, por vezes, um ar de instrução normativa – leva claramente à necessidade de modificações mais freqüentes do que se ela fosse mais geral.

Criou-se, então, e até como reação, uma espécie de "inconstitucionalitite" aguda. Por "dá-cá-esta-palha" se alegam inconstitucionalidades. Lembro que quando saiu aquela lei da COFINS, uma lei complementar, eu vi, para meu espanto, na *Gazeta Mercantil*, logo na primeira página, a notícia de que um advogado tinha impetrado mandado de segurança baseado em 12 inconstitucionalidades da lei. Acho que ele só não entendeu inconstitucional a data, o resto devia ser tudo inconstitucional. É claro que também aí há um grande excesso em procurar inconstitucionalidades por "dá-cá-esta-palha". Mas, de qualquer forma, é o ambiente que se criou, e é com isto que temos que lidar. Daí o grande número de emendas, porque aqui, mormente por parte do Governo, em vez de se discutir nos tribunais e ser obediente à orientação dos tribunais, procura-se corrigir inconstitucionalidades reconhecidas pelos Tribunais superiores com emendas constitucionais. Arruma-se tudo desta forma. Daí também, em boa parte, o grande número de emendas.

Há ainda um outro grande problema na Constituição Brasileira, que é o das contribuições. As contribuições sociais estão especificadas na Constituição, podem ser criadas outras, ali já está balizado. O problema são as contribuições de intervenção no domínio econômico. Essas contribuições dogmaticamente são contribuições, está na Constituição que são contribuições. Elas se distinguem pela sua finalidade, não há outro sinal distintivo na Constituição, contribuições de intervenção no domínio econômico para permitir a atuação da União nesse campo.

Então, elas se distinguem apenas pela sua destinação, mais nada. E isto abriu um campo enorme para a criação de contribuições pela União, que, de repente, descobriu o filão e começou a explorá-lo com intensidade. E é até curioso que estas contribuições tenham sido desviadas de sua finalidade constitucional. Houve um desvio, a horas tantas, por uma emenda constitucional, de uma parte da arrecadação para a receita geral. Ficou tudo como estava. Será que estas alterações que se fazem na Constituição, no capítulo tributário, ofendem a Federação? Sem concordar ou discordar do mérito destas emendas, eu entendo que não. A Federação é um modelo de organização. Na verdade, ao que eu saiba, e por tudo que já pude ver, não há duas Federações iguais no mundo, cada uma procura seu modelo. E o Brasil é uma Federação à procura de um modelo desde 1891, e aparentemente – mormente no campo tributário – ainda não descobriu o modelo exato, porque nós temos sistema tributário rígido e uniforme para todo o país, simétrico para todo o país, um país de economia assimétrica, de acordo com as diversas regiões. Só isso já causa algumas dificuldades – ou causa muitas dificuldades! Mas não vamos procurar o exato modelo agora, que isto é tarefa de grande profundidade.

Mas, de qualquer forma, instalou-se esta mentalidade quando se fala em reformas no campo tributário. Entendo que nem o redesenho total do sistema tributário iria mexer com o sistema federativo – desde que, obviamente, assegurado um dos fatores da existência da autonomia dos entes federativos, que é a *autonomia financeira*. É claro que precisaria assegurar. Uma pergunta básica que eu faria nesse sentido é a seguinte: a autonomia financeira resulta da existência de fontes de receitas suficientes ou da existência de receita suficiente, ainda que transferida pela União para que as unidades autônomas façam a sua política também autônoma? É um debate que eu nunca vi feito entre nós. De qualquer forma, quem tem o poder de legislar tem o poder de fazer política através da legislação; política econômica, eu digo, mediante a legislação.

Pela despesa se faz política econômica. O que tem sido também um fator grandemente desconsiderado entre nós. Não é só a receita, também a despesa deve ser levada em conta. O exemplo típico é a *progressividade*. Fala-se muito na progressividade etc., etc., quando no mundo se discute IR *flat tax*, esquecidos de que a progressividade, sem um adequado emprego daqueles recursos via despesa, pode não ser progressividade coisa alguma. O exemplo mais chão que eu dou é que, se a Prefeitura de São Paulo, por exemplo, resolver arrecadar um IPTU violentamente progressivo nos chamados bairros nobres e isentar todo o resto da cidade do IPTU, depois pegar todo o dinheiro e empregar nesses bairros nobres, para melhorá-los, onde está a progressividade disso? A progressividade é função da receita e da despesa. É preciso não esquecer isso. Eu posso ter os impostos todos proporcionais e despender importâncias maiores em relação, por exemplo, falando do orçamento municipal, à sua periferia etc., e não em bairros nobres. Então, estaria atendida toda essa função social da tributação.

De qualquer forma, voltando às nossas emendas, não creio que isto ofenda o princípio federativo. Há várias discussões envolvidas, mas repito: desde que assegurada a autonomia – e não nos esqueçamos de que a autonomia legislativa de Estados e Municípios está bastante diminuída hoje em dia, inclusive há uma diminuição que vem sendo feita progressivamente no tempo e começou com aquela célebre emenda do Aliomar Baleeiro à Constituição de 1946, dando à União a possibilidade de criar normas gerais de direito financeiro.

Ali está a origem do Código Tributário Nacional, que – não nos esqueçamos – teve seu primeiro projeto enviado ao Congresso em 1954, dormiu 10 anos no Congresso e foi ressuscitado em 1964, depois do movimento militar, e aí foi feita uma reforma constitucional e o Código foi aprovado.

Será que o Congresso, naquele período, nada fez simplesmente por vagabundagem? Creio que não, creio que o Congresso não quis aprovar um instrumento de centralização legislativa, só isso, porque numa Federação todo código implica centralização; isto vem do pai de todos, o Código Tributário alemão, que foi feito declaradamente para centralizar, no intuito de acabar com a desordem financeira da República de Weimar.

Em seguida, começou a centralização, em 1964 havia um espírito centralizador, foi feita, mas então o Código já foi um elemento de centralização. E daí para a frente a centralização foi se acentuando, e foi mais acentuada na Constituição atual, que, no entanto, foi discutida em ambiente de ampla liberdade. Basta ver, no capítulo tributário, o número de atribuições reservado à lei complementar a que as legislações estaduais e municipais devem obedecer. Estados e Municípios têm pouco amplitude legislativa para agir nesse caso, então, esta falta de instrumentos de fazer política, sem esquecer que política econômica se faz com alguns impostos e não com outros, equívoco que está criando esta "guerra fiscal", como se quer fazer política à custa do ICMS, que é a coisa mais inadequada para isto, porque vai bater fundo – não vou me estender sobre isso – no problema da concorrência. Então, é altamente condenável. Aliás, os tribunais têm condenado uniformemente. Os Estados também, por sua vez, não param com esta "guerra fiscal".

Por outro lado, não nesse sentido de constitucionalizar ou não, de centralizar ou não, mas nos primeiros sentidos que eu falei, das inconstitucionalidades que acabam consagradas, eu lembro sempre a Emenda 42, que tem um dispositivo que é um monumento!

Vocês lembram do Fundo de Erradicação da Pobreza, criado pela Emenda 33? Um Fundo meio ridículo: num país como o Brasil, parece que com um Fundo se erradica a pobreza? Muito pelo contrário. E lembram também que, para constituir esse Fundo, os Estados podiam acrescentar um ponto percentual ao ICMS sobre produtos suntuários, assim considerados em lei federal? Que eu saiba, esta lei não foi feita até hoje, mas os Estados, muitos deles, se apressaram a constituir este Fundo, e sobretudo aumentar o imposto, começando pelo Rio de Janeiro, que aumentou, logo de saída, dois pontos percentuais, e não mais um, de todos os produtos, e não só dos suntuários, e aumentou em 5% o ICMS sobre as comunicações. Do ponto de vista econômico, um desastre, um despautério. Mas ficou, e vários outros Estados seguiram. O que faz essa emenda constitucional? Reafirma a existência desse Fundo e diz que tudo que for contrário à Emenda 33 e a este artigo também fica em vigor por mais não sei quanto tempo... Quer dizer, é um caso espantoso de *inconstitucionalidade constitucional*, isso é novo na história do direito constitucional. E agora se está perpetrando coisa mais violenta ainda, com esta "guerra fiscal"; os tribunais já cansaram de dizer que as leis estaduais, os decretos, seja lá o que for, são inconstitucionais, e vem esta emenda que está no Congresso para ser discutida – que, se Deus for grande, não será aprovada –, e diz que todos estas coisas de "guerra fiscal" são inconstitucionais, mas ficam em vigor por mais não sei quanto tempo. É inacreditável! Eu nunca vi isto em livros de direito constitucional – e peço socorro aos meus companheiros de Mesa e de qualquer um dos presentes para dizer se já viu Constituição que tenha alguma coisa desse tipo. É inacreditável o que acontece! E com isto, é claro, jamais se criará respeito pela Constituição.

Entendo que várias destas emendas não precisavam dizer, por exemplo, que a COFINS pode ser não-cumulativa ou coisa parecida, ela já podia ser, a Constituição não dizia nada. Isto é produto de outra mania: pôr tudo na Constituição, todo imposto que está lá, que é progressivo, e aí vem aquela história: o que não está que pode ser progressivo, não pode ser progressivo. Então, criam-se situações desta ordem, e a Constituição vai ficando cada vez mais cheia de detalhes. O que, por sua vez, dificulta, a prazo longo, a atuação da legislação ordinária, porque fica presa a estes detalhes, o que acarreta a necessidade de mudá-la de acordo com as circunstâncias. E, quando muda, aí vem mais emenda constitucional...

De modo que nutro a esperança de que esta situação se altere. Primeiro, haveria realmente necessidade de uma revisão constitucional, para termos no capítulo tributário – é a isto que eu me refiro – alguma coisa mais enxuta, não tão complicada como a revisão profunda, mas – pelo amor de Deus! – que isto não seja feito de afogadilho, que isto não seja feito como a emenda que está no Congresso, que foi feita no almoço do Presidente da República com os governadores, de que resultou uma emenda que é inqualificável, e a cujo respeito disse um Secretário da Fazendo do Paraná – eu digo isso porque ele disse em público: "Bom, também não tem importância, nenhum deles entendia nada do assunto".

Então, é claro que terá que ser uma coisa muito pensada, com consulta à sociedade. Não é assim que se faz as coisas, não! De modo que talvez com isto cessasse esta pletora de emendas constitucionais. Já estamos na 52ª, com mais as 6 de revisão são 58, como eu disse antes, e não há esperança de que pare a produção. O produto mais desagradável é que tenho que comprar uma edição da Constituição devidamente atualizada a cada três meses! Quando percebo, já está desatualizada, e saio – como todos nós – e compro outra edição. Naturalmente, se se puser ordem nesta confusão, as editoras não vão gostar nem um pouco. Mas é impossível agradar a todo mundo.

Eram estas as considerações – um pouco até desalinhavadas, como são as emendas – que eu teria a fazer sobre o assunto que me foi atribuído: "Emendas Constitucionais e Tributação".

Muito obrigado! [*Palmas*]

PRESIDENTE DA MESA (PROFA. CONSUELO YOSHIDA) – O tom crítico da exposição do professor Alcides já é conhecido de todos. Eu só quero alertar que as perguntas devem ser feitas por escrito e encaminhadas à Mesa através do Apoio.

Passamos, então, a palavra ao professor Eduardo Domingos Bottallo, cumprimentando o professor Alcides Jorge Costa pela brilhante manifestação.

SÚMULAS VINCULANTES E NORMAS DE RELACIONAMENTO ENTRE FISCO E CONTRIBUINTES

PROF. EDUARDO BOTTALLO – Bom dia, Srs. e Sras. Congressistas! Saúdo os componentes da Mesa, na pessoa da Desa. Federal Consuelo Yoshida. Saúdo também o Mestre de todos nós, professor Alcides Jorge Costa, e ainda o querido professor, companheiro e amigo Roque Antonio Carrazza.

Eu devo falar sobre "Súmulas Vinculantes e Normas de Relacionamento entre Fisco e Contribuintes". Vou procurar obedecer a o tempo que me foi reservado – e, em razão desse respeito, desenvolver apenas umas pequenas pinceladas em torno de um tema que, evidentemente, merece muito maior expansão.

Há alguns anos atrás eu tive o privilégio de ser convidado para proferir uma das conferências deste Congresso, e o tema que eu escolhi foi exatamente "Súmulas Vinculantes e Direito Tributário". Naquela ocasião manifestei ponto de vista que até hoje sustento, e que olha as súmulas vinculantes sob a sua dimensão republicana, sustentando que, segundo essa óptica, elas são inaceitáveis.

Não pretendo retomar, aqui, a discussão em torno das eventuais vantagens que podem, pragmaticamente, decorrer da existência dessas súmulas, mas não me convenci de que, num Estado Democrático de Direito, onde os Poderes estão em pleno funcionamento, com suas funções típicas claramente reconhecidas e asseguradas, nós possamos admitir a existência da enorme prerrogativa normativa que esta modalidade de súmula atribui ao órgão de cúpula do Judiciário.

Esse *poder sumular* – que, ao longo do tempo, vem crescendo e, ao cabo, encontrou sua culminância na Emenda Constitucional 45/2004, com a atribuição ao STF da faculdade de produção de súmulas com alcance obrigatório –, ao meu ver, contraria um dos principais predicamentos da Magistratura, que é exatamente o direito que a Constituição reconhece aos juízes (não como um privilégio deles, mas como garantia da sociedade) de terem independência, autonomia e liberdade no desempenho da suas funções.

Não é o caso de discutir as circunstâncias que justificaram a implantação de súmulas com eficácia normativa. Não vou pôr em dúvida, também, que o Judiciário se afoga no exame de centena de milhares de teses semelhantes – e, nesse ponto, o direito tributário é um dos grandes produtores dessa recorrência de questões idênticas. Claro está que são maléficos os efeitos que essa situação acarreta, tanto para Fazenda Pública como para os contribuintes. Sabemos que, hoje, uma questão fiscal envolvendo a tramitação de processos pela esfera administrativa e pela esfera judicial pode durar período próximo a duas décadas – e uma tramitação tão longa, evidentemente, não atende aos desígnios da sociedade brasileira e também não atende aos desígnios da própria Fazenda Pública, que tem necessidade de recursos para poder desenvolver suas funções.

Mas eu não considero que as súmulas vinculantes possam ser a solução mágica para este mal. Eu me recordo que, no fim da década de 1970, justamente quando já era sensível a questão do congestionamento do Judiciário na parte em que este fenômeno resulta da multiplicidade de ações idênticas de natureza tributária, o saudoso mestre Geraldo Ataliba participou de comissão que submeteu ao Ministério da Fazenda um projeto de processo tributário que apresentava solução, a meu ver, muito mais eficaz e muito mais consentânea com os parâmetros constitucionais para esse problema. Vejam que, naquela época, ainda não estava operando em sua plenitude o Estado Democrático de Direito, mas a solução alvitrada não tinha o propósito de engessar o entendimento judiciário em extratos sintéticos de jurisprudência, que são as súmulas, mas fazer com que houvesse uma necessária e, então, já tardia integração entre o processo administrativo e o processo judicial em matéria tributária, a fim de que não houvesse mais superposição e repetição de providências e medidas, como até hoje ocorre. Com efeito, tudo aquilo que acontece no âmbito do processo administrativo há de ser repetido, reproduzido, reiterado, no processo judicial, exatamente pela falta de integração entre essas duas esferas de atuação dos contribuintes e da Fazenda Pública.

Lamente-se que, já naquela ocasião, não sido dada maior atenção a essa proposta, uma proposta que trazia para o âmbito do processo administrativo garantias idênticas às do processo judicial, a fim de que ele pudesse, adequadamente compreendido, sob a ótica dessas garantias, poupar a repetição judicial de atos praticados no seu interior, com evidentes benefícios – volto a dizer – não só para os contribuintes, mas também para a Fazenda Pública.

Com a Constituição de 1988 a integração entre o processo administrativo e o judicial foi expressamente reconhecida.

O art. 5º, LV, da CF é claro no sentido de determinar que tanto ao processo administrativo como ao judicial se aplicam as garantias do contraditório e da ampla defesa. E essa é a chave – ao meu ver, muito mais eficaz – para que se possa, no âmbito tributário, encontrar solução para o problema da morosidade processual, independentemente da utilização de mecanismos atípicos, como são as súmulas vinculantes.

Mas, deixando de lado os aspectos críticos, eu gostaria de fazer um pequeno retrospecto a respeito da trajetória das súmulas em nosso Direito. Como todos sabem, elas surgiram em meados da década de 1960, por conta de previsão constitucional que dava ao STF competência para consolidar sua jurisprudência predominante a respeito de determinados temas. E, nesse sentido, a mim me parece que nunca passou pela cabeça de alguém fazer com que essas súmulas adquirissem efeitos normativos. Na verdade, buscava-se apenas "mostrar" a jurisprudência predominante da Suprema Corte, com vistas a enfatizar a *importância persuasiva* que essa jurisprudência poderia ter, sem, obviamente, torná-la obrigatória, no sentido de impedir que outros juízes, ou tribunais, pudessem pensar e decidir de forma diferente.

Sob tal perspectiva – ou seja, como instrumento de revelação do pensamento do STF –, não há dúvida alguma de que as súmulas tinham – e continua tendo – grande importância prática. O que, ao meu ver, não pode ser tolerado é a decisão de convertê-las em "normas cogentes" e, ademais, anômalas, visto não haverem passado pelo processo de elaboração legislativa previsto na Constituição.

Observe-se, por outro lado, que a súmula, em si mesma, é figura *sui generis:* não existem, a respeito, parâmetros em países que, como o Brasil, adotam o sistema continental de "Direito legislado". Assim, na tentativa de converter as súmulas em panacéia para os males que atormentam o Judiciário Brasileiro em termos de morosidade, acabou sendo criada uma figura que nem nós mesmos compreendemos direito. Isto porque as súmulas fogem da tradição do Direito Brasileiro de controle difuso da constitucionalidade, e acabam se transformando num misto de *stare decisis* e controle prévio da constitucionalidade.

De qualquer forma, temos que reconhecer que a presença das súmulas se faz cada vez mais intensa. Com efeito, são bastante importantes os efeitos processuais que delas decorrem, independentemente da eficácia normativa que adquiriram por força da Emenda Constitucional 45/2004. Veja-se, nesse sentido, o que consta, entre outros, dos preceitos dos arts. 544, §§ 3º e 4º, e 577, *caput* e § 1º-A, do CPC.

Agora, de um modo mais específico, eu gostaria de me concentrar numa dimensão das súmulas que tem muito a ver com os objetivos e a temática desse nosso encontro. Conforme os Srs. sabem, o 1º Conselho de Contribuintes do Ministério da Fazenda, seguindo na trilha desse chamado *poder sumular*, editou suas primeiras 15 súmulas vinculantes. Súmulas de aplicação obrigatória no âmbito desse importante órgão administrativo. Na verdade, o Conselho de Contribuintes tem papel de maior relevo e destaque no âmbito do processo administrativo tributário brasileiro. E justamente a captação, por parte de um expressivo órgão administrativo de julgamento, deste chamado *poder sumular* serve – digamos assim – de "laboratório" até, para que possamos desenvolver algumas reflexões mais aprofundadas a respeito das próprias características estruturais que as súmulas devem apresentar. Trata-se, portanto, de exercitar uma técnica que, a meu ver, a nossa cultura jurídica ainda não domina inteiramente: a técnica de elaboração das súmulas a fim de evitar que elas se tornem fator de agravamento das próprias doenças que se pretende sejam por elas curadas.

Então, algo que me parece claro e evidente é que, quando se converte em súmula a tendência jurisprudencial de um determinado órgão julgador – seja o STF, seja o Conselho de Contribuintes –, é preciso que os elaboradores desses enunciados tenham o cuidado de selecionar apenas questões de direito – ou seja: devem ter o cuidado de não sumular questões de fato, porque a sumulação de questão de fato acaba se convertendo realmente em perigo enorme para a solução de litígios, sejam de que natureza forem – e, no caso que nós estamos, aqui, interessados em desenvolver, litígios de natureza fiscal.

E para que eu possa ilustrar concretamente o alcance dessas observações, vou me permitir comentar rapidamente uma dessas súmulas do Conselho de Contribuintes. A Súmula 9, que tem a seguinte redação: "É válida a ciência da notificação por via postal, realizada no domicílio eleito pelo contribuinte, confirmada com a assinatura do recebedor da correspondência, ainda que este não seja o representante legal do destinatário". Assim, aceita-se, por presunção, que o contribuinte foi notificado de um ato – que pode ser da maior importância – produzido no processo mediante a simples existência de uma assinatura, seja lá qual for, no cartão do AR.

De modo de que, se eu moro em um edifício de apartamentos e a notificação a mim dirigida é recebida, por engano, pelo meu vizinho, a quem eu odeio, porque ele faz barulho até altas horas, presume-se que eu tenha sido notificado. Se essa notificação é assinada por um guarda, um faxineiro que trabalha numa empresa, e, por isso, restou extraviada, presume-se que a empresa foi notificada.

Ora, como todos sabemos, o direito ao conhecimento tem direta relação com aquilo que Pontes de Miranda denominava de atributo "colado à personalidade humana". No âmbito do processo judicial, o ato de citação, ou de notificação, é fundamental para a própria validade da relação jurídica processual. Muitas vezes o processo já caminhou por várias etapas, por várias instâncias, mas quando se constata um vício de citação ou de notificação a conseqüência inexorável é a nulidade dos atos posteriormente praticados. Entretanto, todos esses predicamentos ficam fortemente comprometidos em face da Súmula 9, cujo principal defeito consiste, exatamente, em ter engessado uma questão de fato, e não uma questão de direito.

Agora, afora a circunstância de ter engessado uma questão de fato e, conseqüentemente, ter, *a priori*, privado o contribuinte da garantia do *direito ao conhecimento*, de índole constitucional, tal súmula contraria literalmente preceito da própria legislação federal que trata de normas sobre o processo administrativo em geral. Eu me refiro ao art. 26, § 3º, da Lei 9.784/1999, que diz: "A intimação pode ser efetuada por ciência no processo, por via postal com aviso de recebimento, por telegrama ou outro meio que *assegure a certeza de ciência ao interessado*" (grifei).

Então, vejam: a súmula, na verdade, coloca-se em rota de colisão com a própria lei federal sobre o processo administrativo.

Agora, é o caso de perguntar: a quem favorece esse tipo de súmula? É razoável imaginar que os elaboradores do enunciado tiveram em mente a celeridade maior do processo administrativo, o propósito de buscar maior rapidez na solução do conflito com o contribuinte. Entretanto, esse tipo de determinação, ao fim e ao cabo, irá favorecer o mau contribuinte, porque aquele que não paga tributos intencionalmente, em posição de resistência injustificada à tributação, vai encontrar na Súmula 9 um verdadeiro "presente dos céus". Pensará assim: "Ótimo, tomara que eu não seja notificado, tomara que a intimação, me dando ciência do resultado do processo ou da existência do próprio processo, seja entregue ao meu vizinho barulhento, que, com um sorriso sádico nos lábios, a rasgará; tomara que isso tenha acontecido mesmo, porque mais tarde, amanhã, quando eu for citado para responder, em juízo, ao processo de execução visando à cobrança dessa dívida, poderei apresentar ao juiz a prova de que houve um vício de citação, vício de notificação, e o juiz inexoravelmente vai anular esse processo, e aí eu já estarei beneficiado pela decadência, ou prescrição, e daquilo que eu, mais cedo ou mais tarde, teria que pagar, graças à súmula vinculante, acabarei me safando".

Este, a meu ver, longe se ser cerebrino, é um bom exemplo a mostrar o perigo que existe na utilização equivocada de jurisprudência sumulada. Como dizia Alfredo Augusto Becker a propósito do tema, a súmula priva o operador do Direito daquilo que é mais importante, mais essencial, na sua função: o direito de pensar pela própria cabeça. Este é o seu maior e mais agudo defeito.

Muito obrigado! [*Palmas*]

Presidente da Mesa (Profa. Consuelo Yoshida) – Estamos verificando realidades plenamente constatáveis por todos nós, não é? Esta banalização das emendas constitucionais, a instituição dessas antinomias constitucionais pelo poder derivado, como mencionou, aqui, o professor Alcides, e agora este alerta do professor Bottallo, e nós sabemos da importância das súmulas vinculantes em matéria estritamente de direito. Aí, sim, poderemos cogitar da sua utilização por conta do congestionamento do Judiciário, como foi lembrado. Mas os excessos e os abusos, a ponto de tratar de matéria eminentemente de prova, eliminando a possibilidade de defesa do contribuinte em razão dessas presunções, são bastante preocupantes. É importante registrarmos esses alertas que estão sendo feitos e que são, de fato, constatáveis, tendências preocupantes.

Vamos, agora, à manifestação do professor Roque Carrazza. Mas antes eu queria registrar a presença da Procuradora-Chefe da Procuradoria da Fazenda Nacional em São Paulo, Dra. Alice Fazendeiro Oliveira Leite. Muito obrigada!

PROPORCIONALIDADE EM MATÉRIA TRIBUTÁRIA

Prof. Roque Carrazza – Colegas congressistas, para mim é uma grande honra poder participar desse *XX Congresso Brasileiro de Direito Tributário*, que está sendo promovido pelo prestigioso Instituto Geraldo Ataliba – IDEPE.

Felicito o professor Aires Barreto por mais este evento vitorioso, e endereço uma saudação especial ao Presidente do Congresso, esse príncipe da palavra erudita, que é o professor Eugênio Doin Vieira.

Registro, ainda, que é com alegria e satisfação que divido est Mesa de Debates com os eminentes professores Consuelo Yoshida, Alcides Jorge Costa e Eduardo Bottallo.

Vou falar-lhes sobre o princípio da "Proporcionalidade em Matéria Tributária". É um tema amplo, difícil, que abre espaço a inúmeras disceptações. Para enfrentá-lo, adotarei o "método da redução da simplicidade", arquitetado por René Descartes. Esse método consiste em dividir as dificuldades em tantas partes quantas forem necessárias para melhor as resolver.

1. Começo por dizer que um dos traços característicos da mentalidade brasileira é o encantamento retórico. Entre nós, as pessoas tendem a empolgar-se com aquilo que costumo chamar de "expressões mágicas". Uma delas é justamente "princípio da proporcionalidade".

Quando se fala em *princípio da proporcionalidade*, logo se imagina algo novo, surgido no apagar das luzes do século XX, na sempre criativa Alemanha. Nada menos exato. Na verdade, como bem o percebeu o eminente professor Eduardo Bottallo, o princípio da proporcionalidade não passa do velho *princípio da eqüidade*, tão bem estudado pelos antigos romanos, e cujo alcance sintetizaram na clássica fórmula *jus est ars boni et aequi* ("o Direito é a arte do bom e do justo"; ou, se preferirmos, é "a arte do bom e do equânime").

Muito bem. Como sabemos, o tributo é exigido *iure imperii*, isto é, mediante um ato de autoridade, sem que, para seu surgimento, concorra a vontade do contribuinte. Ora, é justamente a Constituição, com seus grandes princípios, que mantém a ação de tributar dentro do chamado "Estado de Direito".

Também não devemos perder de vista que a tributação excepciona as regras constitucionais que protegem a propriedade privada. De fato, o tributo, por assim dizer, fica com uma parcela da riqueza privada do contribuinte. Nesse sentido, lanha o direito de propriedade. Ora, o direito de propriedade foi sobremodo prestigiado na Constituição. Tanto que ela, já em seu art. 5º, XXII, inscreve o direito de propriedade entre os direitos fundamentais; em seu art. 150, IV, veda a utilização do tributo com efeito de confisco; em seu art. 170, II, prescreve que a ordem econômica respeitará a propriedade privada; e assim avante.

Logo, na medida em que o direito de propriedade é constitucionalmente protegido e que o tributo de algum modo o esgarça, segue-se que este somente será válido se, também ele, deitar raízes na Constituição.

2. Nunca é demais enfatizar que, embora a Constituição Federal não tenha criado tributo algum, ela outorgou competências tributárias às pessoas políticas; vale dizer, outorgou-lhes a faculdade de criá-los *in abstracto*. Demais disso, a Constituição limitou o exercício das competências tributárias por meio de uma série de princípios (legalidade, igualdade, anterioridade, irretroatividade, proporcionalidade, razoabilidade – e outros muitos, que seria prolixo mencionar). Também a Constituição classificou os tributos em espécies e subespécies (impostos, taxas, contribuição de melhoria, imposto sobre a renda, imposto sobre operações mercantis, taxa de serviço, taxa de polícia etc.) Finalmente, a Constituição traçou a regra-matriz, o arquétipo, a norma-padrão de incidência das várias espécies e subespécies tributárias.

Demoremo-nos um pouco sobre esta última idéia.

Costumo dizer que, embrionariamente, todos os tributos estão delineados na Constituição. O "átomo" de cada tributo está ali, "incrustado" no texto constitucional. Noutros falares, mais técnicos, a Constituição, direta ou indiretamente, detalhada ou difusamente, sempre aponta a *hipótese de incidência possível*, o *sujeito ativo possível*, o *sujeito passivo possível*, a *base de cálculo possível* e a *alíquota possível* de cada imposto, de cada taxa, de cada contribuição.

Ao assim dispor, a Constituição vincula a ação de tributar das pessoas políticas. Tomemos um exemplo: quando a União se ocupa com o IR – que é um tributo de sua competência constitucional –, ela não pode instituir qualquer exação, tendo apenas o cuidado de pespegar-lhe este rótulo. Pelo contrário, deve levar em conta os dispositivos constitucionais que disciplinam a tributação da renda e dos proventos de qualquer natureza. Sendo mais específico, deve levar em conta os ditames constitucionais pertinentes, máxime os contidos no art. 153, III e § 2º, I, da Lei Maior.

Com estas poucas colocações, já estamos percebendo que a classificação constitucional dos tributos não foi apenas *nominal*, mas também *conceitual*. A Constituição não se limitou a nominar as espécies e subespécies tributárias, chamando uma de imposto, outra de taxa, outra de contribuição de melhoria; chamando um imposto de *imposto sobre a importação*; outro, de *imposto sobre produtos industrializados*; outro, de *imposto sobre operações mercantis*; chamando uma taxa de *taxa de serviço*; outra, de *taxa de polícia*. Sem dúvida que a Constituição fez isso, mas ela foi além, já que apontou o *regime jurídico* que cada espécie e subespécie tributárias deverão necessariamente observar.

Ora, são justamente estes cuidados constitucionais que nos protegem, enquanto contribuintes, contra eventuais excessos fazendários. Graças à Constituição, temos o direito subjetivo – se quisermos, o direito constitucional subjetivo – de só sermos tributados de acordo com esses paradigmas constitucionais. Um tributo criado "fora" de sua regra-matriz é inconstitucional, porque agride o direito de propriedade e acaba por assumir inadmissíveis feições confiscatórias.

Em suma, como estamos a perceber, a tributação deve ser marcada pelo equilíbrio e pela justa medida.

E, quando aludo à "tributação", estou me referindo não só às obrigações tributárias principais (os tributos), como às obrigações tributárias acessórias (os deveres instrumentais tributários) e às próprias sanções tributárias.

Positivamente, não é porque o Estado, para sobreviver, precisa de recursos – e, bem por isso, não pode prescindir da tributação – que os contribuintes podem, pura e simplesmente, ser expropriados. Muito ao revés, a tributação há de se desenvolver com apoio numa série de princípios constitucionais, dentre os quais se inscreve o da *proporcionalidade*.

Então, vejamos.

3. O *princípio da proporcionalidade*, também conhecido como *princípio da proibição do excesso*, serve para controlar os atos do Poder Público e – indo logo ao nosso tema central – influi, de modo decisivo, na imposição de tributos, na fixação de obrigações acessórias e na aplicação de sanções tributárias.

De acordo com a doutrina germânica, o *princípio da proporcionalidade* é balizado por três critérios: o da *adequação*, o da *necessidade* e o da *razoabilidade*.

Pelo critério da *adequação*, os meios utilizados devem ser compatíveis com os fins colimados pelo Poder Público. O critério é adequado se for afirmativa a resposta à pergunta "o meio promove o fim?".

Já, pelo critério da *necessidade*, deve-se utilizar, dentre os meios disponíveis e igualmente adequados para se atingir o fim desejado, aquele que menos onera os direitos fundamentais do administrado (no nosso caso, do contribuinte, que não deixa de ser um administrado). O critério é necessário se for possível demonstrar que não há outro, capaz de atingir o fim almejado, que cause menos restrições aos direitos fundamentais do contribuinte.

Por fim, pelo critério da *razoabilidade*, as vantagens alcançadas pela promoção do fim devem ser maiores ou, quando pouco, equivaler às desvantagens provocadas pela adoção do meio. A pergunta, agora, é outra: "o meio empregado para que se alcance o fim traz mais vantagens que desvantagens"?. Se a resposta for positiva, o critério adotado é razoável.

Muito bem. Transplantando estas noções, apenas bosquejadas, para nosso campo de estudo, temos que, em virtude do *princípio da proporcionalidade*, a tributação não deve exceder o necessário para que, com os recursos por seu intermédio carreados para o Erário, venham atingidos os objetivos que a Constituição fixa para o Estado e a Sociedade.

Assim, há de haver *racionalidade* na tributação, que não pode ir além da marca, isto é, ter extensão e intensidade desmedidas, capazes de inviabilizar as atividades normais dos contribuintes. O que estou procurando significar é que as medidas adotadas pelo Poder Público para a consecução dos objetivos fazendários devem ser apropriadas; e, para tanto, devem se ingerir o menos possível nos negócios dos contribuintes.

Noutro giro semântico, a ordem jurídico-constitucional não tolera que os agravos à liberdade e à propriedade dos contribuintes ultrapassem o estritamente indispensável à satisfação dos lídimos interesses arrecadatórios. Daí falar-se em "justa proporção" entre o gravame a ser suportado pelo contribuinte e os fins arrecadatórios que se pretende atingir.

Em suma, por força do princípio da proporcionalidade, os deveres de natureza tributária devem ser impostos com comedimento e racionalidade, não podendo, assim, acarretar, aos contribuintes ou a terceiros, encargos desproporcionais aos objetivos arrecadatórios lídimos.

A doutrina tributária moderna tem como inafastável o princípio da proporcionalidade, para assegurar a eficácia das ações fiscalizatórias do Estado contra os contribuintes e os terceiros a ele relacionados. Há de haver racionalidade na tributação, para que não se inviabilizem as atividades normais das pessoas, o que implicaria, no caso das pessoas físicas, perda abusiva da liberdade e, no caso das pessoas jurídicas, violação manifesta ao princípio da livre iniciativa.

4. Muito bem. Dentro do tema "Proporcionalidade em Matéria Tributária", vamos agora falar rapidamente das obrigações acessórias e das sanções políticas.

Não quero ofender a cultura jurídica dos Colegas, mas permitam-me meteoricamente lembrar que as obrigações acessórias são deveres impostos pela lei, ao contribuinte ou a terceiros a ele relacionados, tendo em vista o perfeito funcionamento do sistema tributário. Esses deveres podem consistir num *fazer*, num *não-fazer* ou num *suportar*: fazer declarações, emitir faturas, extrair notas fiscais, tolerar a presença do agente fiscal no estabelecimento comercial, para que este ali pratique os atos de seu ofício; etc. Também as obrigações acessórias devem submeter-se aos princípios constitucionais tributários, aí incluído o da proporcionalidade.

Aliás, num certo sentido, as obrigações acessórias são mais importantes que o próprio tributo, porque são justamente elas que controlam e viabilizam a tributação, fazendo com que seja mais equânime, mais racional, mais adequada e mais justa.

Todavia, com as obrigações acessórias não se confundem as sanções políticas.

5. A propósito, a expressão "sanções políticas" é equívoca. De fato, em direito constitucional as sanções políticas são o *impeachment*, a inelegibilidade, a perda do mandato, a inabilitação para o exercício das funções públicas durante certo lapso de tempo, o indeferimento do registro da candidatura etc.

Já, a expressão "sanções políticas", em matéria tributária, tem o sentido de restrições ou proibições impostas ao contribuinte, com o fito de compeli-lo, sem base jurídica, ao pagamento do tributo. Neste contexto, são sanções políticas a interdição do estabelecimento, a apreensão de mercadorias, o regime especial de tributação (a menos que, pela conduta, omissiva ou comissiva, adotada pelo contribuinte, não haja outra alternativa), a proibição de imprimir notas fiscais etc.

Tenho para mim que as sanções políticas são inconstitucionais. Deveras, qualquer restrição que implique cerceamento da liberdade de exercer atividade lícita é inconstitucional, porque contraria o disposto nos arts. 5º, XIII, e 170, parágrafo único, da CF. Leio:

"Art. 5º. (...) XIII – é livre o exercício de qualquer trabalho, ofício ou profissão, atendidas as qualificações profissionais que a lei estabelecer (...)";

"Art. 170. (...).

"Parágrafo único. É assegurado a todos o livre exercício de qualquer atividade econômica, independentemente de autorização de órgãos públicos, salvo os casos previstos em lei."

Nesse mesmo sentido, diga-se de passagem, as Súmulas 70, 323 e 547 do STF, cujos enunciados são os seguintes:

"Súmula 70 – É inadmissível a interdição de estabelecimento como meio coercitivo para cobrança de tributos";

"Súmula 323 – É inadmissível a apreensão de mercadorias como meio coercitivo para pagamento de tributos";

"Súmula 547 – Não é lícito à autoridade proibir que o contribuinte em débito adquira estampilhas, despache mercadorias nas alfândegas e exerça suas atividades profissionais".

6. Lamentavelmente, porém, na prática, as sanções políticas em matéria tributária são constantes e se manifestam da forma mais descabida; a saber: retaliando o contribuinte com fiscalizações, quando esse se atreve a bater às portas do Poder Judiciário para fazer valer seus direitos constitucionais; negando-lhe certidões negativas de débitos fiscais extintos por causas diversas do pagamento, recusando autorização para imprimir notas fiscais, o que, por via oblíqua, impede o exercício das atividades econômicas habituais. Enfim, os exemplos poderiam ser multiplicados, que são legião.

Ora, nada disso se sustenta, não só porque, como já lhes disse, estas práticas tipificam indevidas restrições ao exercício de trabalho, ofício ou profissão, como porque compelem o pretenso contribuinte a recolher o tributo sem que lhe seja facultado exercitar seu direito à ampla defesa, com seu consectário, o devido processo legal.

O que, por vezes, as autoridades fazendárias relutam em admitir é que a Constituição brasileira não condiciona, nem direta, nem indiretamente, o exercício de atividades lícitas ao pontual recolhimento do tributo. Mesmo o mais impenitente infrator da legislação fiscal – aí incluído o autor de crimes contra a ordem tributária – não pode ser impedido de exercer suas atividades econômicas lícitas. Inexiste, para os sonegadores, tal pena. Muito menos antes que o acusado da prática de infrações tributárias possa exercitar seu direito de ampla defesa, com todos os recursos a ela inerentes.

Para receber seu crédito tributário, o Estado que se valha dos meios em Direito admitidos, dentre os quais sobreleva o processo de execução fiscal.

Tecerei algumas considerações a respeito.

7. Ninguém ignora que o Estado, enquanto titular do direito subjetivo à percepção do tributo, está, em relação ao contribuinte, numa posição de paridade, pela idêntica subordinação de ambos à lei. Em razão disso, como qualquer particular, o Estado não pode fazer justiça pelas próprias mãos, ainda que para satisfazer pretensão legítima.

Lembro, *en passant*, que o particular que – salvo hipóteses excepcionalíssimas – faz justiça pelas próprias mãos comete, pelo menos em tese, o crime que há por nome "exercício arbitrário das próprias razões", que vem tipificado no art. 345 do CP. Já, o agente fiscal que emprega na cobrança tributária meios que a lei não autoriza perpetra, em tese, o delito denominado "excesso de exação", descrito no art. 316, § 1º, do mesmo CP.

Pois bem, não podendo cobrar suas dívidas *manu militari* – vale dizer, à força –, o Estado, para haver seu crédito tributário, uma, de duas: ou envereda pelas vias administrativas, realizando a chamada "cobrança amigável", ou se dirige ao Poder Judiciário, dando início ao processo de execução fiscal, regulado, como sabem, basicamente na Lei 6.830/1980.

Não se nega – e eu não estou, aqui, negando – que as sanções políticas são cômodas para a Administração Fazendária, já que permitem a cobrança dos tributos com eficácia. Ocorre, porém, que entram em testilhas com o Estado de Direito, pois, com grande freqüência, constrangem o contribuinte a recolher aos cofres públicos quantias indevidas, o que leva ao enriquecimento sem causa da pessoa política.

Serei mais explícito.

8. É certo que as sanções políticas atendem ao interesse fazendário. Mas é igualmente certo que o interesse fazendário não sobrepaira, nem pode sobrepairar, o interesse público. Pelo contrário, a ele se subordina, e, por isso mesmo, só poderá prevalecer quando houver perfeita sintonia entre ambos.

Ora, o interesse público absolutamente não admite que se faça tábula rasa do direito do contribuinte de só ser tributado nos estritos termos da Constituição e das leis que com ela se afinam. Segue-se, pois, que nenhuma justificativa extrajurídica (por exemplo, o aumento da arrecadação) poderá subverter os princípios básicos de nosso sistema constitucional tributário, iluminados, todos eles, pelo princípio da segurança jurídica.

Que fique bem claro que o propósito de carrear dinheiro para os cofres públicos não pode, num Estado Democrático de Direito – como o que pretendemos seja o nosso –, chegar ao ponto de lesar direitos subjetivos dos contribuintes (como este de só serem compelidos a recolher tributos observado o devido processo legal).

Poder-se-ia, talvez, dizer – o que é correto – que há uma predominância do interesse público sobre o interesse privado. Só que "predominância do interesse público" não é sinônimo de lesão de direitos.

Em suma, não se pode invocar o interesse fazendário para justificar sanções políticas.

9. Com respaldo nessas idéias, fica ainda mais claro que a interdição de estabelecimentos, a apreensão de mercadorias, a não-expedição de certidões, quando devidas, tudo isso como forma de constranger o pretenso contribuinte a recolher o tributo, desrespeitam as mais elementares exigências de nossa ordem jurídica.

Como coibir esses excessos? Como o contribuinte pode defender-se contra tais abusos?

Há os meios clássicos: o mandado de segurança, a ação declaratória, a ação anulatória do débito fiscal, a ação de consignação em pagamento.

Mas há também a ação indenizatória por perdas e danos, materiais ou morais, contra a entidade pública, com ação de regresso contra a autoridade responsável pela ilegalidade. É o que dispõe o art. 37, § 6º, da CF: "As pessoas jurídicas de direito público e as de direito privado prestadoras de serviços públicos responderão pelos danos que seus agentes, nessa qualidade, causarem a terceiros, assegurado o direito de regresso contra o responsável nos casos de dolo ou culpa".

10. Retomando o fio do raciocínio, temos que não raro a sanção política, em matéria tributária, causa danos morais, além de lucros cessantes. Tudo isso é indenizável com base naquele princípio geral de Direito, que todos conhecemos, pelo qual quem causa dano deve ressarci-lo. Essa diretriz vale também para o Fisco e seus agentes, estes quando agem com dolo ou culpa.

Sim, porque o agente fiscal que lavra auto de infração com excesso de exação (crime, como vimos, capitulado no art. 316, § 1º, do CP) deve não só sofrer as sanções penais cabíveis, como as conseqüências patrimoniais do delito que perpetrou.

Oxalá a adoção sistemática destas medidas acabe levando a Administração Fazendária a agir, no Brasil, como age sua co-irmã, na Alemanha. Lá, quando o Poder Judiciário sanciona uma conduta fazendária, o Fisco muda imediatamente seu modo de agir, ajustando-o aos ditames constitucionais e legais.

11. Ainda dentro do tema que me foi indicado, eu gostaria de salientar a necessidade urgente de aprovação do *Código de Defesa do Contribuinte*. É do conhecimento de todos que tramita no Senado da República o Projeto de Lei Complementar 646/1999, que é justamente o projeto de Código de Defesa do Contribuinte. Sou um dos co-autores do anteprojeto, hoje projeto. Os outros são os ilustres professores Eduardo Bottallo, Paulo de Barros Carvalho, José Souto Maior Borges e Ricardo Lobo Torres.

Esse projeto, na real verdade, visa a explicitar o que está implícito na Constituição, em matéria de direitos e garantias dos contribuintes. Sua filosofia não é proteger o sonegador, mas estabelecer uma relação igualitária entre o Fisco e o contribuinte, mormente o contribuinte pessoa física. Não nos iludamos. O contribuinte, em suas relações com o Fisco, está, na prática, numa posição de inferioridade. Estou sempre mais convencido de que o Código de Defesa do Contribuinte, caso venha aprovado, estabelecerá, enfim, essa imprescindível isonomia.

Recentemente, alguém me disse: "O código tem caráter nitidamente protetivo". Concordo. Só que esse "caráter protetivo" não é estranho ao nosso Direito, já que presente no Código de Defesa do Consumidor e na própria Consolidação das Leis do Trabalho, diplomas que tanto contribuíram para o progresso das instituições e a pacificação das relações sociais. Se o Código de Defesa do Contribuinte for aprovado, certamente a cidadania lucrará com isso.

Não quero estender-me em demasia, mas penso que o Código de Defesa do Contribuinte também ajudará a coibir as inconstitucionais sanções políticas.

Permitam-me ler-lhes alguns dos seus dispositivos:

"Art. 10. O exercício dos direitos de petição e a obtenção de certidão em órgãos públicos independem de prova de o contribuinte estar em dia com suas obrigações tributárias principais ou acessórias.

"(...).

"Art. 14. É vedada, para fins de cobrança extrajudicial de tributos, a adoção de meios coercitivos contra o contribuinte, tais como a interdição de estabelecimento, a proibição de transacionar com órgãos e entidades públicas e instituições oficiais de crédito, a imposição de sanções administrativas ou a instituição de barreiras fiscais.

"(...).

"Art. 19. São direitos do contribuinte: (...), XI – obter certidão negativa de débito, ainda que o crédito tributário tenha sido extinto por causa diversa do pagamento, ou se tornado inexigível, sem prejuízo de nela constar a razão determinante da extinção ou da inexigibilidade."

A este último respeito: sabemos que o pagamento não é a única causa extintiva do crédito tributário, embora certamente seja a mais desejada pelas autoridades fazendárias. Vejam o que amiúde acontece: o contribuinte quer obter uma certidão negativa de débito fiscal porque, por exemplo, ocorreu a prescrição, mas a Fazenda Pública se nega a emitir o documento, ao argumento de que o tributo não foi recolhido.

O contribuinte, para – digamos – não perder um negócio imobiliário, acaba por ceder, e paga o tributo cuja exigibilidade desaparecera pela prescrição. Trata-se de uma violência inominável, que tipifica verdadeira sanção política inconstitucional.

Realmente, a certidão negativa do débito fiscal, em última análise, é o "atestado de óbito" da obrigação tributária. O atestado de óbito registra o fato *morte*, pouco importando a *causa mortis*. Pois muito bem. A certidão negativa, por analogia, registra a *morte* da obrigação tributária, pouco importando sua causa (se o pagamento, se a prescrição, se a compensação, se a decadência – e assim por diante). É essa adequada linha de conduta que o precitado art. 19, XI, vai juridicizar – caso, evidentemente, o Código de Defesa do Contribuinte venha aprovado.

Peço vênia para continuar. O art. 37, V, do projeto estatui: "É vedado à Administração Fazendária, sob pena de responsabilidade funcional de seu agente: (...) V – fazer-se acompanhar de força policial nas diligências ao estabelecimento do contribuinte, salvo se com autorização judicial, na hipótese de justo receio e resistência ao ato fiscalizatório".

Isto nos remete à "Operação Daslu", desencadeada contra conhecida loja de artigos de alto luxo, aqui em São Paulo. Dou-me pressa em afirmar que não tenho procuração para defender os diretores da empresa, mas não posso deixar de deplorar a carnavalização que foi feita, quando a Polícia Federal e agentes do Fisco realizaram, contra o mencionado estabelecimento, mais uma de suas operações espetaculares. Deixando de lado outros detalhes, uma empresária que todas as manhãs comparece religiosamente à sede da loja foi "arrancada" da cama, em sua casa, às 5 da manhã, por policiais fortemente armados, vestindo capuzes (para não serem identificados) e exibindo algemas. Acompanhavam a "apresentação" a imprensa, que já fora avisada, e um helicóptero, que, no jargão policial, dava "cobertura" ao episódio. A empresária foi presa cautelarmente, algemada diante das câmaras e colocada numa viatura policial, que saiu em alta velocidade, rumo à Superintendência da Polícia Federal.

Havia – concordo – autorização judicial para a detenção temporária (de resto, logo relaxada, por instância superior do próprio Poder Judiciário, por não haver motivo concreto que a justificasse). Mas indago: eram necessárias tamanhas e tão truculentas medidas para efetivá-la?

Tenho para mim que não.

Corrijam-me se eu estiver errado. A aposição de algemas só se justifica quando o detido comprovadamente ostenta grande periculosidade. Se, amanhã, for preso um líder do "Comando Vermelho", temível organização criminosa, sou o primeiro a sustentar que, por seu histórico de vida, ele deve ser algemado e, quiçá, até acorrentado pelos pés. Agora, colocar algemas numa empresária, que não está oferecendo risco algum aos seus captores, é incidir em irremissível abuso. A menos que com as algemas se queira punir, humilhar, desmoralizar. Tais sanções, porém, são vedadas pela Constituição Federal.

É certo que o ser humano, que tudo justifica, até mesmo o injustificável, [*risos*] já "inventou" uma explicação para o esdrúxulo procedimento. As algemas – como, certa feita, ouvi de um policial – seriam colocadas para proteger o detido, que, num gesto de desespero, poderia atentar contra a própria vida. Eventualmente, não nego, poderá até haver uma situação deste tipo, em que a pessoa detida entra em crise nervosa, sinalizando que está para cometer uma loucura. Mas essa é uma situação excepcional, que não deve virar regra – como, infelizmente, já virou, com os aplausos da mídia, sempre ávida de sensacionalismo, e da opinião pública, sempre manipulável e sedenta de vingança contra os "engravatados".

12. Ainda a propósito, deploro a tentativa, ora em curso, de instauração, em nosso país, de uma verdadeira *ditadura civil*, traduzida em lamentáveis episódios, que enxovalham pessoas, filmadas e fotografadas com algemas, como se já fossem culpadas, quando, muitas vezes, por inconsistência de provas, nem acabam sendo processadas, quanto mais condenadas. Mas, apesar de a Constituição consagrar a presunção de inocência, até que sobrevenha decisão condenatória definitiva, são logo postas sob o guante da suspeita e rotuladas com epítetos indeléveis, que nenhum arquivamento de inquérito policial ou, mesmo, nenhuma sentença absolutória conseguem afastar ("suposto chefe da quadrilha", "suposto membro do esquema", "suposto líder dos sonegadores" etc.).

Tudo isso precisa ser repensado com serenidade, para o aprimoramento de nosso Estado Democrático de Direito.

Esses excessos, caso o Código de Defesa do Contribuinte venha a ser aprovado, serão mais difíceis de ocorrer.

13. Mas eu ando um pouco céptico. Tenho conhecimento de que setores da Fiscalização desqualificam constantemente o projeto, alcunhando-o de "Projeto de Código de Defesa do Sonegador". É a velha técnica, por todos conhecida, de ridicularizar para desqualificar e, com maior facilidade, destruir.

Insisto, porém, em que o projeto tem seus méritos, ao lado – não nego – de alguns defeitos, que, no entanto, podem facilmente ser corrigidos no cadinho dos debates parlamentares. Mas também nisso, colegas congressistas, não nos iludamos. O projeto de Código de Defesa do Contribuinte está, no Senado da República, como os bons vinhos, no permanente sono de espera. Temo que ele não seja "ativado", até porque o Senado da República, juntamente com a Câmara dos Deputados, tem-se ocupado, de uns tempos a esta parte – como direi? –, com outros negócios (e quê negócios...). Mas, se me permitem, essa é uma outra história, que fica para uma outra vez.

Muito obrigado! [*Palmas prolongadas*]

PRESIDENTE DA MESA (PROFA. CONSUELO YOSHIDA) – Encerramos essa trajetória de só relembrarmos de quantos excessos nós temos cometido. Como o professor Carrazza lembrou, o princípio não é novo, mas está sendo muito lembrado, cada vez mais, em razão dos excessos. Esses excessos e abusos do poder – no caso, aqui, o poder de fiscalização.

Quero parabenizar por estas magníficas apresentações que tocaram em pontos importantes no caso que foi escolhido, as sanções políticas. Todos nós também estamos cansados de verificar quantas sanções estão sendo usadas para comodidade da cobrança, rapidez e efetividade, que não devem ser deixadas de lado, mas não devem deixar de levar em consideração os princípios e garantias assegurados constitucionalmente aos contribuintes.

Passamos, agora, às questões formuladas, e também pela ordem. Começamos pelo professor Alcides.

RESPOSTAS ÀS QUESTÕES FORMULADAS

PROF. ALCIDES JORGE COSTA [*sem revisão do autor*] – *A emenda constitucional que acabou com o imposto de vendas a varejo de combustíveis, que era municipal, não seria inconstitucional, já que acabou com parte da receitas dos Municípios, sem compensação alguma?*

Bom, eu vou por partes. Esta também é objeto de uma outra pergunta, feita de forma mais genérica: *A supressão de imposto municipal ou estadual pode ser efetuada por meio de emenda constitucional? Qual a sua posição sobre a Emenda 3/1993, sobre o SUPERSIMPLES: houve quebra do pacto federativo?*

Começo por aqui. A supressão do IVV foi feita logo no começo, não representava ainda, para uma grande parte de Municípios, algo substancial; tanto que não houve gritaria. Até aquela altura, os Municípios tinham à sua disposição ISS, que, no entanto, no começo, era cobrado só por 10% dos Municípios brasileiros. Custaram um pouco para ver o filão que tinham na mão, só 10% dos Municípios cobravam com efetividade, uma grande maioria ou não ligava muito, ou nem cobrava esse imposto. Então, não reduziu substancialmente, nada foi sentido. E isto é de fato, mexe até com a segunda: se vier uma emenda constitucional acabando com o ISS, e criando um IVA, cujo critério de partilha para os Municípios não repõe a perda que os capitais de grandes Municípios podem ter, não estaríamos diante de uma inconstitucionalidade?

Eu creio que estaríamos diante de uma revolução, não de uma inconstitucionalidade. Muito mais poderoso que inconstitucionalidade! Não dá para fazer isto para deixar os Municípios sem receita; se for suprimido o ISS, obviamente se tem que pôr alguma coisa no lugar, ou uma maior participação no produto da arrecadação do IVA, o que tem a ver com aquela história que eu disse há pouco sobre fazer política com a receita e com a despesa, ou só com a despesa. Mesmo porque o ISS presta-se pouco a política financeira, a política econômica. Aliás, aqui, há uma informação de que o STF já declarou inconstitucional dispositivo de emenda constitucional no caso de não-anterioridade da CPMF, foi até do IPMF, ainda quando o Supremo declarou inconstitucional, não podia quebrar o princípio da anterioridade, foi um caso de emenda constitucional inconstitucional.

Agora, um pouco de humor: dizem que as livrarias não vão mais vender a nossa Constituição, pois não trabalham com periódicos... Está certo, eu até já sugeri que essas edições fossem feitas em folhas soltas. Isto responde Àquela outra pergunta, a primeira parte.

A segunda parte, se a emenda do SUPERSIMPLES não quebra o pacto federativo. Não, porque o Estado pode aderir ou não. Então, não quebra, vai aderir quem quiser.

Há uma outra pergunta, vou responder rapidamente: *A Constituição disciplina que as medidas provisórias devem ser editadas em caso de urgência e calamidade pública, ou coisa assim. Por que o abuso dessas medidas provisórias? Eu já ouvia dizer pelo Dr. Carrazza, quando fiz o Mestrado na PUC, em 1994, que há um "use e abuse". Não há um meio de brecar esses abusos?*

Caberia ao STF ter brecado isso lá no começo, e não brecou. O próprio Poder Legislativo poderia ter brecado, começou com aquela aprovação sucessiva etc., etc. Houve uma espécie de complacência geral. Agora, a urgência e a necessidade são critério político ou critério jurídico? Essa é a grande dúvida.

Outra pergunta: *Sem adentrar questões de possibilidade e legitimidade, a CPMF vem sendo encarada como primeiro grande desafio do futuro chefe do Executivo, no que tange à sua provisoriedade. Recordo-me, sem saber precisar, de recente manifestação parlamentar em prol da edição de emenda constitucional sobre o assunto. Pergunta: como o Sr. vê a edição da emenda com o fito de inserir tributo no texto constitucional, quer dizer, poderia o poder constituído criar tributo via emenda? Legítima nova prorrogação da CPMF via emenda constitucional?*

Eu diria que, em princípio, e ressalvadas várias coisas, uma emenda constitucional pode criar ou suprimir tributos. Acabei de dar o exemplo do que foi suprimido. Seria a mesma coisa com a CPMF. Quanto à provisoriedade, em nosso país não há nada mais definitivo que as coisas provisórias. Isso é tradicional. De modo que, confrontados com as necessidades do orçamento e sem coragem para reduzir a despesa pública, o que seria conseguido através de maior eficiência e menos sinecuras, certamente eu estou prevendo que isso aí tende a ficar definitivo. É só.

PRESIDENTE DA MESA (PROFA. CONSUELO YOSHIDA) – Com a palavra o professor Eduardo Bottallo.

PROF. EDUARDO BOTTALLO – Antes de responder às perguntas que me foram encaminhadas, vou pedir licença ao professor Alcides Jorge Costa para me permitir uma pequena observação a respeito da última pergunta a que o professor respondeu.

Eu concordo também que é perfeitamente possível que emendas constitucionais alarguem ou reduzam competências tributárias. Mas, no que diz respeito à ampliação desta competência, entendo que existe uma limitação. Este alargamento consiste na atribuição de competência a pessoa distinta daquela que foi aquinhoada pelo constituinte originário. Ora, exatamente sobre esse prisma é que, a meu ver, a Emenda Constitucional 33 é inconstitucional, na medida em que atribuiu aos Estados competência para instituir um tributo rotulado de ICMS em operações de importação realizadas por não-contribuintes, mas que, na verdade não é o ICMS, e sim imposto de importação estadual, porque atinge produtos que não são mercadorias, onera contribuintes que não são comerciantes e envolve situações incompatíveis com a regra da não-cumulatividade do ICMS.

De modo que, a meu ver, existe um necessário limite nesse poder de emendar o texto da Constituição: a outorga de novas competências não pode invadir a área dos impostos já discriminados pelo constituinte originário. Caso contrário a emenda poderia, por exemplo, atribuir ao Município competência para instituir um imposto sobre a renda, desde que desse a esse imposto sobre a renda um rótulo original; ou a União Federal competência para instituir IPVA sob nova denominação. Então, nesse ponto, a mim me parece que existe uma limitação.

Este é o meu ponto de vista, que exponho sem qualquer temor de incorrer em erro. O professor Aires Barreto, quando fez a apresentação de abertura do Congresso, seguindo a trilha do grande jurista Souto Maior Borges, enalteceu as virtudes do erro. E, na verdade, nós estamos aqui, ou como palestrantes eventuais, ou como congressistas, desenvolvendo exercícios que, em última análise, propõem-se a tirar o melhor proveito dos erros, que todos nós, na verdade, cometemos.

PROF. ALCIDES JORGE COSTA – Não estou muito de acordo com que diz o professor Bottallo. Mas não vamos discutir isso agora, porque demandaria muito tempo; conversaremos depois. Aliás, eu também teria algumas observações a fazer sobre a palestra do professor Bottallo a respeito da parte administrativa etc. Mas é natural que isto aconteça, nada mais natural que a divergência. São pontos de vista, e, com seus pontos de vista, cada um de nós está carregando uma série de coisas, inclusive seus valores. Isto, obviamente, não vai afetar nossa amizade, que é antiga e muito boa.

PROF. EDUARDO BOTTALLO – Agora, especificamente quanto às perguntas que eu recebi aqui, a primeira delas é do colega Antônio de Sá, do Rio de Janeiro, que diz o seguinte: *Volta e meia os Tribunais supe-*

riores, tendo em vista o desenvolvimento da sociedade e novas teses apresentadas nos Tribunais inferiores, revogam ou modificam súmulas anteriores. Com a súmula vinculante, e matando no nascedouro novas teses de discussão, não estaremos parando no tempo o nosso Direito, evitando sua modernização vis-à-vis o avanço da sociedade? Afinal, novas teses não chegarão ao STF.

Teoricamente, essas novas teses até podem chegar ao Supremo, porque a própria competência recebida pelo STF envolve a possibilidade de revogar ou modificar as súmulas vinculantes. Agora, o problema que me parece mais preocupante com relação ao tema é o fato de isso criar uma situação *sui generis*. Vejam: ironicamente, no Brasil, o Poder que menos legisla é o Legislativo. O Poder Executivo legisla abundantemente por meio de medidas provisórias, na proporção – estatisticamente demonstrada – de 3 para 1. Ou seja, para cada três medidas provisórias editadas pelo Poder Executivo, é produzida uma lei pelo Congresso Nacional. E agora, cada vez com maior amplitude, se está dando ao Judiciário um enorme, crescente e preocupante poder normativo. Com efeito, a Emenda 45/2004 deu ao STF, a meu ver, um poder ilimitado. Se quiser, a Suprema Corte pode mudar a Constituição em quaisquer de seus dispositivos, até mesmo em relação às chamadas *cláusulas pétreas*, porque, a rigor, quem decide o que é ou não é cláusula pétrea; quem interpreta, em última análise, o alcance do art. 60 da CF, é o próprio STF.

Então, não vejo realmente muito sentido, muita lógica, nesse deslocamento de competências. E aí é que reside, efetivamente, a dimensão mais preocupante das súmulas vinculantes.

Há uma segunda pergunta. Na verdade, trata-se mais de uma observação, cujo teor é o seguinte: *A Súmula 9 do Conselho de Contribuintes simplesmente reproduz o teor do art. 23 do Decreto 70.235, o qual foi recepcionado pela Constituição de 1988 como lei.*

Eu não questiono este fato. O que eu sustento é que não encontra hospedagem na Constituição de 1988 a idéia de que um processo administrativo seja válido quando nele existe vício insanável de notificação ou de citação.

Outra pergunta, da Dra. Juliana Costa, Procuradora da Fazenda Nacional, diz: *Relativamente à súmula do Conselho do Contribuintes, o Sr. não acha que exigir a citação na pessoa do contribuinte significa inviabilização do próprio andamento do processo administrativo? Afinal, a experiência nos mostra que o contribuinte usa desse argumento exatamente para se furtar a tomar conhecimento de seus débitos.*

Eu tive o privilégio de ser Juiz do TRE/SP, representando a classe dos juristas. Isso, para mim, foi uma grande honra e, mais que uma grande honra, foi uma grande experiência, porque a Justiça Eleitoral do Brasil é exemplar em muitos aspectos, inclusive o da celeridade.

Pois bem. Na Justiça Eleitoral, exatamente em razão da necessidade de assegurar o rápido andamento dos processos, as intimações são feitas pelos mais diferentes meios: por oficial de justiça, por fax, por *e-mail*, até por telefone. Todavia, sempre se faz presente a preocupação de assegurar ao interessado o *direito ao conhecimento*. E aí é que reside o principal problema da Súmula 9 do Conselho de Contribuintes: o fato de ela não ter feito uma ressalva que se mostra absolutamente necessária. Com efeito, essa súmula poderia até ser editada, desde que expressamente ressalvasse o direito do contribuinte de demonstrar o prejuízo decorrente do vício da citação ou da notificação, à vista do quê não há como convalidar a nulidade.

Não me parece possível deixar de considerar que, se o contribuinte demonstrar o dano, a decretação de nulidade é inevitável. O sistema constitucional vigente é de todo incompatível com a existência de processos kafkianos.

Dou, assim, por respondidas as questões que me foram encaminhadas. Obrigado!

PROF. ALCIDES JORGE COSTA – Só 30 segundos para uma retificação. Eu disse que o SUPERSIMPLES é opcional, mas eu me equivoquei, e aqui me chama a atenção – e com razão – o Dr. Antônio de Sá, do Rio de Janeiro. A memória me traiu, eu me prendi ao SIMPLES, mas o SUPERSIMPLES é opcional para o contribuinte. No sentido de ser obrigatório para o Estado, eu acho que isso vai envolver alguma inconstitucionalidade, porque não cabe à Constituição restringir desta forma a arrecadação dos impostos estaduais e dos impostos municipais, e muito menos dizer que lei complementar etc. etc. ... Nesse sentido, é impugnável. Vamos ver se alguém vai impugnar. Obrigado, está feita a retificação, com minhas desculpas.

PRESIDENTE DA MESA (PROFA. CONSUELO YOSHIDA) – Com a palavra o professor Roque Carrazza, que tem uma série de perguntas. Eu peço, então, que ele sistematize ou, se possível, racionalize as respostas, para cumprirmos o tempo e voltarmos para a segunda parte dos trabalhos da tarde.

PROF. ROQUE CARRAZZA – De fato, fui honrado com muitas perguntas, a que, dado o adiantado da hora, responderei com a possível brevidade. Depois, se os formuladores quiserem trocar idéias comigo, terei imenso prazer em atender com maior vagar.

O colega Diego Veiga, de Brasília, indaga: *Na sua opinião, a criação de novas contribuições e edição de emendas constitucionais, alterando o desenho constitucional das competências tributárias, chocam-se com o equilíbrio do pacto federativo?*

São, na verdade, duas questões. A primeira gira em torno da criação de novas contribuições. Concordo que a multiplicação de contribuições acaba fragilizando a Federação. Por quê? Porque as contribuições não têm o produto de sua arrecadação partilhado com os Estados, os Municípios e o Distrito Federal, ao contrário que se dá com a maioria dos impostos federais, cujo montante não fica integralmente nos cofres federais, mas, por determinação constitucional, acaba distribuído entre os entes federados. Então, também sob esse aspecto, a proliferação de contribuições é censurável e, portanto, vitanda, já que mal esconde o propósito de hipertrofiar a autonomia financeira da União, ainda que em detrimento da autonomia financeira dos Estados, dos Municípios e do Distrito Federal.

Passo, agora, à questão das emendas constitucionais que alteram as fronteiras das competências tributárias, mormente no que concerne às contribuições.

Vejam os colegas: quando o poder constituinte originário se manifestou, enumerou as contribuições que a União está credenciada a instituir: as *interventivas*, as *corporativas* e as *sociais*. E, ao cuidar das contribuições sociais, estabeleceu, no art. 195, § 4º, da CF, que, além das já expressamente previstas, poderão ser criadas novas, para melhor custeio da seguridade social, observado, porém, o disposto no art. 154, I, do mesmo diploma maior. Com isso, a meu ver, foi criado um direito constitucional subjetivo em favor dos contribuintes – qual seja, o de só serem compelidos a suportar novas contribuições se forem instituídas por meio de lei complementar, se tiverem hipóteses de incidência e bases de cálculo diversas das dos impostos arrolados nos arts. 153, 155 e 156 da CF, se forem não-cumulativas e, ainda por cima – agora, por força do que dispõe o art. 157, II, do Diploma Magno –, se tiverem 20% do produto arredado partilhados pela União entre os Estados e o Distrito Federal.

Muito bem. Concentrando as atenções sobre este último ponto, as emendas constitucionais que autorizaram a criação de novas contribuições, passando ao largo do disposto no art. 195, § 4º, da Carta Magna, inconstitucionalmente "permitem" que o produto arrecadado fique, todo ele, nos cofres federais, o que deveras fragiliza o pacto federativo, com bem o percebeu o colega Diego Veiga.

Uma outra pergunta: *A não-expedição da certidão negativa de débito ao contribuinte constitui sanção política, impedindo o exercício de atividades lícitas?*

Quando a não-concessão for injustificável (por ter havido, por exemplo, a prescrição, ao invés do pagamento), entendo que sim. Nesta hipótese, a não-concessão da certidão negativa do débito fiscal inviabiliza ou, quando pouco, dificulta o exercício de ofício, trabalho ou profissão – direito consagrado nos arts. 150, XIII, e 170, parágrafo único, ambos da CF. Aí, realmente, a omissão constitui sanção política, já que tem a potencialidade de constranger o contribuinte a recolher tributo indevido e – pior – sem que venham observados os meios jurídicos adequados à sua cobrança.

O colega Luiz Cintra, do Ceará, pergunta: *Considerando o teor do dispositivo que define o tipo "excesso de exação", é possível concluir que tal espécie delitiva admita a modalidade culposa para fins de sua configuração?*

Eu não sou penalista, mas já integrei, com muita honra, o Ministério Público do Estado de São Paulo e, por isso, no exercício de minhas funções, cuidei de questões penais. Puxando pela memória, penso que o crime de excesso de exação, capitulado no art. 316, § 1º, do CP, só admite a modalidade dolosa. O delito só se tipifica se o funcionário sabe (dolo direto) ou deveria saber (dolo eventual) que o tributo não é devido ou, se devido, emprega na cobrança meio vexatório ou gravoso, que a lei não autoriza. Um detalhe, porém: salvo engano meu, até hoje nenhum agente fiscal foi condenado pela prática desse delito. Assim, em termos pragmáticos, é como se esta figura delituosa não existisse.

O protesto extrajudicial da CDA pode ser considerado como sanção política, para compelir o contribuinte ao pagamento do tributo?

Num certo sentido, sim. O protesto extrajudicial da CDA é realmente uma maneira de constranger o contribuinte a recolher o tributo – mesmo quando este não seja devido – sem que se observem os ditames da Lei 6.830/1980 (Lei das Execuções Fiscais) e sem, portanto, que possa articular, de modo adequado, sua defesa.

A colega Luíza Corvelo, Procuradora Municipal, indaga: *Reiteradamente, a Fazenda Pública vem sendo acusada de aplicar multa administrativa com efeito de confisco. As multas administrativas incidem sobre a base de cálculo e podem variar de 20 a 150%. Doutrinariamente, o confisco deve ser apreciado tomando-se por base o patrimônio da pessoa. Qual seu posicionamento sobre o tema, ou seja, quando podemos afirmar a ocorrência da aplicação de multa administrativa com efeito de confisco?*

Bem, a meu ver, o confisco é vedado, seja na esfera administrativa, seja na esfera tributária. É difícil, de antemão, estabelecer quando uma sanção administrativa ou quando um tributo são confiscatórios. *A priori*, pode-se, no entanto, dizer que confiscatórios são a multa administrativa ou o tributo que lanham o *mínimo vital*, também chamado *mínimo existencial*. *Mínimo vital* que, no caso da pessoa física, é o mínimo indispensável para que ela se vista, se alimente, se eduque, cuide do bem-estar de seus dependentes econômicos, e assim avante. No caso da pessoa jurídica, *mínimo vital* é aquele mínimo indispensável para que a empresa pague os salários de seus funcionários, mantenha o capital de giro, renove o estoque etc. Mas tem razão a indagadora: só um exame do caso concreto poderá revelar se *aquele* tributo ou *aquela* multa assumiram caráter confiscatório.

Alguém pode ficar impressionado com o percentual de 150%, seja para um tributo, seja para uma multa. Este percentual é, de fato, elevadíssimo. Mas sua aplicação sempre implicará confisco? Depende do tributo, depende da multa. Observem: o imposto sobre a importação de produto voluptuário pode perfeitamente ter uma alíquota de 150% de seu valor. Já, o imposto sobre a propriedade predial urbana será confiscatório se sua alíquota for de, digamos, 5% do valor venal do imóvel. Então, confiscatórios são o tributo ou a sanção administrativa que vulneram o *mínimo vital*. E aí há de ser levado em conta também o patrimônio do contribuinte.

Registro, por oportuno, que, no caso dos tributos, também leva ao confisco a abrupta e excessiva majoração legal de suas bases de cálculo, a ponto de dar ao contribuinte a impressão de que está sendo sancionado. Ademais, isto traz sérias repercussões em seu orçamento familiar (caso da pessoa física) ou em suas atividades e patrimônio (caso da pessoa jurídica), que levarão considerável tempo para serem neutralizadas.

Outra pergunta: *A Constituição de 1988 reza que o contribuinte de IPTU que não atender à função social da propriedade será gravado com a progressividade no tempo. Como fica essa progressividade à luz da proporcionalidade e da garantia constitucional do não-confisco? Não seria o caso de o Município utilizar a desapropriação e edificação compulsória, sem atingir o confisco?*

O IPTU aceita uma progressividade sancionatória. Isto vem previsto no art. 182, § 4º, II, da CF. Melhor explicitando, o IPTU, *nos termos de lei federal*, pode ter suas alíquotas aumentadas progressivamente (agora, por meio de lei local), na medida em que o proprietário do imóvel urbano for perseverando em seu mau aproveitamento, ou seja, no descumprimento da função social da propriedade, definida no *plano diretor* do Município. É a chamada *progressividade no tempo*. Há, porém, um limite para isso: o tributo não pode assumir, nem assim, feições confiscatórias. Quando se está chegando perto disso, há de haver a aplicação da sanção prevista no art. 182, § 4º, III, da CF, qual seja, a desapropriação com pagamento mediante títulos da dívida pública, resgatáveis em até 10 anos.

Noto, a propósito, que o *Estatuto da Cidade* (Lei federal 10.257/2001), em seu art. 7º, § 1º, estabeleceu que o valor da alíquota do IPTU progressivo no tempo não "excederá a duas vezes o valor referente ao ano anterior, respeitada a alíquota máxima de 15%".

Embora este dispositivo revele a louvável preocupação de evitar que o IPTU seja utilizado como instrumento de confisco, entendo que tal artigo é inconstitucional, por haver cuidado de *norma geral em matéria de legislação tributária*, veiculável apenas por meio de lei complementar, a teor do art. 146 da CF.

O colega Luciano Miguel pergunta: *O princípio da proporcionalidade está implícito no sistema tributário constitucional brasileiro?*

Entendo que sim. Está nas dobras de uma série de comandos constitucionais, maiormente naqueles que tratam da progressividade dos tributos, da igualdade, da eficiência, do não-confisco e da capacidade contributiva.

Mais uma pergunta: *Defender o Código de Defesa do Contribuinte não significa relevar a existência e eficácia do Código Tributário Nacional, da Constituição Federal e demais normas que regem as relações entre o Fisco e o sujeito passivo tributário?*

Creio que são situações diferentes. O Código Tributário Nacional é um diploma voltado mais em favor das entidades tributantes; só por via oblíqua repercute no campo dos direitos fundamentais dos contribuintes. Daí a necessidade de um outro diploma legal que cuide precipuamente dos direitos dos contribuintes.

Concordo, por outro lado, que a Constituição Federal protege, com riqueza de detalhes, o contribuinte contra eventuais excessos fazendários. Mesmo assim, entendo que o Código de Defesa do Contribuinte é necessário, já que ele é que vai dar operatividade e plena eficácia aos mandamentos constitucionais que conferem garantias ao contribuinte. Ele virá, nesse ponto, explicitar o que já se encontra implícito na Constituição, mas, que, muita vez, não vem implementado, na prática.

Por isso sou um defensor ardoroso do Código de Defesa do Contribuinte, que, como sempre digo, tornará mais justa a tributação. Depois, nos países mais avançados em matéria tributária, como os Estados Unidos, a Itália, a Espanha, a Bélgica e o Japão, há um Código de Defesa do Contribuinte. E, vejam os colegas que são países onde a tributação é levada a sério, onde os sonegadores são processados e muitas vezes chegam a amargar o cárcere. Em suma, a experiência revelou, nesses países, que o Código de Defesa do Contribuinte não inviabilizou a tributação.

Em suma, o Código de Defesa do Contribuinte não vai prestigiar o sonegador, nem vai evitar a tributação; apenas vai ajudar a mantê-la dentro do chamado *Estado de Direito*.

Colega pergunta: *Qual o número do projeto de Código de Defesa do Contribuinte na Câmara Federal?*

Na Câmara Federal ainda não há número, porque o projeto, como eu disse há pouco, dorme o "sono dos justos" no Senado da República. No Senado, o projeto (de lei complementar) tem o n. 646/1999.

A colega Lucilara Guimarães indaga: *Há caso em que a Fazenda Nacional não emite a certidão positiva com efeito de negativa porque a dívida aumentou no decorrer da execução fiscal, mas o bem penhorado não foi reavaliado e aquele ultrapassou o valor deste. Então, o contribuinte é obrigado a pedir a reavaliação ou reforçar a penhora, e só após isso é que a Fazenda libera a certidão. Isso também se enquadraria numa sanção política, haja vista que a Lei de Execuções Fiscais prevê que o reforço da penhora deve ser requerido pela Procuradoria da Fazenda Nacional?*

Corrijam-me os demais integrantes da Mesa, se eu estiver enganado. A certidão positiva com efeito de negativa é emitida por prazo certo. Assim, creio que dentro desse prazo ela produz seus efeitos. Ultrapassado o prazo, uma nova certidão positiva com efeito de negativa terá que ser pleiteada – e aí, sim, será preciso garantir, de modo adequado, o débito, agora aumentado. Se é que eu entendi a pergunta, essa me parece ser a resposta.

Já estamos quase terminando. A colega Ana Braga indaga: *Se hoje a sociedade deixou de ser uma feição do "laisser faire, laisser passer", por um perfil mais economicista e jurídico, como solucionar a questão do direito de certidões garantido pela Carta Magna e o art. 206 do CTN?*

Não vejo incompatibilidade. A Carta Magna, em seu art. 5º, XXXVI, "b", garante a todos, independentemente do pagamento de taxas (de serviço), a obtenção de certidões em repartições públicas, para defesa de direitos e esclarecimento de situações de interesse pessoal. Já, o art. 206 do CTN permite que contribuinte em débito para com a Fazenda Pública obtenha certidão positiva, com efeitos de negativa, desde que: haja créditos tributários não-vencidos; esteja em curso cobrança executiva e nela tenha sido efetivada a penhora, vale dizer, tenha havido a garantia do juízo; ou a exigibilidade dos créditos tributários vencidos esteja suspensa, por força de qualquer dos incisos do art. 151 do CTN.

Novamente a colega Eloísa Curvelo: *O Professor posicionou-se pela inconstitucionalidade do regime especial de fiscalização. No caso, tal procedimento é aplicado quando o contribuinte se nega a apresentar a documentação ao Fisco ou quando verificada infração tributária como fraude ou, ainda, em caso de simulação. Nesses casos não ficaria o Fisco descoberto ao afastar tal procedimento fazendário, proliferando-se a negativa de apresentação dos documentos obrigatórios para revisão fiscal das empresas?*

Vejam: eu não disse que era contrário ao regime especial de fiscalização, mas ao *abuso* do regime especial de fiscalização. É claro que, em casos como o ora relatado, ele é perfeitamente aceitável, desde que se perfaça nos estritos termos da lei.

Finalmente, o colega Mailton Ramalho indaga: *Como evitar a aplicação de sanções políticas se os sonegadores, na ausência destas, ficam com os mesmos direitos na igualdade e concorrência com os rigorosamente adimplentes?*

É muito simples: entrando a Fazenda Pública com as medidas judiciais cabíveis; basicamente, o processo de execução fiscal e a ação cautelar fiscal. Jamais negando ao contribuinte o direito de imprimir notas fiscais, apreendendo-lhe mercadorias, interditando-lhe o estabelecimento comercial, tudo com o fito de compeli-lo a recolher o tributo, ainda que eventualmente indevido.

O contribuinte, é certo, tem – como observa Casalta Nabais – o dever de pagar tributos. Desde que – acrescento eu – nos estritos termos da Constituição e da lei. Além disso, tem o direito de se defender contra a pretensão fazendária, observado o devido processo legal, que alui (inconstitucionalmente) diante de sanções políticas.

Enfim, essas as perguntas que chegaram às minhas mãos, a que eu respondi superficialmente, a vôo-de-pássaro, até para não prejudicar o sagrado horário de almoço de todos nós.

Obrigado! [*Palmas*]

PRESIDENTE DA MESA (PROFA. CONSUELO YOSHIDA) – Com isso encerramos esta primeira Mesa, e às 14:15h está previsto o início da Mesa sobre "Tributos Municipais". Muito obrigada a todos, e parabenizo os palestrantes!

MESA DE DEBATES "B"

TRIBUTOS MUNICIPAIS

PRESIDENTE DA MESA: PROF. ESTEVÃO HORVATH

MEMBROS DA MESA: PROFA. SUSY GOMES HOFFMANN, PROF. AIRES BARRETO, PROFA. ANNA EMÍLIA CORDELLI ALVES, PROFA. ELIZABETH NAZAR CARRAZZA

PRESIDENTE DA MESA (PROF. ESTEVÃO HORVATH) – Boa tarde, colegas congressistas! Vamos reiniciar os trabalhos do *XX Congresso Brasileiro de Direito Tributário*, nesta parte referente à Mesa de "Tributos Municipais".

Compõem a Mesa as professoras Susy Gomes Hoffmann, Elizabeth Nazar Carrazza e Anna Emília Cordelli Alves e o professor Aires Barreto.

A professora Susy Gomes Hoffmann, da PUC de Campinas, falará sobre "ISS: Local da Prestação e Estabelecimento. Retenção na Fonte e Cadastramento. Guerra Fiscal". Sem maiores delongas, passamos a palavra à professora Susy.

ISS: LOCAL DA PRESTAÇÃO E ESTABELECIMENTO. RETENÇÃO NA FONTE E CADASTRAMENTO. GUERRA FISCAL

PROFA. SUSY GOMES HOFFMANN – Boa tarde a todos os presentes! Cumprimento a Mesa, Dr. Estevão Horvath, Dr. Aires Barreto, Dr. Anna Emília. É um prazer imenso estar participando deste Congresso, e numa Mesa com professores tão renomados, para falar sobre os tributos municipais, que cada vez mais ganham importância grande no cenário tributário nacional.

O tema que me coube, como o professor Estevão já colocou, é o ISS focado na questão do local da prestação de serviço; e, por decorrência, o conceito de "estabelecimento", problemas de retenção na fonte, cadastramento e a guerra fiscal que surge em razão desses pontos.

O tema é realmente complexo, e mais e mais vem ganhando contornos e discussões entre os Municípios em vista da legislação, principalmente da legislação de 2003, que, segundo meu entendimento, em vez de clarear, ainda piorou a situação, em especial no tema do local de prestação de serviços.

Muito bem. Para colocar bem a questão do local de prestação de serviços no ISS, creio que é necessário iniciar essa exposição pelas duas posições que nós temos com relação ao local da prestação de serviços. Todos nós sabemos que a Constituição Federal traz em seu texto a competência tributária, e coube aos Municípios a competência tributária para instituir impostos sobre os serviços. Serviços que, de acordo com o texto constitucional, alguns estão excepcionados para a competência dos Estados e, ainda de acordo com a Constituição, sofreriam algumas restrições indicadas por lei complementar.

Pois bem. A partir desse texto que está na Constituição, que determina que compete aos Municípios e ao Distrito Federal instituir impostos sobre serviços de qualquer natureza, podemos ter duas posições doutrinárias. Uma que entende que a própria dicção da Constituição – *compete aos Municípios e ao Distrito Federal instituir impostos sobre serviços de qualquer natureza* – já indica o local da prestação de serviços, uma vez que o local seria indissociável da própria prestação de serviços. Então, o Município competente seria o Município em que efetivamente ocorre a prestação de serviços. Essa é a primeira posição.

Temos a segunda posição, que entende o seguinte: o legislador infraconstitucional pode eleger o local da prestação de serviços, desde que esse local seja afeto à prestação de serviços, seja o estabelecimento prestador, seja o tomador, seja o local em que efetivamente ocorreram os serviços.

Essas são as duas posições existentes.

Desde logo eu coloco a minha posição. Entendo que, quando a Constituição Federal diz que a competência tributária é para instituir impostos sobre serviços de qualquer natureza, para mim, é claro que a incidência tributária se refere aos serviços prestados dentro do limite territorial do Município, de tal modo que ele – Município – não pode tributar serviços que não ocorram dentro dos seus limites territoriais. Então, essa é a minha posição, porque entendo que o fato jurídico, como qualquer outro fato, não pode ser analisado de uma maneira dissociada do tempo e do espaço. Inclusive quem já disse isso foi Kant, quando falou do conhecimento do fenômeno sempre dentro das coordenadas de espaço e tempo.

Então, onde ocorre o fato? Qual fato? *Prestação de serviços.* Esta prestação de serviços necessariamente vai acontecer num determinado espaço, num determinado tempo, relacionado a esta prestação de serviços. Então, seria uma impropriedade falar que aquele fato aconteceu num outro local que não onde efetivamente ele ocorreu. De tal maneira que se a competência tributária para instituir impostos sobre serviços é dos Municípios, a competência do Município ocorreria sobre aqueles serviços ocorridos dentro daquele limite territorial. Lembro que esses serviços que podem sofrer incidência tributária são os serviços próprios do negócio jurídico, regulado pelo direito privado, oneroso e tudo o mais. Estou partindo deste pressuposto porque o tempo não permite trabalhar o próprio critério material do imposto sobre serviços.

Então, me parece que a posição mais acertada, à qual eu me filio, é que não caberia ao legislador infraconstitucional eleger outro local que não fosse o local da efetiva prestação de serviços. Entendo, contudo, que excepcionalmente, em casos em que houvesse conflito de competência entre os Municípios e – eu admitiria – naqueles casos em que a operacionalização própria do fato jurídico tributário, pela própria natureza do serviço, fosse dificultosa de ser delimitada, poderia a lei indicar, de forma presumida, o local da ocorrência do fato gerador. Neste último caso, um exemplo seria o serviço de entrega de encomendas em que o prestador efetivasse o serviço um dia numa cidade, outro dia numa outra, outro dia numa outra: nesses casos, poderia a legislação infraconstitucional presumir que o fato ocorreu no Município do local do estabelecimento do prestador, ou do prestador onde ele está domiciliado.

Muito bem. Qual é o problema que nós temos, hoje? Temos as duas posições, e o problema que hoje eu vejo como o grande caos jurídico que vivemos em termos de ISS é que as legislações municipais adotam as duas posições doutrinárias apontadas ao mesmo tempo – que são, a meu ver, contraditórias entre si.

O legislador municipal estabelece que se considera local da prestação de serviço o Município onde ocorrido o serviço ou se considera como regra geral o estabelecimento do prestador e se considera o estabelecimento onde ocorreu efetivamente o serviço – ou seja, misturam-se as duas regras. E, aí, qual o outro problema que nós temos? Dois Municípios cobrando com as duas regras juntas. Então, se tomarmos o Município de São Paulo e o Município de Campinas, por exemplo – duas legislações por nós conhecidas –, vamos verificar que não há saída para o tomador e o prestador, isto é, para o prestador estabelecido em

Campinas que presta serviços em São Paulo ou para o prestador de serviços estabelecido em São Paulo que presta serviços em Campinas. A empresa prestadora de serviços vai ter que pagar nos dois lugares ou vai ter que entrar com uma ação judicial para discutir para quem vai pagar. Porque os dois Municípios cobrarão o valor.

Soma-se a isso o fato de que a nova legislação complementar traz de uma maneira mais enfática a figura do responsável tributário para o tomador de serviços e a figura da retenção. Então, o caos é total, porque o tomador de serviço, que quer ter contingência zero, na dúvida, ele retém. Ele não vai discutir onde ocorreu a efetiva prestação de serviços; na dúvida, ele retém. E o prestador de serviços, que fica à mercê, muitas vezes, dessa situação, tem o valor dele retido no momento do pagamento, porque a legislação, para o tomador, dispõe: "Olha, é o seguinte, você tem que reter nesse e nesse caso"; mas se, por algum motivo, eu entender que aquele prestador de serviços, que não está mencionado aqui, deveria ter pago o ISS neste Município, caberia a retenção, e se você não fez, você é solidário. Então, o tomador de serviços acaba fazendo retenção ou exigindo que o prestador mostre que pagou para o Município em muitos casos, então, o que se verifica hoje é um problema muito sério, que tomador e prestador de serviços estão enfrentando.

E o enfretamento deste problema se dá justamente pela falta de clareza na regra. Em vez de termos uma regra clara indicando qual o Município competente, que é do local da prestação de serviços e com a colocação pontuada das exceções, nós temos, na grande parte dos Municípios, as duas posições possíveis misturadas nos dispositivos legais: tanto o Município tributando os serviços do prestador localizado num Município e que presta serviços num outro Município, como do tomador de serviços que toma o serviço de um outro prestador, de um prestador que venha de um outro Município – ou seja, nas duas situações.

Mas talvez, para entender esse caos, tenhamos que voltar um pouco na legislação e ao ISS, na evolução legislativa, para entender o que aconteceu. Preliminarmente, preciso colocar que não concordo que a legislação complementar pudesse tratar do ISS da maneira como tratou, pois entendo que, se a Constituição já delimitou os critérios da hipótese de incidência do ISS, não caberia à legislação complementar fazer além daquilo que a Constituição determinou. Assim, caberia à lei complementar indicar os serviços tributáveis, alíquotas mínima e máxima, a questão do ISS sobre exportações e os incentivos. A legislação complementar – tanto o Decreto-lei 406/1968 como a Lei Complementar 116/2003 – extrapolou dos seus limites. Por outro lado, não podemos fugir do fato de que esta é a legislação que está aí, e temos que enfrentá-la. Assim, não vou entrar na questão de não concordar que uma lei complementar pudesse ter entrado tanto nas questões que entrou do ISS; vou partir já desse pressuposto. Mas deixo claro que não concordo que a legislação pudesse fazer isso que fez, trazendo enormes problemas para todos os que atuam com o ISS.

Muito bem. Vamos para a evolução legislativa. O ISS surgiu no Código Tributário Nacional, isto é, em 1966. Aqueles artigos vigoraram por pouco tempo. A Constituição, em 1967, já trazia a previsão do ISS para os Municípios, incidindo sobre o serviço de qualquer natureza. E veio o Decreto-lei 406/1968, e aí começou a confusão. No decreto-lei, em seu art. 12, há a seguinte determinação: o local de prestação de serviço é considerado o do estabelecimento prestador ou, na falta do estabelecimento, o do domicílio do prestador.

Então, o art. 12 do Decreto-lei 406 já indicava: "Olha, não vamos considerar o local da efetiva prestação de serviços, vamos considerar o local em que estiver estabelecido o prestador". Mas, desde então, a doutrina começou a apontar uma impropriedade nessa previsão do art. 12 do Decreto-lei 406. Em 1978 o professor Roque Carrazza, em artigo jurídico, já apontava que o referido art. 12 não estava em consonância com a então Constituição Federal vigente, porque não estava prestigiando o local da prestação de serviço, e sim o do estabelecimento prestador. Entretanto, se havia legislação dando essa oportunidade, o que muitos prestadores de serviços fizeram? Planejaram, em vista da análise de cada legislação municipal, o melhor Município, em termos tributários, para se estabelecerem, pensando assim: "Bom, eu vou prestar serviço em vários Municípios; então, vou eleger para me estabelecer um Município que tem uma alíquota reduzida de ISS" – e aí, sim, realmente existiam os paraísos fiscais de ISS que todos conhecemos: Barueri, Morungaba, Santana de Parnaíba, Santo Antônio de Posse, que cobravam 0,5%.

Em muitos casos as empresas se estabeleciam efetivamente nessas cidades e prestavam serviços para diversos outros Municípios. E tivemos, também, várias situações realmente de fraude, em que a empresa colocava um endereço numa dessas cidades, mas efetivamente estava estabelecida em outro Município.

Muito bem. Os Municípios, os grandes Municípios, percebendo isso, começaram a falar: "Se a competência do ISS é para cobrar os serviços que estão dentro do território do Município, não vamos considerar o endereço comercial desses prestadores, e sim onde, efetivamente, ocorre a prestação de serviços".

E começaram aí as autuações fiscais de ISS para esses prestadores. E essa questão foi caminhando na jurisprudência administrativa e judicial sobre se esse art. 12 do Decreto-lei 406/1968 poderia ser uma regra geral, ou não.

Muito bem. No STF nunca tivemos uma questão específica sobre o art. 12 do Decreto-lei 406. Um único julgado, pelo menos, que eu conheço que passa pela questão é um julgado de 1972 que diz que exclui da base de cálculo do ISS serviços que não foram realizados naquele Município. É o único julgado que eu conheço.

O STJ, por sua vez, teve diversos julgados. A posição final surgiu de um julgado em embargos de divergência em que se entendeu que o ISS é devido no local da prestação de serviços.

Então, em resumo, a situação jurisprudencial que temos é uma posição, podemos dizer, consolidada do STJ no sentido de que o Município competente para tributar é o Município em que ocorre a efetiva prestação de serviços.

Neste sentido já se discutiu se o STJ poderia ter afastado o art. 12 do Decreto-lei 406, se não poderia. Há, inclusive, um artigo jurídico, também já de algum tempo, do professor Marçal Justen Filho em que ele tenta harmonizar o art. 12 do Decreto-lei 406 com o próprio CTN, no art. 127, que vai tratar do domicílio. Ele trata mais ou menos assim do assunto: o estabelecimento a que o art. 12 se refere não é o endereço comercial, é o local em que ocorre a efetiva prestação de serviço.

E assim foram caminhando a jurisprudência e os entendimentos. Pois bem, já vivíamos um caos em termos de entendimentos, alguns Municípios querendo cobrar pelo domicílio do prestador, outros pela efetiva prestação de serviço, cada um frente a seus interesses. Os Municípios que tinham muitos prestadores com endereço em seu Município entendendo que valia a regra literal do art. 12. Os Municípios que tinham muitas empresas tomadoras de serviços em seu território entendendo que valia o entendimento dado pelo STJ.

De uma maneira geral, muitos pensavam que mesmo com as decisões reiteradas do STJ o problema continuava, porque como saber o local onde efetivamente ocorreu o serviço? Vejam, creio que aí voltamos, de novo, para o critério material do ISS. Se é uma prestação de serviço, se é um negócio, qual é a atividade-fim para que foi contratada aquela empresa prestadora de serviços? Onde foi realizada essa atividade-fim? E, aí, entendo que o local em que foi realizada essa atividade-fim deveria ser o competente para a tributação.

Na prática, temos que para alguns serviços não há a menor dificuldade em se entender isso. Alguns sempre serão prestados num lugar já específico, às vezes o endereço do tomador, às vezes o do próprio prestador. Serviços de vigilância, de limpeza, de jardinagem, sempre o serão no Município em que está o tomador. Serviços hospitalares sempre serão prestados onde está o prestador. Não há dúvidas com relação a estes serviços. Alguns serviços dependem do contrato. Serviços de treinamento, por exemplo, dependem do local em que vai ser feito esse treinamento e como foi feita a contratação; se é uma empresa prestadora que faz o treinamento, as pessoas vão até o local da empresa, se aqueles que vão ser treinados vão ao local específico – aí, realmente, se tem que verificar em que local vai efetivamente ocorrer a prestação de serviços. E temos os serviços intelectuais; nesses, realmente, há uma dificuldade maior em ser definido o local; e talvez uma regra que dirimisse ou presumisse a prestação sempre no local do estabelecimento prestador evitasse maiores conflitos.

Tínhamos, então, a regra do art. 12 do Decreto-lei 406/1968, a posição do STJ e a discussão grande entre os Municípios. Pois bem, em 2003 foi publicada a Lei Complementar 116, que, em vez de trazer clareza para a situação, no meu ponto de vista, trouxe mais dificuldades para se interpretar a questão do aspecto espacial do ISS. Por quê? Porque a Lei Complementar 116, no seu art. 3º, em vez de consolidar a posição do STJ, traz a regra do art. 12 do Decreto-lei 406, nos seguintes termos: um serviço considera-se prestado, e o imposto devido, no local do estabelecimento prestador, voltando para a figura do estabelecimento, ou, na falta do estabelecimento, no domicílio do prestador. E ainda coloca a palavra "exceto", e traz uma lista grande de outras situações em que não se consideraria o local do estabelecimento do prestador.

Então, lendo o art. 3º, parece, numa primeira análise, que os legisladores infraconstitucional e complementar podem definir a regra que quiserem, sem preocupação com o texto constitucional. Assim, a opção legislativa, aparentemente, foi a de escolher o local como regra geral, não onde se considera ocorrido o fato gerador, mas o local em que está estabelecido o prestador. E trouxe um rol de exceções. Parece claro. Só que, quando lemos o art. 4º da lei, vamos por outro caminho. O art. 4º diz, em síntese, que se considera estabelecimento prestador o local onde o contribuinte desenvolve a atividade de prestar os serviços, de modo permanente ou temporário, que configure unidade econômica ou profissional. Assim, quando lemos o art. 4º, parece que ele está completamente dissociado do art. 3º, porque o art. 3º coloca o estabelecimento do prestador e traz as exceções, e, olhando as exceções, vemos que estas (exceções) em grande parte se referem ao local onde efetivamente ocorreu a prestação de serviço. Quando vamos para o art. 4º, ele dispõe que o estabelecimento do prestador é diferente do endereço comercial, para fins de ISS eu vou considerar o estabelecimento onde ocorre a prestação de serviços. Então, o problema, no meu ponto de vista, ficou maior, porque de novo trouxe as duas regras. Só que, agora, as duas regras estão explícitas na lei complementar.

Então, daí, o que aconteceu? Aconteceu que depois da Lei Complementar 116 os Municípios refizeram suas legislações, trazendo em todos eles essas duas regras: a regra geral do art. 3º e a regra, geral também, do art. 4º. E trazendo também esses Municípios, com base no art. 6º da Lei Complementar 116, a figura da responsabilidade, porque o referido art. 6º dispõe que a lei municipal poderá indicar o responsável tributário e, ainda, creio que no § 2º dispõe sobre as hipóteses em que, independentemente da lei, já estão previstos os casos de responsabilidade, inclusive com retenção na fonte dos valores. Aí, o que fizeram os Municípios? Vislumbraram na figura do tomador de serviços seu potencial fiscal de ISS e trouxeram para a figura do tomador aquele que vai verificar se ocorreu ou não o fato jurídico tributário, se aquele prestador pagou ou não o ISS, se ele tem a ficha cadastral, e inúmeros deveres instrumentais e formais criados pelos legisladores em cada um dos muitos Municípios do Brasil.

O caos está muito grande em termos de ISS com relação ao local de prestação de serviço, porque temos as duas regras, hoje: a posição sedimentada do STJ, a figura da responsabilidade, e a figura da retenção. Não me lembro se a legislação de São Paulo tem a figura da responsabilidade, mas me parece que a de Campinas tem, ainda, aquele artigo que determina que será responsável, ou solidário, todo aquele que tiver qualquer interesse no negócio. Então, o tomador tem, e ele vai ficar responsável.

Para o tomador de serviços ficou muito complicado, porque ele tem que se cercar de uma série de documentação, se ele não fizer retenção na fonte daquele contribuinte, se não pagou para o Município onde está estabelecido o tomador, não o fez por uma série de circunstâncias. E o prestador muitas vezes vê o valor retido na fonte; por exemplo, o prestador estabelecido em Campinas que prestou serviços em São Paulo, o tomador de São Paulo fez retenção na fonte, o Município de Campinas também vai exigir dele. Ou ele, além de ter a retenção, opta por pagar também em Campinas, ou ele corre o risco de ser autuado em Campinas e depois ter multas altas e tudo mais, ou ele vai à Justiça. Não me parece que exista outra saída. Se ele for à Justiça, a posição é consolidada no STJ no sentido do local da prestação do serviço.

Parece-me que a atitude mais cautelosa seria sempre olhar em que local efetivamente ocorreu a prestação e apostar nessa linha, defendendo-se de autuações e ações e dessas contingências todas.

Meu tempo está acabando, e coloco o seguinte, para finalizar: as legislações municipais, em vista de os grandes Municípios, no passado, terem sofrido realmente com as fraudes fiscais, instituíram, com muita voracidade, deveres instrumentais e formais e exigências aos tomadores e prestadores. Eu comentava que para preparar esse texto resolvi verificar a legislação do Município de São Paulo para tentar entender quem era responsável. Daí verifiquei que um prestador de serviço de outro Município, para se cadastrar, precisa apresentar um rol de documentação tão grande, que me assustei. Se eu fosse prestadora de serviço, para me inscrever em São Paulo, talvez eu desistisse de prestar o serviço, para não ter que enfrentar toda a formalidade necessária. Outra opção que muitos prestadores têm é a de colocar no preço dos serviços o ISS a mais e não discutir a retenção na fonte. Só que esse tipo de raciocínio só vem a prejudicar o próprio Direito no estado das coisas, porque, hoje, o que assistimos, na prática, é o tomador se cercando de tudo, o prestador muitas vezes acatando tal decisão do tomador. Ainda não chegaram as autuações com base na nova lei, em face justamente de a legislação ser nova. Mas eu creio que o problema a ser enfrentado é grande, e é uma pena que a retenção, essa possibilidade de retenção, tenha sido disseminada e que tomadores de serviços tenham virado fiscais, e não só no ISS, como em todos os outros tributos E pior ainda é que a sociedade tenha aceitado isso de maneira serena e tranqüila, porque tem causado muito prejuízo para a própria coletividade, porque quando prestador e tomador, cada um num Município, acabam por pagar o ISS para seus Municípios, há um prejuízo para o próprio produto final, para o valor do produto final, e a sociedade como um todo paga por isso, e a capacidade contributiva acaba sendo extrapolada e os princípios da Constituição jogados no lixo.

Então, uma alternativa que vemos a esse caos é aceitar a legislação, esse sem-número de deveres instrumentais e formais, abaixar a cabeça e pagar. Outra é percorrer o longo, penoso e às vezes duvidoso caminho do Poder Judiciário. Mas talvez seja a única instituição confiável para que possamos mudar essa situação. E um caminho alternativo seria, por meio das instituições de classe, pelos nossos representantes na Câmara Federal e na própria Câmara Municipal, tentar mudar as legislações.

Meu entendimento é no sentido de que, se quisermos continuar no Estado de Direito e conviver como cidadãos, temos que optar pela segunda alternativa, isto é, brigar pelos nossos direitos. Porque, senão, iremos continuar mais e mais nesse caos jurídico – do qual a legislação do ISS é um dos muitos exemplos que nós temos –, que traz prejuízo para toda a coletividade, para toda a sociedade.

É isso. Obrigada! [*Palmas*]

PRESIDENTE DA MESA (PROF. ESTEVÃO HORVATH) – Muito obrigado, professora Susy! Agradeço também por não ter ultrapassado seu tempo de fala, num tema tão complexo e discutido. E pela sua concisão, também. E já passamos a palavra ao professor Aires Barreto, que discorrerá sobre "Instituições financeiras: ISS e IOF. Conflitos".

INSTITUIÇÕES FINANCEIRAS: ISS E IOF. CONFLITOS

PRESIDENTE DO IDEPE (PROF. AIRES BARRETO) – Cumprimento o Presidente desta sessão, professor Estevão Horvath, e as ilustres professoras. Elizabeth Nazar Carrazza, Anna Emília Cordelli Alves e Susy Hoffmann.

Em geral, exposições começam pelo começo. Eu peço desculpas, mas a minha, eu vou começar pelo fim. Houve um julgado nos primórdios do ISS dizendo que a atividade de administração de cartões de crédito envolve uma prestação de garantia e uma prestação de serviço; logo, é uma prestação de serviços. Sobre tal conclusão voltarei a falar no final.

Estremar a incidência do ISS e do IOF é missão deveras difícil. Penso que seja impossível, num espaço de 20 minutos, 25 minutos, tentar dizer quais atividades estão sujeitas ao ISS e quais atividades outras estão sujeitas ao IOF. De sorte que me pareceu mais prudente fazer uma análise de alguns critérios que devem nortear o nosso estudo para afirmarmos, com razoável dose de certeza, que deve incidir o imposto "A" ou o imposto "B".

É preciso tomar em conta, desde logo, alguns pressupostos, que haverão de demarcar uma tomada de posição a respeito. Primeiro, é preciso saber se estou diante de atividades que configurem serviço à luz da Constituição. Segundo, é preciso saber se estamos diante de atividades que são etapas, requisitos, condições, meios, pressupostos, para atingir o fim, ou se são o próprio fim. Precisamos verificar se ainda estamos cuidando de um mero contrato, uma vez que o ISS incide sobre fato, mas é iluminado pelos contratos que a ele são subjacentes. Precisamos, outrossim, verificar se, na verdade, não estamos decompondo um contrato típico, um contrato nominado, para tributar as suas partes, ou se, inversamente, numa outra situação, não estamos aglutinando numa só atividade aquela que é demarcada por vários contratos, cada um distinto do outro. Vamos esmiuçar um pouco esses pressupostos.

É necessário ter em conta que se trata de serviço tributável à luz da Constituição. Logo, o primeiro passo é ter presente que não podemos analisar serviço em função do seu conceito vulgar, corrente, comum. Porque o que devemos buscar é a noção de *serviço tributável*. Na acepção comum, vulgar, temos vários serviços na industrialização. Na indústria se embalam, se empacotam e se arrumam produtos, são realizados trabalhos de limpeza; na indústria e em laboratórios, recipientes são lavados; móveis são mantidos, reparados, consertados. Se formos para a atividade comercial, vamos encontrar vários serviços, seja na arrumação, no empacotamento, na embalagem para presente; seja no arrumar a loja, no preparar as suas vitrinas, escalonar os ternos por tamanho ou os vestidos por certa categoria de manequins; em suma, limpar, varrer, fazer cartazes, tudo isto é serviço, da perspectiva vulgar, do prisma comum.

Mas, para que se tenha serviço tributável à luz da Constituição, precisamos ter em conta que *serviço* é o esforço de pessoas – físicas ou jurídicas, não importa – em favor de outrem, com conteúdo econômico, realizado sob regime de direito privado, mas sem subordinação, posto em comércio, tendente a produzir uma utilidade material ou imaterial.

Em outras palavras, *serviço* não é o que diz a lei complementar, *serviço* é o que diz a Constituição. A lei complementar pode definir serviços à luz da Constituição, e não ela mesma estabelecer que isto ou aquilo, que não satisfaz o conceito pressuposto constitucionalmente, é serviço. Como diz o mestre Souto Borges, a lei complementar não é como o rei Midas, que tudo que toca vira ouro, que tudo que toca vira serviço. Não podemos conceber que o que se pôs na lei complementar é serviço, que o que se tirou da lei complementar deixou de ser serviço. Não! A lei complementar há de respeitar o conceito de *serviço* pressuposto constitucionalmente. Em outras palavras, é preciso que se tenha esforço humano a terceiros, a outrem, porque, se não, estaríamos a tributar o serviço para si mesmo. Na prestação de serviço deve haver sempre um prestador e um tomador, enlaçados por uma relação jurídica. É preciso ter presente que devemos ter esforço humano a terceiros, com conteúdo econômico, já que não é tributável o serviço altruístico, o serviço desinteressado, o serviço familiar, o serviço qualitativo, porque todos eles estão despidos de conteúdo econômico. Não se há de confundir, ainda, *conteúdo econômico* com *lucro*, que é uma outra coisa. Há incidência do ISS bastando haja conteúdo econômico. Se da prestação de serviço decorre lucro, equivalência entre receita e despesas, ou prejuízo, isso é absolutamente irrelevante para a incidência do imposto; o que sobreleva, o que é fundamental, é que ele seja apreciável economicamente, que haja conteúdo econômico.

A atividade desempenhada deve darse sob regime de direito privado, porque não é tributável o serviço público, que é alvo da imunidade constitucional, de acordo com o art. 150, VI, "a", do texto constitucional. Serviço público, só é remunerável por via de taxa. Os serviços públicos só são remuneráveis por meio dessa espécie tributária (taxa). Importa ter presente, também, que o regime de direito privado deve ser sem subordinação, porque, se houver vínculo empregatício, estatutário, a atividade estará fora do campo de incidência do ISS, até porque, nesse caso, terá conteúdo de natureza alimentar, e não conteúdo econômico, como pressupõe a incidência desse imposto.

Nesse contexto, basta que o serviço seja tendente a produzir uma utilidade material ou imaterial. Rigorosamente, essa cláusula seria dispensável, mas o professor Geraldo e nós a incluímos pela circunstância de que havia doutrina que defendia que o antigo ICM incidia sobre circulação de bens materiais, enquanto o ISS haveria de incidir sobre a circulação de bens imateriais.

Ora, e tanto isso não era verdade à época, que veio a Súmula 570 do STF, dizendo que não incidia ICM em tais e quais situações porque, a despeito de serem materiais, não eram mercadorias. O mesmo vale no campo do ISS, ou seja: se o resultado da prestação é alguma coisa material como a chapa, como a radiografia, o raio-X, ou se é algo imaterial, é absolutamente irrelevante. Em suma, tendo essa visão sobre essa noção de serviços, o primeiro passo, o primeiro pressuposto, estaria cumprido. Então, temos diante de nós o quê? Uma atividade que configura *serviço* à luz da Constituição. Não há serviço quando se trata de locação de bens móveis, já que configura obrigação de dar, e o ISS – sabem os Srs. – só pode existir debaixo de uma obrigação de fazer. Então, não há falar em cumprimento do texto constitucional se pretendemos tributar locação de bens móveis pelo ISS (inclusive no campo das instituições financeiras, quando se fala em locação de cofres).

É preciso, subseqüentemente, que se verifique se estamos diante de uma atividade-meio ou de um serviço-fim. Atingir um fim exige, empírica ou cientificamente, atividades preparatórias desse mesmo fim. Outras vezes as ações humanas representam o próprio fim colimado, o próprio objetivo perseguido. De regra, a distinção entre *atividade-meio* e *serviço-fim* é feita em razão do seguinte: (i) as atividades que desenvolvo em meu próprio favor para possibilitar a prestação do serviço, como condição, como pressuposto, como requisito, ou até como requinte, para produção de outra utilidade, são atividades-meio; (ii) essas mesmas ações, no entanto, podem ser o próprio fim ou objeto da relação contratual quando elas, em si mesmas consideradas, reflitam a utilidade colocada à disposição de outrem.

O que importa é ter presente que alvo da tributação é o esforço humano prestado a terceiros como fim-objeto, não as suas etapas, não as suas fases, não as suas tarefas intermediárias, necessárias à obtenção do fim; não a ação desenvolvida como requisito, como insumo, como condição do fazer, do fato jurídico posto no núcleo da hipótese de incidência do tributo.

Como regra, as etapas, os processos, as tarefas, as obras, são feitas em favor do próprio prestador, e não para terceiros, ainda que estes eventualmente se aproveitem desses meios, dessas tarefas, desses processos, que já foram realizados.

Dirão os Srs.: "Mas há um preço". Pouco importa. Pouco importa se são fixados preços, valores, remunerações, em função dessas etapas intermediárias. Imaginem o seguinte: suponham que eu tenha contratado a prestação de serviços de pesquisa. Então, eu, tomador, quero o resultado de uma pesquisa que me diga que vai ser eleito o candidato "A" ou o candidato "B". Só que, para organizar essa pesquisa, preciso, primeiro, entrevistar pessoas (atividade-meio), porque o tomador não quer saber quem entrevistou, como entrevistou, por quê entrevistou, ele quer que eu apresente uma pesquisa eleitoral. Esses dados, que foram objeto dessa coleta, e o foram no Município "A", "B", "C", "D", "E", "F", e depois reunidos no Município "G", que aglutinou esses dados, que detectou "moda" (que é um processo estatístico que separa os extremos e só deixa aquilo que está aglutinado no miolo), isso ainda não é pesquisa de mercado, é ainda uma atividade-meio. E assim sucessivamente, até que eu chegue a um final, em que se tenha o resultado devidamente tabulado, sem os dados que tiverem que ser desconsiderados. Só então vou ter pesquisa de mercado. Pouco importa se no contrato está dito que por ocasião da entrevista com os eleitores haverei de entregar ao contratado R$ 100,00. Que depois, quando houver a tabulação, o tomador tenha que entregar mais R$ 200,00. Porque, se houver rompimento desse contrato nesse momento, nenhum serviço de pesquisa de mercado terá sido realizado. Então, é preciso que se tenha em conta, rigorosamente, se estamos diante de uma atividade-meio ou de um serviço-fim.

Na Lista de Serviços anexa à lei complementar há, se não me equivoco, 18 subitens, cada qual com a descrição de uma dezena de serviços, de alguns pseudo-serviços. Nessa Lista descreve-se como serviço o fornecimento de talão de cheques. Ora, para quê serve o talão de cheques, se não para viabilizar a atividade financeira que eu mantenho junto ao Banco "A", "B" ou "C"? Esse não é o fim, a não ser que eu admita que, como eu não tenho conta em banco, esse talão de cheques seria simplesmente um bloco para anotar os meus recados.

Então, na referida Lista consta a indicação de típica atividade-meio, isto é, atividade necessária, fundamental, inafastável, para prestação de uma atividade que não é de serviço, mas sim uma atividade financeira.

É preciso que se tenha presente um outro pressuposto. Não é possível, e não é correto, que se apanhe um contrato típico, nominado, e se o decomponha para pretender tributar suas etapas. Querem um exemplo? Nós vamos encontrar na Lista de Serviços, em vários pontos, a seguinte frase: "coleta e entrega de bens, documentos, bens ou valores". O que representam "a coleta e entrega de bens, documentos ou valores" senão fases, etapas, do típico contrato de transporte? E o contrato de transporte – quero lembrar – tem um item específico na Lista, de sorte que é equivocado pretender tributar coleta e entrega de valores a pretexto de que são atividades de instituições financeiras, porque o que se tem aí nada mais é que o típico contrato de transporte.

Vejamos o que diz a doutrina sobre o contrato de transporte.

Orlando Gomes: "O transporte tem o seu primeiro ato de execução na sua entrega ao transportador, ou seja, visto de quem entrega ou inversamente da perspectiva do transportador, aquele que coleta, seja nos armazéns, no porto, na estação, na ferrovia, no próprio veículo, ou qualquer outro lugar, e termina com a entrega ao destinatário".

Fran Martins: "A entrega por parte do expedidor ou condutor da mercadoria a ser transportada é uma obrigação decorrente de própria natureza do contrato de transporte".

O CC, em seu art. 750, prevê: "A responsabilidade do transportador, (...) começa no momento em que ele, ou seus prepostos, recebem a coisa" – ou seja, coletam a coisa – e "termina quando é entregue ao destinatário, (...)". O serviço de transporte exige, para sua perfeição, a realização de uma série de atividades-meio, como as de coleta, de zelo pela segurança desses bens, até a entrega ao destinatário.

Mas vem a Lista e, a pretexto de pretender tributar a coleta e a entrega de bens – que, na verdade, são simples etapas do contrato de transporte –, quer, inclusive, fraudar a competência dos Estados. Isso porque – os Srs. sabem –, se nós estivermos diante de transporte intermunicipal ou interestadual, a competência é dos Estados. Então, o que farão os Municípios (se é que já não estão fazendo)? Transmudarão o transporte interestadual ou intermunicipal em coleta e entrega de bens ou valores, e, aí, passarão a tributar essas atividades como se transporte não fosse. E, com isso, usurparão a competência dos Estados-membros para tributar o serviço de transporte interestadual e intermunicipal, *ex vi* do art. 155, II, da CF.

Uma consideração adicional precisa ser feita. Não está diretamente ligada ao tema, mas eu quero deixar registrado que penso que os Estados têm competência para exigir imposto de transporte de natureza intermunicipal e interestadual, mas não para os de natureza internacional.

De outra parte, o que nós temos relativamente a outros contratos? Nós vamos ver um englobamento de uma série de contratos distintos e, que, portanto, não poderiam ser englobados e tratados como se fossem uma coisa só. Tomem a chamada *administração de cartões de crédito*, constante da Lista de Serviços anexa à Lei Complementar 116/2003, dentro do item ou do subitem das instituições financeiras. O que temos no caso dos cartões de crédito? Têm-se aí, na verdade, seis contratos absolutamente distintos, e, que, portanto, não podem ser enfeixados numa única situação, como se decorressem de um único contrato, como se estivéssemos diante de uma única atividade. Vejam, temos um primeiro contrato que é celebrado entre a chamada administradora e o titular do cartão. Que contrato é esse? Qual é o cerne desse contrato? Para quê uma pessoa quer um cartão de crédito? Um cartão de crédito lhe assegura a garantia de crédito. Portanto, há uma prestação de garantia, que a administradora do cartão me dá, dizendo: "Você pode ir a qualquer loja ou estabelecimento filiado e seu dinheiro de plástico será bem recebido". Aí está a garantia de que determinada pessoa tem um crédito até "x" ou "y" Reais. Não é por nenhuma prestação de serviço, senão pela garantia de que aquilo vai ser aceito e recebido como dinheiro, que se tem um cartão de crédito.

Há um segundo contrato, o contrato celebrado entre a administradora e o lojista. Neste contrato também predomina a garantia. Por quê? Porque eu, dono do estabelecimento, não tenho a preocupação de verificar dados ou informações do emitente do cheque, se é bom pagador, se ele está no SERASA, etc. Enfim, o lojista aceita o cartão de crédito, bastando conferir a assinatura, porque quer ter certeza de que vai receber da administradora de cartões de crédito, pouco importando a situação econômica ou financeira do titular do cartão. Pode haver um agenciamento? Sim, pode haver, mas será quando houver uma atividade ancilar nessa relação entre administradora e lojista.

Existe outro contrato (terceiro contrato) entre o titular e o lojista, não tendo ele qualquer reflexo no campo do ISS. Há um quarto contrato, desta vez entre lojista e instituição financeira, que é um contrato de financiamento, contrato tipicamente financeiro, contrato sujeito à incidência do IOF, nunca do ISS. Tem-se, outrossim, um contrato celebrado entre o titular e a instituição financeira, quando também houver financiamento (por exemplo, no caso de uma venda parcelada). E, finalmente, uma outra relação contratual pode ser vislumbrada, entre o lojista e a instituição financeira, quando o lojista quiser receber seus créditos antecipadamente. Poderá obtê-los mediante atuação da administradora, que prestará, num sexto contrato, fiança ou aval. Mas fiança e aval não são contratos de prestação de serviço, não são prestação de serviços, senão espécies do gênero *garantia*.

Isso nós vamos encontrar nas lições dos civilistas. Peço licença para citar apenas um, Clóvis Beviláqua, que diz: "Na fiança, o exemplo é de Savigny, a essência do ato, o objeto da prestação, não consiste no insignificante dispêndio de esforço que a prestação de fiança possa exigir, mas sim na garantia que dá à operação jurídica a que se vem ligar".

Já recebi um bilhetinho de que se esgotam os minutos que eu tenho para concluir. Então, por isso, volto àquela consideração inicial, quando eu disse que iniciaria pelo fim Naquela oportunidade foi dito: dado que certo fato envolve prestação de garantia e serviço, trata-se de contrato de prestação de serviços, sujeito à incidência do ISS, já que a outro tributo não se submete. Isso significa, Srs., o mesmo que dizer: dado que determinado cômodo tem duas paredes amarelas e duas azuis, logo a sala é amarela, ou, se quiserem, logo, a sala é azul.

Eu recebi um conselho vindo do meu falecido pai nos seguintes termos: "Como você não é um grande expositor e como você não fala exatamente o que o público quer ouvir, é melhor que você fale pouco". Obrigado! [*Palmas*]

PRESIDENTE DA MESA (PROF. ESTEVÃO HORVATH) – Obrigado, Prof. Aires! Não apoiamos esta sua última frase: todos perceberam que o Sr. é um excelente expositor, como já todos nós sabíamos, e também uma das maiores autoridades que este país já teve em termos de ISS.

Vamos passar a palavra, agora, à professora Anna Emília Cordelli Alves, da PUC/SP, que tratará de "Industrialização por Encomenda. ISS, IPI e ICMS". Com a palavra, a professora.

INDUSTRIALIZAÇÃO POR ENCOMENDA. ISS, IPI E ICMS

PROFA. ANNA EMÍLIA CORDELLI ALVES – Boa tarde a todos, a todos os meus colegas de Mesa, a todos os presentes! Eu gostaria de começar dizendo que eu concordo em gênero, número e grau com o Dr. Aires, exceto com sua última frase.

O tema que me foi dado diz respeito a zonas de conflitos, zonas de tensão, entre ISS, IPI e ICMS no que se refere à *industrialização por encomenda*. Então, eu vou me valer da definição que o professor Aires deu do conceito constitucional de "serviço", quando ele disse que se trata de um esforço de pessoas dirigido a terceiros, onde nós temos um tomador e um prestador. Esforço, esse, com conteúdo econômico, sob o regime de direito privado, sem subordinação, e do qual resulte uma utilidade material ou imaterial. Então, vemos que quando se analisa a matriz constitucional do ISS, tem-se claro que o ISS pressupõe uma obrigação de fazer, e que essa obrigação de fazer vai resultar em algo material ou imaterial.

Enquanto no ISS tem-se uma obrigação de fazer, temos no ICMS uma obrigação de dar e no IPI uma obrigação de fazer com um conseqüente dar, em função desse fazer. Então, já temos aí alguma proposta ou algum critério para fazer a distinção entre os três impostos. Esta distinção é muito importante, na medida em que, embora nossa Constituição Federal tenha sido muito detalhista ao definir as competências, inclusive estabelecendo a materialidade constitucional desses três impostos e dos demais impostos, na verdade, quando da aplicação da lei às zonas cinzentas, essas zonas de tensão entre os impostos acabam por aparecer, e, então, se o intérprete não tiver um critério muito seguro, acabará por decidir erroneamente sobre a incidência de um ou de outro.

Nós temos, então, uma obrigação de fazer no ISS, uma obrigação de dar no ICMS, uma obrigação de fazer com conseqüente dar no IPI – e quando estou falando do IPI estou falando na industrialização, quer dizer, na materialidade do IPI atinente à industrialização, e especificamente na industrialização por encomenda.

Outra questão importante: muitos autores fazem a distinção entre o fazer do ISS e o fazer do IPI exclusivamente com base nesta primeira classificação, ou seja: o IPI consiste também num dar. Mas não é suficiente esta distinção. Por quê? Porque nós sabemos que quando falamos em "fazer", "obrigação de fazer", para o ISS, estamos falando naqueles serviços clássicos, naqueles serviços puros, em que há exclusivamentete se dirige ao nosso escritório, conta-nos o problema jurídico e propomos algumas soluções e alguns caminhos para solucionar o problema dele; portanto, aqui, este é um serviço puro, ou seja, aquele contato entre profissional liberal e seu cliente e alguma propositura que não se materialize em nada, mas que seja uma mera consulta.

Agora, acontece muitas vezes estarmos diante de serviços chamados por Aires Barreto e Geraldo Ataliba não de "impuros", mas de "não tão puros", serviços "menos puros". Temos muitas vezes, aí, a presença de bens materiais, e vamos distinguir de mercadoria. Não estou falando de "mercadoria", essa é mais uma distinção importante. Por quê? Porque o ICMS incide sobre mercadorias; na verdade, não sobre mercadorias – Geraldo Ataliba alertou para isso –, mas sobre operações relativas à circulação de mercadorias. E no ISS nós temos um bem material que não é mercadoria. Essa é outra distinção entre o ICMS e o ISS. Então, eu tenho duas possibilidades: ou aqueles bens materiais, como insumos, são consumidos na obrigação de fazer – por exemplo, se eu contrato a pintura da minha casa, essa pintura não será possível, o serviço não será concluído, se não houver tinta; quer dizer, a tinta é um bem material? É um bem material, e que se consome, ou seja, que é absorvido no próprio fazer. Por outro lado, eu tenho uma outra hipótese, em que o bem material não é essencial ao cumprimento, ou seja, ele não é acolhido no fazer, mas é necessário ao fazer – por exemplo, eu contrato uma customização de um programa de computador, um *software*, para meu escritório, e alguém desenvolve esse trabalho, necessariamente esse trabalho, que necessariamente não depende do suporte físico, ele existe sem o suporte físico, mas para que esse trabalho seja disponibilizado ao tomador há necessidade, sim, de um suporte físico, aí, nós temos um bem material que não é mercadoria, que na verdade é um insumo, e é a base, digamos assim, a sustentação do serviço como um todo; quer dizer, o insumo vem compor o suporte físico do serviço, no caso do exemplo do CD.

Bom, isso tudo para chegar no ponto da questão do ICMS e do IPI. Diante de uma zona de conflitos, que critérios vamos usar para distinguir quando há incidência do IPI numa industrialização por encomenda e quando não estamos diante de uma industrialização, mas, sim, diante de uma prestação de serviço? A competência da União para instituir IPI está no art. 153, IV, da CF, e o CTN nós dá, no art. 46, a definição de "produtos industrializados": considera-se industrializado um produto que tenha sido submetido a qualquer operação que lhe modifique a natureza ou a finalidade ou o aperfeiçoe para o consumo. Como pode ocorrer essa modificação? Pode ser uma operação física, química, mecânica, que promova uma alteração de determinado produto, um produto novo, uma readequação do produto – excluídos, portanto, as obras artesanais e os bens em que evidentemente não há zona cinzenta alguma. Quer dizer, se nós estivermos diante de uma obra artesanal, não estaremos, evidentemente, diante de um produto industrializado. Se estivermos diante de produto resultante de um processo extrativista também não estaremos diante de um produto industrializado. Ou aquelas realizações de cunho artístico – e também não vamos imaginar que as manifestações de cunho artístico, na verdade, nunca se traduzam em algo corpóreo, porque pode ser, sim; quer dizer, uma pintura, uma obra de arte, vai ser consignada numa tela, e, portanto, vai redundar em alguma coisa. Então, não é pelo fato de ser uma realização de cunho artístico que será necessariamente imaterial; ela vai ser consolidada ou corporificada em alguma coisa material.

O IPI incide sobre um produto, uma coisa material corpórea, como resultado de uma elaboração industrial. Aí se diz: se ele resulta num produto, então, na verdade, essa será a distinção do IPI e do ISS. Isto também não é verdade, porque muitas vezes a prestação de serviço acaba se resumindo num dar alguma coisa, um produto. Então, penso que nós temos que verificar que a distinção está não só na questão da obrigação, não só se nós estamos diante de uma obrigação de fazer com um dar – porque nós vimos que tanto a prestação de serviço quanta a industrialização podem ter essa configuração –, mas também no processo da operação propriamente dita. Assim, toda vez que nós tivermos alguma coisa que resulte de um *processo* de industrialização, esta será a distinção; quer dizer, se é processo de industrialização, não é prestação de serviço.

Não estou colocando aqui, vejam bem, que, na verdade, a competência do Município está atrelada à competência da União. Não, de forma alguma. Creio que, na verdade, as competências para tributação do ISS já estão definidas na Constituição e as do Estado também estão, quer dizer, a competência do Estado também não é ancilar, ou seja, a competência, como expressão do sistema federativo, atribui aos três entes de modo horizontal, sem que haja hierarquia alguma, as devidas competências. Então, a Constituição define, e eventual conflito de competência será dirimido necessariamente por lei complementar. Por quê? Porque a Constituição autoriza apenas e tão-somente ao legislador complementar dirimir, dispor sobre conflitos de competência, estabelecendo, portanto, regras, critérios, que possibilitem separar essas três materialidades.

Com relação ao ISS nós vamos ter um problema concreto na Lei Complementar 116. Por quê? Porque, muito embora a Lei Complementar 116 tenha feito menção às hipóteses de não-incidência do ICMS (está lá no art. 1º, § 2º, ou seja, salvo as exceções previstas na Lista, os serviços mencionados na lei não ficam sujeitos ao ICMS ainda que sua prestação envolva fornecimento de mercadorias), a mesma lei complementar não se refere ao IPI, como fazia anteriormente, por ocasião do Decreto-lei 406.

Não obstante, a União passou a entender, através do Parecer Normativo CST-83/

1977, que os serviços arrolados na lei complementar que se identifiquem com industrialização serão tributados pelo IPI, e não pelo ISS. Ou seja: vem um parecer normativo e, pretendendo interpretar e dar o alcance de uma lei complementar, diz que aqueles serviços constantes da Lista de Serviços tributáveis pelo Município serão tributados pelo IPI se puderem ser caracterizados como uma industrialização, afastando a incidência do ISS.

É um absurdo essa interpretação, porque ela subverte tudo que a gente já aprendeu e tudo que a Constituição nos ensina. Na verdade, a distinção entre *industrialização* e *serviço* reside na identificação de um fazer dentro de um processo de industrialização. Desse modo, a Lei Complementar 116/2003, basicamente a partir do item 14, menciona os serviços relativos a bens de terceiros: lubrificação, lustração, conserto, restauração, blindagem, recondicionamento de motores num outro item, restauração, condicionamento, acondicionamento, pintura, lavagem, tingimento, instalação, montagem de aparelhos etc.. Tais "serviços" podem, em verdade, configurar uma industrialização, e não uma prestação de serviço. Por isso há que se analisar se estamos diante de uma obrigação de dar ou de fazer; e, mais que isso, se estamos diante de uma operação industrial ou de uma mera prestação de serviço.

O que eu gostaria de falar para vocês também é que precisamos analisar o Regulamento do IPI para saber o que é "serviço industrializado"; a definição de "transformação", vários tipos de industrialização, transformação, beneficiamento, montagem; para daí concluir se o processo utilizado é um processo de industrialização ou se, por outro lado, é mera prestação de serviço.

Vamos verificar que no caso do IPI e do ISS e também do ICMS temos algumas decisões – por exemplo, o Enunciado 156 do STJ – que entendem que a prestação de serviço de composição gráfica personalizada sob encomenda, ainda que envolva fornecimento de mercadorias, está sujeita apenas ao ISS. Essa questão da composição gráfica foi durante muito tempo discutida, mas, afinal, hoje está pacificado que qualquer produção gráfica, ainda que possa ter características de industrialização, se feita sob encomenda estará sujeita à incidência do ISS.

Um outro enunciado que merece ser lembrado também, do STJ, o de n. 67, que foi conseqüência de várias decisões no sentido de que o fornecimento de concreto por empreitada para construção civil, preparado no trajeto até a obra, em betoneiras acopladas a caminhões, é prestação de serviço, sujeitando-se ao ISS. Nós temos também, neste caso, a transformação de determinado insumo, de determinada matéria-prima, em outro produto necessário à construção civil. Em verdade, as betoneiras usam desses insumos para obter insumos materiais necessários à prestação de serviço. Nesse caso – vamos imaginar um serviço de construção civil, um serviço de reforma –, teríamos a sujeição ao ISS.

E, ainda, em 2002, no REsp 39.563-3-RS, houve uma decisão na 2ª Turma, relatora a Min. Eliana Calmon, no sentido de que há incidência do IPI em casos de industrialização sob encomenda na fabricação de móveis de madeira sob medida, entendendo-se que a fabricação de móveis sob encomenda, móveis de madeira, configuraria uma situação de industrialização, e não de prestação de serviço. Evidente que no caso concreto podemos imaginar que o mesmo móvel de madeira seja feito em escala industrial e que, portanto, se configure, sim, como uma industrialização. Mas é muito possível também que a mesma confecção de um móvel de madeira sob encomenda configure hipótese de prestação de serviço. Assim, é possível que estejamos diante de uma operação de industrialização ou da mera prestação de serviço com utilização de insumos ou materiais para, a final, nesta última hipótese, se corporificar a prestação de serviço em alguma coisa (corpórea), sem desnaturar a característica mesma da prestação de serviço.

Eu tenho mais cinco minutos. Creio que abordamos todas as questões relativas à distinção. Em suma, temos que adotar critérios objetivos para que possamos entender a materialidade de qualquer um desses serviços. O primeiro critério, a obrigação: que tipo de obrigação nós temos? É uma obrigação de dar ou de fazer? Ah! É uma obrigação de fazer. Se for uma obrigação fazer, nós poderemos estar diante, portanto, ou de uma prestação de serviço ou de uma industrialização. No caso que estamos analisando –industrialização por encomenda –, então, não basta saber que tipo de obrigação nós temos. Temos que saber também se aquele *fazer* configura uma atividade-fim, e, portanto, o *dar* (no sentido de utilização de determinados insumos, como disse o professor Aires) se configura como algo acessório, quer dizer, se o objetivo final for fazer, prestar determinados serviços, aquele dar, aquela utilização de bens, durante o processo, na verdade vai ser meramente acessório, não descaracterizando, portanto, a prestação de fazer e a incidência do ISS.

Se, por outro lado, o *dar* for o objetivo da operação, então, teremos a incidência do ICMS; e, portanto, aqui, o *fazer* seria acessório também, como no caso em que eu adquiro mercadoria numa determinada loja, e essa mercadoria me é entregue na minha casa pela própria loja, pelo próprio comerciante, através de um serviço de transporte. Então, aí, nós temos uma configuração do ICMS e precisamos discutir, por exemplo, sobre aquelas empresas que trabalham com preço/loja e preço/casa, preços diferenciados. Na verdade, aí, há possibilidade, sim, de termos uma dupla incidência, de termos dois serviços, porque é o que o professor Aires afirmou: é preciso saber também se nós temos, dentro de uma única relação jurídica, dois contratos, um de venda de mercadoria e um de transporte. Isso vai depender da análise da situação concreta, mediante a utilização dos critérios objetivos postos pelo Dr. Aires e que eu estou tentando expor também aqui para vocês. Trata-se de termos critério seguro para saber distinguir a materialidade do ISS, do ICMS e do IPI, isto é, quando incide um e quando incide outro, para tentar resolver, portanto, esse conflito de competência entre os entes tributantes.

Muito obrigada! [*Palmas*]

PRESIDENTE DA MESA (PROF. ESTEVÃO HORVATH) – Muito obrigado, professora Anna Emília! E, agora, a professora Elizabeth Carrazza, que, como os Srs. puderam perceber, se encontra aqui ao meu lado esquerdo, e, com todo o seu prestígio, já recebeu até uma questão antes de falar, que discorrerá sobre "Bases de Cálculo Diversas para ITBI e IPTU".

BASES DE CÁLCULO DIVERSAS PARA ITBI E IPTU

PROFA. ELIZABETH NAZAR CARRAZZA – Boa tarde a todos! Para mim é motivo de grande honra e de grande satisfação participar desta Mesa de Debates, em companhia de colegas tão ilustres. Em primeiro lugar, o professor Aires Barreto, um dos pioneiros nos estudos do direito tributário, pelo menos no Município de São Paulo, que tive a oportunidade de conhecer nos idos de 1970. A professora Anna Emília Cordelli Alves, que foi Procuradora-Geral do Município de São Paulo, minha Chefe, a quem presto minhas homenagens. A professora Susy Hoffmann, que, apesar da sua juventude, já é uma grande especialista no ISS. E, finalmente, o professor Estevão Horvath, amigo muito querido, foi meu aluno no Bacharelado, Mestre, Doutor e Livre-Docente, Procurador do Estado, Professor da PUC, da USP.

Sinto ainda uma emoção forte em participar desta Mesa de Debates, neste Auditório. Este Auditório que foi aquele no qual tivemos a realização do I Congresso de Direito Tributário, patrocinado pelo IDEPE, pelas mãos do professor Geraldo Ataliba. Todos nós, aqui, somos discípulos do Geraldo Ataliba, todos nós sentimos muito sua falta. E, confesso, neste Auditório a presença dele fica mais forte; quer dizer, nosso querido professor Geraldo Ataliba, em algum lugar, está acompanhando o desenrolar dos nossos trabalhos, e espero que esteja contente com o que nós estamos fazendo aqui.

A mim coube tratar do IPTU e do ITBI, especificamente da base de cálculo de cada um dos impostos.

Vejam, já recebi também uma questão da colega Maria Odete, de Campinas, a respeito da progressividade do IPTU, a que pretendo responder quando estiver tratando, especificamente, da base de cálculo do imposto.

A Constituição Federal – não me canso de repetir – divide competências entre as pessoas políticas para exercerem a tributação. Essas competências são rigidamente postas na Constituição. E quando a Constituição o faz, traça, genericamente, a regra-matriz de incidência de todos os tributos, especialmente dos impostos. Nas contribuições especiais isto nem sempre acontece. Não deveria ser assim, mas, enfim, as contribuições são um caso à parte, como colocou, hoje de manhã, a professora Misabel Derzi.

Quando a Constituição traça a regra-matriz de incidência genérica de cada um dos impostos, já nos fornece a materialidade da hipótese de incidência, bem como seus aspectos pessoal, temporal e espacial, e também sua base de cálculo, que, segundo o professor Geraldo Ataliba, está contida no aspecto material de hipótese de incidência. Em outras palavras, no exercício da competência tributária, as pessoas políticas não podem fugir, exatamente, desta moldura constitucional que delineia sua competência.

O IPTU é um imposto que vai incidir sobre a propriedade imobiliária urbana. Nós vemos, já, da análise da Constituição, que na materialidade da hipótese de incidência encontramos o direito de propriedade imobiliária urbana. Neste ponto, ouso divergir do meu mestre Aires Barreto. Para ele, uma das classificações possíveis dos impostos é aquela consagrada pela Ciência das Finanças, que os divide em impostos *reais* e impostos *pessoais*. Com a devida vênia, todos os impostos, em última análise, são pessoais, devendo ser afastada, por não-jurídica, esta classificação. Sei que esta não foi a posição assumida pelo Pretório Excelso quando decidiu pela inconstitucionalidade do IPTU progressivo, por maioria de votos. Todavia, parte significativa da doutrina comunga do entendimento que perfilhamos.

Se não, vejamos. A propriedade imobiliária posta no cerne da competência tributária municipal é aquela disciplinada pela lei civil, ou seja, é o direito de que é titular uma pessoa, física ou jurídica, incidente sobre imóvel urbano que poderá fazer dar ensejo à incidência da norma de tributação. Na verdade, quando a Constituição Federal dispõe que ao Município compete tributar a propriedade imobiliária urbana, está dizendo que compete ao Município tributar o direito de propriedade imobiliária urbana. O mesmo ocorre com relação à propriedade rural. Também neste caso, é o direito de propriedade incidente sobre imóvel rural que será passível de tributação através do ITR, de competência da União.

Neste ponto tentarei responder à questão a que me referi no início de minha exposição, sobre a progressividade do IPTU e sua extensão, dada pela Emenda Constitucional 29.

Confesso – e alguns colegas aqui presentes já conhecem de longa data minha opinião – que para mim a progressividade do IPTU já era obrigatória, ou pelo menos já era permitida, antes do advento da Emenda Constitucional 29. Estou com aqueles que entendem que o Estatuto do Contribuinte não pode sofrer modificações substanciais, como, por exemplo, aumento do rol de tributos, além daqueles postos já na Constituição. Esta assertiva vale para toda e qualquer alteração que, de maneira direta ou indireta, agrave ou torne mais onerosa a tributação para o contribuinte. Em outras palavras, se a progressividade já não estivesse autorizada pela Constituição (e não apenas aquela progressividade que o professor Geraldo Ataliba chamava de "urbanística", e que, na época em que escrevi sobre o tema, chamei de "sancionatória" – a saber, a progressividade no tempo,) em razão da capacidade contributiva ou da localização ou utilização do imóvel, não poderia aceitar como constitucional a Emenda Constitucional 29. Diria, neste caso, que o poder constituinte derivado teria extrapolado suas funções. Todavia, como já disse, para mim a progressividade do IPTU, em razão da obediência ao princípio da capacidade contributiva, já estava prevista na Constituição implicitamente no momento que houve a outorga da competência tributária para a cobrança desse imposto.

Nessa medida, a Emenda Constitucional 29 nada mais fez que declarar aqui o que já estava contido na Constituição. Não houve, portanto, demasia alguma da parte do legislador constituinte derivado, nessa matéria. Mais tarde poderemos voltar à discussão desse assunto. Mas, como o tempo é curto, vou passar, agora, ao exame do tema que me foi solicitado: a questão da base de cálculo do IPTU e da base de cálculo do ITBI.

Vejam os colegas: ambos os impostos têm na sua materialidade alguma relação com o direito de propriedade. No caso do IPTU, é o próprio direito de propriedade que vai sofrer a tributação; no caso do ITBI, é a transferência, a mudança, da titularidade desse direito de propriedade que vai dar ensejo à tributação. Essa mudança de titularidade, por ato *inter vivos* de caráter oneroso, é a hipótese de incidência do ITBI.

A pergunta que se deve colocar de imediato é: qual a base de cálculo destes impostos? A base de cálculo do IPTU não me parece difícil de ser identificada do mero exame da Constituição Federal, já que, como já foi salientado, é sempre uma medida do aspecto material da hipótese de incidência do tributo, e está na Carta Constitucional implícita. No caso, a medida da propriedade imobiliária que vai servir como base imponível do imposto é o seu valor. Pergunto: que valor? O valor de mercado do imóvel. Nos termos do Código Tributário Nacional, seu valor venal.

O que significa "valor venal" do imóvel? Devemos entender como *valor venal do imóvel* aquele valor que o imóvel pode alcançar no mercado imobiliário. As Municipalidades procuram avaliar os imóveis e atribuir a cada um desses imóveis seu valor venal para efeito de tributação. Este valor venal só pode ser fixado com base em lei. Diríamos: "Bom, mas cada imóvel vai estar na Lei?" Não. A lei vai fixar os critérios que vão ser levados em consideração para a fixação do valor venal de cada imóvel. Na aplicação desta lei é que vai se fazer a verificação, caso a caso ou região por região, pelo menos, do valor de cada um dos imóveis. Nos Municípios de médio e grande porte, em especial, são elaboradas Plantas Genéricas de Valores que vão facilitar, do ponto de vista técnico, a execução dos lançamentos de ofício.

Neste ponto, convém recordar que a jurisprudência tem entendido que a Planta Genérica de Valores só pode ser atualizada por lei. Assim, afora a correção monetária anual das bases de cálculo, qualquer modificação dependerá de lei, em sentido formal.

Vocês diriam: "Oh! Mas pode haver uma distorção!". Pode. Mas, se houver distorção, o contribuinte tem instrumentos próprios para discutir este valor venal à luz do que está na lei. Pode acontecer de um imóvel estar supervalorizado. Neste caso, o contribuinte pode discutir com o Fisco, administrativa ou judicialmente, a fixação de um novo valor venal, que, de acordo com as leis de mercado, seja mais adequado, para que sobre este valor incida o IPTU.

Outra questão interessante que se deve formular é a seguinte: o Município precisa necessariamente manter o valor venal dos imóveis na equivalência absoluta do valor de mercado? Não. E por que não? E aqui nós vamos encontrar algumas divergências. Ele exercita sua competência quando quer e como quer, respeitados os direitos do contribuinte. Pode, então, este valor venal ser calculado por baixo. O que não pode é acontecer o contrário. Não pode o Município tributar acima do valor de mercado do bem, que deve ser apurado com a utilização daqueles critérios fixados pela legislação municipal. Insisto sempre na *legislação municipal*, porque não compete ao Executivo escolher arbitrariamente o valor venal dos imóveis. Só a lei está autorizada pela Magna Carta a onerar o patrimônio dos contribuintes com impostos.

Neste ponto, confesso aos colegas que acompanho aqueles doutrinadores que entendem que a Planta Genérica de Valores pode e deve ser editada pelo Executivo, com base nos critérios fixados pela lei municipal. Assim, havendo modificação da situação fática, deveria automaticamente se admitir que o Município fizesse a atualização da Planta Genérica de Valores. Todavia, nós não vamos, aqui, discutir a posição assumida pelos nossos Tribunais, e vamos aceitá-la como válida, pelo menos para efeito da fixação da Planta Genérica de Valores em termos gerais, porque essas modificações parciais seriam sempre excepcionais.

Sendo assim, o valor venal será um valor objetivo, o valor daquele imóvel naquele momento, daquele imóvel localizado no Município "X", na Zona "X", com tais e quais equipamentos, com este ou aquele acabamento, e assim por diante.

Pergunto, agora, aos colegas: a legislação complementar também trata da base de cálculo do ITBI, e coloca como base de cálculo do ITBI o valor venal do imóvel. Será que é o mesmo valor venal do imóvel do IPTU que deve figurar nesta base de cálculo? Aqui, tenho algumas dúvidas, que vou trazer para os colegas. Ao que me parece, quando há a transmissão onerosa do direito de propriedade imobiliária, as partes contratantes fixam um determinado valor, um preço, que pode coincidir com o preço de mercado, ou não. De outro lado, há um preço que o imóvel, presumivelmente, atinge no mercado, e este preço é que vai – digamos assim – nos dar o valor real do imóvel. Afora os casos em que o contribuinte tenta burlar o Fisco (e nós sabemos que isto é muito comum, vamos passar a escritura por um valor diferente para não haver tributação tão onerosa), quer me parecer que deva prevalecer o valor da operação imobiliária, e não o valor venal do imóvel. Assim, parece-me inconstitucional o dispositivo do Código Tributário Nacional que determina que o valor venal do imóvel será obrigatoriamente a base de cálculo deste imposto. Entendo que a base de cálculo que se pode extrair do dispositivo constitucional que outorga a competência tributária é outra – a saber: o valor real da operação de venda.

Só podem ser obrigados a pagar o imposto sobre o valor venal os contribuintes que estiverem agindo fraudulentamente. Se o contribuinte está tentando fraudar o Fisco – e isto pode ser verificado caso a caso –, prevalece o valor venal, devendo incidir também as sanções previstas na legislação vigente.

Este é um ponto polêmico, que pode ensejar muitas divergências.

Finalmente, cumpre mencionar a questão da progressividade do ITBI. Com o devido respeito aos que pensam em sentido contrário, entendo que este imposto deve ser progressivo, aumentando-se sua alíquota de acordo com o aumento de sua base de cálculo. Isto porque o princípio informador de todos os impostos é o *princípio da capacidade contributiva*. Somente a tributação progressiva atende aos reclamos da igualdade. Assim, no ITBI as alíquotas poderão ser progressivas em razão do valor da operação, do valor de venda do imóvel. Não importa se a base de cálculo é o valor real ou se é o valor venal. De qualquer forma, a alíquota deste imposto poderá ser progressiva.

Vejam os colegas: não estou afirmando que a lei complementar veiculadora de normas gerais de direito tributário não é de obediência obrigatória para os Estados e para os Municípios. Na verdade, sigo a corrente daqueles que vêem um âmbito de abrangência menor para as normas gerais de direito tributário. Apenas as limitações constitucionais ao poder de tributar e os conflitos de competência entre as pessoas políticas tributantes podem dar ensejo a lei complementar de obediência obrigatória para todas as pessoas políticas. Nesse caso especificamente, do ITBI, a lei complementar não está adequada à regra-matriz de incidência posta pela Constituição Federal, por não tratar destes mencionados conteúdos.

Em razão da exigüidade do tempo que me resta, vou encerrar minha fala, concluindo: o IPTU é um imposto progressivo – ou seja: havendo aumento na base de cálculo, pode haver aumento da alíquota, sempre por lei, e obedecido o limite constitucional da proibição do confisco (esse limite tem que ser sempre obedecido, até mesmo na progressividade no tempo, de conteúdo sancionatório, de que trata o art. 182 da CF). Da mesma forma, a progressividade é possível no ITBI. Quer dizer, entendo que pode haver progressividade de alíquota, sim, no IPTU, como entendo que também pode haver no ITBI. Sei que não é esse o entendimento dos Tribunais no caso do ITBI. De outro lado, entendo que a base de cálculo do IPTU é o valor venal do imóvel, desde que ele corresponda à realidade, porque se ele estiver acima do valor de mercado pode ser questionado. E no caso do ITBI é o valor da venda, valor da operação. Se esse valor for inferior ao valor venal, deve este prevalecer.

Acabei por deixar de lado, em razão do pouco tempo, as questões relativas ao aspecto temporal do ITBI, em que momento se considera ocorrido o fato imponível do imposto. Mas isso vai ficar para uma outra oportunidade.

Agradeço a atenção de todos. Obrigada! [*Palmas*]

PRESIDENTE DA MESA (PROF. ESTEVÃO HORVATH) – Obrigado, professora Elizabeth! Vamos passar, agora, às respostas das perguntas formuladas pelos colegas. E as faremos na mesma ordem em que foram feitas as palestras. Então, portanto, primeiramente, a palavra será dada à professora Susy Hoffmann.

RESPOSTAS ÀS QUESTÕES FORMULADAS

PROFA. SUSY GOMES HOFFMANN – Chegaram várias perguntas, difíceis, todas, de serem respondidas, porque essa questão do local da prestação de serviço no ISS, na prática, realmente traz muitas dúvidas. Vou tentar responder a todas rapidamente. Depois, no intervalo, estou à disposição para discutirmos e debatermos um pouco mais.

A primeira pergunta é sobre a questão do local da prestação do serviço, arts. 3º e 4º, citando o exemplo do § 3º do art. 3º da Lei Complementar 116, com relação aos serviços executados em águas marítimas, porque nesse caso a lei complementar excetua, dispondo que se considera ocorrido o fato gerador do imposto no local do estabelecimento prestador. Aqui, talvez fosse importante demorar um pouquinho, porque acho que tem duas ou três perguntas nesse sentido. A confusão que a lei complementar trouxe é realmente grande, porque o art. 3º diz que o serviço se considera prestado e o imposto devido no local do estabelecimento prestador – dando a entender, aqui, num primeiro momento, que o estabelecimento prestador é o endereço comercial, isto é, o local em que o prestador indica comercialmente seu endereço. Quando vamos para os incisos do art. 3º, tudo nos leva a crer que essa regra será confirmada, ou seja: é devido o ISS no local onde o prestador está estabelecido comercialmente. Porque a grande parte das exceções aqui, colocadas nesses incisos, se refere a prestações de serviços no local do tomador, ou no local onde efetivamente ocorre o serviço. Então, lendo o art. 3º, parece que o legislador infraconstitucional optou pelo local em que está domiciliado o prestador de serviço, e colocou aqui as devidas exceções.

Muito bem, quando vamos para o art. 4º, começam os problemas, porque o artigo diz que se considera estabelecimento prestador o local onde o contribuinte desenvolve sua atividade, de modo permanente ou temporário, e que configure unidade econômica ou profissional. A pergunta, aqui, é a seguinte: para ser considerado estabelecimento prestador, teriam que presentes as duas questões – ou seja, onde o contribuinte desenvolve atividade de prestar serviço e que configure unidade econômica ou profissional? O art. 4º me leva a crer – o que eu entendo, a minha interpretação, é a seguinte – que o legislador falou assim: "Nossa! Eu criei uma regra, mas será que é essa mesmo? Então, preciso criar outra: 'o estabelecimento é onde efetivamente é prestado o serviço'; deixa eu fazer a segunda opção agora, para aqueles serviços, por exemplo, de entrega de encomenda; será que nesses casos também o ISS será devido no local da prestação?". Então, o legislador pensou: "Deixa eu colocar aqui a figura da unidade profissional e econômica, mas sem defini-la".

Em vista da mistura das posições doutrinárias foram causadas tantas confusões. Para o caso específico da pergunta, que versa sobre os serviços prestados em águas marítimas, parece-me que o legislador da Lei Complementar 116 disse que o imposto era devido no Município onde está o endereço comercial do prestador. Creio que foi isso que ele quis dizer. Mas, respondendo à pergunta, eu creio que é, sim, conjuntiva, mas isso não refresca em nada a questão, porque não temos um esclarecimento do que é essa unidade econômica ou profissional. Então, a interpretação seria: eu, profissional, vou lá e dou uma aula, faço um treinamento, isso já seria suficiente para caracterizar? Sim, uma unidade profissional, eu sou profissional e estou lá por um dia, temporário, um dia é um espaço de tempo; está em tese caracterizado, aqui, o local da prestação do serviço. Parece-me que é conjuntiva, mas isso não muda a interpretação que deve ser feita. E essa dissonância entre os arts. 3º e 4º da Lei Complementar 116 traz, realmente, muitas dúvidas.

Há uma outra pergunta da Dra. Heloísa, que é Procuradora em Curitiba, que vai falar um pouquinho, agora, do art. 146 da CF, que prevê que compete à lei complementar dirimir conflitos em matéria tributária. No caso do ISS, ao se aplicar na legislação municipal o entendimento do STJ, que, conforme o conhecimento notório, vive alterando seu posicionamento, não se estaria, assim, gerando uma norma inconstitucional? E mais: o STJ, afastando o art. 12 do Decreto-lei 406 ou o art. 3º da Lei Complementar 116, não estaria criando este conflito?

Vejam, creio que são duas questões distintas. Primeiro, realmente cabe à lei complementar dirimir os conflitos. Eu acredito que a legislação complementar teria andado bem nesses casos mais confusos ao ter delimitado: "Olha, presume-se ocorrido o fato jurídico tributário neste local". Seria uma presunção que até admitiria prova em contrário, mas uma presunção legal.

O STJ realmente vem alterando seu posicionamento em alguns temas. Neste caso, o do local da prestação de serviços do ISS, se olharmos o histórico das decisões, parece que a posição está consolidada, mas é lógico que isso pode ser alterado. Enfim, de nada adiantaria o STJ afastar o art. 3º, porque nós teríamos o art. 4º da Lei Complementar 116. Então, parece mais confiável ficar no posicionamento do STJ no sentido de que a competência dada ao Município é uma competência para tributar aquele fato jurídico tributário que apresenta um tipo de riqueza que aconteceu nos limites territoriais do Município. Esta deveria ser sempre a regra geral, e talvez se devesse trabalhar para que a legislação se altere nesse sentido.

Eu creio que aí, sim, não teríamos mais conflitos, ficando para a lei complementar dispor sobre os casos de serviços intelectuais, alguns casos em que se poderia dar o conflito, justamente para trazer a presunção legal, que admitiria, como toda presunção, prova em contrário.

Uma outra pergunta, muito interessante, sobre uma questão que no dia-a-dia a gente enfrenta bastante: *Pode o órgão fiscalizador municipal exigir documentos, retenção, do que não está estabelecido lá?* O exemplo é interessante, porque o tomador está no Município "A," o prestador no Município "B" e o local da prestação é no Município "C". Então, vem a pergunta vem: a legislação do Município "C" pode exigir que o tomador que está no Município "A" faça a retenção em favor de "C"?

Vamos tentar trazer o exemplo de um caso concreto para entendermos a questão, eu até imaginei. Uma empresa de autopeças é tomadora de serviço. Como prestador ela contrata uma empresa de treinamento que está em outro Município, para fazer o treinamento numa grande rede de distribuição, nos vendedores de uma rede de distribuição dessas autopeças, que está no terceiro Município. Então, vai lá a empresa de treinamento e faz o treinamento em outro Município. Para quem é devido o ISS?

O local da efetiva prestação de serviço foi no Município "C", e este seria um caso típico para que a legislação complementar tivesse dirimido o conflito. Mas, de qualquer sorte, entendo que o órgão fiscalizador do Município "C" não tem competência para pedir a documentação do Município "A". Ah! Mas aí pode dar fraude. Bom, paciência, é o limite do sistema, ele não tem competência. O tomador não está estabelecido lá. O pagamento não saiu daquele lugar. Como é que ele vai exigir a documentação? Qual seria a competência, onde estaria essa regra de competência que lhe outorga esse poder?

Poderia falar assim: "Bom, a regra de competência vem da própria Constituição quando essa competência é nos limites territoriais do ISS". Mas eu creio que aí, realmente, para a fiscalização, a gente abriria, então, os 5 mil Municípios. São Paulo já quer inaugurar a quebra do sigilo bancário em favor da legislação. Então, todo e qualquer Município poderia quebrar o sigilo bancário, vamos pensar assim, de todos os tomadores de serviços do Brasil. Então, eu acredito que é um limite do próprio sistema; eu entendo que não poderia, mas eu sei que há discussões contrárias.

Uma outra pergunta. *Como fica a tributação de uma empresa que é contratada para colocação de cabos subterrâneos por uma extensão que ultrapasse mais de um Município?*

Difícil, também. A prestação de serviço que ocorre em vários Municípios é sempre complicada. Aqui, eu entendo, tendo que usar a legislação complementar, que esse serviço estaria caracterizado como de construção civil, mas no item 702. Então, seria devido no local da prestação de serviço e usaria de uma maneira analógica o previsto para os pedágios, porque os pedágios são devidos proporcionalmente para todos os Municípios em que passa a estrada. Assim, acredito que seria o mais razoável para não ter problemas, já que nós não temos – veja a falta que faz, aí – uma regra para esses casos delimitados.

Uma última questão, a que vou responder rapidamente. Um escritório de Advocacia que está no Estado de Santa Catarina (vamos dizer, no Município de Blumenau) é contratado – vou florear mais o exemplo – para exercer Advocacia Trabalhista para um banco sediado em São Paulo, mas que tem diversas agências em todo o Estado de Santa Catarina. Então, a prestação de serviços advocatícios vai ocorrer em todos ou em vários Municípios do Estado. Para quem é devido o ISS? Coloca-se o seguinte: o Município de São Paulo ameaça o banco se o banco não fizer a retenção do ISS devido nesse local. E agora?

Há dois caminhos: ou paga e se submete, ou discute. Eu creio que essa é a questão. Nessa hipótese, serviços advocatícios, o local da prestação seria aquele onde ocorrem esses serviços. E, nesse caso, como o serviço é predominantemente intelectual, não é totalmente, porque alguns trabalhos, audiências, protocolos, vão ser feitos nas Varas do Trabalho, nas diversas cidades, mas o serviço predominante se concentra no escritório de Advocacia, considero que o local da prestação de serviço é o Município de Blumenau. E ali é devido o ISS. Agora, se São Paulo vem exigir, ou vai percorrer o longo caminho de tentar – eu estava olhando, aqui, tudo para a empresa prestadora se cadastrar, percorre tudo isso para conseguir uma ficha cadastral, porque só dessa maneira o banco não ficaria responsável pelo pagamento –, ou entra com ação judicial para realmente discutir essa cobrança abusiva.

Acredito que essa questão da retenção realmente atrapalha muito, porque ela impede, muitas vezes, a própria discussão, o próprio direito, a ampla defesa do contribuinte. Então, neste caso creio que é devido para o Município de Blumenau, Estado de Santa Catarina, e somente por uma ação judicial o banco não ficaria com a contingência. Aí o prestador que teria que tomar a iniciativa, ou o tomador, para o banco não ficar aí com a contingência de ser responsabilizado pelo pagamento do tributo. Eram essas as questões.

Presidente da Mesa (Prof. Estevão Horvath) – Muito obrigado! Professor Aires Barreto, por favor, suas considerações sobre as perguntas.

Presidente do IDEPE (Prof. Aires Barreto) – Obrigado! Se me permitem, começo dizendo que a professora Elizabeth Nazar Carrazza não queria falar do ISS; indicou como razão o fato de que três pessoas já haviam falado sobre esse imposto, mas ela se esqueceu de que o grande trabalho pioneiro sobre ISS foi a tese de Mestrado da Professora, que está depositada na PUC. Ela não se dignou de dar a lume. É um belíssimo trabalho, quem quiser estudar o ISS na Constituição tem que, rigorosamente, ler esse trabalho da professora Elizabeth Nazar Carrazza.

A segunda observação que eu gostaria de fazer diz respeito às perguntas formuladas. Eu diria o seguinte: aqueles que perguntaram deveriam estar aqui em cima, tal o nível das perguntas que foram feitas. Eu, seguramente, preferiria, nesse momento, estar aí, ouvindo as respostas daqueles que perguntaram. Enalteço a qualidade das perguntas e menciono o seguinte sobre uma delas. Diz: *No caso de venda realizada por meio de pagamento com cartão de crédito/débito, o alienante acaba recebendo valor menor que aquele pago pelo consumidor pelo produto, uma vez que a administradora retém uma porcentagem desse valor a título de taxa de administração –* e, em seguida, percebe-se que já conclui, afirmando: *serviço sujeito ao ISS.*

A taxa de administração é devida pela garantia que a administradora dá de que ele vai receber o preço, bastando que confira a assinatura no cartão. Concordo, assim, com tudo que está dito na pergunta, menos que seja ISS, porque a função do cartão de crédito (dinheiro de plástico) não é prestar serviço, mas sim garantir pagamento.

Sempre costumo valer-me do exemplo que vivi, há muito tempo. A Prefeitura do Município de São Paulo, nos idos de – sei lá! – 1972, 1973, mandou o Dr. Henrique Fingerman e a mim, que era o então diretor, aos Estados Unidos, para estudar os sistemas de tributação vigorantes em vários Estados americanos.

Chegando aos Estados Unidos (naquele tempo não havia, no Brasil, cartão de crédito internacional; era proibido), fomos nos registrar num hotel, e a primeira pergunta que nos foi feita foi: "Cartão de crédito, por favor?". Respondemos: "Não temos". E a recepcionista do hotel: "Ora, ora, como é que vou saber que os Srs. vão nos pagar? Só se os Srs. 'pré-pagarem' a hospedagem".

Essa é a prova mais evidente e inequívoca de que cartão de crédito é adquirido em função da garantia, por isso que ele é chamado de *moeda de plástico*. Eventual serviço é meramente acessório.

Continua a pergunta: *A incidência do ICMS pelo valor total da venda configuraria bitributação, sobre o valor que também é base de cálculo do ISS? No mesmo senti-*

do de vendas a prazo, nas quais juros são incluídos no valor total da mercadoria, e também são sujeitos a IOF?

Nas vendas a prazo ou vendas financiadas é preciso tomar em conta as várias decisões do Poder Judiciário no sentido de que – corroborando aquilo que dissemos a respeito dos cartões de crédito – o valor relativo ao financiamento não pode ser incluído na base de cálculo do ICMS e, no nosso caso, também da do ISS.

Para os que não sabem, o Dr. Emerson Reis é um especialista no estudo da tributação dos bancos e das demais instituições financeiras. Diz ele: há casos em que a atividade enseja diversas etapas sem que sejam amparadas por um contrato único: caso da empresa que loca um bem e adicionalmente cobra por sua manutenção e pela instrução dos usuários em contrato de manutenção autônomo.

Locação de bens móveis não pode ser alvo de ISS, isso já foi decidido pelo STF, porque se trata de nítida obrigação de dar, e não de obrigação de fazer. Teve juízo o Presidente quando vetou o item "locação de bens móveis", embora não tenha sido completo, porque há uma série de outros subitens que configuram locação de bens, ainda que a nomenclatura seja diversa, como fornecimento de andaimes (que é locação de bens) e outras da espécie, que figuram na indigitada Lista de Serviços que acompanha a Lei Complementar 116/2003.

Prossegue a pergunta. *A "Xerox", há poucos anos atrás, conseguiu em mandado de segurança, o reconhecimento do direito de recolher o ISS só sobre o que configurasse "manutenção e reparo", mesmo celebrando contrato único e disponibilizando seus equipamentos ao usuário em plenas condições de uso.*

Fico surpreso com uma decisão dessa natureza. Primeiro porque – volto a insistir – locação não é serviço. Segundo, fico mais surpreso pelo que vem depois, porque a manutenção e o reparo são feitos pelo titular do equipamento para possibilitar sua disponibilidade integral ao usuário. Na decisão do STF que diz que locação não é serviço, um dos Ministros salientou que, se, na verdade, houver serviço de reparo do guindaste etc., então, é serviço. Não é serviço nenhum – digo eu –, porque é atividade para si próprio, e não para outrem. Eu, titular do guindaste, reparo-o para que ele possa continuar locado. Portanto, é o chamado "serviço para si mesmo". Se eu sou o titular de uma locadora de veículos, tenho que manter os veículos em funcionamento para poder locá-los. Ah! Quebrou na rua? Tenho que ir lá e consertar. Mas, ao consertar o veículo para que ele possa continuar sendo locado, não estou prestando serviço algum a terceiros, senão o chamado "auto-serviço", que não é passível de tributação por via do ISS.

Continua: *No caso da "Xerox", a manutenção seria atividade meio?*

Nem atividade-meio é, pois o que se tem, aí, é o chamado "auto-serviço". E, portanto, nenhuma incidência de ISS poderia haver.

E, finalmente, diz: *Por fim, eu gostaria de seus comentários acerca das distinções entre atividade-meio e atividade preponderante.*

São coisas absolutamente distintas. *Atividade-meio* não é da ontologia das coisas, é como a distinção entre *mercadoria* e *material*, que foi esboçada, aqui, pela professora Anna Emília. O fato de alguma coisa ser mercadoria ou material depende do destino que se lhe dê. Aqui, esse copo é material, ingrediente, insumo necessário à prestação de serviço. Sem ele, daqui a pouco vou perder a voz. Na loja de presentes é mercadoria, já que é objeto de mercancia. O mesmo ocorre com *atividade*; pode ser atividade-meio ou atividade-fim.

Eu gosto muito de usar o exemplo do reflorestamento. Para que eu possa reflorestar – meu fim é entregar a área reflorestada, foi esse o contrato de prestação de serviços que eu celebrei –, preciso limpar o terreno. "Limpar" é atividade-meio. Ainda que haja um preço. "Olha, eu quero receber R$ 500,00 quando terminar a limpeza, mais R$ 500,00 quando destocar o terreno, mais R$ 300,00 quando eu proceder ao arruamento para plantar as sementes" – e por aí afora, nítidas atividades-meio.

Suponham que, por não me interessar, eu contratei serviço de reflorestamento, mas subcontratei alguém para proceder à limpeza desse imóvel. Para aquela pessoa a limpeza é atividade-fim, porque esse é o objeto do contrato, o fim perseguido. Então, vejam, não está na ontologia das coisas dizer se é atividade-meio ou se é atividade-fim.

Já, *atividade preponderante* é algo bem distinto. A expressão "atividade preponderante" tem sido utilizada em duas circunstâncias. A primeira, enquanto objeto do art. 1º da Lei Complementar 116, segundo o qual incide o ISS a despeito de não ser essa a atividade preponderante do contribuinte.

Vejam: uma mesma pessoa, física ou jurídica, pode praticar operação com produto industrializado; a mesma pessoa jurídica, pode, também, além de praticar operação com produto industrializado, dedicar-se à comercialização mercadorias e à prestação de serviços. O que o art. 1º, em questão, está dizendo é: pouco importa que a prestação de serviços seja no nível de 1% ou que corresponda a qualquer outro percentual: incidirá ISS do mesmo modo, pouco importando a intensidade percentual da prestação de serviço em relação às demais atividades a que se dedica o contribuinte. A expressão "atividade preponderante", como disse, tem sido utilizada em outras situações absolutamente distintas, quais sejam: para estremar o ICMS do ISS. E, aí, cometem-se graves equívocos, eis que o critério da predominância é um critério econômico. E se cometem equívocos porque a predominância não pode ser critério de diferenciação entre ICMS e ISS.

Vejam os Srs.: se nós formos almoçar aqui no "Macksoud", vamos ter que tomar em consideração a toalha de linho, o talher de prata, o garçom (que é diferente do servidor de mesa) – enfim, todo um expressivo aparato. Aqui, então, vai predominar o serviço, da perspectiva vulgar, em razão desses recursos humanos e materiais envolvidos.

Diversamente, se formos ao bar da esquina, o que vai acontecer? Lá vai predominar o preço do arroz, do feijão, da mandioca, e não o do serviço, que é singelo, simples, comum. Ora, pelo critério da predominância econômica, como lá no bar predomina o valor do material, vai incidir o ICMS, e aqui no "Macksoud", como o que predomina é o valor dos serviços, vai incidir ISS. E eu costumo até brincar formulando uma situação caricata: num restaurante que estivesse no meio-termo, de vez em quando os garçons gritariam: "Sai uma macarronada ao ISS, sai uma feijoada ao ICMS".

Em suma, para distinguir o ICMS do ISS, o critério econômico da preponderância não pode ser utilizado. Não é jurídico. É econômico. As atividades ou são sujeitas ao ICM, sem o "S", se nós tivermos obrigação de dar, ou sujeitas ao ISS, se nós tivermos obrigação de fazer.

PRESIDENTE DA MESA (PROF. ESTEVÃO HORVATH) – Muito obrigado, Dr. Aires! Mas realmente nós estamos com o tempo um pouco curto. Então, passo a palavra à professora Anna Emília. Ela recebeu algumas centenas de perguntas, e eu pediria que se ela conseguisse resumir algumas delas. Depois – creio que falo em nome dos demais componentes da Mesa –, os professores se comprometem a responder individualmente, em outro momento, às questões que não deu tempo de serem respondidas aqui.

PROFA. ANNA EMÍLIA CORDELLI ALVES – Então, vamos às questões: *A contratação de confecção de caixas de papelão personalizadas por uma indústria de televisão ou de máquina de lavar, por exemplo, fica sujeita a que tributo?*

Nós estamos falando em *contratação de confecção de caixas*. Temos um item da

Lista de Serviços que fala em "acondicionamento de produto"... Na verdade, no IPI nós temos uma transformação... Nesse caso, se fosse o IPI, nós teríamos uma transformação nas caixas de papelão. E ICMS não é, porque não estamos diante de ato de comércio. Creio que essa contratação estaria – não sei se os Srs. Professores concordam – sujeita ao IPI, porque me parece que aqui nós estamos, salvo melhor juízo, diante de uma industrialização por encomenda.

Não tenho o nome de quem formulou a primeira questão. A segunda questão é do Dr. Antônio de Sá, do Rio de Janeiro, referente ao projeto de lei complementar que vai criar o SUPERSIMPLES e que, segundo ele informa, estaria em votação final no Senado e já foi aprovado pela Câmara Federal. A pergunta é: *O parágrafo único do art. 146 da CF fala em instituição de um regime único de arrecadação dos impostos e contribuições da União, dos Estados e dos Municípios. No entanto, o projeto de lei a ser votado determina, em seu art. 18, que o valor devido mensalmente será determinado mediante aplicação de tabela que estipula alíquotas variadas que serão aplicadas sobre a receita bruta da microempresa, seja ou não prestado o serviço no mês. Então, sobre o valor recolhido, nós teremos uma partilha, a título de impostos, da União, dos Estados e do Município.* E a pergunta dele é: *Esse projeto de lei não está criando um tributo novo inconstitucional?* E, depois, uma segunda pergunta: *A base de cálculo do ISS não é o preço do serviço, e não a receita bruta prevista pelo SUPERSIMPLES? É constitucional a emenda constitucional que tornou o SUPERSIMPLES obrigatório para os entes federativos?*

A resposta a isso, Dr. Antônio de Sá, renderia uma tese. Mas, enfim, me parece que o art. 146, que efetivamente foi introduzido pela Emenda Constitucional 42 – acho que foi a Emenda Constitucional 42 –, no inciso III, "d", atribui à lei complementar a possibilidade de estabelecer tratamento diferenciado paras as microempresas e para as EPPs (Empresas de Pequeno Porte), inclusive regimes especiais ou simplificados no caso dos impostos que menciona.

O parágrafo único, que foi acrescentado pela Emenda Constitucional 42/2003, diz que *com relação às microempresas e às EPPs também é possível instituir um regime único de arrecadação dos impostos e contribuições*. Portanto, o parágrafo único fala em regime de arrecadação, e não de tributação. Aí, quais são os pressupostos? Vai ser opcional para o contribuinte, eventualmente, esse regime único? Poderão ser estabelecidas condições de enquadramento diferenciadas por Estado? O recolhimento será unificado ou centralizado? A idéia visa a facilitar para o contribuinte, com o recolhimento centralizado e unificado, e que, portanto, seria uma receita única a ser partilhada entre os entes federados imediatamente, sem qualquer retenção ou condicionamento. E um último pressuposto: a arrecadação, fiscalização e cobrança poderão ser compartilhados pelos entes federados, adotado o Cadastro Nacional Único de Contribuintes. Quer dizer: União, Estados e Municípios poderiam adotar um único cadastro, e cada um ficar responsável pela fiscalização, ou pela arrecadação ou pela cobrança.

Você me diz que o projeto de lei prevê alíquotas variadas fixadas em tabela, incidentes sobre uma base de cálculo que seria a receita bruta dessas empresas. Parece que aqui efetivamente se está criando um novo tributo, ao arrepio de toda discriminação constitucional de competências. E nesse sentido nós teríamos uma emenda constitucional que fere cláusula pétrea. Por quê? Porque, se a distribuição de competências é o alicerce do princípio federativo, então, me parece que estaria ferindo uma cláusula pétrea.

Por outro lado, não me parece que esse projeto de lei pudesse fazer isso, porque o que está autorizado aqui é um regime único de arrecadação, e não de tributação. Creio que esse projeto de lei ainda vai dar um pouco de trabalho, não é?

Bem, uma outra questão: *Em determinadas atividades, como na recauchutagem de pneus, é corrente a afirmação de que haverá incidência de ICMS e do IPI quando a atividade for desempenhada para fins de comercialização, ao passo que o ISS será exigível quando houver a mera prestação de serviço em bens de terceiros. Nesse último caso, é possível destacar os valores referente ao material utilizados na prestação do serviço da base de cálculo do ISS?*

A questão, aqui, é essa distinção entre usuário final ou não. Na verdade, ela não me parece ser uma distinção válida. Segundo, que recauchutagem de pneus está prevista na Lista de Serviços expressamente, no subitem 14.04, e, portanto, me parece que é típico serviço, incidente, pois, o ISS.

Empresa "X", assim denominada como agropecuária industrial, produz amendoim e o comercializa de duas formas, com casca ou sem casca. Nesta forma, quer dizer, sem casca, o amendoim passa por um processo de limpeza, é vendido para que a empresa adquirente imprima a marca em pacote, até que o produto chegue ao consumidor final. Sendo assim, pergunto: se na primeira hipótese haveria incidência de ICMS, enquanto na segunda se poderia falar somente em IPI ou ICMS.

Bom, amendoim não é produto industrializado. [*Risos*] O amendoim decorre de um processo extrativo, não é? Estou falando do com casca, o primeiro. Aparentemente – eu não sei como é esse processo, porque eu não conheço – mas há procedimento algum. Então, não me parece que seja produto industrializado. Agora, o sem casca, que passa por um processo de limpeza... Então, no primeiro não incidiria o IPI, evidentemente. Agora, no segundo, que tem todo esse processamento e depois ele vai para o comércio, aí me parece que é o caso de transformação, ou seja, há incidência de IPI e de ICMS, porque, na verdade, vai ser um produto objeto de mercancia. Tudo isso salvo melhor juízo.

Gostaria que comentasse a tributação sobre o serviço materializado, meio físico, caso da empresa que loca "software". Não sei se é isso, loca. Considero tributada pelo ISS apenas a prestação, ato de prestar um serviço. Gostaria de sua opinião.

Para dizer a verdade, quando eu li isso, estava imaginando que era uma empresa que produz esse *software*. Então, na verdade, aí nós teríamos aquele serviço que necessita de um bem material para ser disponibilizado ao tomador. Agora, é locação de *software*. Aí nós temos locação de coisas móveis, e, portanto, cai naquela hipótese que inclusive já foi considerada inconstitucional pelo STF... A meu ver – não sei se estou certa ou não –, numa primeira visão me parece que não seria o caso da tributação pelo ISS.

Depois: *Prestador de serviços de pesquisas tecnológicas que se utiliza de laboratório de terceiros, para fins de testes de eficácia de produtos, está sujeito a pagamento de ICMS e IPI? Como deve proceder esse prestador de serviços quando da remessa desses produtos?*

Prestador de serviço de pesquisas tecnológicas que se utiliza de laboratório de terceiro para fins de testes de eficácia de produtos... Eu não sei se isso configura o processo industrializado, se, na verdade, é mero serviço de pesquisa tecnológica. Confesso que eu não saberia responder neste momento, acho que eu teria que dar uma estudada na questão. Até porque não sei como é desenvolvido esse serviço.

Em recente jurisprudência ocorreu o reconhecimento do crédito de IPI na atividade de construção civil, considerada como atividade industrial, gerando, portando, direito de crédito do IPI. Em relação ao ISS na atividade de construção, como fica esse conflito de competência tributária, deve incidir o IPI ou o ISS? Reconhecimento ao crédito de IPI?

A atividade de construção civil é típica atividade de serviço, tributável de acordo com a Lista de Serviços da Lei Complementar 116, e que prevê também que os materiais produzidos fora do local da prestação do serviço serão tributados pelo ICMS.

Evidentemente que aqui nós estamos imaginando que essa tributação do ICMS está incidindo, quer dizer, nós estamos imaginando isso como insumo necessário à construção civil, colocado pelo prestador de serviço. Evidentemente que o ICMS só pode incidir quando se trata de mercadoria. Agora, essa questão do IPI, crédito do IPI na atividade de construção civil, acredito que a gente precisaria detalhar um pouquinho mais para saber, até porque eu não conheço essa jurisprudência para saber exatamente do que nós estamos falando, de que produto se está falando. Depois a gente poderia discutir um pouco melhor.

A confecção de brindes personalizados – camisetas, bonés, "bottons" – enquadra-se na hipótese de incidência de qual tributo? ICMS, IPI ou ISS?

Exatamente por estarmos falando em "brindes", não estamos falando de objeto sujeito a mercancia, quer dizer, não estamos diante da hipótese de ICMS. Parece-me que também a Lista anexa à Lei Complementar 116, salvo engano, não prevê esse tipo de serviço. Então, creio que seria mesmo o caso mesmo de industrialização sujeita ao IPI.

E, agora, a questão da composição gráfica. Ainda é o Antônio Sá quem pergunta: *Aplica-se também ao serviço gráfico de rótulos e embalagens, tendo em vista que são materiais que não se incorporam (...)?*

Penso que a composição gráfica atingiria, sim, alcançaria também esta hipótese, salvo melhor juízo, Dr. Antônio.

A seu ver, como seria tributada uma operação em que a empresa "A" adquire insumos básicos para confecção de (...)?

Ah! Sim, é a mesma hipótese da caixa de papelão, que nós já enfrentamos na primeira questão.

Espero que me perdoem as respostas muito rápidas. São questões muito bem elaboradas e que mereceriam um tempo maior. Mas nós podemos, como disse o professor Aires, voltar a essa discussão na Oficina de ISS.

Muito obrigada!

Presidente da Mesa (Prof. Estevão Horvath) – Muito obrigado, professora Anna Emília! Professora Elizabeth...

Profa. Elizabeth Nazar Carrazza – Serei breve na resposta das questões, porque estamos todos ansiosos para ouvir a palestra do professor Humberto Ávila.

A primeira questão, do colega Carlos Reginaldo Nogueira, de São Paulo, é a seguinte: *Em sociedade de prestação de serviço estabelecida na residência dos sócios, marido e mulher, por estar a sede no endereço residencial, este será considerado pela Prefeitura do Município de São Paulo como imóvel de uso comercial para fins de cálculo de IPTU.*

Data venia, não creio que isso seja elemento suficiente para considerar o imóvel como estabelecimento comercial. Creio que é muito pouco. Como o colega esclarece, não há circulação de clientes. Na verdade, é quase a mesma coisa que alguém manter em sua residência uma biblioteca para sei próprio uso. Para mim, neste caso, o imóvel permanece residencial.

Uma outra questão, do colega Ronaldo Andrade, de São José dos Campos: *A lei municipal instituidora da progressividade do IPTU editada antes da Emenda Constitucional 29 está valendo ainda, ou é necessário que o Município edite nova lei?*

Em princípio, parece-me que, se ela própria não foi declarada inconstitucional, permanece em vigor. Por razões que não nos cabe indagar, não chegou a ser aplicada pelo Executivo local. Assim, teoricamente, não seria necessária a edição e nova lei. Entretanto, por cautela, talvez fosse conveniente a edição de nova lei, uma vez que contra ela se poderia argumentar que não encontrava fundamento de validade na Constituição quando entrou em vigor.

Uma outra questão, do colega Celso Gernasi: *A Prefeitura de São Paulo passou a adotar recentemente o valor arbitra-*

do como base de cálculo de ITBI, às vezes muito maior que o valor do mercado. Esta medida foi efetivada através de decreto. O que a Sra. acha dessa tributação?

Vejam, o valor não poderia ser arbitrado, de maneira alguma. Quer dizer, mesmo que houvesse irregularidade na declaração do contribuinte, não seria um arbitramento, seria realmente uma verificação, no caso concreto, do valor da transação. Demais disso, o decreto não pode instituir esse tipo de medida. Nós vivemos sob o primado da legalidade. Assim, apenas a lei poderia estipular alguma coisa com relação a esse assunto.

Outra pergunta, o colega não se identificou: *Qual a fonte formal de atualização da base de cálculo do IPTU, planta de valores: lei ou decreto?*

A lei é que tem que fixar todos os critérios para a atualização da planta genérica de valores. O trabalho feito caso a caso, digamos, a execução propriamente dita daquilo que está na lei, poderá ser feito por ato do Executivo, mas apenas isso.

E o colega pergunta, ainda: *Aplica-se a regra da anterioridade nonagesimal para atualização do IPTU?*

Data venia, eu entendo que não. A atualização da base de cálculo do IPTU não é aumento de tributo, é mera atualização. Se fosse haver um aumento de alíquota, aí, sim, haveria necessidade da obediência a esses princípios.

Outro colega, Benedita de Fátima Borges, pergunta: *Resido em um condomínio cujo valor venal das unidades condominiais foi reajustado ou acrescido de cerca de 35% acima do valor praticado realmente para a venda dos mesmos.*

Isto é inadmissível; quer dizer, o valor real é o que tem que ser levado em consideração. O valor venal fixado pela Prefeitura não pode ultrapassar o valor de venda à vista do imóvel.

A colega pergunta quais as medidas administrativas ou judiciais que poderiam ser adotadas. Todas as medidas em Direito admitidas. O que me parece importante ressaltar é que o comportamento da Administração está incorreto, está ferindo os direitos do contribuinte.

Muito obrigada!

PRESIDENTE DA MESA (PROF. ESTEVÃO HORVATH) – Muito obrigado, professora Elizabeth! Quero agradecer a todos os colegas pela atenção até agora dispensada, especialmente aos professores componentes desta Mesa. Declaro encerrados os trabalhos, por hora. Faremos um intervalo de 10 minutos, para voltarmos para a conferência do professor Humberto Ávila.

Obrigado!

CONFERÊNCIA

PLANEJAMENTO TRIBUTÁRIO

PROF. HUMBERTO ÁVILA

PRESIDENTE DO IDEPE (PROF. AIRES BARRETO) – [*falha na gravação*] (...) que terá por ponto alto a conferência a cargo do professor Humberto Ávila, que vem lá dos rincões do Sul prestigiar nosso evento.

Eu queria avisá-los de que depois da conferência haverá um coquetel para os congressistas e informar que nessa oportunidade será lançado o livro da professora Simone Rodrigues Duarte Costa intitulado *ISS – A Lei Complementar 116/2003 e a Incidência na Importação*. Eu os concito não só a participar do coquetel, como a prestigiar o lançamento desse livro.

Isto posto, passo a palavra ao eminente professor Eduardo Bottallo, que vai saudar o professor Humberto Ávila, referindo, antes, a presença na Mesa do nosso querido e ilustre Mestre – meu Mestre, particularmente – professor Roque Antonio Carrazza e do professor Paulo Ayres Barreto, a quem não vou tecer elogios, porque ele é meu filho.

PROF. EDUARDO BOTTALLO – Presidente Aires Barreto, ilustres Colegas componentes da Mesa, querido amigo professor Humberto Ávila, Sras. Congressistas, Srs. Congressistas.

Há muitos anos atrás – eu não me lembro quantos – fui designado pela coordenação de um dos nossos Congressos para participar da Comissão Examinadora das Teses apresentadas pelos congressistas; e, no desempenho dessa missão, tive o privilégio de presidir uma Mesa onde um menininho, muito menininho, apresentou uma tese cujo tema, eu confesso, também não me lembro.

O que eu me lembro – e muito bem – é que essa tese não era pacífica, era uma tese bastante controvertida. E esse menininho, muito menininho, foi fustigado por críticas veementes, algumas até foram além da marca que a boa educação impõe. Mas nesse metralhar de críticas deu para perceber duas coisas: que a anatomia desse menininho era muito rija, porque ele era dotado de muita cabeça e de muito peito, de muita coragem, e que isso despertou da minha parte uma simpatia paternal em relação a esse menininho e me fez lembrar uma expressão que os romanos tinham, *ex digito gigas* ("pelo dedo se conhece o gigante"). E eu pensei, cá com meus botões: esse menino vai longe!

E foi longe mesmo, porque hoje, passados muitos anos – eu nem sei quantos, talvez eu possa, daqui a pouco, ter minha memória refrescada –, esse menininho, que continua menininho, um pouco menos talvez, mas que continua muito menininho ainda, volta a este Congresso, ao XX Congresso, um Congresso emblemático, para ser um dos conferencistas do evento: o professor Humberto Ávila. Foi longe, como eu havia vaticinado naquela ocasião. Mas não tão longe quanto irá, porque ainda – eu repito – é muito menininho.

O professor Humberto Ávila, em função desse início de relação bastante cordial e bastante carinhosa, mora no meu coração. Eu tenho uma afeição muito grande por ele, e essa relação, embora não tendo muitos contatos físicos, acabou se consolidando numa rua de duas mãos, porque eu sinto, toda vez que encontro com o Humberto, que a recíproca em relação à minha pessoa é verdadeira.

Por isso que eu me sinto muito feliz em estar aqui, hoje, fazendo esta breve apresentação desse conferencista. Até porque a presença do professor Humberto Ávila entre os conferencistas deste Congresso significa – eu me atreveria a dizer – quase que um rito de passagem. Nós estamos abrindo a porta dos nossos conferencistas para uma nova geração de juristas que vem se impondo no mundo do Direito no Brasil, e especificamente na área do direito público, na área do direito tributário, onde, inegavelmente, o professor Humberto Ávila, hoje, é uma das grandes e fulgurantes estrelas.

Eu tenho certeza de que, assim como o nosso Presidente do Congresso, Eugênio Doin Vieira, com muita dignidade, e com muito fôlego ainda, se despede, segundo ele afirma, do convívio desses Congressos, nós estamos fazendo uma espécie de encontro de gerações, a despedida de um grande companheiro de 20 anos e o ingresso, nesse ciclo de grandes juristas que passaram por essa tribuna, da nova geração, aqui representada pelo Humberto.

Tenho que fazer algumas referências formais: a titulação acadêmica do Humberto, sua titulação profissional. E faço isso com muito prazer.

Doutor em Direito pela Universidade de Munique, na Alemanha, Mestre em Direito pela Faculdade de Direito da Universidade Federal do Rio Grande do Sul, Professor Adjunto dessa Universidade, onde leciona nos cursos de Mestrado e de Doutorado. É, ainda, Professor Visitante dos cursos de Mestrado e Doutorado da Universidade Estadual do Rio de Janeiro e Presidente do Instituto Internacional de Direito de Estado, além de Advogado Militante, Consultor Tributário e Parecerista.

Seus livros: *Medida Provisória na Constituição de 1998*; *Teoria dos Princípios* – um livro que, se não existe nas prateleiras, porque é muito procurado, é fartamente citado na jurisprudência do STF; *Sistema Constitucional Tributário*. Além de um trabalho inédito, *Igualdade Tributária*, que é sua tese de Livre-Docência, que ele irá defender dentro em pouco na Faculdade de Direito da USP e que eu espero, assim como muitos, que seja, digamos, seu passaporte para que, num futuro bem breve, o professor Humberto possa adquirir a cidadania paulista e paulistana.

O professor Humberto ainda é autor de vários capítulos de obras conjuntas, além de dezenas de artigos e pareceres publicados nas mais prestigiosas revistas jurídicas do país e do exterior, e é um conferencista brilhante, como nós teremos a oportunidade de comprovar em minutos.

Com muita alegria, pois, eu passo a palavra ao nosso conferencista, professor Humberto Ávila, que falará sobre "Planejamento Tributário". [*Palmas*]

PROF. HUMBERTO ÁVILA – Professor Aires Barreto, é com muita satisfação que venho a este Congresso. Esta abertura me faz lembrar uma história, que eu conto muito rapidamente. Um sujeito era muito parecido com o Frank Sinatra mas não era, evidentemente, o Frank Sinatra. Ele era sempre confundido com o cantor. Certa vez, ele foi à Nova York, hospedou-se no Hotel Plaza, e cada vez que retornava ao hotel uma multidão de mulheres ficava fazendo quase que uma manifestação, rasgando suas roupas. Em função disso, ele entrava no saguão do hotel dizendo: "Eu não sou o Frank Sinatra!". E isso se repetiu várias vezes – ele retornava ao hotel, tinha suas roupas rasgadas e esbravejava: "Eu não sou o Frank Sinatra!". Até um dia em que ele retorna, aquilo tudo acontece novamente, ele chega no quarto, abre a porta e vê, lá dentro, uma mulher lindíssima, que diz: "Oi, Frank". Diante disso, ele pensa: "Bem, se querem mesmo que eu seja Frank Sinatra, então, serei o Frank Sinatra!".

Foi isso em que eu pensei logo que fui convidado para fazer uma conferência na presença dos meus Mestres, do meu querido amigo e Mestre e Professor, e a quem eu dirijo as minhas palavras de agradecimento, professor Bottallo. Limito-me a fazer essas breves considerações para que a emoção não prejudique a minha palestra.

Venho com muita satisfação a São Paulo, esta cidade bastante perigosa, onde dizem que os assaltantes estão assaltando só durante o dia, porque de noite eles têm medo de ser assaltados. Lembro, porém, que isso nem sempre é ruim: a mulher de um amigo meu teve o cartão de crédito roubado, mas ele nem ficou triste; é que o ladrão está gastando menos que sua mulher. [*Risos na platéia*]

Eu vou fazer as minhas considerações a respeito do "Planejamento Tributário". Seu estudo envolve uma multiplicidade de expressões, como "elisão", "elusão", "evasão", "negócio jurídico indireto", "fraude à lei" – e assim sucessivamente. De tal sorte que, se eu fosse – e eu estava pensando exatamente sobre isso – seguir o método sugerido pelo professor Roque Carrazza, de dividir a palestra pelo número de problemas, eu faria a minha palestra em 387 partes! Tendo em vista este manancial de expressões, eu sugeriria optar pelo simples, pelo tradicional, usando um exemplo de cada uma dessa formas de planejamento, para que nós, a partir desses exemplos, os mais simples possíveis, pudéssemos avançar na discussão da questão. Faria o que propõe Gadamer: um "acordo semântico". Aí, investigaria o que seria "simulação", "dissimulação", e também aquilo que eu chamaria, simplesmente, de "planejamento tributário".

O que é a *simulação*? A simulação acontece quando o contribuinte pretende que a autoridade administrativa acredite que alguma coisa aconteceu, quando nada aconteceu. Isso ocorreria, por exemplo, na situação de o contribuinte fazer sua declaração de IR com a finalidade de deduzir da base de cálculo do imposto uma parcela de despesas médicas. Com esse propósito, ele liga – digamos – para seu primo, que é médico, e pede a ele que lhe dê um recibo médico, registrando uma operação caríssima que na verdade nunca aconteceu, com a finalidade de diminuir a base de cálculo do IR. Isso significa que o contribuinte usa um artifício para que a autoridade administrativa acredite que algo aconteceu, quando nada aconteceu. Isso é *simulação*. Ela é identificada pela *metáfora do fantasma*.

Já, a *dissimulação* ocorre quando o contribuinte quer que a Administração acredite que alguma coisa aconteceu quando outra, diferente, ocorreu. Essa situação é ilustrada pela *metáfora da máscara*: o contribuinte tenta, com a máscara – isto é, com o negócio jurídico indireto que ele elege –, esconder o negócio jurídico direto, efetivamente praticado. Isso aconteceria, por exemplo, se um sujeito quisesse doar para outro um automóvel que vale R$ 100.000,00: tentando evitar a incidência do imposto sobre doações, ele resolve fazer uma espécie de compra e venda, mas essa compra e venda se caracterizaria pelo fato de que o automóvel, que vale R$ 100.000,00, seria vendido por apenas R$ 10,00. O que faz o contribuinte? Usa o contrato de compra e venda como uma espécie de máscara para esconder sua verdadeira face: a doação. Usa a compra e venda para esconder a doação e, com isso, evitar a incidência do imposto sobre doações. E assim nós teríamos muitos outros exemplos, como aqueles referentes à compra e venda de imóveis com criação de sociedades que são formadas com dinheiro e com imóvel e, logo após, dissolvidas, de tal sorte que aquele que entrou com o dinheiro sai com imóvel, e aquele que entrou com imóvel sai com dinheiro. Isso seria *dissimulação*.

Frente a essas duas hipóteses, nós teríamos uma terceira, que eu qualificaria simplesmente de *planejamento tributário*, e que envolveria a seguinte situação: o contribuinte utiliza-se de uma forma negocial prevista no ordenamento jurídico para obter vantagem. O exemplo – já julgado, inclusive, pelo STJ, diz respeito a uma operação de *leasing*. A empresa, pretendendo adquirir uma máquina, dá-se conta de que, se fizer uma compra e venda, só poderá deduzir da base de cálculo do IR aqueles montantes anuais relativos ao valor de depreciação da máquina. Se, entretanto, optar pelo contrato de *leasing*, a legislação – pelo menos da época – prevê a possibilidade de as despesas relacionadas ao *leasing* poderem ser deduzidas integralmente da base de cálculo do IR, de tal sorte que, tendo que pagar muito IR num ano, a empresa escolhe propositalmente o *leasing* para naquele ano poder deduzir aquilo que paga a tal título e, de propósito, faz um *leasing* em que a primeira prestação envolve 90% do valor da máquina, e o faz única e exclusivamente para obter a redução do IR.

Diante dessa situação, há duas hipóteses. Ou nós admitimos que se trata de um planejamento tributário lícito, ou nós vamos entender que se trata de uma dissimulação, nesse último caso entendendo que o contribuinte diz que é *leasing* aquilo que, pelas características de fato, seria uma compra e venda. Diante dessa situação, nós temos também algumas particularidades. Primeira: o contribuinte faz de propósito, isto é, ele faz com o propósito explícito de economizar. Segunda: o negócio não é normal. O normal é a compra da máquina. O anormal, que está sendo objeto, inclusive, de uma inovação por parte daquele contribuinte hipotético, é uma operação de *leasing*, e este negócio proporciona uma economia tributária brutal.

Diante dessa situação, nós poderíamos entender, por exemplo, que o negócio jurídico seria nulo ou anulável, dependendo da ótica civilista que viéssemos a adotar. Por quê? Porque, segundo alguns, que embasam sua análise no Código Civil de 2002, onde nós temos os princípios da socialidade, da boa-fé e da solidariedade, o *leasing* deveria ser "lido" de acordo com a "lente" desses princípios. Com isso, aquele contrato deixaria de ser um contrato de *leasing*, porque o propósito egoísta de tentar fugir da tributação seria incompatível com o princípio da socialidade, entre outros princípios.

É exatamente esse ponto de vista que eu quero analisar. Se nós tivéssemos que traçar uma linha divisória a respeito dessas concepções, eu diria, como hipótese de trabalho, que nós temos duas grandes correntes a respeito do planejamento tributário. Uma que eu qualificaria – e que muitos qualificam – de corrente *tradicional*. Ela seria *tradicional* no sentido pejorativo, por ser, pelo menos supostamente, "formal" e "conceitual". Ela se basearia numa espécie de auto-suficiência dos conceitos legais. Os conceitos legais existiriam na sua abrangência total independentemente da atividade interpretativa. De outro lado, a interpretação, ela própria, envolveria, segundo essa posição "tradicional", uma atividade de mera subsunção conceitual. Além disso, os princípios privilegiados seriam princípios mais afeitos a uma concepção liberal de Estado de Direito, o que levaria, por conseqüência, a uma concepção do poder como "limite", como "estrutura". Essa corrente, que, digamos, foi muito estudada pelos nossos doutrinadores, tem sido ultimamente taxada de conservadora, formalista e individualista e, por isso, incompatível com os novos princípios, tanto constitucionais de dignidade humana e de solidariedade social, como legais de socialidade, boa-fé e solidariedade, presentes no Código Civil de 2002, que mostra um caminho de concreção de conceitos jurídicos indeterminados.

Justamente por isso que vem aparecendo uma teoria que eu chamaria de teoria "moderna" do planejamento tributário, que sustenta a insuficiência tanto dos conceitos constitucionais quanto dos conceitos legais, e defende que o paradigma de interpretação não é de uma subsunção conceitual, mas de uma ponderação de valores, e que justamente porque a nossa Constituição privilegiaria os direitos sociais, o Estado Social de Direito e o princípio da dignidade humana – para referir apenas alguns –, nós teríamos que enxergar o poder não como "limite", mas como "função". E a partir disso interpretar as regras de competência de forma dinâmica e os conceitos legais de maneira a fazer com que esses conceitos passassem a abranger aqueles novos negócios jurídicos praticados, especialmente considerando a intenção concreta das partes envolvidas nesses negócios.

Essa concepção como que se autointitula de progressista, de solidária, e propõe uma espécie de concepção "material" do Direito, em oposição àquela outra que seria pejorativamente qualificada como sendo uma concepção "formal".

O que eu vou sustentar aqui, nos limites que uma participação congressual deste tipo impõe, é que esta concepção moderna é inconsistente e ingênua. Embora nós tenhamos que fazer aperfeiçoamentos naquela primeira concepção, que foi muito defendida pelos grandes autores do direito tributário de outrora, temos que propor uma espécie de "formalismo mitigado". Eu vou tentar demonstrar que esta corrente, autointitulada de moderna e supostamente progressiva, é, na verdade, paradoxalmente conservadora; que a pretensão de solidariedade por ela proclamada termina – por incrível que pareça – favorecendo o individualismo; e que o antiformalismo por ela sustentado termina sendo mais conceitual que a teoria que ela pretende superar. Mais que mostrar a existência desses paradoxos, eu vou tentar demonstrar a incompatibilidade dessa teoria moderna do planejamento tributário com a nossa Constituição. Além disso, vou defender que ela padece daquilo que vou denominar de "cegueira institucional". Essa concepção parte do pressuposto de que o melhor do direito tributário é analisar o contexto, as particularidades de cada situação, largando de mão aqueles conceitos que não envolveriam a realidade da vida, no sentido de que analisar esses conceitos seria ficar no texto "frio" da lei.

Aqui vai minha concepção. Nós temos uma Constituição que se particulariza – como já dizia o professor Geraldo Ataliba – por uma estrutura muito específica, com atribuição de poder por meio de regras. O que é que faz a nossa Constituição? Em vez de fazer como outras Constituições, que atribuem poder também por meio de princípios, a nossa Constituição, dada sua estrutura, atribui poder por meio de regras. E as regras têm uma função muito específica de eliminar ou, pelos menos, diminuir conflitos de coordenação, problemas de conhecimento, problemas de custos e problemas de controle de poder. Por que nós temos regras? Por que este Congresso se inicia em determinado horário? Porque, se nós chegássemos a uma idéia de que o Congresso, por exemplo, deveria começar no momento em que todos se sentissem – digamos – "aptos à reflexão teórica", para alguns o Congresso nunca começaria, para outros começaria às 4 da manhã. É justamente para evitar problemas de coordenação. É por isso que há o lado direito e o lado esquerdo nas vias públicas. É por isso que nós temos limites máximos de velocidade, e assim sucessivamente. Tudo isso é para eliminar conflitos de coordenação entre as pessoas. É exatamente por isso que o legislador opta pelas regras: em vez de atribuir poder por meio de princípios, o faz por meio de regras.

Além de resolver problemas de coordenação, as regras têm a função de resolver problemas de conhecimento. Isso porque toda pessoa entende que o seu caso é diferente. Em virtude disso, nós temos também problemas de a autoridade administrativa entender que aquele caso, objeto de fiscalização, é um pouquinho diferente e que, por isso, deve se submeter a uma regra diferente. Em virtude disso, nós temos problemas de coordenação, problemas de conhecimento e problemas de custos. Se nós não tivéssemos regras, teríamos de ficar incessantemente discutindo todas as questões através de uma ponderação de todos os valores envolvidos. Isso seria inviável, do ponto de vista físico, do ponto de vista humano e do ponto de vista técnico. Além disso, nós temos regras porque temos que evitar um problema de controle de poder. As regras, especialmente no direito tributário, servem para alocar poder. Elas descrevem determinada hipótese justamente para retirar de determinados âmbitos de poder a capacidade para discutir questões.

É isso que a nossa Constituição faz. Ela, ao contrário da Lei Fundamental alemã, é uma Constituição que atribui poder por meio de regras. Regras, essas, que usam conceitos, como os de "renda", de "serviço", de "circulação" – e assim sucessivamente. O que faz, então, a nossa Constituição? Ela põe conceitos ou pressupõe conceitos. Ela põe conceitos diretamente quando coloca determinadas palavras nas regras de competência que têm o significado semântico mínimo. "Circulação de mercadorias" e "prestação de serviços de comunicação". "Importação de produtos". "Industrialização de determinados produtos". E assim por diante. A mera menção a determinadas palavras já coloca limites semânticos que não podem ser ultrapassados. A nossa Constituição não só põe conceitos diretamente. Ela também o faz indiretamente, pela sua estrutura. Sim, quando a nossa Constituição atribui poder aos Estados para tributar a venda de mercadorias, e por isso as obrigações de dar, ao mesmo tempo que atribui poder aos Municípios para tributar a prestação de serviços, por uma idéia de contraposição conceitual, nós chegamos ao entendimento de que, se para um ente federado cabe o poder de tributar obrigações de dar, para outro, necessariamente, pela contraposição que fazemos, cabe tributar as obrigações de fazer. Ou chegamos ao conceito de "faturamento", porque a nossa Constituição, ao mesmo tempo, utiliza as palavras "receita", "produto", "renda", "lucro" – e assim sucessivamente –, de tal sorte, que para cada uma dessas palavras deve corresponder um só conceito.

A nossa Constituição, além de pôr conceitos diretamente e indiretamente, também pressupõe conceitos. A jurisprudência do STF é muito rica nesse aspecto. Por quê? Porque a nossa Constituição, quando utiliza a expressão "salário" e não estipula um conceito diferente, está atribuindo ao intérprete a tarefa de incorporar conceitos pré-constitucionais infraconstitucionais, como decidiu o STF quando julgou aquele caso em que se discutia se a remuneração paga a avulsos e autônomos se enquadrava no conceito de "salário". O STF foi buscar na legislação pré-constitucional infraconstitucional, especificamente na Consolidação das Leis do Trabalho, o conceito de "salário", chegando à conclusão de que "salário" é a remuneração paga pelo empregador ao seu empregado, considerando-se "empregado" aquele que mantém vínculo de subordinação habitual com seu empregador. Sendo assim, aqueles valores recebidos por autônomos não correspondiam ao conceito de "salário" pressuposto pela Constituição.

A mesma coisa fez o STF quando foi discutir o conceito de "serviço". Ora, se a nossa Constituição usa a expressão sem estipular um novo conceito, é porque está incorporando um conceito pré-constitucional infraconstitucional, que é alçado ao nível constitucional e passa a limitar a atividade do aplicador. "Serviço" corresponde a uma obrigação de fazer, como bem tem nos ensinado o professor Aires Barreto.

E a mesma coisa, para terminar, aconteceu no ano passado, quando o STF, num julgamento que eu reputo histórico, decidiu a respeito do conceito de "faturamento". Por que um julgamento histórico? Porque a Corte se dividiu. O Min. Ilmar Galvão votou e se aposentou. O Min. Maurício Corrêa votou e se aposentou. Depois disso, o caso chegou às mãos do Min. Gilmar Mendes. Ele, com seu embasamento na doutrina alemã, disse que as regras de competência deveriam ser interpretadas dinamicamente, e não estaticamente, porque, se nós não fizéssemos assim, iríamos engessar o poder de tributar. Nesse sentido, ele propôs que o conceito de "faturamento" fosse definido pelo legislador. A Constituição, que tem a função de limitar a atividade do legislador, seria definida pelo próprio legislador.

Essa concepção foi derrotada. E vejam que estávamos diante de um caso em que do outro lado estavam os princípios da solidariedade social e da universalidade do financiamento da seguridade social. Ora, mesmo diante desses princípios, decidiu o STF, o conceito pressuposto pela regra de competência não cede. Nós poderíamos até dizer que no ano passado ocorreu um julgamento no STF em que as regras derrotaram os princípios. Por que isso? Porque estes conceitos pressupostos limitaram a atividade legislativa. O que fez o STF? Pressupôs do Decreto-lei 2.397/1987 o conceito de "faturamento" como sendo produto da venda de bens e prestação de serviços, e que por isso não poderia ser objeto de alargamento pela atividade do legislador tributário.

Aquela tentativa do Min. Gilmar Mendes de querer buscar na Alemanha, na Constituição de Weimar, uma concepção de Carl Schmitt e colocá-la no Brasil à martelada não funcionou. O que nós temos, então? Nós temos um sistema, na nossa Constituição, de atribuição de poder por meio de regras. Regras que limitam poder, alocam poder e estabelecem conceitos mínimos. Ora, se é assim, surge uma questão sempre sustentada por essa teoria que eu qualifiquei de "moderna" da interpretação e do planejamento tributário: nós vamos evitar a evolução conceitual? Afinal de contas, nós temos conceitos que foram pressupostos pela Constituição do Código Civil antigo, do Código Comercial e de uma legislação antiga. Se nós tivéssemos que nos limitar a esses conceitos, teríamos um problema de anacronismo legislativo – advertem alguns autores. Por exemplo, hoje nós temos problemas relacionados a provedores de Internet que antes não existiam. Nós temos problemas relacionados a *download* de conteúdo, que só agora surgiram. Nós temos problemas relacionados a uma série de questões tecnológicas que não estavam abrangidas anteriormente. Como nós vamos sustentar uma espécie de vinculação a conceitos constitucionais mínimos – insistem esses autores – se nós teremos, então, problemas de anacronismo legislativo? E como nós vamos sustentar essa idéia de conceitos mínimos, se nós sabemos que os empresários, muito criativos, terminam se desviando desses conceitos, e muitas vezes praticando de verdade determinados negócios que escapam daqueles conceitos? Essas são as questões postas pela teoria que denominei de "moderna".

Para resolver essas questões, eu diria que temos dois caminhos. Ou nós combatemos o anacronismo legislativo e a evasão "por meio da interpretação" – que é o que a corrente moderna sustenta –, ou nós combatemos o anacronismo e a evasão por meio de "modificações legislativas", quando elas forem necessárias.

De um lado, nós poderíamos analisar esses conceitos e, com base numa interpretação teleológica, finalística, baseada em princípios como solidariedade social, função social da propriedade e dignidade humana, ou, ainda, por meio de uma operação de analogia, tributar fatos não previstos, porque não imaginados na época pelo legislador; poderíamos, ainda, fazer um processo de extensão teleológica, imaginar o que o legislador teria pensado se tivesse conhecido a realidade que, na época da edição da lei, não existia. Nesse tipo de raciocínio, se o legislador tributa maçãs, nós vamos aceitar a aplicação da lei tributária também para o caso das pêras, porque as duas são frutas – e assim sucessivamente –, sempre imaginando intenções, finalidades, com o propósito de colher determinados fatos que ocorrem à margem da hipótese de incidência. Tudo isso para combater o anacronismo legislativo.

Em vez de trilhar esse caminho, nós podemos, de outro lado, evoluir nos conceitos não pela interpretação, mas pela modificação legislativa. Se os empresários praticam de fato operações que não se enquadram nos conceitos previstos na Constituição e concretizados pelo legislador, o legislador terá, então, através de uma modificação legislativa, mediante criação de presunções, de alcançar estas situações.

Esse problema, agora posto, é um problema grave. Nós vamos optar pela modificação conceitual pela interpretação ou pela modificação legislativa? Por que é um problema grave? Porque a nossa Constituição não tem apenas os princípios da legalidade, da segurança jurídica, do Estado de

Direito, retroatividade, anterioridade, que são princípios relacionados à segurança jurídica, princípios que eu qualificaria de princípios *formais*. A nossa Constituição também tem princípios que poderíamos chamar de princípios *materiais*, relacionados à solidariedade, à função social da propriedade, à dignidade humana – e por aí afora. Ora, se nós temos uma ambivalência principiológica, isto é, princípios para um lado e princípios para outro lado, como é que nós vamos resolver essa questão? Aqueles adeptos da teoria tradicional dizem: "Nós temos que privilegiar a segurança jurídica e a legalidade". Estão corretos. Uns, da teoria moderna, dizem: "Não, nós temos que privilegiar os conceitos jurídicos indeterminados, de boa-fé, função concreta dos contratos, ou os princípios constitucionais da solidariedade social, da dignidade humana" – e por aí afora. Eles também estão corretos. Se nós temos uma ambivalência principiológica, como é que nós podemos resolver a questão? Aí entra em cena a questão de *coerência sistemática*. O que ela significa? Se nós temos princípios que apontam para mais de uma direção, temos que investigar qual é a aglutinação maior da nossa Constituição. Se nós temos uma preferência axiológica para um desses lados, e se nós temos uma concatenação de princípios mais para um lado em detrimento de outra orientação, então, o caminho para a solução está dado. E, nesse sentido, eu diria: nós temos uma Constituição que privilegia princípios garantistas. Sim, pois nós temos uma Constituição que começa com "Estado de Direito". Nós temos todas aquelas garantias como legalidade, igualdade na lei e perante a lei, todos os instrumentos para combater a falta de controle no poder; e quando o constituinte resolve entrar na matéria tributária, ele fala rapidamente da capacidade contributiva, obedecidos os direitos e garantias individuais, e trata das limitações, limitações sempre oponíveis ao Estado, e não como instrumentos do Estado para tributar. E, quando o faz, toca nesses princípios formais, legalidade, retroatividade, anterioridade, proibição de confisco. Ora, há uma preferência axiológica da nossa Constituição pelo controle de poder. O decisivo, no entanto, sequer é isso. O decisivo é que, quando a Constituição vai atribuir poder, não faz como a Constituição italiana, que tem dois dispositivos, um dizendo que tem que ser instituído imposto por meio de lei e outro dizendo que os impostos devem obedecer à capacidade contributiva. A nossa Constituição também não faz como a Constituição alemã, que não tem regras de competência, e apenas estabelece princípios e tipos tributários. A nossa Constituição atribui poder por meio de regras, enuncia expressões – expressões, essas, que são continuamente definidas pelos operadores do Direito há décadas. Esta opção por atribuição do poder por meio de regras nos mostra que, apesar de nós termos princípios que indicariam uma certa ambivalência – ora um individualismo, ora um solidarismo –, nós temos uma preferência axiológica da nossa Constituição pela limitação do poder.

Nesse sentido, eu diria que nós temos que refletir melhor a respeito do conceito de "formal". Ora, nós temos duas opções para o termo "formal". Nós podemos ter uma concepção essencialista ou conceitualista de "formal". Nessa concepção, "formal" é aquela interpretação alheia a valores, que parte de categorias gerais para chegar a conclusões em casos específicos. E, aí, o "formal" é utilizado no sentido pejorativo. Nós também temos, no entanto, a palavra "formal" no sentido de operativo, conseqüencialista, isto é, no sentido de que as regras e os conceitos legais têm um valor e têm uma função: a função de evitar problemas de coordenação, de conhecimento, de custos e de controle de poder. O conceito de "formal" não é mais pejorativo.

Problemas de coordenação. Os contribuintes precisam saber de antemão qual é o significado das hipóteses de incidência. Não é um sistema de concreção como é o do Código Civil para as atividades particulares que giram em torno da justiça comutativa. O sistema tributário gira em torno de conceitos mínimos para proporcionar coordenação. Mais que proporcionar coordenação, ele visa a proporcionar ou evitar que surjam problemas de conhecimento, porque, se não fosse assim, além de problemas de conhecimento, nós teríamos problemas relativos à falta de controle do poder. O fiscal sempre poderia dizer que aquela situação, por ele fiscalizada, é um pouquinho diferente da outra, e por isso concretizaria o conceito aberto na situação de fato. E nós sabemos o que isso significaria em termos de insegurança. Nós temos no Brasil um sistema de regras, porque isso tem um valor e tem uma função. Desse modo, o "formal" é no sentido operativo. Funciona bem para os princípios de liberdade e de propriedade. E, mais do que isso, essa concepção operativa, "formal"-operativa, "formal"-conseqüencialista, absorve na proposição as análises das capacidades institucionais. Sustentar que nós vamos tributar com conceitos jurídicos indeterminados, que irão evoluir segundo o contexto, e que isso dará certo, é padecer de uma cegueira institucional; é não conhecer como funciona a Administração; é desconhecer como funciona o Judiciário abarrotado, com milhões de processos, com juízes novos que não são – nem poderiam ser – especialistas em direito tributário. Nós precisamos, nas nossas concepções, absorver as capacidades institucionais e interpretativas. E, mais que uma virada lingüística, que está na moda, nós precisamos fazer uma virada institucional. As instituições funcionam de determinada forma. É absolutamente ingênuo entender que esses conceitos de boa-fé, de solidariedade social e de dignidade humana sempre se prestam a bons propósitos.

A conclusão até aqui é que a nossa Constituição atribui poder por meio de regras de competência e que as modificações devem ser feitas por meio do legislador. Ora, se isso tudo que estou falando é verdadeiro, e se essas regras-matrizes de competência deverão ser mantidas, nós temos um processo, pelo menos na atribuição de poder, de interpretação via correspondência conceitual. As finalidades devem ter uma importância limitada. O que estou propondo não é uma interpretação que seja alheia a finalidades. Eu estou apenas propondo um finalismo contido, no sentido de que os fins devem se agregar para dar mais controle ao poder e não eliminar os conceitos mínimos das regras previstas na Constituição, como se tentou fazer nesse caso julgado pelo STF no ano passado, em que se tentava sustentar que, apesar de receita bruta não ser faturamento, de acordo com uma interpretação finalística, nós transformaríamos a receita bruta em faturamento, ou vice-versa.

Ora, nós temos que entender que nossa Constituição tem espaços regrados, e espaços atribuídos a princípios. Mas como é, então, que esses autores da concepção moderna do planejamento tributário e da interpretação dos conceitos chegam às suas conclusões? Porque eles partem normalmente de idéias vagas, da noção de Estado Social de Direito, de pós-Modernidade, de contexto social, que são palavras, digamos, bastante expressivas, sem que as capacidades institucionais requeridas para sua manipulação e os efeitos sistêmicos decorrentes da sua utilização sejam colocados em discussão. Nesse sentido, eu diria que essa concepção moderna, na verdade, é tanto ou mais conceitualista que a primeira, porque retira conclusões para casos concretos de conceitos abstratos. Ora, partir de idéias gerais para chegar a conclusões concretas, sem passar por questões intermediárias ligadas às instituições que as irão aplicar, é também uma forma de conceitualismo. Na verdade, é uma espécie de conceitualismo enrustido. E, justamente porque esses conceitos de solidariedade, dignidade humana, boa-fé objetiva, concretude, socialidade – e assim sucessivamente –, deverão ser concretizados, é só ingenuamente que nós vamos achar que esse modelo é um modelo progressista, porque quem vai concretizar esses conceitos são as autoridades que estão no poder, e essa pretensão de progressismo vai terminar sendo o conservadorismo, porque quem irá definir serão os titulares do próprio poder.

Todas essas observações eu faço para mostrar que a forma ou o formalismo, nesse sentido operativo, conseqüencialista, não é necessariamente ruim. Nós temos formas no Direito que precisam ser obedecidas. E aí, nesse tópico – já me dirigindo para o fim –, nós temos que enxergar o planejamento tributário. O que faz o particular quando celebra um negócio jurídico e concretiza sua autonomia privada e a liberdade de exercício de atividade econômica? Utiliza-se de formas, de formas contratuais que o próprio legislador instituiu. Nesse sentido, a minha proposta é muito singela. Quando o contribuinte se utilizar de negócios jurídicos – portanto, de formas jurídicas dadas pelo legislador –, se ele "usar" das formas jurídicas sem, no entanto, "abusar" delas, nós temos que manter a validade do negócio jurídico, inclusive para efeitos tributários.

Bom, a pergunta, na verdade, apenas foi deslocada. Mas o que é, então, "abusar da forma jurídica"? Ora, é fazer uma compra e venda, que tem vários elementos essenciais, como preço, e desnaturar o preço. Um veículo que vale R$ 100.000,00 é vendido por R$ 10,00. Nesse caso, nós estamos pegando um elemento essencial do negócio jurídico e desnaturando. É fazer uma compra e venda por meio da formação de uma sociedade, sociedade, essa, que não pratica operação social alguma, que é criada num dia e extinta no outro, e simplesmente não tem seu objeto social concretizado. Nessa hipótese, o contribuinte estaria abusando da forma societária. Quando, porém, o contribuinte, no exercício da sua autonomia privada e na concretização da liberdade de exercício de atividade econômica, usar uma forma jurídica sem dela abusar – isto é, sem desnaturar seus elementos essenciais –, o negócio jurídico por ele praticado deve valer. O que decidiu o STJ a respeito do *leasing*? Para resolver este caso, o Tribunal indagou: o *leasing*, tal como previsto na época, tinha elementos essenciais? Sim. As prestações uniformes eram essenciais para o *leasing*? Não. Então, o que fez o contribuinte? Fez um contrato de *leasing* por uma instituição financeira de verdade, não se tornando proprietário com a celebração do negócio, e obedecendo a todas as condições de validade desse *leasing*, mas, para se beneficiar mesmo, com o propósito de ter economia tributária, celebrou o contrato com prestações de montantes diferentes em cada ano. Se o legislador não estabeleceu como requisito mínimo a uniformidade de prestações, o que faz o contribuinte? Faz um negócio jurídico dentro dos limites de forma que o ordenamento jurídico fornece. E isso tem que ser considerado válido.

Eu diria – até para fazer uso de uma metáfora – que a diferença entre "uso" de forma e "abuso" de forma pode ser exemplificada no campo da cirurgia plástica. Todos têm direito, enfim, de fazer uma plástica para ... inclinar o nariz, tirar os pés-de-galinha etc. Isso tudo pode ser feito. Mas ninguém tem o direito de fazer o que fez o Michael Jackson: ele mudou de cor, mudou de cabelo, mudou de nariz, mudou de olhos, mudou de boca. Ele mudou tudo, transformando-se noutra pessoa. E se transformou noutra pessoa porque alterou seus elementos essenciais. O que pretendo dizer, com isso? Afirmar que é permitido usar das formas jurídicas mesmo que – é este o ponto – o propósito seja economizar, porque me parece que o propósito de economizar está dentro do princípio da liberdade de exercício de atividade econômica. O que não se pode é abusar. Isso, evidentemente, fará com que alguns contribuintes se beneficiem. Cabe ao legislador modificar a legislação, para adaptar essa legislação às novidades que surgem no mercado. Mas não podemos atribuir ao intérprete a liberdade de ele, estendendo a hipótese legal ou criando tributação por meio de analogia, alcançar esses fatos que o legislador não alcançou.

É preciso lembrar, por fim, que as concepções baseadas nos princípios da solidariedade social e da dignidade humana nem sempre são usadas para bons propósitos. O professor Paulo de Barros Carvalho sempre lembra que as pessoas eram fuziladas em Cuba em nome da segurança nacional. As pessoas eram torturadas no Brasil em nome da segurança nacional. Barbaridades são perpetradas em nome do interesse público. Esses princípios, extremamente vagos, podem ser usados para vários propósitos. Como os chargistas, dizendo que o humor serve para várias coisas, inclusive para fazer rir, eu poderia dizer que a solidariedade social serve para muitas coisas, inclusive para realizar solidariedade social entre as pessoas. Parece-me que, se nós formos para uma tributação baseada nesse finalismo exacerbado, com base em finalidades públicas, conceitos jurídicos indeterminados, em detrimento desses conceitos constitucionais e legais mínimos, nós faremos com que esse progressismo termine se transformando num conservadorismo, porque o aplicador é quem vai definir e concretizar esses conceitos. Este antiformalismo vai terminar num formalismo conceitual, porque nós vamos permitir que o direito tributário se desenvolva com base em conceitos, mais vagos ainda que os conceitos hoje existentes, e esse suposto pragmatismo vai terminar sendo um idealismo.

Eu peço calma a todos – para que, apressadamente, não digam que eu estou propondo um individualismo e um formalismo, assim, sem mais nem menos –, para dizer que às vezes um individualismo pode ser um solidarismo que respeita o indivíduo e um formalismo pode ser um materialismo operativo. Pensem nisso.

Eu proporia, até, uma espécie de *coerentismo* valorativo: nós temos que interpretar os valores da nossa Constituição, vendo qual é a preponderância axiológica que ela dá a determinados princípios. Nossa Constituição não atribui o mesmo peso aos princípios, mesmo em nível abstrato – como, aliás, já disse o professor José Souto Maior Borges.

E, recuperando as palavras da professora Misabel, que propôs, hoje, uma atenção maior aos escritos do professor Geraldo Ataliba, eu proporia o mesmo. Essas concepções são muito atrativas para os mais jovens, porque falam em direitos fundamentais sociais, falam em Estado de Direito na pós-Modernidade – e os jovens são de imediato atraídos por essas idéias, que terminam não se concretizando como previsto. Eu diria que nós temos que dar um passo atrás.

Talvez uma pequena história possa melhor ilustrar o que estou dizendo. O primeiro filme de Orson Welles foi uma obra-prima: *Cidadão Kane*. Os outros filme que ele produziu nunca foram tão bons quanto aquele primeiro. Em virtude disso, costumava-se dizer que ele era um cineasta que tinha um grande futuro no seu passado. Eu acho que o direito tributário brasileiro tem um grande futuro no seu passado. Como me disse o professor Souto Maior Borges, nem sempre o que é produzido depois é melhor que o que foi produzido antes. Nós, muitas vezes, no calor das idéias novas, que são muito atrativas, temos que botar os pés no chão e tentar eliminar o quanto possível a ingenuidade, ver as capacidades reais e institucionais, os efeitos sistêmicos que essas concepções, supostamente progressivas, efetivamente irão causar, para que não tenhamos um retorno e um regresso a pretexto de um progresso.

Acredito que o jurista, hoje – nessa sociedade que tem uma pluralidade muito grande de valores, que se desenvolve muito rapidamente e que tem muita informação –, tem a tarefa de acalmar os ânimos, exigindo serenidade de todos aqueles que estudam o direito tributário. Como diria um escritor gaúcho – que, aliás, neste ano está fazendo 100 anos, Érico Veríssimo –, a função do cientista é iluminar a realidade do seu tempo, lançando luz sobre ela, impedindo que sobre ela recaia a escuridão, tão propícia aos assaltantes e aos tiranos. Se não houver lâmpada elétrica, acendamos as nossas velas. E se não houver velas, risquemos fósforos repetidamente, como sinal de que não abandonamos o nosso posto.

Agradecendo ao professor Eduardo Bottallo pela sua paternal apresentação, que me deixou muito feliz, mas que referiu uma pessoa que eu não sou, eu me despeço de vocês com o que disse Ricardo Reis, o heterônimo de Fernando Pessoa:

Sim, sei bem
que nunca serei alguém.
Sei de sobra
que nunca terei uma obra.
Sei, enfim,
que nunca saberei de mim.
Sim, mas agora,
enquanto dura esta hora,
este luar, estes ramos,
esta paz em que estamos,
deixem-me crer
o que nunca poderei ser.

Obrigado! [*Palmas*]

PRESIDENTE DO IDEPE (PROF. AIRES BARRETO) – Eu só posso dizer que as palavras do professor Eduardo Bottallo acerca do professor Humberto Ávila, do menino Humberto Ávila, foram muito aquém do que ele merecia. Por isso, até reitero uma nova salva de palmas. [*Palmas*]

E, agora, vamos ao coquetel e ao lançamento do livro da professora Simone Rodrigues Duarte Costa.

MESA DE DEBATES "C"

PROCESSO ADMINISTRATIVO E JUDICIAL

PRESIDENTE DA MESA: PROF. SIDNEI BENETI

MEMBROS DA MESA: PROFA. REGINA HELENA COSTA,
PROF. VALDIR DE OLIVEIRA ROCHA, PROFA. MARIA RITA FERRAGUT

PRESIDENTE DA MESA (PROF. SIDNEI BENETI) – Bom dia a todos, bom dia aos eminentes integrantes da Mesa! Quero em primeiro lugar dizer da minha imensa satisfação de participar de um evento desta magnitude, de um evento que traz à memória um grande e saudoso amigo, Geraldo Ataliba, Mestre de todos nós.

Muito honrado com o convite, desejo uma boa participação a todos, com muito proveito nos trabalhos e no recebimento das informações de alguns dos mais eminentes profissionais da área do conhecimento jurídico que vão se dirigir ao Auditório, extremamente bem qualificado, como posso ver da presença de alguns dos mais importantes profissionais da especialidade. Aqui está presente a intelectualidade da matéria, a comunidade científica da matéria, apta a trazer relevante colaboração para a melhoria do tratamento científico e prático dos temas, em prol do nosso meio jurídico.

Inicio os trabalhos, após o aguardo mais ou menos protocolar por alguns minutos, assinalando, contudo, que todos os integrantes da Mesa estavam aqui prontos desde o horário assinalado, nós apenas aguardamos a acomodação do Auditório.

Damos início aos trabalhos. Para a primeira conferência, tenho a imensa honra de convidar a Dra. Regina Helena Costa, eminente Desembargadora Federal e eminente Professora. A professora Regina Helena Costa é Livre-Docente em Direito Tributário pela PUC/SP, onde é Professora de Direito Tributário, é Desembargadora Federal do TRF-3ª Região e – me permitam acrescentar – uma muito querida amiga.

Passo a palavra à professora Regina Helena Costa.

PROCESSO ADMINISTRATIVO ELETRÔNICO. PROVAS E GARANTIAS RECURSAIS

PROFA. REGINA HELENA COSTA – Muito bom dia a todos! É um grande prazer estar novamente aqui, no *Congresso Brasileiro de Direito Tributário*, nesta sua vigésima edição. Eu gostaria de iniciar agradecendo à coordenação, na pessoa da professora Maria Leonor Leite Vieira, pela realização deste evento, já tão tradicional e importante para nós que somos cultores do direito tributário. Agradecer também ao professor Sidnei Benetti pela apresentação, e dizer que a estima é muito grande da minha parte também, porque o professor Sidnei é um ilustre Magistrado, modelo de Professor, além de ser uma companhia agradabilíssima. Também cumprimento o professor Valdir de Oliveira Rocha e a professora Maria Rita Ferragut, que são meus companheiros de painel.

O tema que me coube é bastante desafiador – "Processo Administrativo Eletrônico" –, e devo dizer aos Srs. que, quando recebi a proposta para falar sobre o assunto, fiquei bastante preocupada, porque estou longe de ser especialista no chamado "direito eletrônico".

Então, fui instigada a estudar esse assunto e ver o que eu poderia trazer à reflexão dos Srs. a respeito desse novo viés do instituto do processo administrativo, que é o processo administrativo eletrônico. Minha exposição será extremamente singela, extremamente despretensiosa, no sentido de fazer algumas anotações acerca da possibilidade de aplicação do meio eletrônico ou da mídia digital no âmbito do processo administrativo, especialmente no processo administrativo tributário.

Pois bem. Penso que nós somente possamos falar em processo administrativo, e especialmente em processo administrativo eletrônico, dentro de uma moldura constitucional e, obviamente, de uma moldura normativa que aponta para um princípio a ser destacado nesse contexto: o *princípio da eficiência.*

Todos nós, que somos estudiosos do direito tributário, sabemos como tem sido freqüente a discussão acerca do conteúdo do princípio da eficiência, mormente no que tange à seara administrativa. Temos, assim, que pensar em processo administrativo eletrônico dentro do contexto do princípio da eficiência. Vale a pena meditar um pouco sobre o que vem a ser *eficiência.*

Sabemos que *eficiência* não é um conceito exclusivo do Direito, que *eficiência* é um conceito leigo, antes de mais nada, e que pode ser definido como sendo a aptidão, a capacidade de produzir o efeito desejado.

Desse modo, quando se fala em *eficiência*, pode-se reportar à eficiência em relação a determinado equipamento, ou pode-se qualificar determinado profissional como eficiente. A idéia é sempre a de mencionar o resultado que foi atingido por esse profissional, por aquele equipamento, por aquela máquina, à vista daquilo que se pretendia. Ou seja, a aptidão ou a capacidade de produzir o efeito desejado. Daí por que *eficiência* está sempre ligada à idéia de *resultado*. Só se pode mensurar ou avaliar a eficiência de algo ou de alguém à vista do resultado obtido. Portanto, se determinado equipamento foi concebido para executar certas tarefas, só posso dizer que esse equipamento, que essa máquina, é eficiente se ele atinge esse resultado, se ele cumpre o prometido.

O mesmo se diga em relação a profissional de qualquer área: para que se possa qualificá-lo como um profissional eficiente, terei que verificar se realmente ele atinge o resultado para o qual foi contratado, isto é, se ele desempenha bem as tarefas para as quais foi requisitado.

Bem, essa é a noção leiga de *eficiência*. E essa noção foi transportada para o Direito, há muito tempo. A idéia é de que o Direito tem que atingir resultados. É óbvio, aliás, em tudo é assim, em todos os domínios, em todas as ciências, é assim. E a Ciência Jurídica também prestigia essa idéia. É preciso atingir determinados resultados. Nós temos que pensar, evidentemente, no que é *eficiência* no âmbito jurídico. E essa noção rima com outras tantas idéias que talvez sejam mais facilmente apreensíveis. Por exemplo, eu, quando eu falo em *eficiência*, logo vêm à mente as noções de *racionalidade*, de *praticidade*, de *simplificação*, pois a eficiência diz com todos esses valores.

Quando nós falamos no âmbito do Direito do Estado, é claro que a eficiência diz com resultado de interesse público. No âmbito do Direito do Estado – e estou me referindo a essa expressão a designar aquele conjunto de normas que vão disciplinar as relações jurídicas onde o Estado seja parte –, nesse contexto, podemos falar em eficiência como aquela idéia que remete para resultados de interesse público. O prestígio ao interesse coletivo, que é o único objetivo que o Estado, em toda a sua atuação, deve buscar atingir.

A idéia de eficiência tem sido disseminada no mundo todo. Isso não é uma questão particular do Brasil, mas em todos os lugares isso tem sido discutido, e no Brasil veio à tona a discussão a partir da Emenda Constitucional 19/1998, então intitulada de "Emenda da Reforma Administrativa do

Estado". Essa Emenda promoveu, como todos sabem, muitas alterações no texto constitucional. E, no que nos interessa particularmente, ela reescreveu o *caput* do art. 37. Sabemos que o art. 37 é aquele que inaugura o capítulo alusivo à Administração Pública no texto constitucional. É um capítulo extenso, com muitos dispositivos, mas logo de início menciona quais são os princípios que a Administração Pública deve obedecer, em um rol meramente ilustrativo.

No texto original a Constituição mencionava os princípios da legalidade, da impessoalidade, da moralidade, da publicidade. A Emenda 19, reescrevendo o *caput* daquele artigo, acabou inserindo a referência à eficiência. De lá para cá, de 1998 em diante, exatamente em função desta alteração constitucional, muito se tem falado de eficiência.

A doutrina está dividida quanto à interpretação do significado do princípio da eficiência no âmbito administrativo – já que nós vamos falar efetivamente do âmbito administrativo, administrativo-fiscal, logo mais. Uma parte da doutrina entende que essa inovação não representa efetivamente uma inovação na ordem jurídica, diante da idéia de que a eficiência já se encontra nas dobras de um outro princípio, que é essencial à atividade administrativa: o *princípio da legalidade*.

Logo, nada mais seria a eficiência que o dever de boa administração. Há uma parcela da doutrina, bastante expressiva, que diz isso. Nada há de novo em se falar em *eficiência administrativa*. A Administração Pública sempre teve o dever de ser eficiente, na medida em que a eficiência diz com os resultados de interesse público que dela se esperam. Nesse sentido, *eficiência* não seria novidade alguma, apenas uma noção implícita que, com a Emenda 19, se tornou expressa.

Outra vertente da doutrina do direito administrativo diz que a noção de *eficiência* é algo extremamente importante, que é extremamente significativa essa inserção da referência ao princípio da eficiência no texto constitucional. Porque significa um mandamento de otimização da atividade administrativa. A busca dos melhores resultados possíveis, sendo importante que a Constituição consigne expressamente essa idéia.

Vejam, portanto, que há os entusiastas dessa mudança constitucional, aqueles que a aplaudem como uma grande novidade, como há também aqueles que olham essa mudança como uma alteração de efeito meramente didático, que somente esclareceu uma idéia que antes precisava ser deduzida, que antes precisava ser extraída da conjugação de outras tantas normas. De todo modo, o fato é que essa alteração colocou a diretriz de eficiência sob os holofotes.

No entanto, como registrei, isso é um fenômeno que tem acontecido em vários outros países, e é interessante lembrar, aqui, uma advertência feita pelo professor lusitano José Casalta Nabais, que é, atualmente, um dos grandes juristas do direito tributário, uma das grandes estrelas européias nesse domínio da Ciência Jurídica. Ele tem demonstrado preocupação com a idéia de *eficiência*, com aquilo que se possa extrair, ou até que ponto se pode chegar sob o manto da eficiência. Diz que se tem entendido que eficiência é um princípio jurídico constitucional de validade geral, mas entende que tem havido um certo exagero, uma quase-"deificação" da idéia de eficiência, sobrelevando quaisquer outras. E mais, prossegue o mesmo Mestre afirmando ser preciso ter cuidado para não transformar o Direito numa engenharia totalmente alheia a critérios de justiça.

Posta a advertência, podemos nos aproximar mais do que é a eficiência em matéria administrativo-fiscal. Bom, nós temos que pensar, primeiramente, que, se eficiência é a busca de resultados, o que vem a ser a eficiência em matéria administrativo-fiscal? A meu ver, não se pode pensar que eficiência em matéria de Administração Fiscal deva corresponder, singelamente, à máxima arrecadação. Que a noção de Administração Fiscal eficiente se resuma àquela que arrecada muito. Não sei se nós devemos nos orgulhar toda vez que a Receita Federal divulga que bateu recorde de arrecadação, porque esse dado, isoladamente, não significa grande coisa – pelo menos na minha modesta visão. Claro que é importante que a máquina arrecadatória funcione, mas até que ponto bater recorde de arrecadação é o que mais interessa? Até que ponto isso não é apenas um lado da questão? Até que ponto é preciso analisar se a carga tributária é uma carga justa? Notem que *eficiência* não pode focalizar apenas um lado da questão, que é a máquina administrativa arrecadatória, que é o ingresso de recursos aos cofres públicos. É preciso pensar também na justiça fiscal.

Então, o grande desafio, quando se pensa em eficiência administrativa no âmbito tributário, é compatibilizar, de um lado, a "adequada arrecadação" – aquela que seja equilibrada, à vista dos propósitos que se quer atingir – e, de outro lado, o respeito aos tantos direitos a que o contribuinte faz jus nos termos do nosso Estatuto Maior, da nossa Constituição. *Adequada arrecadação, respeito aos direitos do contribuinte*, penso que *eficiência* fique permeada por esses parâmetros.

Podemos afirmar que o objetivo maior é a busca de uma justiça fiscal traduzida numa tributação de boa qualidade. Porque falamos em tributação, e há tributação de boa qualidade e tributação de má qualidade. E isso se pode falar em vários lugares do mundo também. O que temos que refletir é se nós temos uma tributação de boa qualidade, uma tributação justa, que realmente alcance os propósitos do Estado Democrático de Direito. O contribuinte tem que ter qualidade de vida também, ou seja, a disciplina da tributação tem que levar em conta muitos aspectos que ainda hoje no Brasil são absolutamente esquecidos – como, por exemplo, a questão da proteção à família. Quer dizer, por exemplo, em que medida a legislação do IR leva em conta todas as necessidades de uma família, prestigia os valores familiares como a Constituição deseja, até que ponto a legislação do IR considera isso.

Enfim, percebam que *eficiência*, no contexto da Administração Fiscal, deve ser vista não só como uma máquina arrecadatória potente, como por vezes acontece, mas precisamos pensar na justiça da tributação, se realmente isso está sendo também atingido – e, ao que parece, sob esse ângulo a situação não anda tão boa.

Se a eficiência é um valor a ser prestigiado, com todas essas observações, podemos começar a pensar na *Informática* como instrumento de eficiência. Se a idéia é atingir resultados cada vez melhores, aparece a Informática, que é algo que todos nós, um pouco mais ou um pouco menos, mais rapidamente ou menos rapidamente, estamos tendo que enfrentar. Temos, já há alguns anos, a possibilidade de acesso à mídia eletrônica, e todos nós teremos que ter ciência ou, pelo menos, um conhecimento básico disso, até para nos incluirmos no contexto social. Por isso que tanto se fala em *inclusão digital* hoje, inclusão digital como um direito necessariamente de todos – e, portanto, algo que precisa ser devidamente atendido.

Utilizarei o conceito de Informática como ciência do tratamento lógico e automático da informação. Assim concebida, a Informática constitui um instrumento de eficiência, um instrumento de eficiência administrativa também. Há dispositivos constitucionais que dão respaldo a essa afirmação, e não custa relembrá-los. Dispositivos constitucionais que dizem do acesso do cidadão às informações em poder da Administração Pública, assim como os que cuidam da participação do usuário dos serviços públicos na gestão do interesse coletivo.

Lembro, por exemplo, o que diz o art. 5º, XXXIII, da CF, que afirma que "todos têm direito a receber dos órgãos públicos informações de seu interesse particular, ou de caráter coletivo ou geral, que serão prestadas no prazo da lei, sob pena de responsabilidade, ressalvadas aquelas cujo sigilo seja imprescindível à segurança da sociedade e do Estado". Portanto, esse preceito assegura a todos nós o direito à obtenção de informações que estejam nas mãos do Poder Público, porque, em princípio, são públicas – essa é a regra. Existe a ressalva do sigilo, mas é uma ressalva extremamente restrita, porque cabível apenas quando a divulgação da informação puder ocasionar risco de dano à segurança da sociedade e do Estado. Também recordo o que preceitua o art. 37, especialmente seu § 3º, segundo o qual "a lei disciplinará as formas de participação do usuário na Administração Pública direta e indireta, regulando especialmente: I – as reclamações relativas à prestação dos serviços públicos em geral, asseguradas a manutenção de serviços de atendimento ao usuário e a avaliação periódica, externa e interna, de qualidade dos serviços", bem como "II – o acesso dos usuários a registros administrativos e a informações sobre atos de governo, observado o disposto no art. 5º, X e XXXIII".

Observem que esses dispositivos cuidam de informações governamentais, de acesso do usuário a essas informações; enfim, esses dispositivos dão suporte, na leitura de muitos, ao emprego de mecanismos de eficiência, e mecanismos ligados à Informática.

Embora para nós isso esteja apenas começando, em outros países já vai bastante adiantado. Na Itália, por exemplo, há autores que já falam em *tele-administração. Tele-administração* ou *Administração Pública Virtual*. Há referências, correntemente, a atos administrativos eletrônicos. E o que são *atos administrativos eletrônicos*? Atos administrativos eletrônicos podem ser tanto compreendidos como atos administrativos tradicionais redigidos na forma eletrônica; ou, numa outra acepção, a significar os atos produzidos automaticamente por computador, sem interferência específica do ser humano.

Entre nós, se pensarmos no tal *ato administrativo eletrônico*, outro dispositivo pode ser lembrado: o dispositivo constante do art. 39, § 7º, da CF, que dispõe que lei das diversas pessoas políticas vai cuidar de aplicar recursos na modernização, reaparelhamento e racionalização do serviço público. Ora, *modernização, reaparelhamento* e *racionalização do serviço público* têm tudo a ver com *eficiência* na área administrativa e, obviamente, dão suporte à utilização de mídia digital ou eletrônica para atingir essas finalidades.

Já que falamos em atos administrativos eletrônicos, temos que falar, necessariamente, em *processo administrativo eletrônico*. É claro que o conceito de *processo administrativo* é um conceito polêmico, e utilizarei, aqui, o conceito no sentido de conjunto de atos administrativos que são colocados numa seqüência lógica e cronológica, para atingir um determinado resultado, para culminar com a prática de um determinado ato.

Há uma disposição constitucional recente que vem somar-se à idéia de que é possível ter, como já é uma realidade, o processo administrativo eletrônico. Todos sabem que a Emenda Constitucional 45/2004, intitulada "Emenda da Reforma do Judiciário", inseriu um inciso LXXVIII no art. 5º, vertido nos seguintes termos: "a todos, no âmbito judicial e administrativo, são assegurados a razoável duração do processo e os meios que garantam a celeridade de sua tramitação".

No entanto, o que é a *razoável duração do processo*? Trata-se de um conceito fluido, um conceito indeterminado. Uma *duração razoável* certamente não é a duração que nós temos hoje, que é quase a perenidade, a eternidade da discussão no âmbito processual. E, mais, *celeridade de sua tramitação*, para a qual a Informática contribui, e nós sabemos que já existe experiência positiva no âmbito do processo judicial em mídia eletrônica.

Pois bem, já estou adiantada no horário, e, portanto, vou acelerar, para não me estender demais e privá-los das exposições que se seguirão. Tenho ainda a registrar como algo importante, no tema que está sendo tratado, o chamado *pregão eletrônico*. Todos sabem ser esse um instrumento importantíssimo. O pregão foi instituído pela Lei 10.520/2002, e essa lei prevê, em seu art. 2º, que tal modalidade de procedimento licitatório poderá ser realizada por meio da utilização de recursos da tecnologia da informação, nos termos de regulamentação específica. No âmbito federal, até onde se tem notícia, a experiência com o emprego do pregão eletrônico tem sido muito positiva, e é claro que isso está repercutindo em outros contextos da Administração Pública. O pregão eletrônico talvez seja a experiência pioneira em matéria de processo administrativo em meio eletrônico.

Cheguemos, enfim, ao *processo administrativo tributário eletrônico*. O que nós temos, hoje? Porque esse tema é novíssimo? Porque vale a pena falar sobre isso? Bom, nós tivemos, recentemente, uma alteração no Decreto 70.235/1972, que, como sabido, é o texto normativo que regra o processo administrativo tributário no âmbito federal, por meio da Lei 11.196/2005. Essa lei introduziu nesse decreto referências à utilização de meio eletrônico, e especialmente no art. 2º, parágrafo único, no qual afirma que atos e termos processuais poderão ser efetuados em forma eletrônica ou apresentados em meio magnético, ou equivalente. Também no art. 23, em vários dos seus parágrafos e incisos, há referências à possibilidade de se efetuar, no processo administrativo fiscal federal, intimação por meio eletrônico.

Em seqüência foram editados atos administrativos normativos pela Receita Federal para regulamentar essas disposições. Primeiramente foi expedida a Instrução Normativa SRF-580, de 12.12.2005, que institui o *Centro de Atendimento Virtual ao Contribuinte*, apelidado pelo próprio ato como e-CAC – Centro de Atendimento Virtual ao Contribuinte, e define, por exemplo, o que vem a ser *documento eletrônico*, e outros conceitos importantes nessa seara. Mas em seqüência foi editada uma portaria, a Portaria SRF-259, de 13.3.2006, dispondo sobre a prática de atos e termos processuais de forma eletrônica, que contempla uma definição, em seu art. 1º, § 1º, nos seguintes termos: "Os atos e termos processuais praticados de forma eletrônica, bem assim os documentos apresentados em papel, digitalizados pela Secretaria de Receita Federal, comporão o chamado processo eletrônico (e-processo)". Portanto, vejam que está incorporado no nosso ordenamento jurídico o *processo eletrônico*, ou *e-processo*.

Apenas para concluir – que já me excedi no tempo –, e encaminhando a conclusão, temos várias indagações quando pensamos em *processo digital* ou *processo eletrônico*. E uma das indagações mais importantes, creio eu, seja a questão da prova, da prova a ser feita num processo administrativo eletrônico. Se nós estamos no âmbito do processo administrativo, temos também que lembrar que a ele se aplicam as garantias formais do processo, tendo em vista que a Constituição de 1988 é expressa ao afirmar, no art. 5º, LV, que "aos litigantes, em processo judicial ou administrativo, e aos acusados em geral são assegurados o contraditório e ampla defesa, com os meios e recursos a ela inerentes".

Relembre-se que antes de 1988 havia uma discussão, em doutrina, acerca da obrigatoriedade da observância do contraditório e da ampla defesa nos mesmos termos em que, desde sempre, foi reconhecida no âmbito do processo judicial.

Havia quem sustentasse não ser obrigatório assegurar uma defesa assim tão ampla, ou um contraditório assim tão forte, no processo administrativo. Felizmente prevaleceu o entendimento contrário, a Constituição acolheu o entendimento de que *contraditório* e *ampla defesa* são garantias do processo, da relação processual, seja em que via ela se dê; portanto, tanto do processo no plano administrativo quanto na esfera judicial. São garantias do processo, portanto; isso não mais se discute no âmbito administrativo. E, se temos contraditório e ampla defesa, a questão da prova é fundamental. E assim também a prova no processo eletrônico.

Bem, o Código Civil, que é a Lei 10.406/2002, trouxe um dispositivo alusivo à prova em meio eletrônico. O art. 225 do CC diz exatamente que: "As reproduções fotográficas, cinematográficas, os registros fonográficos e, em geral, quaisquer outras reproduções mecânicas ou eletrônicas de fatos ou de coisas fazem prova plena destes, se a parte, contra quem forem exibidos, não lhes impugnar a exatidão". Menciona, exatamente, *provas* e *reproduções eletrônicas*.

Um marco importantíssimo dentro desse assunto de que estamos tratando é a Medida Provisória 2.200, de 24.8.2001. Essa medida provisória é daquelas editadas antes da Emenda Constitucional 32 e, portanto, tornadas perenes. Ela trata da infra-estrutura de chaves públicas brasileira, ICP-Brasil, transforma o Instituto Nacional de Tecnologia da Informação em autarquia e dá outras providências. E, naquilo que nos interessa particularmente, no art. 10, cuida dos chamados *documentos eletrônicos*: "Consideram-se documentos públicos ou particulares, para todos os fins legais, os documentos eletrônicos de que trata esta medida provisória". E o art. 11, por sua vez, traz uma disposição especialmente importante para o direito tributário, ao prescrever : "A utilização do documento eletrônico, para fins tributários, atenderá ainda ao disposto no art. 100 do Código Tributário Nacional". Esse dispositivo tem uma redação algo estranha, algo obscura, e até se pode questionar qual é sua utilidade. O art. 100 do CTN é aquele que trata das normas complementares à legislação tributária. E, então, o que o legislador dessa Medida Provisória 2.202 quis dizer? Talvez que a medida provisória e a regulamentação que a ela se seguir serão consideradas normas complementares do Código Tributário Nacional. Será que precisava dizer isso? Creio que não. E se a mencionada medida provisória, que tem eficácia permanente, diz que *documento eletrônico* é documento para todos os fins – bom, então, também é para fins fiscais –, não me parece que tenha, *data venia*, alguma utilidade esse art. 11. Mas, de qualquer maneira, é necessário referi-lo, porque ele cuida especificamente de documento para efeito fiscal.

Em conclusão, penso tenhamos que tomar muita atenção com o que está acontecendo. As mudanças, nesse contexto, estão ocorrendo muito rapidamente. O processo administrativo eletrônico já tem sua disciplina, já é uma realidade. Já é possível, portanto, ter todos os termos, todos os atos processuais, em mídia eletrônica. Isso contribuirá, acredito, à celeridade da tramitação do processo, como deseja a Emenda Constitucional 45, como hoje está consignado no art. 5º da CF. E, daí, temos que caminhar para a meditação seguinte, segundo a qual a eficiência impõe, efetivamente, a busca de meios, de meios que atendam, o quanto possível, ao interesse público. Esses meios incluem instrumentos de Informática, incluem pensarmos no meio eletrônico, no meio digital. Mas é preciso fazê-lo sem esquecer outros valores, sem esquecer especialmente todos os valores que dão suporte ao valor maior que é o da *justiça tributária*.

A idéia é pensar nisso, é usar isso de maneira a otimizar os resultados da Administração Fiscal, sem perder de vista os parâmetros maiores que nós devemos considerar.

Muito obrigada! [*Palmas*]

PRESIDENTE DA MESA (PROF. SIDNEI BENETI) – Agradecemos à prezada professora Regina Helena Costa a excelente exposição realizada!

Informo aos participantes que as perguntas a serem dirigidas aos expositores devem ser feitas por escrito, entregues às recepcionistas, identificando, evidentemente, quem faz a pergunta e o expositor ao qual ela se dirige.

Prosseguindo neste painel atinente ao "Processo Administrativo e Judicial", vou dar a palavra ao expositor seguinte, também autor de uma obra jurídica importante para nós, a exemplo da professora Regina Helena Costa, que é o professor Valdir de Oliveira Rocha.

O professor Valdir de Oliveira Rocha é Doutor e Livre-Docente pela Faculdade de Direito da USP. É Advogado e é Diretor da Editora Dialética, com que cumpre uma missão importante no nosso meio jurídico. Autor de bibliografia vasta, de livros e artigos doutrinários. Tenho a honra de convidar a tomar o pódio o Dr. Valdir de Oliveira Rocha, que vai trazer sua exposição sobre "Denúncia Espontânea, Consulta e Regime Especial".

DENÚNCIA ESPONTÂNEA, CONSULTA E REGIME ESPECIAL

PROF. VALDIR DE OLIVEIRA ROCHA – Bom dia a todos! É uma satisfação muito grande participar desta vigésima edição do *Congresso Brasileiro do Direito Tributário*.

Quero saudar os eminentes colegas de Mesa, professores Sidnei Beneti, Regina Helena Costa e Maria Rita Ferragut.

Quando se fala em "Denúncia Espontânea, Consulta e Regime Especial", temos, naturalmente, aqui, se focalizado cada um destes institutos separadamente, uma amplidão muito grande. Mas, naturalmente, eu vi, eu entendi, li, e até para o meu alívio quis vê-los assim como institutos mais ou menos inter-relacionados. Então, vamos verificar, desses três institutos, o que eles têm de mais ou menos comum.

Entendo que, de algum modo, esses três institutos têm que ser vistos a partir de determinados parâmetros. E sobreleva, aqui, a questão da *boa-fé*, isto é, a do contribuinte e a da Administração também. Se se quiser, pode-se traduzir essa boa-fé da Administração por *moralidade administrativa*, para se reportar ao que está posto no *caput* do art. 37 da CF – disposição que tantas controvérsias tem proporcionado.

De algum modo essas controvérsias são úteis, porque fazem com que se possa invocar essa moralidade e colocar a Administração sempre em melhores trilhos. Se isso diz com a boa-fé, diz também com outro aspecto muito importante, que é a harmonia entre Fisco e contribuinte, que se espera seja aprimorada. É natural que, diante de exigências como a exacional, ou tributária, haja uma certa resistência. Essa harmonia, no entanto, nunca pode ser perdida de vista.

Esses institutos mencionados – alguns mais, outros um pouco menos – dizem com e se reportam ao *direito de petição*, que pode ser visto de forma bastante ampla ou mais estrita, se o localizarmos a partir do texto constitucional, cujo art. 5º, XXXIV, "a", diz que é a todos assegurado, "independentemente do pagamento de taxas: a) o direito de petição aos Poderes Públicos em defesa de direitos ou contra ilegalidade ou abuso de poder".

O direito de petição tem que ser visto como uma faculdade ou como um poder atribuído a quem esteja em condições e possa exercê-lo. Se o contribuinte se dirige à Administração, solicitando-lhe algo, não se pode simplesmente dizer que o direito já terá sido exercido se esta mesma Administração não der resposta devidamente motivada. Não se costuma distinguir o *direito de petição* do *direito de ação*, embora se saiba que essa afirmação não seja isenta de controvérsias. Há – sabemos todos – muitos autores que colocam o direito de ação como uma categoria do direito de petição. Mas não se leve isso muito longe; apenas seja lembrado que o mesmo art. 5º da CF, que prevê o direito de petição, relaciona igualmente o direito de ação. Sejam esses dois direitos entendidos, assim, como diversos.

Quando refiro o direito de petição, penso naquele direito de petição dirigido ao Poder Público; não qualquer petição, mas aquela que seja realmente em defesa de direito, porque muitas vezes, naturalmente, vai-se à Administração para pedir uma simples e mera informação, hipótese em que não se há de dizer que se esteja valendo de defesa de direito. Não se vá tão longe.

A *defesa dos direitos* não diz simplesmente com uma posição do contribuinte contra outra do Fisco. Essa defesa pode, realmente, ser anterior a qualquer posição do Fisco, e com muita freqüência é desse modo que ela se coloca. Adiante se vai verificar – quando se tratar, ligeiramente, da resposta à consulta – que há posicionamentos fiscais que precisam ser conhecidos previamente, porque, se assim não for, não serão mais resposta à consulta fiscal, como a temos bem caracterizada nos quadros do direito tributário em especial.

Sejam ditas algumas palavras sobre a *denúncia espontânea*, instituto previsto no art. 138 do CTN:

"Art. 138. A responsabilidade é excluída pela denúncia espontânea da infração, acompanhada, se for o caso, do pagamento do tributo e dos juros de mora, (...).

"Parágrafo único. Não se considera espontânea a denúncia apresentada após o início de qualquer procedimento administrativo ou medida de fiscalização, relacionados com a infração."

Entenda-se a denúncia espontânea como a autodenúncia prévia. Essa autodenúncia é prévia, mas – esclareça-se – não prévia a um acontecimento traduzível como gerador de obrigação tributária, e sim anterior a uma atitude da Administração Tributária. Se há a autodenúncia, deve-se supor que é possível, do mesmo modo, imaginar a possibilidade de existência da denúncia formulada por terceiros. Essa denúncia formulada por terceiros não está regulada, mas é factível que ela exista, e com muita freqüência com ela se pode deparar, mormente em situações que envolvam não só uma fraude à Administração Tributária, mas também um elemento promotor de concorrência desleal. É natural que o contribuinte cumpridor das suas obrigações, diante de um concorrente não-idôneo, possa levar aquilo ao conhecimento da autoridade.

O principal efeito da denúncia espontânea é colocar o contribuinte a salvo de penalidades, e quando se recorda a boa-fé, referida no início da exposição, se tem que entender que aquela não se presta a toda e qualquer situação. Hoje, a generalidade dos tributos mais expressivos em termos de arrecadação é lançada através da homologação da declaração: o contribuinte se antecipa, declarando o que entende seja devido, e num momento seguinte, ou concomitantemente, procede ao recolhimento do tributo. Posteriormente, a Administração Tributária homologaria aquilo *expressamente*, o que, na ordem dos fatos, é uma ficção, porque não se conhecem, entre nós, casos de homologação expressa. Vale, para a generalidade dos casos, a homologação tácita.

Imagine-se uma situação em que contribuinte necessite fazer a declaração do ICMS ou do IPI, ou de qualquer outro tributo devido, até amanhã, para pagar esse tributo no mesmo dia, mas sabe, de antemão, que não terá o dinheiro para recolhê-lo no prazo. Poderia pensar em declarar depois de alguns dias, quando terá os recursos para efetuar o pagamento – esse não poderá ser tido como procedimento de boa-fé. O contribuinte poderá, inclusive, alegar esquecimento ou desconhecimento de que o tributo era devido. Pode alegar, enfim, qualquer coisa, mas o fato é que sempre haverá uma presunção forte de que não agiu de boa-fé; e, não tendo agido de boa-fé, seu comportamento não será suficiente para afastar a penalidade em que incorreu.

Indaga-se se a obrigação acessória, em si, pode ser afastada pela denúncia espontânea da infração. A questão já demandou muitas discussões, com muitíssimos casos levados ao Judiciário. Hoje a situação está bastante tranqüilizada na jurisprudência no sentido de que a entrega extemporânea de declarações, por exemplo, não está abrangida pela denúncia espontânea, de molde a afastar a penalidade pela entrega fora de prazo. Há lógica nisso, porque isso diz com situação em que o cometimento da infração é sabido de antemão.

A denúncia espontânea há de servir àqueles casos em que o contribuinte, deliberadamente ou não, incorre em efetiva infração e num momento subseqüente se dá conta do erro, da falha, da omissão ou, mesmo, do dolo, e aí, então, quer reparar uma situação. Será que essas hipóteses não seriam semelhantes àquela circunstância em que a boa-fé não estaria caracterizada? Imaginem-se inclusive situações em que este lapso de tempo não é de algumas horas, de alguns dias ou de poucas semanas, mas em que o contribuinte, procedendo efetivamente a uma auditoria na sua própria escrituração fiscal, constata a existência de alguns problemas.

Diante da situação podem ser vislumbradas várias soluções, dentre elas "rezar" para que o Fisco nunca perceba aquele erro. Há uma alternativa idônea: constatado o devido e não recolhido por efetivo erro, reparar-se, com o recolhimento extemporâneo, afastando-se a imposição de penalidade.

Suponha-se sucessão no comando de empresa. O controlador era determinada pessoa; outrem a adquire e, no momento seguinte, procede a uma auditoria e verifica que certo tributo deveria ter sido recolhido e não o foi; procede à denúncia espontânea da infração, com concomitante pagamento do tributo, e, com isto, afasta a penalidade.

Entenda-se a denúncia espontânea como uma confissão do contribuinte de sua situação de infrator. Nem por isso ele há de ser execrado; muito pelo contrário, isto demonstra sua boa-fé, com o quê se harmoniza devidamente com o Fisco.

Devo dizer algumas coisas, no tempo que me resta, sobre a *consulta fiscal*. Vou poupá-los de ouvirem muito, até porque já escrevi páginas acerca do que entendi necessário sobre o assunto, no meu trabalho de Livre-Docência, publicado há alguns anos.

Com a denominação "consulta fiscal" engloba-se toda indagação, feita ao Fisco, sobre situação em que esteja presente efetiva dúvida do contribuinte. Essa efetiva dúvida do contribuinte não é apenas sinalizadora de ignorância do contribuinte, que pode ter convicção do acerto da sua posição mas tem dúvida quanto ao entendimento do Fisco. Pela via da consulta fiscal, o contribuinte quer alcançar certeza e afastar outras implicações, como a própria exigência do tributo, imposição de penalidades etc., na medida em que aceite a resposta e a observe. O contribuinte sempre tem direito de expor previamente seus pontos de vista – fique bem claro isso.

Apresentada a consulta, é preciso que haja efetiva e motivada resposta do Fisco. O contribuinte não está jungido a se conformar com a resposta obtida; poderá, não concordando com ela, ignorá-la e até mesmo não tomar qualquer atitude e não observá-la, a seu critério e risco. Mas com muita freqüência sabe-se que, diante de posição que lhe seja desinteressante, vai se valer das vias judiciais. Pode até mesmo aproveitar a resposta à consulta para ter mais claro seu caso e impetrar mandado de segurança.

Não quero deixar passar a oportunidade de fazer uma crítica à situação, hoje corriqueira, em relação às chamadas "soluções a consultas", particularmente da parte do Fisco Federal: a ausência nas publicações de indicação do contribuinte consulente. O consulente deve ser conhecido por todos os interessados, em respeito ao princípio da publicidade; as soluções podem ter reflexos seriíssimos em matéria de concorrência. Não há razão válida para se omitir o nome do contribuinte que formulou a questão.

Direi algo também em torno de uma coisa relativamente nova entre nós, e que diz com os *preços de transferência*. Os preços de transferência muitas vezes colocam os contribuintes em situação de não saber qual preço efetivamente deva ser considerado para fins de suas transações internacionais com pessoas ligadas. Surgem, aqui e agora, os chamados "acordos prévios" entre Fisco e contribuinte. Esses acordos estariam no âmbito da consulta fiscal? Estariam no âmbito dos regimes especiais? Parece-me que esses acordos prévios sejam possíveis no direito positivo brasileiro, e talvez estejam com uma perna no instituto da consulta fiscal e outra perna no âmbito dos regimes especiais.

Os regimes especiais de interesse dos contribuintes constituem pedidos dirigidos ao Fisco no sentido de se atender a alguma peculiaridade de suas atividades. Esses regimes especiais atendem àquele requisito de harmonia fiscal e também mostram a boa-fé do contribuinte, que quer ser cumpridor das suas obrigações tributárias mas pode precisar de uma forma diferente de emissão de documentos, por exemplo.

O tempo já se esvaiu, e, então, algumas coisas mais que eu tinha a lhes trazer ficam para uma outra oportunidade.

Muito obrigado a todos! [*Palmas*]

PRESIDENTE DA MESA (PROF. SIDNEI BENETI) – Muito obrigado ao professor Valdir de Oliveira Rocha pela excelente exposição realizada!

Vamos passar, agora, à terceira exposição. Houve uma alteração no programa, por necessidades pessoais de ambos os conferencistas. A terceira exposição, em vez de ser feita pelo professor Eurico de Santi, será realizada em antecipação pela professora Maria Rita Ferragut, sobre o tema "Responsabilidade do Sócio e Administrador pelas Dívidas Tributárias da Empresa. Solidariedade", que seria a palestra do dia 27 de outubro, amanhã, na Mesa "E", sobre "Responsabilidade Tributária, Compensação e Parceria Público-Privada". Portanto, antecipamos esta palestra, que seria a de amanhã. A Dra. Maria Rita Ferragut é Mestre e Doutora pela PUC/SP, é Professora de Direito Tributário da PUC/SP e da Fundação Instituto de Administração da USP, é autora de livros – entre os quais se destacam *Presunções do Direito Tributário* e *Responsabilidade Tributária e o Código Civil de 2002*, além de artigos que compõem sua bibliografia.

Tenho a satisfação de convidar a tomar seu lugar, para manifestação de sua exposição, a professora Maria Rita Ferragut.

RESPONSABILIDADE DO SÓCIO E ADMINISTRADOR PELAS DÍVIDAS TRIBUTÁRIAS DA EMPRESA. SOLIDARIEDADE

PROFA. MARIA RITA FERRAGUT – Bom dia, Sras. e Srs.! Eu gostaria de inicialmente agradecer ao Dr. Sidnei Beneti, em nome da Diretoria do IDEPE e da Comissão Executiva, por ter aceitado o convite de participar do *XX Congresso de Direito Tributário*. O Dr. Sidnei é um reconhecido Desembargador do TJSP e um dos principais representantes do Judiciário Brasileiro no exterior. É uma honra tê-lo conosco, e nosso desejo é que essa tenha sido a primeira de muitas outra vezes.

Gostaria também de cumprimentar a Dra. Regina Helena, por quem eu tenho grande admiração pessoal, pela coragem das suas decisões e por sua vida acadêmica, e o Dr. Valdir de Oliveira Rocha, pelo sucesso da Dialética.

O tema que vou tratar com vocês diz respeito à "Responsabilidade do Sócio e Administrador pelas Dívidas Tributárias da Empresa. Solidariedade" – tema de extrema relevância, atualmente, no Brasil. Por quê? Independentemente de todos os aspectos científicos que giram em torno da discussão da possibilidade e dos limites da responsabilidade pessoal do administrador, o Fisco, nos últimos anos, vem tomando o procedimento de sempre incluir o administrador nas execuções fiscais, para que, se o débito não for adimplido pela pessoa jurídica, a execução possa ser redirecionada, e a pessoa física suporte esse pagamento. É uma excelente forma de eficiência na arrecadação tributária, porque o administrador muitas vezes se vê exposto ao pagamento de uma dívida fiscal e prefere, independentemente do mérito da dívida, adimplir, a discuti-la judicialmente. Então, eu considero que, ao lado da substituição tributária – que, para mim, também foi uma forma fabulosa de eficácia de arrecadação –, a responsabilidade do administrador é a segunda maneira que se tem de realmente garantir o adimplemento do débito fiscal. E o que vou procurar tratar com vocês é se é possível a responsabilidade dessa pessoa física; e, se sim, em quais condições e em quais limites. Adianto meu posicionamento, no sentido de que para mim é possível, sim, que o administrador seja compelido a pagar débito de fato gerador praticado pela pessoa jurídica, desde que as condições legais tenham sido observadas e que o Fisco prove a prática de um ato doloso por esse administrador. A mera menção da composição societária, ou a presunção não calçada em indícios de que houve violação à lei, ao contrato social, ao estatuto, de que o administrador agiu com excesso de poderes, com dolo, é insuficiente, é ilegal e é inconstitucional.

Diante disso, a pergunto que coloco é se é possível responsabilizar o administrador. Sim. E em quais situações? É o que vou passar a expor.

Inicialmente, o sujeito passivo é definido como sendo a pessoa física ou jurídica, pública ou privada, que detém personalidade e de quem juridicamente se pode exigir o cumprimento de uma obrigação, e deve obrigatoriamente constar do pólo passivo de uma relação jurídica. Essa conclusão implica reconhecer que, se a pessoa física não constar do pólo passivo, ela não será sujeito passivo da relação. Ou seja: em que pese a eu ter praticado o fato jurídico, se eu não estiver numa relação jurídica, eu não serei responsável ou contribuinte.

Para que eu seja contribuinte, necessariamente preciso ter praticado o fato jurídico tributário, o fato gerador, e constar do pólo passivo da relação tributária. Não constando, sou realizador do fato jurídico, preciso existir, porque, caso não exista, o fato não teria sido praticado, e eu não teria como ter uma obrigação tributária, mas eu não sou contribuinte. Por outro lado, para que eu seja responsável é necessário que eu não tenha praticado o fato jurídico tributário mas ainda assim conste de uma relação jurídica tributária.

O Direito Brasileiro prevê cinco espécies de responsabilidade: o sucessor, o solidário, o subsidiário, por infrações e o responsável *stricto sensu*.

Nós vamos tratar, aqui, do responsável *stricto sensu*, que é o administrador, previsto no CTN nos arts. 134, 135 e 137.

Antes de tratarmos da responsabilidade do administrador propriamente dita, é importante que se defina quais são as características dessa responsabilidade, para que consigamos definir se o administrador é solidário com a pessoa jurídica, se o administrador é subsidiário à responsabilidade da pessoa jurídica ou se ele deve pagar com patrimônio pessoal o débito, excluindo a pessoa jurídica do pólo passivo daquela relação.

Primeiro, a *subsidiariedade* como característica. Existe um terceiro, só que esse terceiro só é responsável se o devedor original não puder adimplir a obrigação tributária. Então, aqui, há benefício de ordem: primeiro se executa o contribuinte, aquele que realizou o fato jurídico, e apenas se ele não puder adimplir a obrigação é que, num segundo momento, a responsabilidade é transferida para o terceiro. É a hipótese do art. 134 do CTN. No caso de liquidação de sociedade de pessoas, o sócio que agiu com culpa pode ser responsabilizado, uma vez que a pessoa jurídica não poderá mais arcar com o ônus tributário. Mas não é essa a situação de que estamos tratando aqui; para nós, é responsabilidade do administrador, independentemente da situação de liquidação da sociedade, arts. 135 e 137 do CTN.

Já a *solidariedade* ocorre quando mais de uma pessoa compuser o pólo passivo de uma relação jurídica tributária (art. 124 do CTN). Nessa situação não há benefício de ordem, o Fisco tem o direito discricionário de eleger ou um ou outro a fim de obter o objeto da prestação, o tributo.

Dentro da solidariedade, o que mais é importante dizer para vocês, é necessário que, sempre que se tenha a pluralidade subjetiva de devedores, de sujeitos, e uma unidade objetiva de dívida, essa solidariedade encontra-se no art. 124, e ela contempla dois critérios: o primeiro deles é o interesse comum na situação que constitua o fato jurídico tributário; e, como, segundo critério, a designação expressa em lei. O art. 124 é muito discutido pela doutrina, porque se defende que é um "cheque em branco" para a Administração, pois, se eu tenho duas situações, interesse comum ou lei, isso significa que, todas as vezes em que houver lei, independentemente de interesse comum, o terceiro já pode ser chamado para integrar a relação jurídica na qualidade de solidário – e, nessa medida, qualquer indivíduo poderia ser solidário num débito fiscal.

Lei sempre é necessário, porque estamos tratando de sujeição passiva, critério pessoal da regra-matriz de incidência tributária, princípio da estrita legalidade, não há como não haver previsão legal. A diferença existente entre os dois incisos é que no inciso II eu preciso ter exclusivamente previsão legal, e no inciso I, além da previsão legal, o interesse comum.

Eu entendo, Srs., que há um limite para essa designação, que é a questão da *restituição*. Becker, quando escreveu *Teoria do Direito Tributário*, com a característica de sempre estar além do tempo histórico, desenvolveu a questão da restituição no caso de responsabilidade, e previu que duas seriam as hipóteses possíveis: retenção na fonte e ressarcimento. A lei, assim, poderia definir um terceiro qualquer, desde que esse terceiro não respondesse patrimonialmente pela dívida tributária. Então, se eu estiver tratando de uma hipótese de substituição tributária e a fonte pagadora, ao invés de pagar 100 para o prestador de serviço, paga 95 e retém 5, estes 5 retidos devem ser repassados ao Fisco. O valor que ela está repassando, na qualidade de sujeito passivo, é um valor que não foi decrescido do patrimônio pessoal dessa pessoa. Nesta situação a substituição seria possível, porque estamos tratando de retenção na fonte. E uma segunda possibilidade, seguindo a linha de Becker, é a questão do ressarcimento. Se eu tiver que pagar num primeiro momento, mas a lei me conferir um amplo e real direito de me ressarcir, a designação de lei será constitucional, e o Fisco poderia eleger esse terceiro, sem vínculo com o fato jurídico.

Já o interesse comum está previsto de uma forma expressa, mas ele também causa grande divergência doutrinária, porque é uma questão muito ampla o que é *interesse comum*. Qualquer coisa é interesse comum? Entendo que não. Para que haja interesse comum sempre deve haver um compartilhamento de direitos e deveres decorrentes da situação que constitua o fato jurídico tributário. Nessa medida, quando um comprador vende seu imóvel, eu tenho duas pessoas naquela relação privada – o que vende e o que compra –, existe interesse comum na situação que vai gerar o fato jurídico do ITBI, mas os interesses são opostos: um tem direito de vender e o direito de ter o pagamento pelo valor daquele imóvel que está sendo vendido; e o segundo, que se encontra no oposto da relação, tem o direito de transferir o imóvel par seu nome e obrigação de pagar o preço acordado. Então, não é situação de interesse comum, em meu entendimento, porque os direitos e deveres não são homogêneos.

E quando existe *interesse comum*? Se no pólo passivo dessa relação privada existirem dois compradores, e ambos quiserem comprar, nesta situação haverá interesse comum.

A última característica da responsabilidade, dentre as três existentes, é a *pessoalidade*, prevista especialmente no *caput* do art. 135 do CTN. O *caput* faz referência à responsabilidade pessoal do administrador sempre que as situações fáticas previstas nesse artigo ocorrerem.

Muito se discute sobre o conteúdo semântico da pessoalidade, e qual é o limite imposto por essa prescrição legal. O que é *responsabilidade pessoal*? É responsabilidade exclusiva ou não-exclusiva? A primeira grande corrente doutrinária entende que pessoalidade é não-exclusividade, o administrador responde pelo débito fiscal mas não de forma isolada, e, portanto, esta característica é, na realidade, inócua, pois a responsabilidade pessoal existe em qualquer sujeição passiva, seja do contribuinte, seja do responsável. Nesse sentido, o art. 135 do CTN deveria ser interpretado de forma que o administrador deve, sim, responder, mas de maneira solidária ou subsidiária com a pessoa jurídica.

O STJ não tem posição firmada com relação a esse ponto; dependendo da Turma, o entendimento é no sentido de que a responsabilidade do administrador é subsidiaria ou solidária.

Com o devido respeito, eu entendo que essa questão ainda não foi bem explorada. Discute-se muito que a falta de pagamento não gera responsabilidade pessoal, mas essa questão já está superada.

Se nós tratarmos a pessoalidade dentro da exclusividade, qual é a decorrência lógica desta conclusão importantíssima paro o Fisco, na hora de lavrar os autos de infração, e para o contribuinte, na hora de se defender? É que o auto deve ser lavrado necessariamente em face da pessoa jurídica e da pessoa física. Se o auto de infração for lavrado exclusivamente em face da pessoa jurídica, e no segundo momento for detectada a responsabilidade pessoal deste administrador, e o prazo decadencial já tiver decorrido, para mim, há decadência com relação à pessoa física.

São duas relações jurídicas, uma Fisco e pessoa jurídica, outra Fisco e pessoa física. O Fisco não pode se aproveitar de uma relação constituída em face da jurídica para tentar redirecionar, num segundo momento, a execução fiscal. Então, para aqueles que seguem essa linha, o lançamento deveria ser necessariamente lavrado contra a pessoa jurídica e a pessoa física. Para quem entende que a responsabilidade é exclusiva desde o início, esse terceiro administrador deve também figurar no pólo passivo da relação jurídica.

E por que a responsabilidade seria exclusiva? Porque o *caput* do 135 do CTN prescreve que a responsabilidade é pessoal – a redação é: "são pessoalmente responsáveis pelos créditos decorrentes das obrigações tributárias" –, e nós não poderíamos construir uma acepção que não fosse a da exclusividade.

Não me parece o mais correto defender que a redação do Código Tributário Nacional é inócua, que a pessoalidade mencionada no *caput* nada quer dizer com relação a todas as demais formas de responsabilidade. Concordo que o Código Tributário Nacional deveria ter sido redigido de uma outra forma. Mas, como não foi, temos um limite semântico, que, em função da legalidade, da segurança jurídica, deve ser respeitado.

Nessa medida, não há solidariedade nem subsidiariedade, e o lançamento deve ser lavrado somente em face da pessoa física. Em minha opinião, a responsabilidade do administrador é pessoal na acepção de "exclusiva", e, nesse sentido, não há solidariedade nem subsidiariedade, o auto deve ser lavrado contra a pessoa física autora do ilícito, e o Fisco deve obrigatoriamente, sob pena de anulação do auto de infração, provar o fato ilícito que gerou a responsabilidade. Se o Fisco não o fizer, nesse primeiro momento a Procuradoria não terá condições de discutir a questão no Judiciário, porque lhe faltarão argumentos, e ela não conseguirá retroagir e fiscalizar a empresa, para ver até que ponto aquele administrador agiu, ou não, de forma dolosa.

Portanto, a responsabilidade do administrador é pessoal, ele responde com patrimônio próprio. Em quais situações? As previstas no 135 do CTN e também no art.

137. O art. 135 é velho conhecido de todos nós, prevê responsabilidade pessoal por atos resultantes de excesso de poderes, infração de lei e do contrato social.

O que quer dizer essa obrigação "resultante de", prevista no *caput*, é que o ilícito, o ato doloso, deve ser praticado necessariamente antes do fato jurídico tributário. Se ele for praticado depois – como, por exemplo, na situação de dissolução irregular de sociedade –, o fundamento de validade da responsabilidade do administrador não é o art. 135, é o art. 137 do CTN. Além disso, temos a imprescindibilidade do dolo, já que a culpa é insuficiente para que eu comprometa o patrimônio pessoal do administrador.

A Constituição brasileira não prevê a transferência de responsabilidade decorrente de atos meramente culposos. Por que não? Porque existe a separação de personalidade jurídica e física, é necessário que sociedades economicamente instáveis sejam também geridas, infelizmente nem todas as sociedades têm resultados positivos e têm caixa para pagar todas as suas obrigações tributárias. Mas nem por isso o administrador que é sério, mas que administra uma empresa com deficiência de caixa, pode responder pessoalmente pela dívida fiscal.

Os fundamentos são o direito constitucional à propriedade, e a não utilização de tributos com efeitos confiscatórios. Então, a culpa é excluída; e o dolo, não. Se o dolo estiver presente, o administrador responde, sim, com patrimônio pessoal. O que eu preciso? Identificar quem é o autor do ilícito e identificar qual foi o ato por ele praticado, infração de lei, excesso de poderes ou violação do contrato social ou do estatuto.

Infração de lei é só aquela vinculada ao exercício de administração, não toda e qualquer lei a que ele deva se submeter na gerência da sociedade. Então, vinculada ao exercício da administração, e que se veja desrespeitada, implicará fatos jurídicos tributários; sim, ele responde pessoalmente.

E aqui eu trago alguns exemplos para vocês, como importação de mercadoria com classificação fiscal errada, venda de mercadoria antes de confeccionado o talonário de notas fiscais.

O *excesso de poderes*, que é o segundo pressuposto fático, ocorre quando o administrador extrapola a limitação contida no contrato social, age além do autorizado. E esse agir, além de pressupor dolo, não significa que o administrador não possa praticar qualquer ato não previsto no contrato social; ele pode; sim, o art. 1.015 do CC permite isso. Eu tenho a conduta ilícita tipificada quando o ato que extrapolar a minha autorização for alheio aos fins da sociedade e provocar as conseqüências fiscais típicas.

Por fim, na *infração do contrato social e estatuto* a violação é contra regra expressa – como, por exemplo, uma alienação desautorizada do ativo fixo da sociedade, que gera um ganho de capital que deveria, por exemplo, ser tributado pelo IR; a sociedade não o faz, tem em caixa um resultado maior, e esse resultado é distribuído para o administrador que tomou a decisão de alienar sozinho esse ativo fixo. Ele responde patrimonialmente.

O que é necessário, dentro desses pressupostos de violação, é que o Fisco prove a autoria da infração, não podendo indicar um sujeito sem trazer ao menos indícios de que ele foi o responsável pela prática do ato, ou de que foi mentor intelectual. Se isso for impossível, porque a administração não tem condições de averiguar, e não porque a administração não tem procedimento de averiguação ou porque não o fez, ela pode, sim, no meu entender, incluir os dois. O que é conveniente que se prove também é que nenhuma outra pessoa exercia essas funções, ou poderia ter sido responsabilizada por aquele ato. Esse ponto é fundamental, em especial se nós estivermos tratando de presunção para responsabilidade pessoal do administrador: se eu tiver uma prova direta de que realmente foi ele o gestor, passa a ser desnecessário esse segundo item; não tendo, considero prudente que o Fisco também se atenha a essa questão de excluir qualquer outra pessoa que possa ter se responsabilizado pelo ato.

Se a responsabilidade do administrador também é aplicável quando esse ato beneficiar a sociedade – ponto que também muito se discute –, por que vou afastar a responsabilidade da pessoa jurídica, trazer para a pessoa física, se tanto a pessoa jurídica quanto a pessoa física se aproveitaram daquele ato doloso?

Como fica esta questão? Para mim, a relação não se altera, por inexistência de previsão legal. O que vai ocorrer é que o administrador terá direito a uma ação regressiva contra a sociedade, uma vez que gerou frutos também para a sociedade; mas, para fins tributários, o fato de a sociedade ter se aproveitado não significa que a relação deva ser constituída em face também da sociedade.

E se, para finalizar, a responsabilidade pessoal for dissimulada? Só o administrador responde exclusivamente, afastando a pessoa jurídica, em excelente "planejamento fiscal"? Não. Existe interesse público, existe igualdade, existe princípio da tipicidade. Se, na verdade, o ato que gerou a responsabilidade pessoal foi um ato dissimulado, e ele foi praticado justamente com o fim de afastar a pessoa jurídica daquela obrigação tributária, aquele ato pode ser desconstituído com base no parágrafo único do art. 116 do CTN, e o interesse público não estaria, de forma alguma, prejudicado.

O redirecionamento – para finalmente terminar –, nas situações em que a pessoa jurídica não tenha bens suficientes para adimplir a dívida, é ilegal, não há previsão legal para essa situação. O que existe, com fundamento no art. 137 do CTN, é: se, após a prática do fato jurídico, o administrador praticar um crime contra a ordem tributária, a ele será imputada a responsabilidade pessoal pelo crédito. O fato de a pessoa jurídica não ter bens suficientes para o adimplemento não é considerado ato doloso dentro do nosso direito positivo. Nesse sentido, não é possível, para mim é ilegal e inconstitucional, esse redirecionamento da execução fiscal. Só a pessoa jurídica pode responder; e, se não tiver mais bens para essa responsabilização, infelizmente o Fisco não terá como arrecadar o crédito tributário que lhe seria de direito caso houvesse essa possibilidade de caixa.

São essas as considerações que eu gostaria de fazer para vocês. Muito obrigada! [*Palmas*]

PRESIDENTE DA MESA (PROF. SIDNEI BENETI) – Meus cumprimentos à prezada professora Maria Rita pela exposição – muito boa – realizada! Temos um problema com perguntas, informa a organização – o que, na verdade, se constata objetivamente – que a programação está com horário apertado e já com atraso. Então, eu combinei com os expositores que, embora as perguntas sejam muitas, eles vão responder sinteticamente a uma das perguntas, e eu vou enumerar as outras perguntas realizadas, ficando os expositores à disposição para a informação particular, aqui ou em outro contato que possa ser feito posteriormente. Vou ler as perguntas realizadas, para começo, à Dra. Regina Helena Costa.

Sendo a citação inicial um dos principais atos do processo, questão de nulidade plena, e que grande controvérsia gera no âmbito administrativo, seria imaginar que no futuro processo eletrônico virtual este e outros atos pontuais do processo deverão continuar se ultimando na forma tradicional, caracterizando-se, assim, um processo misto?

E segue com a segunda pergunta: *Como a senhora percebe a segurança do meio processual eletrônico?*

Esta é a pergunta de Fábio Garro ou Garre, não estou entendendo direito a letra.

A segunda: *O processo administrativo eletrônico pode ser muito bem implantado ao menos em certos centros urbanos mais adiantados. Como será implementado em locais mais distantes, uma vez que vivemos num país continental?*

Dois: *Concordo com o pensamento do nobre estudioso português e com V. Exa. que o Direito não deve se transformar em engenharia. No meu sentir, o Direito trata e envolve relações humanas, como muito bem lembrado por V. Exa., relações familiares, e quero crer um maior equilíbrio entre arrecadação tributária e necessidades fundamentais. A eficiência não estaria no maior equilíbrio entre as escolhas do Fisco no sentido de arrecadação e as necessidades fundamentais dos cidadãos, como, por exemplo, sabonete, perfume, seriam considerados artigos supérfluos?*

Parabéns pela exposição de V. Exa., com quem tive a honra de trabalhar, representando a Fazenda Nacional na 14ª Vara. Pergunta da Dra. Ana Luíza Braga.

Depois, ainda uma outra pergunta. *Quando o contribuinte recebe o aviso de cobrança, a forma de se saber a qual tributo e período ele se refere é analisar o processo administrativo correspondente. Recentemente, nos processos eletrônicos, a Procuradoria da Fazenda Nacional de cidade do Interior alega que não tem processo porque ainda não recebeu o respectivo CD da Procuradoria-Geral da Fazenda Nacional da Capital. Após um mês, aproximadamente, eles dizem que receberam, mas que não podem disponibilizar cópia eletrônica ao contribuinte, e que o contribuinte terá que pagar pelas cópias em papel. Já que o objetivo é eficiência e celeridade, a Procuradoria-Geral da Fazenda Nacional não deveria disponibilizar cópia eletrônica ao contribuinte em menor período de tempo?* É a pergunta da Dra. Lucilena, acho, se eu entendi bem a letra, Guimarães.

Depois: *Em meados de abril/2006 dirigi-me à agência da Secretaria da Receita Federal para autuar processo de restituição de débitos por motivo de imposto de renda sobre lucro na venda de imóvel, tratando-se de venda casada para adquirir outro imóvel, ato praticado durante o exercício fiscal anterior. Para minha surpresa, fui orientado a pleitear diretamente através do sítio eletrônico da SRF, sem, no entanto, obter informações quanto a prazo para averiguação do pedido pelo Fisco, se a decisão administrativa, caso denegatória, seria fundamentada e notificada ao contribuinte e de que forma. Como apresentar recurso administrativo ao referido processo eletrônico? Na busca de eficiência de forma desmesurada não estaria sendo praticada injustiça fiscal?*

A Dra. Regina Helena fará a gentileza de responder à primeira pergunta: *Como a Sra. percebe segurança no meio processual eletrônico?* Por favor.

RESPOSTAS ÀS QUESTÕES FORMULADAS

Profa. Regina Helena Costa – Muito obrigada, Dr. Sidnei! Quero dizer, inicialmente, que fico muito lisonjeada pelas perguntas. O tempo foi muito escasso para dizer tantas coisas e para tratar de um tema tão recente quanto esse do processo administrativo eletrônico. Mas, de todo modo, à vista da quantidade e da qualidade das perguntas, penso que despertei o interesse de muitos acerca desse assunto. Fico agradecida, também, pelos elogios que vieram embutidos nestas questões.

Gostaria – uma vez que não teremos tempo de responder a todas as questões – de disponibilizar o meu endereço eletrônico. Já que estamos falando de mídia eletrônica, meu endereço eletrônico é *rhcosta@trf3.gov.br*. Pediria àqueles cujas perguntas não serão respondidas nesta oportunidade que, por favor, formulem as perguntas por *e-mail*, e terei o maior prazer em responder.

Responderei a indagação do Dr. Fábio, porque referente a um ponto que eu gostaria de ter abordado durante a minha exposição e não foi possível fazê-lo, diante do adiantado da hora: a questão da *segurança do meio eletrônico*. Essa talvez seja uma das mais gritantes preocupações quando se fala na utilização da mídia digital no âmbito jurídico, especialmente no âmbito das relações de direito público, que são relações jurídicas nas quais a formalidade, as formas, tem importância maior do que usualmente ocorre no direito privado. No âmbito do direito público, do direito administrativo, a solenidade é uma característica destacada; e, portanto, quando estamos no âmbito das relações em que o Estado está presente, a forma e as formalidades adquirem uma relevância muito maior.

Dentro deste contexto é que pensamos exatamente na utilização de mídia eletrônica. Mas em que medida isso ofende alguns pilares do próprio direito público, em que medida é seguro confiar nesse meio? É possível confiar nesse meio? Essa preocupação, como disse, já tem sido bastante observada em outros paises, onde o avanço tecnológico foi maior e ocorreu mais rapidamente.

Duas questões se põem. A primeira, concernente à autenticidade do documento; e a segunda, relativa à questão da integridade ou veracidade dos documentos eletrônicos.

A autenticidade, obviamente, significa *autoria identificável*. Há que se identificar a autoria do documento, e identificá-la com segurança. E para isso concebeu-se a história da assinatura digital. Evidentemente, aqueles que conhecem Informática muito mais que eu sabem da técnica da criptografia e de vários outros mecanismos para assegurar essa assinatura digital e permitir a identificação da autoria dos documentos eletrônicos.

O outro ponto relacionado à segurança vem a ser exatamente essa integridade ou *veracidade do documento*, e este talvez seja o aspecto mais delicado, porque a preocupação, essencialmente, é que se dê segurança a ponto de não se poder modificar o documento, que o documento seja imodificável no meio eletrônico, que se garanta essa integridade documental.

Isso é extremamente importante para que possamos confiar nesse meio, para que os documentos não possam ser modificados, não possam ser rasurados. Enfim, notem que a questão da prova no meio eletrônico, especialmente da prova mediante documento eletrônico, é delicada, porque todos reconhecem a fragilidade da mídia digital. Mesmo nos países mais desenvolvidos, todos reconhecem que o meio eletrônico é frágil, porque facilmente reconhecida a possibilidade de falsificação desses documentos. Claro que temos que ter isso presente também e, mais ainda, estudando para poder falar algo interessante aos Srs. hoje, li muitos textos a respeito, e numa notícia vi uma informação interessante, que é a seguinte: quando começou essa revolução da Informática, todos pensavam que o papel iria acabar. Que a documentação em papel, que a mídia no papel, a mídia impressa, escrita, iria acabar, porque tudo seria digital, tudo seria virtual. E é um grande engano, um grande equívoco, porque, depois de muitos anos, especialmente nos países mais desenvolvidos, uma estatística revela que 95% das informações ainda são processados em papel. Sinal de que a segurança da mídia eletrônica ainda está longe de ser plena ou de ser extremamente confiável.

Muito obrigada!

PRESIDENTE DA MESA (PROF. SIDNEI BENETI) – Muito obrigado à Dra. Regina! Agora, as perguntas ao Dr. Valdir de Oliveira; ele já tem a primeira a que ele vai responder, as demais são as seguintes: *A consulta suspende a exigibilidade do crédito tributário? Não seria o rol previsto no art. 151 do CTN taxativo? A consulta obsta ao direito de lançar o crédito tributário?* É uma pergunta de quem se intitula Márcio, Rio de Janeiro.

A segunda – professor Valdir, ainda: *A resposta do Fisco em consulta fiscal tem caráter vinculante para a atividade fiscalizatória, como oposição à eventual autuação ou mesmo com impedimento de [falha na gravação] fiscal?* Fábio Garro – parece –, advogado.

Depois, também ao Dr. Valdir. *A empresa declara nas obrigações acessórias o imposto devido sem o correspondente pagamento, e adquiriu por outra empresa que [falha na gravação] o débito que assumiria, ou que viabilizaria, a multa devida?* Depois: *Com o paradigma [falha na gravação] a situação da empresa era pior ainda, nem dinheiro para pagar tinha, e assim nem declarou imposto, de mesma forma readquirir o pagamento [falha na gravação] a multa é devida? Se a resposta à segunda for sim, não há uma proteção ao sonegador?* Aqui, Sidnei – que é um xará meu –, mas o segundo nome não consigo entender, e vou deixar a questão com o Dr. Valdir.

A terceira questão: *Regime especial de tributação para o contribuinte contumaz no descumprimento dos seus deveres, qual a forma de substituição, lei genérica ou ato administrativo que reconheça, no caso concreto, sua aplicabilidade? Há exemplos concretos de substituição por algum dos entes federados; poderia, por gentileza, citar alguns?* É a pergunta do Dr. Ronaldo José de Andrade.

E, finalmente, a pergunta: *Ficará o contribuinte livre de sanção da Administração Pública relativamente à matéria da consulta fiscal formulada até que se obtenha a devida resposta?* É a pergunta do Dr. Márcio Amato.

Solicito ao professor Valdir que responda primeiro às perguntas que já estão em suas mãos.

PROF. VALDIR DE OLIVEIRA ROCHA – Todas as questões são interessantes, mas eu justamente fiquei com uma de um perguntador não-identificado, e não tenho razão alguma para suspeitar que seja da espécie de terceiro denunciante, porque a questão é relativamente objetiva. Indaga: *No caso de débito fiscal declarado, seria válido cogitar de denúncia espontânea para afastamento da multa moratória?*

Eu diria que não. Se essa declaração foi feita no prazo normal, no prazo previsto pela legislação para que fosse feita, há uma confissão, mas isso é insuficiente; para se caracterizar a denúncia espontânea é preciso que haja a declaração, a confissão e, concomitantemente, o pagamento do tributo devido.

Qual seria o momento último para a denúncia espontânea? Eu diria que é o imediatamente anterior a qualquer ato do procedimento administrativo de fiscalização: pode ser um registro, um termo de ocorrência nos livros obrigatórios das empresas ou uma notificação para que o contribuinte compareça em determinado posto fiscal para justificar determinada operação; etc.

PRESIDENTE DA MESA (PROF. SIDNEI BENETI) – Muito obrigado, professor Valdir! Agora, vou passar a última pergunta à professora Maria Rita Ferragut. A pergunta é a seguinte: *Na aquisição do fundo de comércio a responsabilidade do adquirente é integral, a [falha na gravação] integral deve ser interpretada como exclusiva ou pode se entender como solidária com o alienante?* A pergunta é do Dr. Marcelo Breno, do Rio de Janeiro.

A Dra. Maria Rita, evidentemente, recebeu menos perguntas, por ter falado por último. E eu também tinha perguntas que eu estava formulando a todos os conferencistas e me escuso, evidentemente, por não as apresentar de público. Solicito à professora Maria Rita a gentileza de responder.

PROFA. MARIA RITA FERRAGUT [*sem revisão da autora*] – A responsabilidade tratada nessa pergunta diz respeito à sucessão, é a previsão legal do art. 133 do CTN. Quando há a aquisição de fundo de comércio e o alienante cessa suas atividades e o adquirente continua exercendo a atividade então praticada pelo vendedor, ele responde, nos termos do inciso I, integralmente pelo débito fiscal. O "integralmente", para mim, nessa acepção Código, não diz respeito à responsabilidade exclusiva ou subsidiária – ou solidária, como está colocado na pergunta. O "integralmente" refere-se à obrigação de responsabilidade por 100% do passivo fiscal, o que inclui as multas. O que se discute muito e que nessa hipótese de sucessão é que, como o devedor original deixou de existir com a alienação, ele não tem mais como ser responsabilizado; então, essa responsabilidade é transferida para o sucessor, para o adquirente. Agora, em qual extensão esse adquirente assume, só pelo principal atualizado pela SELIC atualmente, ou, além disso, pelas multas moratórias e de ofício, no meu entendimento inclusive pelas multas de ofício.

Esse ponto é muito discutido, é polêmico, mas eu não vejo como resguardar o interesse público se bastasse alienar um fundo de comércio para que se transferisse exclusivamente o débito principal corrigido. A multa compõe o passivo fiscal, e ela deve, sim, ser transferida para esse terceiro. Então, para responder objetivamente, "integralmente", aqui, corresponde à totalidade do crédito tributário, principal, atualização, juros atuais SELIC, mais multas moratórias e de ofício. Não se trata de responsabilidade pessoal, e sim de sucessão.

Presidente da Mesa (Prof. Sidnei Beneti) – Muito obrigado à prezada professora Maria Rita!

É hora de encerrar este nosso primeiro trabalho. Eu queria agradecer o convite que me foi formulado pelos organizadores para presidir esta Mesa tão importante. Trata-se de um convite cuja realização eu quero traduzir como uma homenagem ao TJSP, na qualidade de Presidente da Sessão de Direito Público do seu Tribunal. E aos eminentes Professores expositores eu gostaria de solicitar que todos nós agradecêssemos com a linguagem que não precisa de palavras, que é o nosso aplauso. Muito obrigado! [*Palmas*]

E passamos ao intervalo, que dizem que vai ser mais rápido, devido ao atraso, não é?

MESA DE DEBATES "D"

TRIBUTOS ESTADUAIS

PRESIDENTE DA MESA: PROF. JOSÉ EDUARDO MONTEIRO DE BARROS

MEMBROS DA MESA: PROF. CLÉLIO CHIESA,
PROF. JOSÉ EDUARDO SOARES DE MELO, PROF. MARCELO VIANA SALOMÃO

PRESIDENTE DA MESA (PROF. JOSÉ EDUARDO MONTEIRO DE BARROS) – Bom dia, Srs.! Vamos dar início aos trabalhos de mais uma seção deste *XX Congresso de Direito Tributário* do Instituto Geraldo Ataliba e do IDEPE.

Hoje nós temos três palestrantes: o professor Clélio Chiesa, o professor José Eduardo Soares de Melo e o professor Marcelo Viana Salomão.

Antes de dar início às palestras, tenho dois avisos que a direção dos trabalhos me pediu que fizesse. O primeiro deles é que o professor Eurico de Santi está chegando de um congresso realizado em Córdoba, na Argentina, de modo que sua palestra, prevista para hoje, será realizada amanhã. E o segundo aviso é meramente procedimental, no sentido de que os Srs. Congressistas, depois das três palestras realizadas hoje, poderão formular suas perguntas mas, diante da escassez do tempo, da premência de tempo, as respostas poderão ser dadas na parte da tarde, quando as Oficinas serão efetuadas aqui mesmo no Congresso. Então, haverá tempo suficiente para os Srs. reiterarem as questões e as perguntas, que elas serão respondidas.

Dentro da ordem dos trabalhos, passo a palavra primeiramente ao professor Clélio Chiesa, que vai discorrer sobre a guerra fiscal em matéria de tributos estaduais. Lembrando aos Srs. que o importante desta palestra é enfrentar o confronto que já se estabeleceu na prática entre a inconstitucionalidade e a ilegalidade dos chamados *incentivos fiscais e financeiros* e, de outro lado, o *direito ao crédito do ICMS*, pela natureza não-cumulativa do tributo. Sem mais delongas, passo, então, a palavra ao professor Clélio Chiesa.

EFEITOS JURÍDICOS DA GUERRA FISCAL NO ICMS

PROF. CLÉLIO CHIESA [*sem revisão do autor*] – Ilmo. Sr. Presidente, caríssimo amigo, pai do João Pedro, Dr. Marcelo Salomão e meu Mestre, professor Dr. José Eduardo Soares de Melo, caríssimos congressistas aqui presentes. Inicialmente eu gostaria de agradecer à comissão organizadora, na pessoa do Presidente do IDEPE, pelo convite para participar de um Congresso como este.

Aqui nós sabemos é que se iniciou, neste Auditório, este Congresso. Depois de ter ficado fora alguns anos, nós retornamos a esta Casa. E, como disse ontem a professora Elizabeth Nazar Carrazza, a presença aqui é ainda mais forte do professor Geraldo Ataliba. Ele, o idealizador, sempre um professor preocupado com a construção de novas propostas, incentivava sempre seus alunos, seus amigos, a realizar esses encontros, uma grande oportunidade para que nós possamos refletir sobre os temas que nos atormentam no que diz respeito à aplicação do direito tributário.

Coube-me falar sobre a guerra fiscal, ou, melhor os "Efeitos Jurídicos da Guerra

Fiscal no ICMS". Nós sabemos que falar sobre esse tema é extremamente difícil, em decorrência do fato de que, juridicamente, temos o modelo que me parece hoje, comprovadamente, se apresenta de modo insatisfatório e não resolve as dificuldades que nós temos em relação à convivência harmônica entre os Estados. Quando se fala em "guerra fiscal", evidentemente com relação ao ICMS, praticamente nós estamos a nos referir àquelas situações em que os Estados concedem incentivos, sejam fiscais ou financeiros, para as empresas que se situam em seu território sem que antes tenha passado esta deliberação pelo CONFAZ. Então, é fato, hoje, que, na verdade, à luz do que prescreve a CF, art. 155 § 2º, XII, "g", toda e qualquer concessão de benefícios fiscais necessariamente teria que passar pelo CONFAZ, deveria haver uma deliberação deste órgão para que pudéssemos veicular benefícios de modo regular. Ocorre, no entanto, que isso não vem acontecendo, e nós sabemos que a forma como disciplinada na regulamentação infraconstitucional esta alínea "g" do inciso XII do § 2º do art. 155 da CF, em verdade, ao invés deapresentar uma solução adequada, acredito, só tem causado problemas ainda maiores. Eu estou falando, evidentemente, da forma de deliberação que se dá no CONFAZ, nós sabemos que é necessária a deliberação unânime para que seja aprovada qualquer concessão de benefício.

Diante dessa situação, é fato que, ao longo destes anos, esta guerra, esta disputa, vem aumentando a cada dia, e também, então, a constatação de que o sistema não apresenta uma solução satisfatória.

As medidas tomadas pelos Estados são as mais variadas. Nós sabemos que, hoje, os Estados que se sentem prejudicados estão adotando vários instrumentos que tendem a repelir esse tipo de benefício; dentre outros, aquele que nós conhecemos, que é a glosa dos créditos das operações interestaduais, e alguns Estados também optaram por conceder benefícios equivalentes. Como é o caso do Estado de São Paulo, em que a lei paulista só admite o crédito nas operações em que há aquisição decorrente de outros Estados proporcionalmente ao valor efetivamente pago, desprezando, evidentemente, o destaque feito nas notas fiscais.

O Estado de Minas Gerais, por exemplo, criou, mediante lei, a possibilidade de se editar ato administrativo concedendo créditos equivalentes. Tudo isso vai levar a um desequilíbrio ainda maior da Federação. No ICMS, por ter esse perfil, há esta interação com os demais sistemas do Estado, e não há possibilidade de se falar de um funcionamento adequado sem que haja efetivamente uma harmonia desses sistemas. Muito bem, e qual está sendo a postura do Judiciário perante essas ocorrências? Temos visto depois de 1988 inúmeras ações diretas de inconstitucionalidade propostas contra essas leis que, na verdade, não observam o art. 155, § 2º, XII, "g", da CF.

Qual é a conseqüência prática? O STF vem firmando entendimento no sentido de que esses benefícios são inconstitucionais. Muito bem, mas se o Supremo declara que esses benefícios são inconstitucionais, quais são os efeitos concretos decorrentes dessa declaração de inconstitucionalidade? Por que eu digo isso? Porque nós sabíamos que isso iria acontecer: declarada a inconstitucionalidade num dia – exagerando um pouco –, no dia seguinte temos uma outra lei de benefícios fiscais praticamente de teor idêntico. Como exemplo posso citar a de Mato Grosso do Sul: quando o Estado de São Paulo ingressou com ação direta de inconstitucionalidade e houve reconhecimento via liminar, imediatamente o Mato Grosso do Sul não demorou mais de dois meses para ter uma nova lei concedendo os mesmos benefícios fiscais.

Quanto a essa mesma lei editada em substituição à que foi declarada inconstitucional, mês passado, se não me engano, agora há uma outra ação direta de inconstitucionalidade, do Estado do Paraná, contra essa mesma lei do Estado do Mato Grosso do Sul, quando lançou esses benefícios fiscais. Está mais que provado que esse instrumento é insatisfatório.

Muito bem, agora, diante deste fato, está provado, penso eu, que está instaurado o caos. Vou restringir a minha análise a dois enfoques para mostrar quais são esses efeitos decorrentes dessas medidas tomadas pelos Estados e da própria declaração de inconstitucionalidade.

Primeiro, nós sabemos que os créditos, ou seja, os incentivos fiscais, são dos mais variados, desde os considerados especificamente fiscais e outros financeiros como o retorno em forma de financiamento pelo valor do tributo pago, crédito presumido, isenções – enfim, uma série de instrumentos. Pouco importa, a meu ver, à luz do art. 155, qualquer benefício, e aí em sentido amplo.

Muito bem, se é assim, então, como fica esta situação pela seguinte perspectiva: ajuizada, enquanto não houver declaração de inconstitucionalidade, quais são os efeitos propagados por essas leis que concedem benefícios de modo unilateral?

Segundo, quais são os efeitos em relação ao remetente da mercadoria e quais são os efeitos em relação aos adquirentes? O Estado pode ou não pode glosar? Quais são essas conseqüências? Declarada inconstitucional, como é que ficam os efeitos para o futuro prospectivo ou retroativo? Será que o STF, doravante, vai firmar entendimento a respeito do efeito, como vem sendo a tendência, declarando que suas decisões têm efeitos desde o início, como manifestado em algumas decisões, pelo fato de que, se o efeito for prospectivo, vai incentivar a edição de novas leis? Voltamos, então, ao mesmo problema. Mas será que isso vai resolver? Por que eu digo isso? Quais são os efeitos em relação, por exemplo, às empresas que se instalam em determinado Estado não de forma graciosa, mas fazem investimentos para poderem se valer dos benefícios? Há uma contrapartida, são benefícios onerosos, são benefícios que efetivamente demandam investimentos por parte dos interessados em deles usufruir. Eu perguntaria: será que têm direito a indenização? Contra o Estado?

Não quero entrar no tema do professor José Eduardo, mas um outro problema que penso que também tem levado a uma série de desajustes diz respeito relação ao ICMS da importação. O que tem sido comum? Alguns Estados, tentando atrair empresas importadoras para seu território, adotam o sistema em que na entrada há o deferimento e na saída há crédito presumido.

E a mercadoria, na verdade, não transita pelo território do Estado importador. Vai direto do local do porto ou aeroporto, do desembaraço, para o adquirente. E aí, evidentemente, como é que fica essa situação? Quais medidas podem ser tomadas? O Estado em que ocorre o desembaraço pode exigir o imposto? Vou partir dessas duas decisões casos para tentar apresentar minha opinião sobre esses efeitos. E, ao final, eu queria lançar uma idéia – evidentemente, não é a melhor solução, mas é melhor que aquela que está sendo aplicada hoje – com relação à interpretação do art. 155, § 2º, XII, "g", da CF.

Com relação, então, aos efeitos nas operações interestaduais oriundas de Estados em que o remetente é beneficiário de incentivos fiscais, em sentido amplo e também com relação a boa parte das modalidades que são adotadas, são efetivamente os créditos presumidos. Portanto, pergunta-se: como acontece no Estado de São Paulo? O Comunicado CAT-36, em outras palavras, diz: "Olha, na verdade, nesse caso, fica autorizado o Estado a desprezar o crédito presumido e aproveita-se somente o crédito, o valor efetivamente pago, correspondente".

É certo que há o art. 8º da Lei Complementar 24, que torna sem efeito os benefícios concedidos de forma irregular. Ocorre, no entanto, que, mesmo admitindo-se que esse artigo tenha sido recepcionado pela ordem constitucional de 1988, parece-me que esse juízo de análise de validade ou não do ato normativo jamais pode ser feito no âmbito administrativo. Não estou discutindo aqui nos conceitos, mas na atividade típica de administrar não cabe reconhecimento de constitucionalidade.

Significa dizer, então, que, passado pelo processo exigido para a produção de qualquer ato normativo, esse juízo de incompatibilidade ou não, necessariamente, é uma reserva de competência do Judiciário. Significa dizer que, para todos os efeitos, enquanto não declarada a inconstitucionalidade, seja *inter partes* ou pela via concentrada, não temos inconstitucionalidade, por mais que reiteradas vezes o STF tenha se manifestado no sentido de que há de existir a deliberação por parte dos Estados para os benefícios serem considerados válidos. Ora, não interpretar e aplicar o sistema dessa maneira seria negar vigência ao princípio da presunção de que todo ato normativo que ingresse no sistema, para todos os efeitos, é válido. Portanto, não me parece por essa perspectiva seja amparado, no ato administrativo, decreto, ainda que seja lei, de qualquer Estado, onde a mercadoria é remetida, e permite a glosa do crédito tributário. Primeiro, por não ser inconstitucional. Segundo, se eu admitir essa possibilidade, estou mitigando o próprio princípio da não-cumulatividade. E por que eu digo isso? Porque, vejam os Srs., se, lá na frente, for julgada inconstitucional a lei que concedeu os benefícios, eventual diferença desse ICMS é devida a quem? Ao Estado remetente, e não ao Estado destinatário do produto. Ora, isso é mais uma demonstração de que efetivamente não posso admitir, porque não é só uma questão de compensação de crédito ou não, é de legitimidade da exigência desses valores. Ora, seguindo esse raciocínio, então, primeiro, o instrumento é válido. Segundo, há aí uma apropriação de crédito que não pertence à unidade para onde foi remetido o produto. E, mais que isso, os Srs. sabem que, na prática, na verdade, o que se vem instaurando é um verdadeiro clima de insegurança das relações entre os contribuintes.

Vejam os Srs. que os efeitos desta disputa transcendem a relação entre os Estados, e hoje recaem sobre os contribuintes, porque, na prática, é comum os próprios adquirentes do Estado de São Paulo encaminharem correspondências aos demais Estados dizendo o seguinte: "Olha, você me manda a mercadoria com alíquota cheia, comprovando que pagou integralmente, ou então não vamos mais adquirir seu produto".

Ora, bem, isso não pode ser ignorado, isso não é jurídico, não é. É na medida em que abala a segurança jurídica. É jurídico na medida em que as relações entre os Estados e entre os contribuintes efetivamente passam por esse clima de insegurança. E, se não fosse por isso, todas essas razões anteriores justificam não permitir qualquer tipo de glosa de crédito. E aí, seja na operação interestadual, decorrente de operações internas, digo, do país, ou mesmo operações provenientes de produtos para o exterior.

No último julgamento do STF da ADI 3.246, proposta pelo Procurador-Geral da República, com relação a uma lei do Pará, declarando a inconstitucionalidade de lei que concedeu benefícios unilaterais, há passagem de manifestação dos ministros dizendo: "Veja, não podemos avalizar esse tipo de concessão de benefício; portanto, o efeito deve ser sempre *ex tunc*, ou seja, desde o início. Então, podemos reconhecer e aplicar aqui o art. 27 da Lei 9.868 e admitir os efeitos prospectivos. Por quê? Porque, nesse caso, se nós fizermos isso, estaremos admitindo que os Estados podem adotar essa política de editar novas leis". Ocorre, no entanto, penso eu, que nem mesmo se assim se vier a fazer doravante, o problema estará resolvido. Não estará resolvido por quê? Por que nós temos a seguinte situação: com relação, efetivamente, aos Estados em que concedido o benefício, penso eu que não há saída: a lei saindo do sistema, vão ter que exigir eventuais diferenças do ICMS.

Ocorre, no entanto, que há uma contrapartida, são incentivos condicionados, eu ingressaria com uma ação de indenização contra o Estado. Em termos econômicos, eu anularia os efeitos desta proposta de que teríamos que arrecadar os valores assim recebidos. A confusão é tanta, é tanta, que provavelmente o professor José Eduardo vai abordar essa questão. O STF julgou recurso extraordinário sobre questão envolvendo o FUNDAP, e o que se estava decidindo era mais ou menos o seguinte: empresa situada no Estado do Espírito Santo fez uma aquisição, uma importação, que veio pelo Porto de Santos, cujo produto foi destinado a uma empresa no Estado de São Paulo. Colocada essa questão em julgamento, o Fisco aqui autuou, o TJSP entendeu que era devido aqui. Por quais critérios? Porque houve desembaraço aqui, a entrada física foi aqui. Enfim, não há tempo para discutirmos essa questão. Mas o certo é o seguinte, veja, isso levou alguns meses para ser divulgado, o Supremo entende que o imposto é devido no local onde se dá o desembaraço. O STF não decidiu isso, em momento algum. Na verdade, vendo as razões, são três votos, os três com julgamentos diferentes, mas o que norteou o julgamento foi uma questão que o Min. Marco Aurélio relatou, que estava reconhecendo que nesse caso havia um problema de simulação, e que o objetivo era se aproveitar dos benefícios do FUNDAP.

Então, toda a decisão, penso eu, foi conduzida no sentido de evitar o aproveitamento de créditos concedidos de modo indevido. Isto atinge o quê? Atinge os Estados, atinge os contribuintes e provoca confusão até no Judiciário, o aumento do julgamento. E leva, então, a estes desajustes do sistema, isso é inevitável. E há que se registrar que esse problema da questão da constituição de benefícios fiscais não é um problema de concessão dos Estados considerados em desenvolvimento; todos os Estados estão se valendo disso, ou seja, concedendo benefícios de modo unilateral.

Estava eu conversando com o professor Humberto Ávila, agora no intervalo, e ele me dizia que lá no Rio Grande do Sul, inclusive, há um instrumento novo de inserção de benefícios, que são as notas; então, não se vale de lei nem de decreto. O Estado de São Paulo também não fica fora disso: há algum tempo atrás o Estado de São Paulo editou, entre outros pacotes, o seguinte: primeiro, o denominado de "Primavera Tributária"; depois nós tivemos o "Outono Tributário". Quem sabe teremos um "Natal Tributário", o "Verão Tributário" – e aí está o "Carnaval Tributário". O carnaval tributário da guerra fiscal.

Vejam, então, o que nós constatamos: não há saída. O sistema, todas as soluções que nós buscamos, pelo menos as que estão aí, não resolvem o problema. Ponto. Então, nós voltamos à questão: como resolver? Reforma Tributária. Bom, reforma tributária, essa transcende os limites do aplicador, do cientista do Direito. Portanto, eu coloco a seguinte idéia, aqui, para nós, em debate. A exigência formal de deliberação dos convênios, a exigência formal de deliberação via CONFAZ, deve-se ao fato de proteção à Federação. Então, o objetivo da regra é compatibilizar os interesses e evitar essa disputa. Se este é, na verdade, o objetivo desta norma, e ele não está sendo alcançado pela interpretação que está sendo aplicada, ou seja, a de que todo e qualquer benefício tem que passar pelo CONFAZ; que a normatização então implementada é insatisfatória e provoca todo esse caos que nós estamos vivendo; considerando que a Constituição Federal, o legislador, a par de tudo isso, em várias passagens admitem as desigualdades regionais; considerando que essas desigualdades não são um problema apenas econômico – nós sabemos que, hoje, pela perspectiva econômica, todos os Estados estão perdendo –, mas juridicamente reconhecidas essas desigualdades; quando temos, por exemplo, o art. 151 da CF, que admite a concessão de isenções, no caso da União, de forma desuniforme, para o desenvolvimento regional, temos o art. 3º da CF, que estabelece como um dos princípios fundamentais da República Federativa do Brasil a busca do desenvolvimento regional, será que não seria melhor – e eu coloco essa idéia para debate – interpretar a regra do art. 155, § 2º, XII, "g", da CF não como uma regra e exigência para toda e qualquer concessão de benefícios fiscais, mas somente para aquelas que não tenham como objetivo o desenvolvimento regional? Mas, aí, caso a caso, a confusão será ainda maior! Pode até ser, mas pelo menos uma coisa: vamos manter o pacto federativo e vamos admitir um instrumento que venha a assegurar o desenvolvimento dessas regiões, porque é certo, Srs., que todos perdem, é certo, então, que, com esta questão da disputa entre os Estados, o modelo é insatisfatório. E, portanto, entre ficar com a alternativa formal de que todas são inconstitucionais, eu prefiro separar em dois grupos, então, as leis que concedem incentivos fiscais: aquelas que não têm objetivos para o desenvolvimento regional e aquelas que têm o objetivo de atingir o desenvolvimento regional – e quanto a estas, sim, por decorrência de uma coalescência desses dispositivos que acabei de colocar, decorrente desses valores, dentro do sistema, se admitiria, então, a possibilidade de serem válidos sem a deliberação via convênio.

Esta é a minha idéia. Eu sei que talvez não seja a ideal, mas ainda penso que é a melhor entre as opções interpretativas que nós temos. Obrigado! [*Palmas*]

PRESIDENTE DA MESA (PROF. JOSÉ EDUARDO MONTEIRO DE BARROS) – Muito obrigado, professor!

Eu agora vou passar a palavra ao professor José Eduardo Soares de Melo, que vai discorrer sobre "O ICMS na Importação de Bens, Mercadorias e Serviços". O próprio tema já indica toda a problemática desse assunto.

Informo outra vez aos Srs. que as perguntas que estão sendo dirigidas à Mesa serão abordadas no término das três palestras; e, se não forem possíveis as respostas, as mesmas serão dadas por ocasião das Oficinas de hoje à tarde.

Professor Soares de Melo, por favor.

O ICMS IMPORTAÇÃO DE BENS, MERCADORIAS E SERVIÇOS

PROF. JOSÉ EDUARDO SOARES DE MELO – Quero cumprimentar, aqui, o xará, Monteiro de Barros, que é uma das figuras exponenciais da Advocacia Brasileira, que foi companheiro e sócio de Pinheiro Neto, Rubens Gomes de Souza e Alcides Jorge Costa, e que nos últimos anos tem participado com grande brilho do Tribunal de Impostos e Taxas da Secretaria da Fazenda. Meu xará diz que ele não elabora pareceres, apenas dá palpites. Então, ficaremos felizes, aqui, se ele der os outros palpites durante o curso da nossa exposição, que sempre acarretam imenso proveito.

Também cumprimento o Clélio e o Marcelo, que abrilhantam o Congresso, são amigos de coração, e é muito agradável a presença deles.

Tratarei do ICMS na importação de Bens, serviços e mercadorias. Não é um tema novo, mas sempre muito importante, em razão de serem examinadas questões pelo STJ, pelo STF, no âmbito do ICMS, tanto na redação originária da Constituição de 1988, art. 155, IX, "a", quanto após a Emenda Constitucional 33. Mas somente agora o STF vem firmando diretriz.

Não estamos aqui para concordar ou discordar de eminentes Juristas, mas apenas refletir, procurar fazer ciência, e também considerar o aspecto prático das questões jurídicas, com mero operador do Direito. O Clélio já abordou tema relativamente ao ICMS da importação, o local onde deve ser recolhido o imposto, e disse que entrou no meu assunto. Vou fazer a mesma coisa com o Marcelo, porque as matérias também têm pontos em comum.

A discussão gira em torno do local em que deve ser recolhido o imposto. A CF, no art. 155, § 2º, IX, "a", contém uma expressão final dizendo o seguinte: "cabendo o imposto ao Estado onde estiver situado o domicílio ou o estabelecimento do destinatário da mercadoria, bem ou serviço". E a dúvida que sempre ocorreu seria a seguinte: trata-se de destinação jurídica ou destinação física?

A Procuradoria-Geral da Fazenda Nacional, há cerca de 10 anos atrás, quando foi instada pelo COTEPE a se pronunciar sobre a matéria, firmou opinião no sentido de que só caberia cogitar da destinação jurídica. Por quê? Por que o negócio de importação – no caso, a compra e venda de um bem importado ou aquele serviço que é integrado na economia nacional – é realizado entre pessoa domiciliada no estrangeiro e pessoa estabelecida no país. Então, esta é a única certeza e segurança que temos, de um destinatário jurídico, no caso de uma mercadoria importada. A circunstância de esse importador realizar a importação, a mercadoria ingressar no território nacional e posteriormente passar por várias circulações e etapas, não dará a devida segurança jurídica da destinação. Apenas a destinação jurídica é que confere essa segurança. Recentemente o STF manifestou-se em três oportunidades básicas. no agravo regimental no RE 396.859, em dezembro/2004; depois no RE 299.079-RJ, onde apreciou questão de importação realizada pela PETROBRÁS por uma empresa estabelecida no Recife, tendo o desembaraço ocorrido no Rio de Janeiro e as mercadorias sido entregues no Estado do Rio de Janeiro. É claro que o Rio de Janeiro se insurgiu contra o não-recolhimento no Rio de Janeiro, sob o argumento de que a territorialidade, o fato gerador, a integração da mercadoria importada, se davam no Estado do Rio de Janeiro; mas o Supremo entendeu de forma diferente: pouco importa o desembaraço aduaneiro, que tem uma característica física; o que interessa para implicar o devido titular da competência tributária é onde se situa o destinatário jurídico Não teria sentido algum fazer a mercadoria ingressar em Sergipe, e depois proceder ao seu transporte até o Estado do Rio de Janeiro. Acresce a circunstância de que os importadores que não se encontram zona marítima nunca veriam a cor do ICMS.

Recentemente o STF, como foi apontado, aqui, pelo Clélio (RE 268.586), decidiu pela destinação física, mas há uma explicação para esse fato: era uma empresa que, embora procedesse à importação, o fez na qualidade de consignatária, e os valores, os recursos, os ônus, os encargos, foram todos adiantados pelo destinatário físico; então, dessa forma, decidiu que no caso haveria simulação e que, se essa empresa – que é estabelecida no Estado do Espírito Santo – tivesse efetivamente participado do negócio jurídico como importador, o ICMS seria devido no Estado do Espírito Santo.

O STF também decidiu uma ação civil originária, no âmbito de tutela antecipada, relativa a importação realizada pela PETROBRÁS. Importa o gás da Bolívia, recolhe o ICMS em Corumbá; depois esse gás é transportado pelos dutos, através de fluxos e refluxos para diversos Estados da Federação. O Estado de São Paulo entendeu que o ICMS seria devido aqui, porque grande parte da sua destinação se localizava em São Paulo, e o STF entendera de forma diametralmente oposta, ou seja, dando prevalecimento à destinação jurídica.

Um outro item também muito importante para a meditação jurídica com vocês concerne aos negócios jurídicos de arrendamento mercantil (*leasing*) na importação. Sabemos que essa figura jurídica tem sofrido diversas alterações normativas, e que complicam toda a nossa vida. O STJ já havia firmado súmula (n. 138) no sentido de que as operações de arrendamento mercantil apenas implicariam a incidência do ISS. Posteriormente, a Lei Complementar 87/1996 (Estatuto do ICMS), sutilmente (inciso VIII do art. 3º), dispôs que não incidiria o ICMS nas operações de arrendamento mercantil e colocou uma vírgula: ", salvo no caso da alienação do bem arrendado".

Dessa forma, bipartiu um negócio jurídico, o que é deveras estranho. Parte é devida ao ISS, e quando ocorresse a opção da compra parte seria devida ao ICMS. Posteriormente, a Lei Complementar 116/2003 (Estatuto do ISS) estabeleceu, no item 15.09, que as operações de arrendamento mercantil somente deveriam sofrer a incidência do ISS. A situação já estaria totalmente solucionada, porque, se pudéssemos tratar que a Lei Complementar 116 tem a mesma estatura jurídica da Lei Complementar 87, teria ocorrido a revogação daquele preceito que manda tributar uma parte pelo ICMS, e apenas ocorreria incidência do ISS.

Acontece que o STF (RE 206.069), em operação de arrendamento mercantil celebrado com empresa no exterior, após o advento da Emenda Constitucional 33, decidiu que caberia a incidência do ICMS nesse negócio jurídico, sob quatro ou cinco fundamentos. E um deles diz o seguinte: o negócio fora realizado no exterior, não sendo disciplinado pelas leis brasileiras, mas tendo o constituinte optado por sujeitar o ICMS ao resultado do ajuste. Embora seja uma decisão do Pleno, verificamos que esse acórdão não examinou a Lei Complementar 116. É possível que, numa apreciação futura, até decida em sentido diverso. Mas qual é o comentário que pode ser feito com relação a essa fundamentação do Supremo? Dizer que o negócio fora realizado no exterior e não é disciplinado pelas leis brasileiras é estranho, porque o próprio art. 155, § 2º, IX, "a" da CF, que trata do ICMS na importação, estabelece operações oriundas do exterior, e todo ICMS da importação decorre de negócio jurídico celebrado no exterior. Então, esse parece que não é o argumento mais adequado.

Preceitua o STF: o art. 3º, VIII, da Lei Complementar 87/1996 aplica-se às operações internas pelo fato de a opção de compra quando do contrato internacional não estar no âmbito de incidência do ICMS. Parece que essa postura do Supremo assenta-se no fato de que, se não ocorrer a exigência do ICMS na importação e depois o contribuinte não exercer opção de compra, não se saberia em que momento poderia ser cobrado o ICMS. Então, coloco esta questão a vocês, no sentido de que seja reexaminado o assunto em face da interveniência da Lei Complementar 116, que, embora pudesse ser criticada, dispôs que apenas deveria ocorrer incidência do ISS.

Também gostaria de examinar a base de cálculo nas operações de importação. A Lei Complementar 87 estabelece: quando o contribuinte realiza a importação, no caso de uma mercadoria totalmente tributada, ele tem que considerar o valor aduaneiro, o imposto de importação, o IPI e também quaisquer outros impostos e despesas aduaneiras. Acontece que a lei complementar não se encontra em perfeita harmonia com a própria Constituição. Esta estabelece, em dois momentos, a incidência do imposto sobre o imposto. Um deles é quando o IPI integra, ou não integra, a base de cálculo do ICMS, e o outro, que decorreu da Emenda Constitucional 33, é que o ICMS integra sua própria base de cálculo.

Então, seguindo a postura da Constituição, verificamos que a própria lei complementar extravasou seu âmbito, sua quantificação tributária. E o que pode ser questionado, em termos práticos? Primeiro, a própria exigência do imposto de importação na base de cálculo do ICMS, por que isso não se contém na Constituição. Segundo, essas contribuições de intervenção no domínio econômico, quando alguém realiza uma importação, ele terá que pagar, se for um combustível (por exemplo, a CIDE-combustíveis), ou, normalmente, PIS/COFINS-Importação, além do Adicional ao Frete para a Renovação da Marinha Mercante.

E ainda, no ano passado, o CONFAZ celebrou o Convênio 7, de abril/2005, relacionando 17 situações que seriam qualificadas como despesas aduaneiras (despesas com consertador, arranjador, estivador, e até com gastos com despachante aduaneiro). Parece que essa técnica nova de tributação pode ser questionada não só no âmbito do ICMS, como em outras searas tributárias. Arrolam-se todos os tributos, o próprio ICMS, e depois da somatória de todos esses valores se aplica a alíquota. Quando se vai realizar a importação, para efeito de incidência de PIS e COFINS na importação, a técnica é o contrário: são relacionados todos os tributos aduaneiros, inclusive o próprio PIS e a COFINS, e ali se aplicam alíquotas desses dois.

Eu sei que o Marcelo vai desenvolver esse outro tema com muito mais brilhantismo, e fico aguardando sua manifestação.

Mais uma questão merece nosso exame. A Constituição originariamente dispunha sobre a incidência do ICMS sobre as mercadorias, depois também tratou dos bens; e, finalmente, com a Emenda 33, se passou a contemplar também os sujeitos passivos da obrigação tributária, a pessoa física, a pessoa natural, e mesmo aquele que não seja contribuinte do imposto, independente das finalidades.

Com essa reforma constitucional – criticada por muitos, porque estaria violando o art. 60, § 3º, da CF, consagrando garantia do contribuinte de ser tributado segundo a Constituição originária –, os bens passaram a ser tributados, ou seja, não apenas aquele importador que depois vai transacionar com aquela mercadoria (um supermercado que importa bebidas estrangeiras e, depois, oferece para os consumidores), tendo que recolher o ICMS. No passado, mesmo que fosse destinado ao seu ativo ou para uso e consumo, também deveria sofrer a tributação do ICMS. Quando se trata de bem, evidentemente, temos que considerar o conceito que é trazido pelo direito civil, e podemos considerar não só os bens corpóreos, como os incorpóreos.

Examinemos as aquisições via *download* (utilização dos computadores e aquisição de músicas estrangeiras, que não são materializadas, encontrando-se na tela do computador). Poderíamos dizer que ocorreu o ingresso de bens no território nacional. Indaga-se: será que esses bens digitalizados podem ser objeto de tributação? Como mercadoria não podem, porque o conceito jurídico atina a coisa corpórea materializada, não se enquadrando no âmbito de bens virtuais.

E, finalizando, gostaria de comentar com vocês uma expressão que muitas vezes passa despercebida no 155, § 2º, IX, "a", da CF, relativa aos serviços exclusivamente prestados no exterior, ou seja, uma hipótese típica de extraterritorialidade. Qual seria a abrangência desses serviços? Serviços de comunicação ou serviços de transporte? Penso o seguinte: se o constituinte reservou aos Estados e ao Distrito Federal a competência para cobrar prestação de serviço de transporte interestadual e intermunicipal, evidentemente afastou da incidência os serviços de natureza internacional, sejam aqueles que se destinam para outro país, sejam aqueles originários do exterior. Entendo que esta matéria tributária (serviços exclusivamente prestados no exterior) poderia ser mais pertinente ao âmbito estadual e distrital, para os serviços de comunicação. Como ficaria a tributação dos serviços de telecomunicação, concernente ao fluxo das ligações telefônicas, que trata dos tráfegos ("saínte", e "entrante"), ou seja, ligações internacionais que poderiam implicar incidência do ICMS?

O tempo esgotou, e quero agradecer a atenção e a paciência de vocês. [*Palmas*]

PRESIDENTE DA MESA (PROF. JOSÉ EDUARDO MONTEIRO DE BARROS) – Agora, como terceiro palestrante nós temos o professor Marcelo Viana Salomão, que irá discorrer sobre "ICMS: Base de Cálculo".

Nós já recebemos algumas perguntas, que estamos, então, organizando, racionalizando, para verificar se, dentro do tempo escasso de que dispomos, será possível cada um dos palestrantes responder às indagações.

Dr. Marcelo, por favor.

ICMS: BASE DE CÁLCULO

PROF. MARCELO VIANA SALOMÃO – Caro Presidente da Mesa, Dr. José Eduardo Monteiro de Barros, professores e amigos José Eduardo Soares de Melo e Clélio Chiesa, prezados companheiros de Congresso. É realmente um grande prazer estar aqui com vocês! Gostaria muito de agradecer à Diretoria do IDEPE, na pessoa do professor José Eduardo, pelo convite feito, convite, este, que me gera o privilégio de poder falar ao lado e de frente de grandes Mestres meus. Como exemplo, cito o professor Sacha Calmon, que realmente é um modelo de jurista para todos nós.

Meu tema me obriga a voltar à palestra de ontem, quando o professor Humberto Ávila me inspirou ainda mais, com suas sábias palavras, a sempre voltar os olhos aos grandes professores do passado, cujas lições não podemos esquecer jamais. Digo isso porque é impressionante a sensação que fico – quer ao estudar este tema que me foi passado, quer ao estudar qualquer tema em direito tributário – de que a única coisa que interessa em nosso setor, pelo ponto de vista governamental, é o aumento da carga tributária.

O problema é que se está chegando a um ponto de desvirtuar o conceito constitucional de *tributo*, de alterar o formato dado pela própria Constituição aos tributos, para se alcançar tal fim. E isso, realmente, tem me preocupado muito.

Ao ministrar minhas singelas aulas para meus queridos alunos de Ribeirão Preto, compulsando, como sempre, as obras dos professores Paulo de Barros Carvalho, Roque Carrazza, Sacha, José Eduardo Soares de Melo, Clélio Chiesa e demais professores que tanto sigo, fico morrendo de medo de garantir que o ICMS previsto na Constituição tem um determinado e conhecido perfil. Morro de medo, mesmo, imaginando que amanhã poderão, via emenda, tentar mudar as características constitucionais deste imposto. A análise da obra desses Mestres e de nossas Constituições evidencia facilmente o quanto este imposto foi mudado.

Quem resolver estudar o IR também não irá encontrar mais nas obras dos grandes Mestres aquele IR desenhado por nosso poder constituinte. Foi isto que este estudo sobre a base de cálculo me fez constatar. Porque – vejam – a nossa Constituição traz efetivamente o desenho constitucional dos tributos, seus limites, define precisamente as competências tributárias, estabelecendo claramente aos Municípios, aos Estados e à União Federal quais são os tributos de sua competência.

Com relação aos impostos fica fácil para qualquer estudioso de direito tributário, também ao examinar a Constituição, encontrar ali os aspectos da hipótese de incidência. Parece-me que isso, efetivamente, é uma leitura fácil para qualquer um de nós. Nossa Constituição – com bem lembrou o professor Humberto Ávila, ontem – traz muitos, muitos, mas muitos limites aos entes tributantes. O sistema constitucional tributário deve ser entendido como uma exceção, como uma autorização para que se invada a propriedade dos cidadãos. Tenho realmente convicção de que é isso que a Constituição Federal fez e faz em matéria tributária, trazer como regra a proteção ao cidadão e ter no sistema tributário constitucional um meio excepcional de permissão para alcance de riquezas das pessoas (físicas e jurídicas).

A Carta Magna outorgou competências, mas com uma série de limites. Os limites implícitos facilmente são verificados. Mas até estes, hoje, têm sido ignorados em algumas interpretações, com as quais não conseguimos concordar. O problema é que nem sempre se entende tudo como limite, talvez se pare nos princípios na busca destes limites, e não se considere regras fundamentais para a correta compreensão do limite dado aos entes da Federação em termos tributários.

Então, olhando a Constituição Federal com relação ao ICMS – que é o meu tema –, parece-me muito claro que ela o define como um imposto que incide sobre *operações relativas à circulação de mercadorias*. Felizmente não temos mais problemas em saber, via doutrina e via jurisprudência, que este é realmente um imposto *sobre operações e não sobre circulação ou sobre mercadorias*, ou seja, é um imposto que *incide sobre negócios jurídicos que implicam transferência de titularidade de uma mercadoria*. Aquela espécie de produto que é comprada ou fabricada para ser vendida com fito de lucro.

Se é assim, só pode ser base de cálculo desse imposto o *valor da operação*, que, por sua vez, levará em conta o valor da mercadoria. Há que existir uma correlação lógica entre a base de cálculo e o fato gerador. E é por isso que é peremptório, no caso do ICMS, que se leve em conta o valor da mercadoria, e não de dados externos da operação.

Se o fato gerador é "vender mercadoria", o raciocínio deve ser automático, e resultar na conclusão de que a autorização constitucional é que a base de cálculo seja o valor desta operação de venda de uma mercadoria.

Honestamente – só se for deficiência minha –, não consigo encontrar dificuldade em definir a base de cálculo do ICMS. Da mesma forma como nos parece tranqüilo saber que a base de cálculo do IR só pode ser a renda auferida; do IPVA, o valor do veículo automotor; do IPTU, o valor do imóvel – e assim por diante.

Isso me parece elementar. Só que, se fosse, será que este Congresso teria se ocupado com esta matéria? Então, qual a resposta? É, realmente, um fato tranqüilo para os intérpretes do direito tributário, ou não?

Parece-nos que sim. Mas, como atravessamos um momento de gigantesco desrespeito às normas constitucionais e também infraconstitucionais que cuidam da matéria tributária, até em matérias como esta precisamos nos reorganizar para cuidar da Lei das Leis, sem permitir que suas diretrizes e garantias sejam vilipendiadas por interpretações que visam, a qualquer custo, a aumentar as arrecadações.

Já defendi neste mesmo Congresso que, ao meu ver, as regras-matrizes tributárias são garantias constitucionais intransponíveis, inclusive por emendas, configurando, portanto, verdadeiras cláusulas pétreas.

Vejo-as como cláusulas pétreas. De que forma? Ora, se o direito de propriedade efetivamente está assegurado na Constituição, e se suas exceções também estão explícitas no diploma constitucional, se a segurança jurídica também é uma garantia insuperável, parece-me claro que, quando esse sistema foi desenhado pelo poder constituinte originário, ele foi feito de modo a definir explicitamente quais eram os impostos dos Estados, dos Municípios e da União.

Para fechar nosso raciocínio, trazemos à baila o art. 154, I, da CF, que veicula a conhecida "competência residual" da União.

É dizer: qual o sentido de a Carta Magna trazer um dispositivo que, na seqüência da outorga de competência de cada um dos impostos para os entes da Federação, determine que apenas a União poderá criar novos impostos, desde que eles não tenham *fato gerador e base de cálculo idênticos* aos dos demais impostos já discriminados na Constituição?

Este dispositivo, a meu ver, fecha com precisão nosso raciocínio de que o poder constituinte originário traçou um sistema tributário constitucional com competências exclusivas e específicas, deixando claro que ele não se encontra engessado, pois, via "competência residual", a União, respeitando os limites do art. 154, I, da CF, poderá criar novos impostos.

Se assim não fosse, não consigo enxergar razão na existência desse referido dispositivo.

Ora, qual o sentido dessa norma constitucional se não o de que o que está aqui não pode ser alterado, não pode ser sequer copiado? Se forem fazer novos impostos, podem, mas com as quatro observações que o 154, I, da CF faz – em especial: fato gerador e base de cálculo distintos dos impostos já existentes.

Reitero a colocação: qual seria o sentido de a Constituição proteger que os novos não sejam iguais aos que existem e esses iguais pudessem ser alterados a qualquer tempo?

Honestamente, não consigo ver outro sentido além deste que defendemos. Consigo achar, sim, aí, a confirmação de que nós temos a inteligência do sistema constitucional garantindo como cláusula pétrea o perfil dos impostos no Brasil.

Destarte, se no ICMS eu consigo identificar que a base de cálculo é o valor da operação, obrigatoriamente consigo perceber que existem várias regras de incidência sobre a mesma sigla. Aliás, como sempre o professor Roque Carrazza nos ensina isso, com muita maestria, logo no início de sua obra que leva o nome desse imposto.

Na incidência "operações relativas à circulação de mercadorias" a base de cálculo é o valor da operação. Nas prestações de serviços incluídas nesta sigla, seja de comunicação ou de transporte, só pode ser base de cálculo o valor da prestação do serviço. Na importação – o professor José Eduardo já me poupou –, só pode ser o valor da importação.

"Ah! Mas a lei complementar diz que a base de cálculo é isso, mais aquilo, mais aquilo..." – e eu pergunto: e daí? O que interessa é o que a Constituição autoriza. Até porque, se for valer a lei complementar atual do ICMS, inclusive multa poderia compor a base de cálculo do ICMS na importação, por mais esdrúxula que possa ser tal hipótese. Inacreditavelmente, hoje, com base na referida lei complementar, se uma empresa pagar multa por atraso na armazenagem das mercadorias importadas, até esta multa entraria na base de cálculo do tributo. Não consigo, efetivamente, admitir esta possibilidade – multa integrar base de cálculo de tributo é *demais*!

Sendo base de cálculo o tema, e colocadas as premissas que coloquei, gostaria de discutir algumas questões correlatas com os Srs., a partir de agora. Comecemos pelo irritante tema *substituição tributária*. A substituição tributária, hoje – por um movimento digno de todos os aplausos, liderado pelo eminente Min. Marco Aurélio, do STF –, está sendo novamente analisada pelo nosso novo Supremo, que é o guardião da Constituição. Este movimento do Min. Marco Aurélio, de submeter questões tributárias relevantes, mesmo que já analisadas pela antiga composição, ao novo quadro de ministros do STF me parece extremamente salutar.

Nunca tivemos uma alteração tão grande e simultânea em nossa Corte Constitucional, motivo suficiente para aplaudirmos esta conduta de novo exame de nosso sistema tributário constitucional pelo novo STF.

Temas analisados por um outro Supremo, temas analisados antes de várias reformas, via emenda, devem ser revistos. Se é assim, na substituição tributária me parece claro que não pode prevalecer o entendimento de que só no caso de inocorrência do fato gerador o contribuinte teria direito à devolução do imposto cobrado antecipadamente.

Como é possível admitir que se cobre acima do valor real e, depois de identificada a base concretizada, a diferença não seja devolvida? Resposta simples em qualquer Estado Democrático de Direito: *não é possível*!

Ora, se só pode ser base de cálculo o valor do negócio, uma vez descoberto e definido o valor do negócio, em face de sua efetiva concretização, é claro que, se foi cobrado algo a mais, o Estado não pode se enriquecer indevidamente. É princípio constitucional também o que veda o enriquecimento sem causa, assim como aquele que veda o enriquecimento ilícito, que é o que a não-devolução desta diferença configura.

Então, se o STF está nesse movimento, espero, honestamente, com relação a esse tema – base de cálculo e substituição tributária –, que não se ignore que a base de cálculo só pode ser uma, seja no sistema normal de incidência, seja no sistema de substituição tributária, e que a antecipação autorizada impõe o ajuste depois de concretizada a operação.

Outro tema que selecionei, porque também está sendo muito discutido em nossas Cortes Superiores, mais recentemente no STJ, embora o STF também já se tenha manifestado anteriormente, trata-se da questão dos *encargos financeiros* na base de cálculo do ICMS.

Um varejista pode fazer sua venda à vista, o que facilita identificar o valor da operação e, portanto, da base de cálculo do ICMS. O varejista também pode fazer sua venda de forma financiada, através de um cartão de crédito com quem tenha convênio. E o varejista pode fazer – como é muito comum, aliás – uma venda a prazo.

Na venda financiada por um cartão a doutrina e jurisprudência já estão tranqüilas no sentido de que são dois negócios distintos: um de compra e venda, entre o consumidor e o estabelecimento varejista, e outro um negócio financeiro, um financiamento, exatamente para aquela aquisição comercial. Ele paga a compra com aquele cartão. Então, a operação de compra e venda se encerra naquele momento, com o pagamento e recebimento da mercadoria; e a de financiamento fica em aberto, para ser feita conforme tenha combinado com o agente financiador. Geraldo Ataliba tem artigo bárbaro sobre este tema, diferenciando com extrema clareza estas duas operações. Em termos de jurisprudência, é o STJ que vem discutindo esta matéria mais recentemente, também deixando claro que são dois negócios distintos e que os encargos financeiros do financiamento não podem compor base de cálculo do ICMS.

Já, no tópico *vendas a prazo* o entendimento que prevalece na doutrina e na jurisprudência é o de que se o próprio vendedor, na sua loja, vende uma camisa a vista por R$100,00 e a prazo por R$ 120,00, neste caso também incidiria o ICMS nos encargos financeiros, ou seja, a base de cálculo deixaria de ser 100 para ser 120.

Uma das justificativas desta diferença de interpretação é que nas vendas financiadas via cartões de crédito há duas empresas distintas, uma mercantil e outra financeira. Reforça este argumento o fato de que eventual não-pagamento pelo comprador não implicará obrigação de devolução da mercadoria ou sequer direito da loja comercial de reavê-la, uma vez que a operação que se mantém em aberto é a de financiamento. Esse é o argumento encontrado tanto na jurisprudência como na doutrina, inclusive na do ilustre professor José Eduardo Soares de Melo.

Mas o que fico pensando é se, em termos de natureza das operações jurídicas, o que ocorre quando o comerciante financia diretamente seu cliente ao vender a prazo com custo maior, ou seja, com encargos financeiros, a situação não é absolutamente a mesma.

Será que quando uma loja vende por um valor à vista e outro a prazo não está financiando diretamente seu cliente, colocando no preço, portanto, o custo do dinheiro?

Para mim, a situação, sob o ponto de vista tributário, é exatamente a mesma.

A se manter a interpretação hoje vigente, veremos que só as grandes empresas vão ter o benefício de não verem indevidamente incluídos na base de cálculo do ICMS os juros, isto é, os encargos financeiros. Por que alguém tem dúvida de que, se o lojista coloca essa camisa à vista é 100, essa camisa a prazo é 120, esses 20 são encargos financeiros? Que ele está financiando seu próprio cliente? Será que o fato de poder, no caso da inadimplência, a empresa pedir de volta modifica as duas naturezas? Os fatos serem praticados por uma mesma empresa muda a natureza jurídica das operações? No meu modo de ver, não. Meu ponto de vista é no sentido de que, efetivamente, a mesma distinção feita pela doutrina e pela jurisprudência quanto à venda financiada conter encargo financeiro, para mim, na venda a prazo feita pelo próprio lojista também há.

E vejam que interessante: o direito positivo brasileiro, através da Lei 6.463/1977, alterada pela Lei 8.979/1995, em seu art. 1º prevê que nas vendas à prestação de artigos de qualquer natureza e na respectiva publicidade escrita e falada será obrigatória a declaração do preço de venda à vista da mercadoria, do número e do valor das prestações, da taxa de juros mensal e demais encargos financeiros a serem pagos pelo comprador, incidentes sobre as vendas à prestação.

O direito positivo, portanto, estabelece expressamente as obrigações aos varejistas de como e o quê devem informar caso optem por realizar suas vendas à vista ou a prazo. Mais que isso, ao regular as vendas a prazo, determina que se evidenciem o número de prestações, os juros e a diferença do preço à vista, para que o consumidor tenha consciência do custo desse prazo concedido.

Saí de minha pesquisa no âmbito cível e voltei ao nosso amado direito tributário, mais especificamente para a legislação do IOF, claro, porque, de encargo financeiro, quem pode cobrar tributo é União, através desse imposto. A Lei 9.779/1999 disciplina o seguinte, em seu art. 13: *as operações de crédito, correspondentes a mútuo de recursos financeiros entre pessoas jurídicas ou entre pessoa jurídica e pessoa física, sujeitam-se à incidência do IOF. Segundo as mesmas normas aplicáveis às operações praticadas pelas instituições financeiras.*

Interessante, não?

Para mim, então, o direito positivo está evidenciando que o lojista, pessoa jurídica, pode, sim, mesmo sem ser uma empresa de natureza financeira, financiar, ter uma negociação financeira com seu cliente. Para mim, efetivamente há, aqui, uma autorização do direito positivo de ser o lojista também um realizador de operação financeira com seus clientes. O fato de ser uma empresa menor, pequena, não muda a natureza das operações: ela terá o mesmo direito, seja na venda financiada por cartão ou quando financiar diretamente sua venda; isso não desnatura as operações.

Agora, as exigências devem ser observadas rigorosamente, pois, como já fui advertido em outros auditórios com este tema, certamente isso abre margem para fraudes. Claro que abre – assim como tudo que diga respeito a pessoas mal-intencionadas. Porém, o direito tributário não pode ser pensado, nem a natureza de suas operações alterada, por conta de maus utilizadores do Direito.

Noutros termos: o direito tributário não pode e não deve ser legislado tendo como premissa que os brasileiros são bandidos, pois não somos.

O que quero evidenciar é minha interpretação ao não concordar com a posição hoje majoritária sobre a diferença em termos de base de cálculo para o ICMS no que se refere a operações a prazo e operações financiadas.

Acrescento ser plenamente possível, em nível contábil, mesmo nos cupons fiscais autorizados pelos Estados, diferençar o que é o preço da mercadoria e o que são encargos financeiros. Inclusive, o STJ vinha aceitando esse alargamento da interpretação da Súmula 237, dizendo que não submetia apenas as vendas financiadas, mas também as vendas a prazo. Mas, recentemente, o Min. José Delgado foi quem provocou, e disse: "Não, não se deve estender essa interpretação, aqui nós estamos falando de vendas financiadas por cartão de crédito".

Então, a questão que eu trago para que seja pensada, ou repensada, é sobre haver, ou não, diferença entre estas operações, sob o ponto de vista do direito tributário. O fato de um financiamento ser feito por uma financeira ou operadora de cartão de créditos, e outro diretamente por uma loja comercial, muda estas realidades? As duas sendo para financiar uma compra, ou seja, um negócio de compra e venda? No meu modo de ver, não. Pelo parâmetro constitucional do ICMS, esses encargos financeiros não podem ser incluídos na sua base de cálculo. Agora, necessariamente e contabilmente, e também pela empresa em função da legislação aqui, há que se diferenciar, visivelmente, preço à vista, preço a prazo, parcelas, para que fique claro que são encargos financeiros.

Como o tempo está acabando, eu quero entrar no ponto que, para mim, é o principal sobre o que estamos discutindo – ainda mais que falamos, aqui, de mudanças na interpretação do STF: a questão do ICMS "por dentro". O professor José Eduardo Soares de Melo já tocou na questão da possibilidade dada pela Emenda Constitucional 33/2001, que, de forma "safada" – desculpem a expressão, mas realmente não vejo outra melhor –, asseverou que *também no ICMS-importação* se autoriza cobrar o imposto incluindo ele mesmo em sua base de cálculo. Como "também"? Onde autorizava antes? Nunca autorizou! Aliás, não consigo procurar em qualquer diretriz constitucional sobre os impostos a possibilidade, por exemplo, de o IR incidir sobre o IR; de o IPVA incidir sobre o IPVA. Imaginem a regra: peguem o valor do veículo, acrescente-se o valor do licenciamento e também o valor do IPVA, e aí cobrem o IPVA. Mas como?!

Foi a isso que me referi no começo. Se efetivamente nosso sistema constitucional é uma garantia ao cidadão, se os arquétipos constitucionais dos impostos estão lá, como é que pode vir uma emenda dizer o seguinte: "Agora, sobre esse imposto, que na verdade incide sobre o negócio de jurídico de vendas de mercadorias, vai haver um outro negócio a ser tributado, qual seja, pagar imposto"?

Porque o fato gerador, então, passa a ser *pagar imposto*. Eu pego o valor de 100, custo da operação. Já sei, pelo destaque da incidência do ICMS em cima desse custo, os 18%. Mas o que a lei está dizendo, agora? "Não, acrescentem-se esses 18, e aí faça incidir os 18%"!

Alto lá! Aí nós já estamos com outro problema jurídico, qual seja, o de também desrespeitar a alíquota que foi definida, porque a alíquota é de 18, não é de 21,95, que passa a ser, nessa forma de sugestão.

Parece-me tremendamente perigoso, como eu disse no começo da nossa conversa, admitir que emendas constitucionais venham desvirtuar o perfil constitucional dos tributos. Será que efetivamente pode vir uma emenda constitucional e dizer que agora uma pessoa, física ou jurídica, não-contribuinte do ICMS, ao importar um bem, deverá pagar ICMS? No meu modo de ver, *não*!

Digo mais: quem aceita com naturalidade uma emenda com este teor, por questão de coerência, também terá que aceitar uma que diga que quem não é proprietário de veículo terá que pagar IPVA; que quem não auferiu renda no exercício financeiro deverá pagar IR – e assim por diante.

Vejam, a Emenda 33/2001 é gritantemente inconstitucional quando ela, na questão do ICMS-importação, tenta cobrar de quem não é contribuinte, desvirtuando completamente o perfil constitucional do tributo autorizado em nossa Carta Magna. Em sua obra mais recente o professor Sacha Calmon deixa claro ser fundamental ver a natureza de quem pratica o fato.

Da mesma forma, evidencia que, ao cuidarmos do ICMS, devemos, obrigatoriamente, analisar o princípio da não-cumulatividade. Porque, na verdade, a norma do ICMS só pode ser interpretada simultaneamente com tal princípio. São indissociáveis, por ordem constitucional.. Essa lição, professor Sacha, tem que ser guardada pelo STF com muito carinho, e protegida com unhas e dentes, porque, se não, do jeito que as coisas andam, poderá vir, em breve, uma emenda acabando com a não-cumulatividade. Aliás, veio, porque a Emenda 33, ao dizer que pessoa física pode pagar ICMS, implica, evidentemente, dizer que não se aplica tal princípio nesta hipótese de incidência do ICMS. Como uma pessoa física irá se creditar? Como irá compensar, abater, seu crédito? E a base de cálculo?

Pensem. Aceitar com válida, constitucional, esta emenda implica aceitarmos – e será questão de tempo para que venham – novas emendas determinando a inclusão do próprio imposto na base de cálculo de todos os outros impostos.

Parece que quando se pensa em termos de ICMS as coisas ficam mais difíceis, complexas. Mas não são. O absurdo é tão grande quanto cobrar IPVA de quem não tem carro. O absurdo é tão grande como fazer incidir na base de cálculo do IPVA o preço do IPVA. Não vejo diferença alguma. O que vejo é a necessidade gritante, gritante, do que o professor Humberto Ávila nos falou: que nós, estudiosos do Direito, olhemos para trás, preservemos as lições e tradições dos grandes Mestres. É impressionante pensar em como o mestre Alfredo Augusto Becker nos avisava disso há tanto tempo. Na sua insuperável lição, ele deixa claro que, toda vez que a base de cálculo é o critério fundamental para se definir o que há de econômico no aspecto material, toda vez que não houver harmonia entre a base de cálculo e a regra-matriz de incidência, certamente estaremos diante de uma estupidez jurídica.

Becker já alertava há tempos para que não nos descuidássemos de constantes tentativas governamentais de desvirtuar nosso sistema tributário através da base de cálculo. Sempre a utilizou como o critério para distinguir os tributos. Haverá tantos distintos gêneros quantas diferentes base de cálculo existirem.

Encerro com o professor Geraldo Ataliba, que, com a mesma preocupação, discutindo o mesmo tema, disse o seguinte: "No Brasil, um tributo só será legítimo, vale dizer, constitucional, enquanto o débito tributário corresponda em conteúdo a um critério de medida do próprio fato. Posto como materialidade da hipótese de incidência pela norma fiscal".

Se nós continuarmos correndo o risco de as regras-matrizes serem alteradas, mesmo por emendas, não saberemos, daqui a 5 ou 10 anos, o que foram o IPVA, o ICMS, o IR. Na verdade, a sensação que fico é que corremos o risco de a cada ano nos depararmos com um novo desenho constitucional de todos os impostos brasileiros.

Tomara que não só nós, mas que o STF não esqueça as lições dos grandes Mestres, dos nossos Mestres que viram nascer o direito tributário no Brasil, que conheciam bem suas razões filosóficas, o porquê da natureza de cada uma dessas hipóteses de incidência. Para que tenhamos, pelo menos, a segurança de saber que só iremos pagar um tributo se efetivamente praticarmos o fato que a Constituição definiu como sendo o único capaz de fazer nascer a obrigação tributária.

Muito obrigado pela atenção! [*Palmas*]

PRESIDENTE DA MESA (PROF. JOSÉ EDUARDO MONTEIRO DE BARROS) – Muito obrigado, professor Marcelo!

O professor Eurico de Santi está no Auditório, o que significa – se não uma garantia – pelo menos um prenúncio, uma expectativa, de que a palestra será realmente realizada amanhã. Bem-vindo, professor Eurico!

Nós recebemos quatro indagações, quatro perguntas, e, dentro do tempo, bastante curto, eu perguntaria aos professores se estariam dispostos a, na maior brevidade, abordá-las. Então, eu pediria ao professor Clélio, que recebeu três perguntas, ao professor Marcelo, que tem uma pergunta, e ao professor José Eduardo, que tem uma, que, colaborando com esse problema do tempo, se dirigissem aos respectivos perguntadores.

RESPOSTAS ÀS QUESTÕES FORMULADAS

PROF. CLÉLIO CHIESA [*sem revisão do autor*] – Eu recebi três questões. Vou tentar responder a elas de forma conjugada. Registro apenas que o colega, Dr. Dantas, disse que já apresentou um trabalho no XIX Congresso sobre o mesmo tema, concordando em parte com as minhas premissas. Agradeço o registro e, se tiver o trabalho, eu gostaria de fazer a leitura.

O professor Nogueira também registra que apresentou um trabalho, no Conselho Federal da OAB, em evento ocorrido em Salvador, em que ele apresentou proposta semelhante a esta que eu fiz na exposição, e essa tese foi aprovada. Depois, se ele puder, eu gostaria de conversar com ele também.

Eu sei que, com relação aos demais, inúmeros são os problemas que envolvam a questão da guerra fiscal, são várias as perspectivas que nós podemos abordar nesse tema, é difícil nos limitar a uma análise estritamente jurídica, porque o problema transcende a esses limites. E também é preciso registrar que temos inúmeros modelos – se posso assim classificá-los – em termos de atuação dos Estados quanto à disputa pela tributação. Há desde diferenciação de alíquotas, redução e, portanto, modificações, que, efetivamente, o sistema permite, sem ter que se passar pelo CONFAZ.

Segundo, em alguns casos, realmente, ainda que nós possamos ficar indignados, há o limite do planejamento tributário. É livre ao contribuinte, dentro do sistema, criar sua estrutura, o desenvolvimento das suas atividades. Portanto, apenas para registrar, há um colega, aqui, que deve pertencer à Fazenda Estadual Paulista, porque ele pergunta sobre um problema específico, ele diz o seguinte: *A empresa industrial reduz a carga tributária do ICMS sobre seus produtos pois a operação interestadual, a partir de São Paulo, será tributada a 7%, e a operação seguinte, a partir do Espírito Santo, era agraciada pelos benefícios fiscais.* Ele pergunta: *O que posso fazer? Posso desprezar essa operação? Não posso tributar?*

Eu diria o seguinte, como linha geral a ser adotada em todos esses problemas que envolvem a guerra fiscal: na verdade, uma irregularidade não justifica outra, nós sabemos disso. Portanto, se efetivamente o Estado se sente prejudicado, com relação aos benefícios, não vejo outra alternativa senão a ação direta de inconstitucionalidade. Com relação à medida, no caso concreto – porque ele coloca: *Mas se o produto não vai até lá, se fica aqui mesmo* –, isso é só uma manipulação. Primeiro nós temos que verificar o caso concreto, e aí é como ocorreu no caso da importação a que eu fiz menção aqui.

Bom, se manteve a tributação, o auto de infração, mas a situação era outra, não alterando critérios consolidados no sistema, mas, pelo fato de nós estarmos diante de uma simulação, portanto, cabe, penso eu, ao agente, no caso concreto, descaracterizar aquela operação e passar a tributar. Esse é o caminho, e não simplesmente glosar o crédito, desprezá-lo, porque a lei que concedeu o benefício é inconstitucional. Porque, como eu disse, nós sustentamos que há muito tempo vem sendo feito nesse sentido; o próprio professor José Eduardo Soares de Melo já tem trabalhos há muito tempo defendendo a tese da impossibilidade da glosa. E aí, vejam que a alternativa, a única – penso eu –, é a descaracterização, e não simplesmente desprezar o crédito.

Eu agradeço!

Presidente da Mesa (Prof. José Eduardo Monteiro de Barros) – Muito obrigado, professor Clélio. Professor José Eduardo...

Prof. José Eduardo Soares de Melo [*sem revisão do autor*] – A pergunta: *Depois da Emenda Constitucional 33, passou a incidir o ICMS-pessoa física ou jurídica que não fosse contribuinte. Aí foi editada a Súmula 60, em março deste ano, que ratificou o entendimento do Tribunal e diz o seguinte: não incide o IMCS na importação-pessoa física ou jurídica que não seja contribuinte.* Indaga: *Como ficaríamos diante dessa situação?*

Eu não tenho aqui, mas a lembrança que eu tenho é a referência dessa súmula a julgados proferidos anteriormente à edição da Emenda 33. Então, embora o STF não tenha modificado essa nova Súmula, eu tenho a impressão – impressão minha –, de que ela não tem o efetivo fundamento de validade, porque não trata de questões solucionadas após a Emenda 33/2001.

PRESIDENTE DA MESA (PROF. JOSÉ EDUARDO MONTEIRO DE BARROS) – Muito bem, muito obrigado! Agora, a nossa última pergunta, o professor Marcelo irá abordá-la.

PROF. MARCELO VIANA SALOMÃO [*sem revisão do autor*] – Em princípio agradeço pela pergunta do Dr. Ronaldo José de Andrade: *As consultorias que nos têm procurado oferecem serviços profissionais jurídicos fundamentados na seguinte tese: aquisição de medicamentos pelo Município para emprego, distribuição gratuita, em suas farmácias, e que nesse caso, então, não poderia ser cobrado o ICMS nas compras feitas pelo Município. Se seria cabível, então, uma restituição do indébito frente ao Estado. Enfim, se há viabilidade na tese de a própria Procuradoria eventualmente representar o Município.*

Eu entendo que, em função da imunidade prevista na Constituição, efetivamente já não poderia incidir na compra feita pelo Município. Então, eu entendo viável, sim, viável a tese, e não vejo razão alguma para que a própria Procuradoria não possa defender o interesse do Município nessa situação.

PRESIDENTE DA MESA (PROF. JOSÉ EDUARDO MONTEIRO DE BARROS) – Muito obrigado, professor Marcelo!

Eu declaro encerrados os trabalhos, e desejo a todos os Srs. Congressistas uma bela continuidade do nosso Congresso de Direito Tributário!

OFICINAS

PROCESSO JUDICIAL

COORDENADORA DA MESA: PROFA. MARIA LEONOR LEITE VIEIRA

PARTICIPANTES DA MESA: PROF. WANDERLEY FEDERIGHI,
PROF. PAULO CÉSAR CONRADO,
DRA. CARLA GONÇALVES, DR. EDUARDO PUGLIESE PINCELLI

COORDENADORA DA MESA (PROFA. MARIA LEONOR LEITE VIEIRA) – Creio que poderíamos dar início a esta Oficina, contando, aqui, com a presença dos professores Wanderley Federighi, Desembargador Estadual do Tribunal da Justiça, nosso amigo, participante do Congresso há muito tempo; Dr. Paulo Conrado, Juiz Federal, Professor de Processo Civil e de Direito Tributário, amigo nosso também, participante do Congresso de longa data; Dra. Carla Gonçalves; Dr. Eduardo Pugliese Pincelli, advogado – que, como eu, estão curiosos para discutir as questões que o Plenário nos encaminhou e algumas outras que a Diretoria do IDEPE achou conveniente trazer à essa Mesa. Não com o propósito de trazer respostas prontas e acabadas. Como o próprio nome diz – "Oficina" –, a gente leva um carro ou um sapato numa oficina para tentar fazer um conserto, aprimorar para uso. Vamos tentar fazer isso com esta Oficina. Tentar melhorar um pouco, por tudo que nós ouvimos aqui ontem, no Congresso, e hoje, durante o dia todo, algumas questões que têm preocupado a todos, para que possamos bem encaminhar e não saiamos com a resposta pronta e acabada.

Os contribuintes têm um caminho há muito definido, e os Tribunais Superiores votam no sentido totalmente oposto. E, como tem dito o Min. José Delgado em várias oportunidades, enquanto a doutrina tem olhado para o lado Norte, a jurisprudência tem se voltado para o lado Sul. Às vezes esse papel se inverte, mas, de qualquer modo, o processo judicial é uma preocupação constante. E aqui no Congresso também observamos isso. Quando fizemos, no primeiro dia, a pesquisa para a determinação das salas, quantos seriam os interessados em participar das três Mesas que temos agora, simultâneas, e daqui a pouco mais três, as mais procuradas foram "Processo Judicial" e "Processo Administrativo" – isso já demonstra que as questões andam muito conturbadas.

Já de antemão, em nome da Diretoria do IDEPE, agradeço a presença de todos aqui à Mesa. E gostaria de iniciar trazendo uma provocação: eu falei que, no meu papel de Coordenadora da Mesa, posso ficar quieta e só encaminhar as questões. Entretanto, há uma que tem provocado a todos, e vou já, com licença da Dra. Carla e do Dr. Eduardo, provocar os representantes do Poder Judiciário que aqui estão com uma questão que também sei que preocupa a todos os presentes: se o Poder Judiciário pode decretar a quebra de sigilo bancário, por exemplo, no caso de penhora *on line*, como vem acontecendo nos autos de execuções fiscais. Eu gostaria de ouvir os dois professores, primeiramente, ou a Dra. Carla ou o Dr. Eduardo, se quiserem comentar o assunto: se isso é possível, e quais os parâmetros. Podem se inscrever na seqüência que preferirem.

PROF. PAULO CÉSAR CONRADO – Tratando desse assunto especificamente, sinto-me em certo ponto constrangido, porque na minha função principal, que não é de professor, senão de magistrado federal, trabalho diretamente com esse assunto, e justamente porque oficio em Vara de execução fiscal, de modo que não tenho, aqui, outra alternativa senão colocar aos Srs. a posição que tenho a respeito do assunto, na condição de magistrado. Não é meu ideal de vida vir ao Congresso e falar como tal, senão como professor.

Mas o assunto, de fato, está relacionado com o aspecto prático da minha vida, de modo que é preciso, então, repetir aqui aquilo que eu escrevo nas decisões que profiro. Eu diria, professora Leonor, Presidente desta Mesa, que a hipótese da penhora – assim chamada – *on line* não se identifica com a idéia de quebra de sigilo bancário. Parece-me que a autoridade jurisdicional, quando ordena a penhora de dinheiro que se vê, lá, cravado na conta bancária do devedor, não está quebrando o sigilo bancário dessa específica pessoa. Agora, evidentemente que a gente pode olhar a questão sob luzes diferentes. Eu chamaria, aqui, a atenção dos Srs. para a questão do sistema oficial que foi instituído e – assim quero crer – valha no âmbito da Justiça do Poder Judiciário em geral, não apenas da Justiça Federal, embora não seja, aqui, capaz de fazer afirmações em relação à Justiça Estadual. Há um convênio estabelecido entre o Poder Judiciário e o Banco Central que permite o acesso da autoridade jurisdicional a esses dados, para que a autoridade jurisdicional, mediante aposição por obra das senhas, proteções todas que o sistema supõe, diretamente bloqueie o valor da dívida lá no sistema informatizado.

Eu, aqui, digo aos Srs. da minha antipatia a esse sistema, a esse regime. Eu evito praticá-lo; e, rigorosamente falando, nunca o pratiquei. Até para preservar a premissa de que não é quebra de sigilo bancário senão penhora de dinheiro, ou seja, se houver dinheiro na conta. Como, aliás, de resto, todas as penhoras acontecem – quando a autoridade jurisdicional expede a ordem de penhora e entrega ao oficial de justiça, o oficial de justiça vai atrás daquilo que ele efetivamente encontrar –, a penhora de dinheiro que se encontra depositado seguiria o mesmo rumo. A única diferença, eu vejo, é que nós temos um sistema de controle como o que acontece para imóveis, para automóveis: faz-se uma pesquisa junto ao DETRAN e se consta que o devedor tem tais e quais veículos em seu nome; não se vai mandar o oficial de justiça na casa do sujeito para encontrar o bem e penhorá-lo fisicamente, isso é coisa de três séculos atrás. Aliás, há coisas em direito processual que ainda se insiste em fazer. Pensem os Srs. em *carta precatória* – até o nome é horroroso, nome de quatro séculos atrás, nós estamos numa época diferente, em que a comunicação se põe em outro nível. De modo que – vejam os Srs. – bens penhoráveis que são de possível localização por sistema registrário – e é o caso do dinheiro, dinheiro que se encontra em conta oficial – podem ser penhorados mediante ordem expedida para o órgão registrário, entre aspas, que seria o banco, ao invés de se buscar o próprio devedor.

Não quero saber quantas contas o sujeito tem, quanto dinheiro ele tem, se o dinheiro entra, sai, o que ele faz com o dinheiro, qual é o tipo de conta que ele paga com o dinheiro. Nenhuma informação desse quilate se pretende nessa atividade, senão, exclusivamente, o bloqueio do montante suficiente para o pagamento da dívida.

Quero crer que o sistema que foi criado, que permite o acesso, que permite que o juiz sente ao computador e fique fuçando a vida alheia, pode, em tese, trazer algumas perturbações em termos de sigilo. Mas aí – vejam os Srs. – é uma questão de como a atividade vai ser desempenhada em termos pragmáticos. Não me parece que o dispositivo do Código Tributário Nacional que autoriza a penhora sobre valores encontrados em conta corrente malferiria a proteção constitucional do sigilo bancário, vista a questão dessa forma.

PROF. WANDERLEY FEDERIGHI – Inicialmente eu gostaria de agradecer aos organizadores do Congresso pela gentileza do convite para estar aqui presente. É sempre uma satisfação estar aqui nesses Congressos de Direito Tributário, trocando uma idéia com os Srs. – o que leva ao nosso aperfeiçoamento mútuo, quero crer.

Agradeço a gentileza das palavras da Dra. Leonor ao me saudar. E vamos, dentro dos estreitos limites do nosso conhecimento, tentar colocar algumas idéias a respeito dessas questões que efetivamente estão causando maior discussão dentro do Judiciário, no tangente ao direito tributário.

Nessa questão da penhora *on line*, antes de mais nada, eu poderia até assinar embaixo do que o Dr. Paulo Conrado acabou de falar, porque é exatamente a minha posição a respeito. Eu não cheguei a ter contato com a matéria em primeira instância, não cheguei a trabalhar diretamente nas assim chamadas "Varas de Execuções Fiscais" aqui da Capital, senão no Interior, há milênios atrás. E agora, como desembargador de Câmara de Direito Público, venho tomando contato seguido com a matéria, e o que tenho a dizer é efetivamente o que o Dr. Paulo falou.

Em primeiro lugar, penhora de bens, para a efetiva garantia do pagamento do crédito tributário: os bens penhoráveis se encontram enumerados no art. 11 da Lei de Execução Fiscal, tendo o dinheiro como o mais proeminente de todos. O dinheiro, evidentemente, nos dias de hoje, em que há transações bancárias múltiplas, deve ser encontrado nesses locais: já foi o tempo em que se penhorava dinheiro que a pessoa escondia debaixo do colchão. Então, o sistema do BACENJUD, ao qual o Dr. Paulo se referiu, é uma realidade que, infelizmente, nós temos que admitir: está aí, e chega a ser necessária.

A questão que eu tenho verificado de forma seguida, reiterada, na minha atividade como juiz de Câmara de Direito Público, especializado em matéria de direito tributário, é que a grande dificuldade que o Poder Público enfrenta para efetivamente garantir o recebimento do seu crédito é a penhora, é a localização de bens do devedor para efeito de poder vir a receber aquilo que lhe é devido. Mesmo nos casos seguidos de agravo [*falha na gravação*] que nós recebemos no TJSP, onde a Fazenda Pública pleiteia que seja efetuada a penhora por esta maneira, penhora *on line*, a insurgência do devedor se dá de uma forma um tanto quanto genérica às vezes, prendendo-se, por vezes, a princípios constitucionais, de não-confisco etc., e tocando questões outras que, no frigir dos ovos, acabam não sendo relevantes, porque não chegam a entrar no cerne da matéria e – pior que isso – não nos oferecem uma alternativa viável. Esse é o ponto maior da questão.

Se o devedor vem ao Judiciário e oferece ao juiz uma alternativa viável, ela é considerada. Agora, se se comparece perante o Judiciário, pura e simplesmente, para impugnar uma penhora feita dentro de um quadro de não se encontrar bens pura e simplesmente, a situação se torna bastante dificultosa. O que se tem é uma obstaculização, pura e simples, do andamento do processo, sem maiores considerações.

Uma questão que vem sendo trazida à baila reiteradamente no que toca a essa matéria de penhora *on line* é a do art. 620 do CPC, que é a da forma menos onerosa ao devedor. Mas o que eu tenho decidido, eu e a minha Câmara temos decidido reiteradamente a respeito dessa matéria, é que esse artigo, efetivamente, precisa ser considerado, desde que ele não inviabilize totalmente o recebimento do crédito fiscal. Muitas vezes o que se apresenta ao juiz da causa, ou à Fazenda mesmo, é uma situação ou de inexistência de bens, ou de bens que acabam não garantindo esse recebimento do crédito.

Finalmente, quanto à questão da penhora *on line* em si, não vejo uma obstaculização técnica jurídica maior a ela; há algumas decisões, já, a respeito da questão, e nessas oportunidades em que eu já pude examinar a matéria o que foi colocado é que ela é plausível, ela é passível de ser deferida. A Câmara já teve a possibilidade de julgar várias vezes essa matéria, admitindo a legalidade, a regularidade, não só das requisições de informações ao Banco Central. Como bem disse o Dr. Paulo, não chega, também no meu modo de ver, a configurar uma violação ao sigilo bancário, porque o que nós do Judiciário queremos não é saber quanto a pessoa tem no banco, mas apenas se há condições de garantir o pagamento do crédito que está sendo cobrado.

Bom, então, leva-se em conta, no fato, a prevalência da penhora em dinheiro sobre as demais constantes da lista do art. 11 da Lei de Execução Fiscal, isso já foi colocado. Nessa minha decisão, que eu tenho aqui, também cito várias decisões anteriores a respeito da matéria, de outros desembargadores do Tribunal de Justiça, de outras Câmaras de Direito Público, reiterando sua legalidade, sua regularidade.

Enfim, sem querer dar a última palavra a respeito da matéria, eu colocaria que isto é como a questão vem sendo vista pela minha Câmara, pela 14ª Câmara de Direito Público do TJSP, e, ao que me consta, também por várias outras do mesmo Tribunal. Então, num primeiro momento, seria isso que teria a considerar a respeito do assunto.

Coordenadora da Mesa (Profa. Maria Leonor Leite Vieira) – Vejo que o assunto é realmente polêmico, e a questão foi colocada de modo a provocar a Mesa, já que os dois professores também fazem parte do Poder Judiciário, para que a gente pudesse ouvir as ponderações nos dois sentidos.

Eu perguntaria à Dra. Carla e ao Dr. Eduardo se gostariam também de tecer algum comentário sobre este assunto. Vou passar a palavra. Antes, só um comentário: realmente, o que temos visto no Poder Judiciário é a utilização dessa penhora em dinheiro, a chamada penhora *on line*, aqui e agora, é excepcionalmente empregada, quando realmente alguns meios foram esgotados, isso realmente vem acontecendo. Quando excepcionalmente esgotados os outros meios e não é mais possível, não se consegue, citar, e se sabe que executado é detentor de bens, eu creio ser esta medida perfeitamente plausível. Venho acompanhando essa matéria, que no começo assustou a todos, mas agora podemos verificar que o Poder Judiciário vem utilizando com muita parcimônia, e eu acredito que esse cuidado é sempre necessário.

Dr. Eduardo, por favor.

Dr. Eduardo Pugliese Pincelli – Obrigado, Dra.! Em verdade, a idéia que eu queria apontar é exatamente essa: isso não é a primeira opção da Procuradoria ou do Poder Judiciário. Se não me falha a memória, a própria Lei Complementar 118 prevê que se – e somente se – não houver mais bens para penhorar, se não houver a possibilidade de recair a penhora sobre outros bens, só nessas circunstâncias é que se poderá valer da penhora *on line*. Ainda que o art. 11 da Lei 6.830/1980 estabeleça o dinheiro como o primeiro bem a receber a constrição judicial, dentre aqueles diversos objetos a serem penhorados o dinheiro figura como a primeira opção, mas, se for o caso de penhorar dinheiro em conta corrente, devem ser esgotadas todas as opções de todos os bens possíveis da empresa, para que só então, dada a impossibilidade de a penhora sobre quaisquer outros bens, aí, sim, se faça a penhora sobre o dinheiro. Em resumo, a chamada penhora *on line*, ainda que recaia sobre o dinheiro, apenas deve ser realizada após serem esgotadas todas as possibilidades de penhora de todos os objetos previstos no art. 11 da Lei 6.830/1980.

Dra. Carla Gonçalves – A matéria foi bastante debatida pelos ilustres Membros da Mesa, e eu reitero as palavras dos colegas no sentido de que a penhora *on line* só poderá ser utilizada, efetivamente, quando o devedor foi devidamente citado, não pagou nem nomeou bens à penhora e não foram encontrados bens penhoráveis. Com relação à ordem do art. 11 da Lei de Execução Fiscal, tenho para mim que não seria uma ordem taxativa. Seria, em verdade, uma ordem flexível, pois poderia ser alterada, conforme as recentes decisões do STJ. Sendo assim, a penhora *on line* representa, sempre, uma medida extrema, uma medida última, para dar efetividade ao processo judicial.

Coordenadora da Mesa (Profa. Maria Leonor Leite Vieira) – Dr. Paulo, mais algum comentário?

Prof. Paulo César Conrado – Eu só gostaria de lembrar para os Srs. um aspecto formal que pode ser considerado secundário, mas me parece importante e me ocorre agora, a respeito da questão do prazo de embargos nessa hipótese, porque a penhora se arquiteta sobre modelo completamente diferente nessa hipótese.

Quando se expede um mandado de penhora, que é cumprido pelo oficial, que depois intima, a partir da intimação começa a correr o prazo de embargos. A penhora é feita pelo intercurso dessa atividade da instituição financeira, e, obviamente, ela não intima formalmente o devedor, embora ele vá saber, e eu acredito que minutos depois, que aquilo aconteceu. Mas esse ato de cognição é absolutamente informal, não é o ato que cumpre a função prevista na lei de deflagrar o prazo de embargos. Então, a autoridade jurisdicional que pratica a penhora *on line*, acontecendo alguma coisa em concreto, que é raro acontecer, tem que providenciar, na seqüência, a expedição do mandado de intimação do devedor, para que ele tome conhecimento formal, do ponto de vista processual e eficiente, daquela atividade, para daí, então, começar a fluir o prazo de embargos.

Coordenadora da Mesa (Profa. Maria Leonor Leite Vieira) – Dentro deste tema ainda, de "Dívida Ativa", e a seqüência disto, eu gostaria de propor à Mesa uma outra questão que também tem preocupado muito, é uma coisa muito moderna que tem acontecido, "Dívida Ativa e Protesto Judicial".

O protesto judicial, não sei se no Federal já acontece, foi "experimentado" pelo Município em 10 casos mais ou menos, seguido pelo Estado, que, acompanhando o que estava acontecendo no Município de São Paulo, resolveu também "experimentar" com mais 20 processos, e a coisa parece que vem ganhando corpo.

Então, eu gostaria de propor à Mesa essa questão e também de lembrar aos congressistas que esta realmente é uma Oficina para discutirmos algumas questões – e, portanto, eu gostaria que fossem preparando suas questões para entrega, para que pudéssemos trabalhar com elas. Mas eu proponho, então agora, à Mesa, a discussão sobre "Dívida Ativa e Protesto Judicial": se isso é possível, se é legítimo, e as conseqüências.

Eu vou tentar manter a mesma seqüência, Dr. Paulo, da esquerda para a direita, como bem entenderem.

Prof. Paulo César Conrado – Eu falarei agora na condição de professor, porque ignoro solenemente isso em termos pragmáticos, me sinto aqui absolutamente à vontade, até porque sou o primeiro, não conheço A opinião dos colegas, especialmente do Dr. Wanderley, que opera, eu imagino, com essas situações, embora as suponho raras.

A mim me causa espanto essa história de protesto de crédito tributário, porque o protesto, parece-me, está atrelado às dívidas de natureza privada. As dívidas de natureza pública têm um banco de armazenamento próprio, ao qual o contribuinte, o administrado – o coitado, eu diria –, se submete, pedindo, rogando, as tais Certidões Negativas de Débito/CNDs. A CND é o instrumento equivalente. Então, se se cria essa figura, em tese, estaria se submetendo o contribuinte a duplo regime de controle, de certificação de regularidade fiscal.

Eu, sinceramente, acho um absurdo alguém ter que provar que é bom pagador. O contrário, o desvalor, é que seria submetido a prova. Nosso país é muito curioso nesse particular, porque a pessoa, para sobreviver, precisa demonstrar que não é devedora do Poder Público, exibindo o "raio" da CND.

Agora, vejam, ademais disso, submeter-se o contribuinte a esse outro sistema de controle, que não é propriamente gerador de atos administrativos, porque aí nós estaríamos dentro de um outro regime – do regime privado –, significaria a reiteração de um instrumento que já existe. Não me parece que faça sentido algum. A não ser que o Município que pratique isso seja daquele que tenha, sei lá, meia dúzia de habitantes só, não tenha computador, não tenha como fazer controle de absolutamente nada.

COORDENADORA DA MESA (PROFA. MARIA LEONOR LEITE VIEIRA) – É em São Paulo, Dr. Paulo, é São Paulo.

PROF. PAULO CÉSAR CONRADO – Pois é, causa espanto que é aqui! Se o Município de São Paulo não tem condições de fazer o controle da própria Dívida Ativa, se teria que se valer desse serviço, que me parece – entre todas as aspas do mundo – uma espécie de terceirização da função pública, seria melhor, então, deixar para lá. Fecha, deflagra falência do Poder Público, certifica a própria incapacidade de controle das suas contas.

Não me parece possível – falando, agora, de forma mais objetiva e trabalhando com a questão sob o tônus exclusivamente jurídico – submeter o administrado a duplo controle de certificação de regularidade fiscal. Ou bem se usa o sistema oficial, que é gerador de atos administrativos, cabendo à Administração cumpri-lo, já que lei o preordena, lamentavelmente, e não se valer desse sistema privado, até porque ele gera custo, o credor tem que pagar o cartório de protesto, ele paga para o cartório de protesto fazer aquilo que ele já faz.

Não me parece que isso faça sentido do ponto de vista do direito administrativo. Então, seria impossível, inclusive, qualificar o administrador por alguma figura penal, que eu não sei qual é, porque está jogando dinheiro público na lata do lixo ou, então, passando um atestado de que a função pública é "mal e porcamente" cumprida: como eu faço tudo "mal e porcamente", não sou capaz de controlar quem é devedor, quem não é devedor; então, eu levo a protesto. Pior ainda: há uma eventual ofensa à idéia de impessoalidade, porque quais são os créditos que vão ser levados para protesto? Ah! Os que eu quero! Os que não quero, eu não levo, fica só na CND. É algo que me parece repugnante.

DRA. CARLA GONÇALVES – O tema foi muito bem exposto pelo professor Paulo Conrado, e eu gostaria de salientar que em muitos casos nós temos aquelas dívidas que não são ajuizáveis em razão do valor. No entanto, tais dívidas aparecem no extrato que é tirado para obter a certidão negativa de débito ou positiva com efeito de negativa, e não permitem que o contribuinte obtenha a mencionada certidão enquanto não são regularizadas.

A permissão do protesto destes valores inscritos em Dívida Ativa – cujas execuções fiscais não são ajuizáveis, em razão do valor – vai ocasionar, uma vez mais, a coerção do cidadão ao pagamento da dívida para que ele, de um lado, não tenha esse título protestado, e de outro, solucione a questão envolvendo a CND.

Então, é repugnante essa idéia do protesto da certidão de Dívida Ativa, como foi exposto, em face também do fato de que está se obrigando o contribuinte ao pagamento de uma dívida em relação à qual a própria Administração Pública não move a máquina estatal para cobrá-la, porque "não compensa" movê-la, haja vista o valor reduzido do débito, mas que vai obrigar o cidadão, de qualquer maneira, a fazer a quitação dessa dívida, pois do contrário terá seu nome incluído em mais um cadastro de inadimplentes, em razão do protesto. Ora, a própria Fazenda Pública dispõe de tantos meios para cobrança do seu crédito, crédito que é privilegiado, conforme o próprio art. 186 do CTN, sendo, portanto, totalmente descabida a instituição de mais este meio "coercitivo" do pagamento de tributos.

PROF. WANDERLEY FEDERIGHI – Bom, sobre essa questão eu confesso que eu não cheguei a analisar nenhum processo, ainda. Se existe alguma coisa a respeito da matéria, cingiu-se à primeira instância, ainda não chegou ao segundo grau. Mas o que eu posso dizer, efetivamente, bate com o que o Dr. Paulo falou, com o que a nossa Colega também falou: parece-me uma providência absolutamente aberrante que se faça esse protesto, se existem outros meios já previstos na própria legislação da cobrança da Dívida Ativa que poderiam chegar ao mesmo resultado. É uma forma adicional, parece-me, de se exercer uma pressão sobre o contribuinte, para que ele efetue o pagamento. E isso não me parece correto, não me parece, até, moralmente correto, se existiam esses outros meios previstos na legislação, na Lei de Execução Fiscal, Lei 6.830/1980, que permitissem que fosse feita essa cobrança.

O próprio fato de o nome do contribuinte ser incluído no rol daqueles que estão sendo executados já seria o suficiente para impedir, pelo menos em tese, a emissão de uma certidão positiva que o beneficiasse. Então, eu creio que isso é um *plus*, que certamente veio a lume por conta do fato de que o Poder Público é que detém a capacidade, a condição, de emitir normas a seu próprio favor – mais uma vez em detrimento do contribuinte, no caso.

Efetivamente, eu entendo que é uma providência que deve ser vista com maus olhos pela comunidade.

DR. EDUARDO PUGLIESE PINCELLI – Observamos, pela experiência, que o processo executivo fiscal é pouco eficiente. São milhares de execuções fiscais sem solução, motivo por que outros meios têm sido construídos para conferir mais efetividade à cobrança do crédito tributário, como a questão da CND, penhora *on line*, protesto da CDA etc.

Agora, o que me parece importante acentuar é o seguinte: o STF em muitas oportunidades sustenta a invalidade das denominadas *sanções indiretas*, ou seja, meios de que se vale o Estado para, criando embaraços à atividade profissional das empresas, cobrar o tributo devido. Por exemplo, não emitindo guias, não carimbando notas fiscais, impedindo que as empresas realizem uma série de negócios etc. O protesto da CDA é mais um deles. Com efeito, tenho meu nome num cadastro como esse. Isso me impede de receber financiamentos, não tenho mais crédito na praça – o que, de certa forma, prejudica sobremaneira o contribuinte. Então, de certo modo nós temos, eu penso, com apoio nessa linha jurisprudencial do STF – que compreende serem inválidas leis que criam sanções indiretas –, um ponto de apoio importante para sustentar a invalidade do protesto da CDA. Afinal, o Estado tem mecanismo próprio, que é o processo executivo, consoante a Lei 6.830/1980. Enfim, parece-me que, do ponto de vista jurídico, talvez nós, advogados, possamos enfrentar a questão sob esse ponto de vista.

COORDENADORA DA MESA (PROFA. MARIA LEONOR LEITE VIEIRA) – Estou aqui ouvindo tudo isso e concordando com todas as ponderações já postas. E me lembro de ontem, quando a professora Misabel ainda chamava a atenção de todos nós, e dela própria, para o fato de a doutrina ter deixado passar muitas vezes algumas coisas, provocando "esse interesse do Poder Público", como disse o Dr. Wanderley, "que detém a capacidade para emitir essas normas e para fazer essa cobrança que vem assombrando a todos nós, com algumas coisas que ultrapassam os limites até do razoável".

O exemplo que ela dava ontem, Dr. Paulo, discutia o § 7º do art. 150 da CF a possibilidade de cobrar tributo antes da ocorrência do fato jurídico tributário. Ela cobrava a atenção de todos os doutrinadores que estavam aqui presentes para justamente falar sobre esses assuntos que estão deturpando todas as regras jurídicas. E esse aqui é um que parece relevante. Parece que jogaram o Código do Processo Civil fora, jogaram na lata do lixo. E ela chamava a atenção para isso, que daqui a pouco vão cobrar tributos sem que realmente tenha acontecido fato jurídico tributário. E o resultado, ela dizia: "Não se assustem que os tribunais podem trazer algum resultado aí, no sentido de que 'você pagou antes da ocorrência do fato, então está bem, você pagou porque quis, agora não tem que pedir a restituição desses valores'".

E o professor Alcides Jorge Costa, ao comentar isto, ainda dizia que deveria, então, a qualquer momento poder ser cobrado o imposto *causa mortis*, porque essa é a única certeza que a gente tem, de que isso ocorrerá. Então, é assustador a gente pensar nisso. É esse o caso do protesto para saldar Dívida Ativa.

Inclusive chegou uma questão, aqui, aparentemente elaborada antes que iniciássemos a discussão na Mesa, mas pergunta justamente isso: *Para que serve o protesto judicial e quais a finalidade e o objetivo do protesto?*.

Creio que o Dr. Wanderley bem respondeu, aqui: não é nenhuma outra coisa senão assombrar, mesmo, o contribuinte, essa coercibilidade exagerada precisa ser discutida. Operadores do Direito que somos, quando vemos que essas coisas estão acontecendo, falamos: "Nossa, eu preciso estudar, porque alguma coisa está errada". E eu reitero, eu até dizia, baixinho, para o Dr. Wanderley que não fique muito triste, não, que esses casos vão chegar – da Prefeitura de São Paulo são 10 e do Estado de São Paulo, agora, se não me engano, são 40 casos que foram propostos – ao Tribunal de Justiça.

Chegaram aqui algumas questões ou alguns pontos que já tinham sido demarcados por congressistas, como sobre a Lei 6.830: *Nos termos do art. 40 da Lei 6.830, a prescrição intercorrente poderá ser decretada de ofício na hipótese de o processo executivo estar arquivado há mais de cinco anos, há, inclusive, súmula do STJ a esse respeito. Se, no entanto, o processo estiver parado por outros motivos, e não efetivamente arquivado, poderá ser decretada, ainda assim, a prescrição intercorrente? É possível aplicar o Código Civil, ainda que a Lei de Execução Fiscal não disponha sobre tal questão?* A pergunta é da Dra. Juliana, Procuradora da Fazenda Nacional.

PROF. PAULO CÉSAR CONRADO – Parece-me que não. A prescrição intercorrente na execução fiscal tem seu fluxo iniciado com o decurso do prazo de um ano de suspensão, a que se refere o próprio dispositivo, o art. 40, verificada a inércia do credor no que diz respeito à indicação do endereço do devedor, ou então em relação à localização do seu patrimônio. Verificada a inércia do credor em relação a essas informações, o processo, por determinação legal, fica com seu andamento suspenso por um ano, decorrido o qual será, então, o processo encaminhado para o arquivo – o que se chama, na prática, de "sobrestado", onde poderá aguardar por até cinco anos. Decorridos esses cinco anos, aí nós teremos a prescrição intercorrente. De modo que não me parece que seja possível decretar a prescrição intercorrente simplesmente se o processo ficou ali parado na Secretaria, no cartório do juízo; é necessário que, precedentemente, o juízo tenha aplicado a regra do art. 40, determinado a suspensão do feito pelo prazo de um ano; decorrido esse prazo de um ano, aí, sim, o prazo de prescrição começa a fluir.

Por óbvio que o único sujeito que poderia ser o controlador da atividade do juízo em relação a isso seria o devedor. Só que, com isso, criamos aquele dilema da "Tostines", não se resolve absolutamente nunca. Se a prescrição vai correr justamente porque o devedor não está no processo, como é que o devedor vai para o processo para dizer: "Olha, juiz, aplica direito a norma do art. 40, suspende o processo por um ano, senão não vai correr nunca a prescrição em meu favor".

O fato é que o juiz que conduz equivocadamente o processo, esquece de aplicar o art. 40, suspender pelo prazo de 1 ano, e deixa o processo na prateleira dele por 20 anos, em tese, está inviabilizando o fenômeno da prescrição intercorrente. Dada a especificidade do regime, não me parece possível a aplicação do Código Civil; norma especial não permite a aplicação de norma geral.

PROF. WANDERLEY FEDERIGHI – É exatamente é essa a minha posição, também. A minha Câmara, inclusive, tem acolhido reiteradamente alegações de ocorrência de prescrição intercorrente, e agora, com o § 4º do art. 40 da Lei 6.830, que foi acrescentado recentemente, no ano passado – pela Lei 118, se não me falha a memória –, existe até a possibilidade de decretação dessa prescrição *ex officio* pelo juiz.

Então, o que nós temos feito é analisar, na Câmara, a ocorrência em concreto dessa prescrição a partir desse prazo de paralisação do feito, colocando-se o prazo previsto em lei.

Com relação à questão do Código Civil, também não me parece que seria o caso de se aplicar para as relações regidas pelo direito tributário, que são efetivamente regidas por legislação própria. Não seria o caso de supletivamente aplicar-se o Código Civil a essa matéria.

DR. EDUARDO PUGLIESE PINCELLI – Bom, parece-me que a Lei 11.051/2006, que trouxe essa previsão, se não me falha a memória, ela não diz especificamente "arquivo", ela fala simplesmente na suspensão do processo pelo art. 40 da Lei 6.830/1980. Então, ela prescreve: suspende-se o processo por um ano. Depois corre a prescrição. E outra questão interessante: o que vai interromper a prescrição intercorrente? É simplesmente uma petição da Procuradoria dizendo: "Eu vou dar encaminhamento ao processo?"; "Eu vou fazer novas investigações"? Será que a partir daí eu teria a interrupção da prescrição por uma simples petição, requerendo o andamento do feito ou a citação em outra localidade, ou a expedição de ofício a outros órgãos de controle de bens? Então, essa é uma outra questão que também se põe, que a lei também não resolve.

Quais seriam as formas de interrupção da prescrição intercorrente? Mas ela não fala em "arquivo". Concordo, por outro lado, com o professor Conrado: é necessário o despacho que suspende o curso do processo de execução pelo art. 40 da Lei 6.830/1980.

DRA. CARLA GONÇALVES – Eu gostaria de acrescentar mais duas considerações ao que já foi dito sobre o tema. A primeira, na esteira do próprio professor Eduardo, é que é muito comum, principalmente aqui no Estado de São Paulo, nas execuções estaduais, o procurador, vendo que já transcorreu um certo lapso temporal, pedir o desarquivamento dos autos, não adotar qualquer providência no sentido de localizar o devedor e/ou seus bens, não protocolizar qualquer petição aos autos manifestando-se sobre o sobrestamento do feito, e o processo retornar ao arquivo como sobrestado. Nesse momento se indaga se teria, efetivamente, ocorrido a interrupção do prazo prescricional, para decretação da prescrição intercorrente.

Penso que nesse caso não haveria tal interrupção, até porque nenhuma diligência, nenhuma medida, foi adotada aqui, no caso em questão.

E o segundo ponto que eu gostaria de colocar é que, caso se entenda não possa ser decretada a prescrição de ofício nestes casos em que o processo foi remetido ao cartório da Vara e retornou ao arquivo sobrestado, sem manifestação por parte do procurador da Fazenda, na hipótese de este processo ter ficado parado por mais de um ano, poderia ser extinto sem julgamento do mérito, com base na contumácia, prevista no art. 267, II, do CPC. Neste caso, o juiz poderia extinguir o processo sem julgamento do mérito, por conta da inércia da Fazenda Pública em não dar continuidade ao feito, sendo que, obviamente, como se trata de extinção do processo sem julgamento do mérito, permitiria à Fazenda propor novamente a execução fiscal, se respeitado o prazo prescricional para tanto. Então, penso, nestas hipóteses, caso possa ser decretada a prescrição intercorrente, poderia, sim, o juiz, extinguir o processo sem julgamento do mérito, tendo por base a contumácia.

PROF. PAULO CÉSAR CONRADO – Eu gostaria só de acrescentar algumas colocações. Primeiro em relação à questão da decretação, o regime de decretação dessa prescrição. Eu já vi alguns poucos precedentes no STJ no sentido da aplicação da lei nova que introduz a prescrição intercorrente literalmente na Lei 6.830, a possibilidade da sua aplicação é apenas no "porvir", o que me parece equivocado. E me parece que é o momento – lembrando aquilo que a professora Leonor falava – de refletirmos a respeito do assunto, de falarmos a respeito do assunto, para que a Corte responsável pela interpretação da lei federal tenha, no mínimo, outras possibilidades de decidir, e que não fique só naquela história de decidir com base no que a Turma já decidiu ontem daquele jeito, então hoje eu repito, e daqui a dois meses baixe uma súmula a respeito do assunto sem ter refletido, sequer consultado, sobre as outras possibilidades a respeito do tema.

A norma, nesse particular, parece-me que é exclusivamente processual. Ela não é de direito material, ela institui um regime de decretabilidade *ex officio*. Não estamos falando de direito material. Prescrição intercorrente é uma coisa que sempre existiu, inclusive na própria jurisprudência do STJ. Onde houver processo de execução haverá prescrição intercorrente, porque a tutela jurisdicional executiva é intercorrente; logo, a prescrição tem que ser intercorrente.

Eu confesso aqui, aos Srs., que me causa tristeza, literalmente melancolia, uma coisa que me faz lembrar a professora Lúcia Figueiredo, que sempre, nas suas aulas, falava que não suportava mais – ou alguma coisa do gênero – ver essas afirmações no sentido de que prescrição intercorrente antes dessa modificação da Lei 6.830 era uma construção da jurisprudência, ou uma construção da doutrina, ou uma construção do que quer que seja – do pedreiro, do engenheiro. Não é construção de absolutamente nada, é uma inferência natural do direito positivo. Processo de execução tem tutela intercorrente; logo, ele só pode ter prescrição intercorrente.

Os demais processos, especialmente o de conhecimento, têm a respectiva tutela jurisdicional como ato terminativo do processo, a sentença que carrega a tutela jurisdicional cognitiva está lá na ponta final. A tutela executiva não está lá no final, ela está no meio do processo. Por isso, se o credor não vai a juízo e leva as informações necessárias no sentido de obter a expropriação patrimonial do devedor a seu tempo e modo durante o processo, submete-se a prescrição.

Então, vejam, num sistema de segurança jurídica, como é o sistema brasileiro, é natural que se fale sempre em prescrição. Não basta simplesmente ajuizar a execução no tempo apropriado, se tem que ir a juízo e levar as informações necessárias à outorga da tutela executiva também no prazo apropriado. E, por isso, a idéia de prescrição intercorrente, que nada é senão a própria prescrição natural de todo e qualquer processo adaptada a essa figura, que é a executiva.

De modo – vejam os Srs. – que me parece que a lei simplesmente criou, ou, melhor, modificou o regime de decretabilidade, permitindo em tese, expressamente, a decretação *ex officio* daquilo que já era de possível decretação, desde sempre. Ela não criou a prescrição intercorrente, como em algumas manifestações diz, erradamente, o STJ. A prescrição intercorrente já existia antes, apenas se modificou o regime de decretação. Logo, a norma é aplicável a todos os processos em que a prescrição já se verificou.

Parece-me que a autoridade jurisdicional tem lá, como de fato é minha experiência, mais de 8 mil processos arquivados. Eu desarquivei todos, para verificar se já haviam decorrido, ou não, os cinco anos, sem que a Fazenda tivesse se "coçado", e de verdade, porque não é essa petiçãozinha que o professor Eduardo falou: "Olha, requeiro vista dos autos". Parece-me que a autoridade jurisdicional, nesses casos, não tem nem que despachar a petição. Se fosse possível – e, aqui, falo de maneira jocosa –, mas, enfim, se fosse possível, era o caso de jogá-la pela janela, ateando fogo, para que não tivesse condições de voltar, porque essa petição e nada é a mesma coisa: ela não pede impulso, ela não deflagra impulso no processo. Então, precisa dar efetivo impulso.

Parece-me que a norma é perfeitamente aplicável desde logo, porque sempre existiu prescrição intercorrente, a lei não fez outra coisa senão dizer o óbvio, aquilo que, de uma certa forma, a doutrina do direito tributário, que é muito mais evoluída que a processualista, já dizia: a prescrição se decreta de ofício, em matéria tributária sempre foi decretável de ofício.

COORDENADORA DA MESA (PROFA. MARIA LEONOR LEITE VIEIRA) – Dr. Paulo, antes de qualquer coisa, só queria registrar a honra que nos dá a presença do Presidente do Congresso, Dr. Eugênio Doin Vieira, que está aqui conosco e depois, provavelmente, tecerá algum comentário. Mas, antes que façamos qualquer seqüência, chegou uma questão, professor Paulo, justamente nesse sentido em que o Sr. concluía.

PROF. PAULO CÉSAR CONRADO – Pois não, aqui se indaga: *Na hipótese de arquivamento com base em outro artigo que não o art. 40 da Lei 6.830, poder-se-á contar o prazo da prescrição intercorrente?*

Não me parece que seja possível imaginar o processo arquivado sob outra diretriz. Se ele foi para arquivo, ele foi indevidamente. Existe, sim, a possibilidade de arquivamento nas hipóteses de parcelamento, porque a gente sabe que essas coisas, tipo REFIS, PAES, que por vezes implica, é um regime de parcelamento secular, de modo que, se o juiz ficar com o processo é porque ele, simplesmente, não tem o que fazer. Porque a hipótese é de mandar para o arquivo, daqui a 200 anos, quando acabar o parcelamento, alguém fala alguma coisa.

Agora, vejam, aí não é arquivamento, é recolocação no lugar próprio. Como vai ficar parado durante tanto tempo, manda-se para o arquivo, que é um lugar mais apropriado, para a coisa ficar apodrecendo. Isso não é arquivamento, arquivamento só o do art. 40 ou arquivamento findo quando a dívida é quitada, ou o processo de execução é extinto por procedência dos embargos ou qualquer coisa que o valha. Eu não consigo responder à pergunta de outra forma.

PROF. WANDERLEY FEDERIGHI – Eu, a propósito desse tema, gostaria de pegar um gancho para fazer uma pergunta para o Dr. Paulo a respeito de uma questão que tem vindo reiteradamente à baila nas sessões da minha Câmara, quando se discute esse tema da ocorrência da prescrição, seja prescrição normal, seja intercorrente. Alguns dos membros da minha Câmara têm trazido à discussão o art. 25 da Lei de Execução Fiscal, que prevê a necessidade da intimação pessoal do procurador da Fazenda para que seja tomada essa medida. E, inclusive, eu não sei no Tribunal Federal, mas no Tribunal de Justiça do Estado existe alguma jurisprudência que está mais ou menos firmada nesse sentido. Então, gostaria de ouvir qual é sua opinião, em quê influiria esse artigo.

PROF. PAULO CÉSAR CONRADO – No sentido da necessidade da intimação pessoal. Parece-me que essa é a tendência. Não consigo, aqui, confesso aos Srs., ver qualquer óbice à aplicação da regra, parece-me que ela se impõe de fato, para que o prazo comece efetivamente a fluir é necessário que haja intimação pessoal do procurador, com carga dos autos. A lei assim o determina, e instituindo um "privilégio". Na verdade, não um privilégio, uma prerrogativa, como tantas tem a Fazenda Pública, do ponto de vista processual, como contagem de prazo qualificado, reexame necessário. Creio que seja possível dizer que isso é inconstitucional; por exemplo, a que cria um regime de desigualdade injustificado. Se esse for o argumento, então, nós vamos ter que dizer que tudo que cria prerrogativa processual para a Fazenda Pública é inconstitucional, art. 188 do CPC, art. 475, quando fala do reexame necessário. Não me parece que dê para ter dois juízos nesse particular.

E é até natural que seja assim, porque, se o juiz vai decretar de ofício a prescrição, que ouça, antes, a Fazenda Pública, intimando, disponibilizando os autos. É meio que um ultimato, me parece que é assim que a Lei pensou. O juiz estaria dando um ultimato para a Fazenda Pública: "Estão aqui os autos: fale agora ou cale-se para sempre".

COORDENADORA DA MESA (PROFA. MARIA LEONOR LEITE VIEIRA) – Nós temos algumas questões que foram postas, eu estou deixando duas para o final, porque a gente vai ter que voltar ao caso do protesto. Veio uma pergunta diretamente direcionada ao Des. Wanderley Federighi:

PROF. WANDERLEY FEDERIGHI – A pergunta que me é feita é a seguinte: *Nas relações de direito privado, o credor, muitas vezes, informa ao juízo dados da conta bancária do devedor, requerendo a penhora de valores depositados. Tal pedido, salvo melhor juízo, costuma ser deferido. Nesse caso, tal penhora poderia implicar violação de sigilo? Não seria o mesmo raciocínio para a penhora "on line"? Por que, então, tal procedimento seria o último recurso a ser utilizado?* A questão é da Dra. Maria Regina Alcântara.

As colocações que posso fazer aqui são as seguintes. O que eu tenho visto na prática não é o fornecimento, pela Fazenda, de dados bancários do devedor, e sim um pedido genérico no sentido de que sejam expedidos ofícios ao Banco Central para a indicação de ativos daquele devedor, para que seja efetuada, então, essa penhora. Está certo? Confesso que eu desconheço essa indicação específica de dados bancários da pessoa; o que tem sido reiteradamente feito, em nível das nossas Câmaras, é isso, é o pedido genérico de expedição de ofícios, e que os juízes dos anexos fiscais costumam, tal qual diz a Dra., deferir.

Como eu falei anteriormente, e o Dr. Paulo também, não chego a ver uma violação de sigilo nisso, mas apenas uma busca de recursos para o fim de poder o Poder Público vir a obter os recursos necessários para satisfação do seu crédito.

A pergunta final que é feita aqui é: *Por que, então, tal procedimento seria o último recurso a ser utilizado?* A bem da verdade, nesse ponto, nesse tópico, eu divirjo um pouco dos demais expositores aqui da Mesa, por que eu não chego a considerar essa penhora como último recurso a ser utilizado. O que eu tenho visto ocorrer na prática são vários casos em que se oferecem bens diversos para penhora, tais como títulos de dívida agrária, por exemplo, pedras preciosas – houve um caso de um devedor que ofereceu um lote de esmeraldas para efeito de se efetuar a penhora –, e assim por diante. O art. 11 da Lei de Execução Fiscal oferece uma lista de bens que podem ser penhorados. E, como foi dito aqui na Mesa também, não chega a ser uma lista taxativa, apesar de se estabelecer ali uma ordem, não é? O que se tem entendido é que esta é uma forma mais prática e mais rápida de se chegar a essa satisfação, havendo, no entanto – e isso eu creio que coloquei, talvez de forma não tão clara, anteriormente –, uma alternativa viável, pode ser analisado o pedido e ser deferido, no sentido de se penhorar um outro bem que não seja o dinheiro. Quem está no Judiciário vê, sem dúvida alguma, com preocupação essa possibilidade de penhora de dinheiro, porque muitas vezes se inviabiliza o funcionamento da empresa, não é? Até a pura e simples penhora de um percentual de faturamento da empresa às vezes acaba inviabilizando o funcionamento dela. E num país pobre como o nosso, em que muitas empresas caminham a passos rápidos e largos para a falência, certamente nós não queremos contribuir com nada disso. Então, havendo uma possibilidade viável de efetivação da penhora de outro bem que não torne inviável, por seu turno, o crédito fiscal, nós estamos sempre dispostos a ouvir e a considerar, está certo?

Coordenadora da Mesa (Profa. Maria Leonor Leite Vieira) – Alguém teria algum comentário sobre isso? Então, passarei uma outra questão que chegou para o Dr. Paulo Conrado. Eu gostaria, pelo menos por enquanto, de encerrar o encaminhamento das perguntas, pois temos várias aqui na Mesa.

Prof. Paulo César Conrado – Essa questão é de interesse, parece-me que ela revela uma situação de caráter prático constante: *Uma empresa, tendo um débito lançado no sistema da Procuradoria da Fazenda Nacional, protocolou seu pedido de revisão de débito inscrito em Dívida Ativa. Ocorre que, antes de dar análise a esse pedido, foi ajuizada a competente ação de execução fiscal, e a inscrição da pessoa jurídica no SERASA foi providenciada. Gostaria de saber se a empresa, com base no seu pedido de revisão, pode requerer, na Vara de Execuções Fiscais, a suspensão da execução e, conseqüentemente, a exclusão do nome da empresa do SERASA.*

Parece-me que sim, até porque esse pedido de revisão, embora não se enquadre num conceito de processo administrativo – e, portanto, não esteja subsumido à literalidade do art. 151 do CTN, não seja uma causa literal de suspensão da exigibilidade do crédito tributário –, acaba provocando efeito análogo ao da suspensão da exigibilidade. Falar-se-ia, nessa hipótese, em suspensão da executabilidade do crédito tributário, porque um crédito inscrito em Dívida Ativa, na pendência de pedido de revisão, é crédito que tem sua executabilidade comprometida. Evidentemente que não de maneira definitiva, porque é preciso avaliar o pedido de revisão. Agora, enquanto a Fazenda não se desincumbir desse ônus, parece-me possível que ela deduza a pretensão executiva.

Se o pedido de revisão, feito pelo contribuinte – estou, aqui, fazendo essas afirmações debaixo dessa idéia –, é posterior à inscrição do crédito em Dívida Ativa. Porque, se o pedido for anterior, aí a hipótese é de extinção da execução. Porque quando o título, a CDA, foi forjado pela Administração, vale dizer, quando foi inscrito o débito em Dívida Ativa, já estava comprometida a viabilidade do crédito tributário, pela pendência do pedido de revisão. Essa seria a hipótese de incerteza evidente do crédito tributário; conseqüentemente, do título que instaria a extinção da execução.

De modo que eu dividiria a resposta em dois momentos. Créditos já inscritos ao tempo do pedido da revisão teriam a respectiva execução suspensa, até a apreciação administrativa do pedido de revisão. Entendo, particularmente, que nessa hipótese se aplica o art. 40. Eu faço isso pela experiência que tenho em termos pragmáticos: quando mando a Fazenda falar, ela pede, a Fazenda Nacional pelo menos, suspensão do processo por 180 dias; aí, depois dos 180 dias, ela pede por mais 120; depois ela pede de novo por mais 180. É sempre assim, 180, 120.

De modo que é assim: para evitar o consumo de papel inútil e para preservar as árvores, não precisa pedir, eu já mando para o arquivo, fica lá esperando durante cinco anos se manifestar. Se não se manifestar em cinco anos, aí, está prescrito intercorrentemente, porque não foi capaz de apreciar o pedido de revisão, o envelopamento do contribuinte, nesse prazo, porque alguma coisa está errada, mesmo.

Agora, créditos tributários que ainda não estavam inscritos, como lhes disse, a hipótese, aí, é de extinção do processo, decretando-se a nulidade do título.

COORDENADORA DA MESA (PROFA. MARIA LEONOR LEITE VIEIRA) – Dr. Paulo, Dr. Federighi, Dr. Eugênio, Dra. Carla, voltaram, aqui, questões e comentários sobre o "Protesto Judicial". Mas eu deixo para o fim, e com isso a gente encerra. Eu vou ler os comentários que chegaram aqui, alguns até de defesa do protesto. Acredito que o assunto já foi bem discutido, mas a democracia é de rigor, devemos fazê-lo. Vou ler todas as questões e, depois, quem quiser fazer o comentário, por favor, se pronuncie.

Uma pergunta que veio: *E a efetividade da cobrança fiscal, quais instrumentos processuais podem ser utilizados para promover a efetividade da cobrança?*

E a pergunta encaminhada ao Dr. Paulo e aos demais da Mesa: *O protesto judicial não é um procedimento de interrupção da prescrição? Sendo procedimento o protesto judicial, é cabível o recurso de decisão que determina o protesto?*

Eu já sei as respostas todas, mas a pergunta deste congressista, Alex Ferreira, transmite a opinião dele: *Não vejo outra conseqüência do protesto judicial que não seja a interrupção da prescrição.*

E um questionamento que também veio, no mesmo sentido: *É certo que a execução fiscal é o meio idôneo de se exigir a satisfação do crédito, mas pergunto: e quando o crédito tributário for menor que R$ 200,00, também, por entender a Fazenda que não detém interesse de agir, então, como ficaria nesses casos?* E pergunta: *Como cobrar ou, então, forçar a satisfação desse crédito fiscal menor que R$ 200,00, sendo certo que as Fazendas não podem permanecer inertes, sob pena de prescrição desse crédito?*

E encerro com uma anotação que veio diretamente para Dr. Paulo: *O Sr. não acha que o protesto, que não gera ônus ao credor, não seria uma forma de desafogar o Judiciário? Os bancos podem protestar e cobrar judicialmente, inscrever em cadastros próprios: por que tal prerrogativa não pode ser estendida ao Fisco? Reafirma-se, o protesto não gera ônus ao credor, como foi dito.*

Reabro de novo a palavra para esses temas, e depois disso encerraremos os trabalhos, para que façamos o intervalo em seguida, e depois a outra Mesa. Por favor, Dr. Paulo Conrado.

PROF. PAULO CÉSAR CONRADO – Vou me apropriar só de uma questão anterior singela, que especulava a respeito da efetividade da cobrança. Isso é um princípio que vem consagrado no CPC, no art. 612, que só pode ser interpretado à luz do art. 620, que é o *princípio da menor onerosidade*. Como aquela questão de alimentos. Ninguém fixa alimentos olhando apenas para a necessidade do dependente, olha também as condições do alimentante. A gente, aqui, basicamente, é a mesma coisa: não se pensa em *efetividade*, que, aliás, é uma palavra usada de maneira promíscua pela comunidade jurídica – eu diria – de esquina, porque não se sabe efetivamente o que é *efetividade*. *Efetividade* é o que nos remete a eficácia social. Agora, vejam, como é que se garante isso, como é que se garante a eficácia social à tutela jurisdicional, se o postulante não ajuda? E aí eu caminho na direção da segunda questão, questão por último aí colocada: por que a Administração não pode fazer protesto, ele não tem custo – a informação é trazida pelo colega – a questão do custo não se coloca, mas a Administração não é um credor qualquer. O Fisco, antes de ser Fisco, é Administração Pública. A Administração Pública tem que ir atrás do crédito tributário, e não atrás de infernizar a vida do contribuinte; ela tem que entrar com execução, e não entrar com protesto, que não é interruptivo de prescrição, porque a medida cautelar interruptiva da prescrição chama-se "protesto interruptivo da prescrição", esse é outro protesto, aquele protesto que é feito para chatear a vida do devedor e obrigá-lo psicologicamente a pagar.

Agora, vejam, o que nós não vemos acontecer em termos pragmáticos? Pelo menos no âmbito federal, que é onde tenho alguma vivência. A Receita Federal, que é o cliente da Procuradoria, prepara o respectivo crédito de hoje, para ser ajuizado na véspera da prescrição, e aí o procurador da Fazenda Nacional – que eu já tive a oportunidade de dizer, e repito aqui, é um "coitado", é uma pessoa em quem deposito as minhas orações todos os dias, porque são heróis os procuradores da Fazenda Nacional; é como ser advogado de uma pessoa que só faz bobagem, é muito difícil – entra com a execução e vai à Justiça, perante o Poder Judiciário, e diz: "Olhe, a sua tutela tem que ser efetiva". É algo ridículo, porque em alguma coisa que nos remete há cinco anos atrás, num país como o nosso, encontrar o credor e fazer efetiva a tutela jurisdicional é muito difícil nesse particular. E se a gente estivesse falando de tutela cognitiva ainda vá lá, porque a tutela cognitiva é uma tutela abstrata: o juiz profere a sentença, entrega para a parte, e fala: "Está aí". O que vai acontecer em termos práticos, não se sabe. Agora, na tutela executiva não, é algo prático, só que – vejam – só se tem algo prático se a dívida ainda está viva, porque se ela está morta o Judiciário não faz renascer o devedor. De modo que aí é que está o problema. As Procuradorias, o Fisco, têm mania, quando estão dentro do processo de execução, de se ver como parte, simplesmente. Então o Fisco diz: "Ah! Eu tenho cinco anos para promover a execução, porque é o prazo de prescrição". Só que a prescrição tabula o exercício do direito de ação, nós estaríamos falando, portanto, da parte propriamente dita. Só que nós não estamos, aqui, falando de uma parte, antes de ser parte é Administração Pública, e Administração Pública tem que agir; e não, simplesmente se diz: "Ah! Não, eu sou parte, eu posso ajuizar em cinco anos".

O que autoriza o procurador a dizer: "Esse daqui, eu vou ajuizar hoje; esse daqui não, eu vou deixar para ajuizar em 4 anos, 11 meses e 29 dias". Durante os quais a vida do devedor vai ser um inferno, porque ele vai precisar obter CND, o crédito dele vai estar naquele estado de limbo, em que ele não consegue fazer absolutamente nada.

Evidentemente que se a gente olha para a Fazenda como parte, a gente fala: "Não, tudo bem, porque ela tem prazo de prescrição de cinco anos". Mas ela não é parte, simplesmente. Antes de ter batido na porta do Poder Judiciário e o processo ter começado, ela é Administração Pública – e, portanto, tem que justificar seus atos e suas omissões. O procurador pode até demorar, por uma questão de conveniência etc.; mas ele tem que escrever lá no procedimento, despachar: "Deixo de remeter a petição inicial nesse caso porque não é conveniente, é melhor infernizar a vida do contribuinte" – quero ver escrever isso no processo! Não escreve, deixa de ladinho, simplesmente – quando deixa.

Por que não pode protestar? Porque protesto foi feito para quem não tem CADIN. Quem tem CADIN tem que usá-lo. E, mais ainda, quem tem CADIN é a Administração, e a Administração Pública tem que ir atrás do crédito tributário, e o crédito tributário é obtido por processo de execução. Então, tem que ajuizar a execução, e não ficar se escorando nessas alternativas, que, embora legitimadas – o professor Eduardo lembrou – pela jurisprudência do STF, elas o são, simplesmente do ponto de vista formal, e não de outro.

Dra. Carla Gonçalves – Eu só gostaria de, na esteira da brilhante exposição do professor Paulo Conrado, lembrar uma coisa. Como ele falou dessa questão de "infernizar" a vida do contribuinte, de fato, há casos nos quais a execução fiscal só é ajuizada no prazo de 4 anos, 11 meses e 29 dias. É por isso que o Poder Judiciário é cada vez mais instado a se manifestar nesses casos, e uma das saídas do contribuinte, hoje em dia, tem sido ajuizar a medida cautelar de caução de bens, para que ele possa ter, de fato, garantido seu direito à CND. Creio que esta é uma das questões que têm aflorado perante o Poder Judiciário. Essas são, dada a exigüidade do nosso tempo, as ponderações que eu gostaria de fazer.

Prof. Wanderley Federighi – Apenas para efeito de encerrar minha participação, além de estar de acordo com as observações aqui feitas pelos dois expositores anteriores com relação àquela questão das execuções fiscais de valor baixo, eu tenho uma colocação para fazer a respeito desse tema: a minha Câmara vem entendendo ser incorreta a posição do juiz de primeiro grau que indefere petição inicial de ação de execução fiscal de valor baixo. Esse fato vem ocorrendo em especial nas comarcas do Interior do Estado de São Paulo. Há diversos colegas, provavelmente movidos por boa-fé, por boas intenções etc., que, entendendo que o valor que está sendo executado pelo Fisco é um valor pequeno, um valor *ínfimo* – muitas vezes esse termo é utilizado –, acabam indeferindo a petição inicial. Isso me parece que é incorreto, me parece ser uma posição incorreta, na medida que, em primeiro lugar, a titularidade do crédito não é do Poder Judiciário, e sim do Poder Executivo. Quem está cobrando é o Fisco, é o Poder Executivo. O Judiciário não tem disponibilidade desse direito para, pura e simplesmente, indeferir essa petição inicial e colocar um final a essa ação de execução fiscal, logo no seu nascedouro, está certo?

Questões outras que surgem daí, como recurso utilizável etc., ou, eventualmente, até questões de mérito administrativo, se é interessante ou não para o Fisco ajuizar essa execução, refogem um pouco do âmbito do Judiciário. Mas o que tem sido feito pela minha Câmara no que toca a essas ações de pequeno valor é dar provimento a recursos do Fisco para entender que deve haver o prosseguimento da ação de execução fiscal. Muitas vezes, até com um pouco de ginástica mental e legal. É isso que eu teria a acrescentar, como final, aqui.

Prof. Eugênio Doin Vieira – Na qualidade de Presidente deste Congresso, eu me congratulo com as manifestações que ouvi aqui e com elas, inclusive, eu justifico a minha aposentadoria: é preciso que essa moçada tome o nosso lugar, renove os conceitos, atualize os preceitos, brigue com a Justiça Federal, brigue com a Receita Federal, brigue com a Receita Estadual, brigue com a Receita Municipal, de forma a que o contribuinte tenha uma defesa mais ampla, que seu Estatuto seja aprovado e que, enfim, não se busque realizar benefícios parciais, e sim uma justiça plena, que nos assegure essa segurança jurídica – o que todos nós sonhamos.

Eu me congratulo com a juventude que vem para nos substituir. Estou certo de que ela será a edição revista e melhorada de tudo que fizemos até agora. Meus parabéns aos jovens expositores, conferencistas e debatedores! Muito obrigado!

Coordenadora da Mesa (Profa. Maria Leonor Leite Vieira) – Mas antes de ouvir tudo disso vocês entenderam por que eu dizia, no começo, que a idéia do IDEPE de fazer Oficina é justamente para tentar consertar algumas coisas, acertar algumas coisas, tentar encontrar alguns parâmetros? E os parâmetros aqui são, como o Dr. Eugênio agora disse: *briguem com Fisco Federal, Estadual e Municipal*. Entendemos também que o Fisco, às vezes, tem que brigar com o contribuinte, mas obedecendo aos mecanismos adequados, aos mecanismos que foram aqui propostos, os que já estão estabelecidos na lei. Não inventando algumas coisas, como no caso de protesto, que é uma invenção, que a gente nem achou que fosse provocar tanta celeuma aqui dentro.

Os mecanismos estão todos postos. O que tem acontecido – e nós temos debatido tanto aqui – não é só a defesa do contribuinte. Muitas vezes recebemos congressistas representantes do Fisco Federal, Estadual, Municipal, bem como da Procuradoria, além de advogados de todas as alas, do Poder Judiciário, Legislativo, Executivo. Entretanto, todos nós somos contribuintes, seja procurador, seja presidente da república ou advogado. Então, quando a gente realmente reitera que precisamos defender os contribuintes, é nesse sentido mesmo: todos somos contribuintes, precisamos todos defender os nossos direitos, dentro do que a lei estabelece.

Foi um prazer recebê-los aqui. Vamos tomar um café, agora, que a outra Mesa se instala em seguida, dentro de 10 minutos.

Muito obrigada, até já! [*Palmas*]

OFICINAS

PROCESSO ADMINISTRATIVO

COORDENADORA DA MESA: PROFA. MARIA RITA FERRAGUT

PARTICIPANTES DA MESA: PROF. MARCOS VINICIUS NEDER, PROF. PAULO CONRADO

COORDENADORA DA MESA (PROFA. MARIA RITA FERRAGUT) – Boa tarde! Declaro aberta a "Oficina de Processo Administrativo Tributário". Essa Mesa é composta, à minha esquerda, pelo Dr. Marcos Vinicius Neder, Mestrando em Direito Tributário pela PUC/SP, Presidente da 7ª Câmara do Conselho de Contribuintes, Professor da FGV, PUC/Cogeae, IBET, autor do livro *Processo Administrativo Tributário* e de diversos artigos doutrinários. À minha direita, Dr. Paulo Conrado, Mestre e Doutor em Direito Tributário pela PUC/SP, Juiz Federal da 12ª Vara de Execuções Fiscais, Professor do IBET, PUC/Cogeae, e autor dos livros *Teoria Geral do Processo* e *Processo Tributário*.

A condução dos trabalhos será feita da seguinte forma: alguns dos participantes já formularam perguntas para os expositores, e as perguntas foram divididas. Vamos iniciar com a resposta alternada, por cada um deles, dessas perguntas que já foram formuladas. E, na medida em que a Oficina for se desenrolando, vocês podem formular as perguntas que quiserem e entregar para as assistentes, que elas trarão até nós e serão respondidas.

Eu inicio, passando a palavra para o Dr. Marcos, que responderá à primeira pergunta.

PROF. MARCOS VINICIUS NEDER – A primeira pergunta refere-se ao processo administrativo de compensação tributária no âmbito federal. O trâmite do processo de compensação, a partir da Lei 10.833/2003, está regulado pelo Decreto 70.235/1972. O processo de compensação é similar ao processo de exigência de crédito tributário, apenas a legislação processual denomina de "manifestação de inconformidade" ao que estamos acostumados a chamar de "impugnação", e restringe as possibilidades de o contribuinte recorrer administrativamente.

O problema principal é que a lei estabelece que certas compensações são consideradas como "não declaradas", embora o contribuinte tenha entregado declaração de compensação. Ressalte-se, por oportuno, a infelicidade dessa terminologia utilizada pelo legislador, pois adjetiva as declarações entregues pelos interessados como "não declaradas". Se a declaração de compensação indica créditos não-passíveis de compensação por expressa vedação legal – como, por exemplo, créditos-prêmio de IPI –, essa declaração não produz os efeitos que normalmente lhe são atribuídos, como, exemplificando, a extinção do crédito tributário. Tampouco há possibilidade de interposição de recurso com efeito suspensivo em relação ao débito indevidamente compensado. Na verdade, estamos diante de uma declaração, mas que não produz efeitos para fins de compensação.

Essa ineficácia tem gerado muitas reclamações por parte dos contribuintes, pois essas compensações informadas pelos contribuintes são consideradas "não declaradas" e os débitos são enviados diretamente para cobrança, e muitas vezes acompanhados da aplicação de multas de ofício extremamente gravosas. Importante lembrar, contudo, que, mesmo que a lei vede a utilização do rito previsto no Decreto 70.235/1972, o direito de defesa do administrado pode ser exercido pelo rito geral da Lei Geral do Processo Administrativo, a Lei 9.784/1999.

A Lei 9.784/1999 prevê que existem no mínimo três instâncias de julgamento para recursos administrativos. Então, considerada a compensação como "não declarada", o contribuinte pode apresentar recurso ao superior hierárquico da autoridade administrativa que indeferiu a compensação, em geral o superintendente da Receita Federal. Se mantido o indeferimento da compensação, o próximo passo seria recorrer ao superior hierárquico do superintendente. Essa opção de discussão administrativa, de forma geral, é pouco conhecida, mas tem sido utilizada nos últimos tempos.

Seriam essas as considerações relevantes sobre compensação tributária. Com o decorrer das provocações da audiência, outras questões podem ser abordadas.

PROF. PAULO CÉSAR CONRADO – Passo adiante, para a questão que tem a seguinte formulação: *O direito constitucional de defesa do contribuinte, perante a Administração, tendo em vista que o julgador não é imparcial.* Esse é o primeiro tópico.

O segundo: *Tendo em vista que a decisão não é definitiva.*

Depois: *Sendo vencido, deverá repetir toda prova já produzida perante a Administração Pública.* Eu suponho, aqui, a indagação sobre o contribuinte, se ele tem que reiterar a atividade probatória que produziu no âmbito administrativo.

Pois bem, eu diria, aqui, aos Srs. que de fato há uma equiparação, do ponto de vista constitucional, do processo administrativo em relação ao processo judicial. Os princípios que governam este último se estenderiam ao processo administrativo, se estenderiam ao primeiro, e nesses termos nós teríamos a noção de imparcialidade se projetando; à medida que nós equiparamos a atividade desenvolvida no âmbito administrativo com a atividade desenvolvida no âmbito judicial, estamos, por via oblíqua, qualificando o processo administrativo como um meio de exercício da jurisdição.

O que os delegados do julgamento, as Cortes administrativas, fazem é exercer jurisdição. E jurisdição só se exerce mediante o intercurso da noção de *imparcialidade.* Parece-me que seja impossível querer combinar jurisdição com parcialidade.

É preciso aqui, pré-notar o seguinte: essa qualidade, que é inerente à atividade jurisdicional, não é auferida em função da instituição a que pertence o julgador. Não é porque o julgador pertence ao Poder Judiciário que haverá imparcialidade. O julgador não pertence ao Poder Judiciário, o julgador pertence à Administração Pública; logo, não há imparcialidade.

O aspecto que detona a idéia de imparcialidade diz com a função – função jurisdicional exige imparcialidade –, e não com a posição dentro da estrutura do Poder Público em que se encontra alojado o julgador. Ademais disso, nós temos que considerar o seguinte: imparcialidade é qualidade de caráter subjetivo, ela se projeta sobre a pessoa do julgador, e não sobre o órgão a que pertence o julgador. O juiz que é imparcial não é o juiz que se qualifica como imparcial.

De modo que – vejam os Srs. – nós podemos ter juízes judiciais parciais, assim como nós podemos ter juízes administrativos igualmente parciais. O vício pode estar presente numa ou noutra instância.

Eu quero crer que quem fez esse tipo de indagação está pensando lá no problema do julgador que é membro da Administração Pública, que pertence ao Fisco. Agora, vejam, essa é uma premissa que se avalia, como lhes disse antes, do ponto de vista subjetivo, e não objetivamente. O sujeito pertence à Administração Pública, mas ele não está ali, no momento em que julga o processo administrativo, oficiando como membro da Administração Pública. Ele está anomalamente num exercício de função jurisdicional. Então, ainda que pertença à

Administração Pública, ele tem que ser visto por premissa como ente imparcial, salvo se a hipótese contrária demonstrar o avesso, é justamente a premissa de que parte o processo judicial.

Nos termos do processo, das regras do processo judicial, todo juiz é considerado imparcial, salvo se ele apresentar um dos vícios dos arts. 134 ou 135 do CPC. O julgador administrativo é esposo da contribuinte, que é aquela que está apresentado o recurso: aí, é óbvio que nós temos a questão da parcialidade se projetando. Mas não porque o sujeito é fiscal ou procurador, ou seja lá o que for.

Ademais disso, nós temos que lembrar que os órgãos são paritários, pelo menos do ponto de vista recursal, do segundo grau de jurisdição em diante, a distribuição é paritária.

Sobre a decisão não ser definitiva, não vejo, aqui, nenhum problema da decisão produzida no processo administrativo. Ela não é definitiva no sentido de não hospedar coisa julgada. *Coisa julgada* é fenômeno que vem definido no art. 467 do CPC e se projeta sobre a sentença. A atividade produzida pelo Poder Judiciário.

O que não se acomoda nesse conceito, porque produzido pela Administração Pública, não pode se revestir de coisa julgada. Revestir-se-á de definitividade em sentido amplo, porque o processo administrativo tem que terminar um dia. Só que ele não termina com coisa julgada. Por isso se diz não ser definitiva. Não é definitiva do ponto de vista amplo, mas é definitiva do ponto de vista estrito do processo administrativo. Nós poderíamos explicar o fenômeno pelo vocábulo "preclusão", embora, aqui, isso seja apenas um recurso terminológico que uso para resolver esse problema.

Quanto à repetibilidade ou não da fase instrutória no âmbito do processo judicial, parece-me que é assim mesmo. Os processos não se confundem. O administrativo não se confunde com o judicial, mesmo que os objetos sejam os mesmos. O sujeito impugnou o auto de infração, esgotou todas as vias, todas as instâncias administrativas, não obteve êxito, ingressa com ação anulatória. Em tese, toda atividade processual desenvolvida no administrativo só produz efeitos no âmbito administrativo; portanto, teria que ser reiterada no âmbito do processo judicial.

Nada, absolutamente nada, obsta a que a autoridade judicial dispense a re-reprodução de outras provas que já lá no administrativo se colocam, na medida em que ela entende suficiente o material instrutório ali produzido e as partes não reclamam. Agora, vejam que isso é um juízo de conveniência, que depende do consenso dos três atores do processo. O juiz entende, por exemplo, que a perícia feita lá no administrativo basta; as partes não se manifestam no sentido do refazimento da prova. É apenas uma possibilidade. Mas, de resto, parece-me que a atividade desenvolvida no processo administrativo não vincula, sob hipótese alguma, o juízo do processo judicial.

PROF. MARCOS VINICIUS NEDER – Outra pergunta formulada solicita que sejam abordados os princípios do contraditório e da ampla defesa no processo administrativo.

Na verdade, a própria CF trouxe, no art. 5º, LV, a equiparação do processo administrativo ao judicial, assegurando em ambos o respeito ao contraditório e à ampla defesa. Também no inciso LIV estabelece a proteção ao acusado, ao determinar que "ninguém será privado da liberdade ou de seus bens sem o devido processo legal". Essa proteção constitucional aplica-se também ao processo administrativo.

Primeiramente, o devido processo legal é necessário no processo administrativo fiscal para proteção da esfera patrimonial do acusado. Afinal, a decisão definitiva desfavorável ao contribuinte desencadeia o processo de cobrança do débito, acompanhado de uma série de medidas para proteção ao crédito tributário, com efeitos prejudiciais à esfera de direito do contribuinte. Podemos citar a inscrição no CADIN e a conseqüente vedação à obtenção de CND, o impedimento à participação em licitação, e assim por diante, culminando no ajuizamento da execução fiscal, com a finalidade de expropriar bens do devedor para quitação do débito.

No tocante à esfera das liberdades do contribuinte, também o resultado final do processo administrativo produz efeitos importantes. Muitas condutas são tipificadas como crimes contra a ordem tributária, e o contribuinte pode vir a ser preso em decorrência de uma infração tributária. Recentemente o STF chegou ao entendimento de que só há crime contra ordem tributária após a decisão definitiva na esfera administrativa. Assim, essa decisão, além de influenciar na seara patrimonial, também gera conseqüências na esfera das liberdades, restando clara a aplicação da garantia constitucional do devido processo legal no processo administrativo fiscal.

O devido processo legal pode ser estudado tanto sob o prisma processual como substancial. Restrinjo-me, em razão da pergunta formulada pela audiência, a examinar apenas a perspectiva processual. Nesse sentido, observo que o devido processo legal envolve o respeito ao contraditório, à ampla defesa e ao órgão julgador competente.

A questão mais interessante quanto à garantia da ampla defesa envolve a possibilidade de os julgadores apreciarem questões de inconstitucionalidade de lei no âmbito do processo administrativo. Existem razões muito fortes que apontam para que essas questões possam ser apreciadas. Na verdade, estamos diante da garantia constitucional prevista no capítulo dos direitos fundamentais, cuja finalidade é proteger o direito de propriedade, a liberdade e outros direitos previstos no art. 5º da CF.

No entanto, tem prevalecido na jurisprudência administrativa posição contrária ao conhecimento de questões constitucionais no âmbito do processo administrativo. Recentemente foi editada a Súmula 2, a qual estabelece não ser o 1º Conselho do Contribuintes competente para apreciar a constitucionalidade de lei. Essa jurisprudência foi construída a partir da visão de que o STF é o órgão do Poder Judiciário competente, em última instância, para declarar a inconstitucionalidade da lei. A ordem jurídica brasileira está fundada no princípio da unidade de jurisdição, e o STF tem a função de guardião da Constituição Federal. Se o contribuinte, contudo, obtiver decisão favorável e definitiva na esfera administrativa, não há como essa decisão chegar a ser apreciada pelo STF. Afinal, não há previsão, na ordem jurídica pátria, para a Fazenda Nacional recorrer ao Poder Judiciário de decisões administrativas que exonerem crédito tributário. Esse conjunto de motivos fez com que o Conselho de Contribuintes entendesse não ser competente para apreciação de pedido de declaração de inconstitucionalidade de lei.

Agora, deve-se entender bem claramente o alcance dessa Súmula administrativa. Muitas vezes o questionamento do contribuinte trata de ofensa indireta à Constituição. Podemos citar o exemplo corrente dos litígios sobre "decadência". O CTN prevê, nos arts. 173 e 150, prazo de 5 anos para constituição de crédito tributário, enquanto a Lei ordinária 8.212/1991, art. 45, estabelece o prazo de 10 anos para a formalização de exigência relativa a contribuições sociais. É um caso de conflito normativo, pois a matéria de decadência está inserida na esfera de regulação de lei complementar por determinação do art. 146, III, da CF, e o legislador ordinário estaria a invadir competência normativa alheia. A jurisprudência administrativa entende, nesse caso, que a ofensa à Constituição Federal é apenas indireta e o conflito entre lei complementar e ordinária pode ser apreciado pelo Conselho de Contribuintes. Tem prevalecido na jurisprudência do 1º Conselho de Contribuintes o prazo decadencial de 5 anos, conforme estabelecido no Código Tributário Nacional.

Diante desses argumentos, podemos concluir dizendo que a garantia à ampla defesa no processo administrativo fiscal não é, em verdade, ampla. Verifica-se que a defesa acaba sendo mitigada por esse conjunto de razões constitucionais e infraconstitucionais. Logo, se o contribuinte pede a declaração da inconstitucionalidade da lei que fundamenta a exigência fiscal, esse pleito não tem sido conhecido pelo Conselho de Contribuintes.

Coordenadora da Mesa (Profa. Maria Rita Ferragut) – Foi formulada uma questão que diz respeito a indícios de sonegação fiscal e procedimentos para sua identificação. Não existe, no meu entendimento, uma resposta única para essa indagação, porque ela pressupõe análise probatória. Eu preciso necessariamente conhecer qual é o contexto que está sendo analisado, pelo agente fiscal ou por autoridade judiciária, para entender por que existe a presunção de sonegação fiscal, quais são os fatos envolvidos, quais os indícios pró e contra a conclusão da sonegação. O que é possível adiantar para vocês é que o procedimento do Fisco é constitucional. A análise deve sempre partir da lei. A lei permite a conduta que foi adotada por aquele contribuinte, caso contrário ele terá descumprido um dever instrumental, que, por conseqüência, gerou falta de pagamento de tributo. Trata-se, sim, de crime contra ordem tributária, e a sonegação fiscal terá sido tipificada, salvo se houver alguma excludente que justifique essa não-declaração e esse não-pagamento. O que seria muito raro de ocorrer – mas não considero como impossível – é conseguir construir uma prova em que eu não cumpro com o dever instrumental, não pago tributo, e essa conduta não seja tipificada como crime contra a ordem tributária. Mas a lei tem que ser analisada, pois, se o contribuinte cumpre com a lei, age de forma que lhe é facultada, deixa de pagar tributo porque assim era possível, isso não significa sonegação. Assim, se a conduta dele tiver respaldo legal não será sonegação; se não tiver, será, sim, sonegação.

Vamos, agora, para um segundo degrau. Além da base legal, é necessário que se analise o propósito negocial daquela operação. Imaginemos um contribuinte radicado no Estado de São Paulo, em que a alíquota do ICMS é 18%, que decide mudar seu estabelecimento para, por exemplo, Mato Grosso do Sul, Estado que confere alguns benefícios fiscais, além da mão-de-obra mais barata. Esse contribuinte faz um investimento no Mato Grosso do Sul, abre sua empresa, sua fábrica, os funcionários estão efetivamente estabelecidos naquele local, ele vende toda sua mercadoria a partir do Mato Grosso do Sul: é indiscutível que ele terá tido um benefício fiscal, mas eu não posso tipificar essa vantagem como crime contra a ordem tributária. Não se trata, a meu ver, de sonegação fiscal, mas de aproveitamento lícito de uma vantagem que a lei conferia e que ele, efetivamente, utilizou.

Nós temos um grande problema arrecadatório para o Município, que é o fato de muitas empresas se estabelecerem formal ou efetivamente fora de São Paulo, em cidades-satélites. Elas pagam ISS nessas cidades – Santana do Parnaíba é um exemplo – e têm seu estabelecimento aqui. Então, a matriz encontra-se em Santana do Parnaíba, e a filial aqui em São Paulo, onde efetivamente se trabalha, se presta os serviços, mas as notas são emitidas em Santana do Paranaíba. Há sonegação fiscal? Nessa acepção, há. Se o estabelecimento estiver aqui em São Paulo, o sujeito tem que emitir a nota no estabelecimento prestador. Santana do Paranaíba é um escritório, e, como vocês sabem, normalmente eles são abertos como sendo "Sala A", "Sala B", "Sala C", em que apenas no contrato social, no contrato de locação, o estabelecimento existe, mas toda a atividade da empresa é gerida em São Paulo. Nesse sentido, o imposto deveria ter sido recolhido aqui. Entretanto, se o contribuinte, sabendo que a lei fiscal é mais vantajosa num Município vizinho, decide por lá se estabelecer, nada há de errado. O Fisco não poderá cobrar dele um tributo, porque a vantagem fiscal é legalmente prevista, não há ocultação de fatos jurídicos tributários, e deve existir propósito negocial.

Um terceiro degrau são todos os indícios, pró e contra, relativos ao fato da sonegação. Eu até posso ter uma situação característica que me leve a crer que se trata de evasão fiscal, mas eu consigo elencar diversas outras provas de que não é. Uma vez trabalhei num caso em que o INSS lavrou NFLD contra determinada empresa, para cobrar contribuição sobre folha de salários, sobre a remuneração que era recebida pelos representantes comerciais. E ela pautou a presunção do vínculo empregatício no fato de que o proprietário daquela empresa pagava plano de saúde para os representantes comerciais. Sem dúvida alguma, pagar plano de saúde para representante comercial, não-empregado, é um forte fato indiciário de que essa pessoa não é um representante, e sim um empregado que passou a trabalhar como pessoa jurídica, mas na verdade é empregado. Só que tínhamos diversos outros fatos que demonstravam a inexistência de subordinação e exclusividade. Enquanto a empresa se encontrava no interior do Estado de São Paulo, esses representantes estavam espalhados por todo o país; então, seria muito difícil conseguir sustentar que um representante comercial estabelecido em Belém tem um vínculo de subordinação com a indústria aqui de São Paulo, porque eu não sei a que horas a pessoa entra, a que horas a pessoa sai, se ela não segue todas as regras etc. Ademais, a prestação de serviço não era exclusiva para aquele contribuinte. Então, é imperioso que se faça uma ponderação de todos os indícios, pró e contrários à presunção de sonegação fiscal, para que, aí, eu tenha uma condição melhor de avaliar se, provavelmente, há um aproveitamento indevido daquele benefício, eu estou tratando de evasão fiscal, ou se não, se é só uma questão de elisão, e aí não teria como ser questionado, porque essa diferença entre *evasão* e *elisão* é singela do ponto de vista acadêmico. A elisão é permitida, a evasão não é. A elisão ocorre antes do fato jurídico tributário, e a evasão após o fato jurídico tributário. Mas reitero: a análise do caso concreto é muito mais complexa, e por isso esses três degraus devem ser analisados minuciosamente.

Prof. Paulo César Conrado – Há uma questão que nos pede para falar a respeito do "trancamento", ou "encerramento", como se coloca aqui também, do processo administrativo em função do ajuizamento de ação judicial.

A questão nos remete a um dispositivo da Lei 6.830 segundo o qual o ingresso pelo contribuinte, pelo administrado, de ação judicial anulatória, por exemplo, do auto de infração, esse proceder do contribuinte, implicaria renúncia ao processo administrativo ou, então, sua extinção, seu trancamento – como se usou na questão –, caso já tenha sido oferecida a impugnação administrativa.

É muito interessante lançar essa questão, porque me parece, de fato, que a proposta apresentada pela Lei 6.830 para "solver esse problema" de litispendência entre processo administrativo e processo judicial é a pior possível. A lei presume a idéia de renúncia à instância administrativa em razão de uma conduta que não traz prejuízo algum para o processo administrativo. Há pouco eu lhes dizia que uma das características que governa o processo administrativo, distinguindo-o do judicial, é a ausência de coisa julgada. Não que não haja definitividade no âmbito do processo administrativo; há, mas não por obra da coisa julgada. A coisa julgada seria reservada apenas ao processo judicial, às sentenças, portanto, aos processos de conhecimento.

Vale dizer, portanto, que se o contribuinte ingressou, por exemplo, com uma ação anulatória, não será ela, a ação anulatória, que vai impedir a tramitação do processo administrativo. O que vai impedir a tramitação do administrativo é a coisa julgada do processo judicial. Enquanto não obtida a coisa julgada do processo judicial, nenhum obstáculo há para a tramitação do administrativo, assim penso. Agora, por óbvio que o processo judicial pode gerar um efeito que seria o proveniente da coisa julgada, esse, sim, obstativo do exercício da jurisdição administrativa, porque não há tribunal ou julgador administrativo que vá decidir alguma coisa que já foi definitivamente resolvida, porque se formou a coisa julgada, pelo Poder Judiciário.

De onde concluiria – reforçando aquilo que coloquei aos Srs. – que a solução alvitrada pela Lei 6.830 (salvo engano, no parágrafo único do art. 38, ou § 1º, alguma coisa do estilo) é a pior, de fato, é a pior possível. O ajuizamento da ação judicial, cremos, implica suspensão do processo administrativo. Essa suspensão perdurará até a formação da coisa julgada. Se porventura a coisa julgada não for formada – imaginem os Srs. que o juiz do processo judicial resolva extingui-lo com base no art. 267 do CPC, por alguma questão de natureza formal: não vai se formar a coisa julgada, por óbvio –, então, não houve uma solução, do ponto de vista judicial, a solução de direito material; solução, essa, que pode ser encontrada na órbita administrativa.

O simples trancamento ou extinção do processo administrativo, como em tese proporia a Lei 6.830, significaria a sonegação completa da jurisdição ao jurisdicionado. Ele não vai obter jurisdição no processo administrativo porque, em tese, ele já optou pelo judicial. Só que o judicial não está resolvido, e, se não foi pelo mérito resolvido, se foi extinto com base no art. 267, fica sem a jurisdição judicial, da mesma forma.

Por isso lhes disse que nos parece que a autoridade julgadora administrativa, antes de aplicar a literalidade desse dispositivo, deve interpretá-lo, para ver o prejuízo efetivo para seu processo em decorrência de uma eventual futura coisa julgada material, suspendendo o andamento do processo até a solução do processo judicial.

PROF. MARCOS VINICIUS NEDER – Antes de passar para a próxima pergunta, eu queria só fazer um pequeno comentário sobre a questão da renúncia à esfera de julgamento administrativo. Na verdade, por muito tempo prevaleceu, com fundamento no art. 38 da Lei 6.830/1880 (Lei das Execuções Fiscais), que não haveria renúncia no processo administrativo fiscal pelo fato de o contribuinte discutir simultaneamente a mesma matéria tanto administrativa quanto judicialmente. Várias decisões da Câmara Superior foram proferidas nesse sentido quando a ação judicial era de natureza declaratória e prévia ao lançamento, porque essa espécie de ação não está prevista no mencionado art. 38. Ocorre que por vezes a decisão administrativa reconhecia o direito do contribuinte e a decisão judicial era em sentido contrário. Na prática, então, prevalecia a decisão administrativa sobre a judicial, em ofensa ao princípio da unidade de jurisdição.

A Administração Tributária, para evitar esse problema, decidiu suspender os processos administrativos fiscais até o desenlace do processo judicial. Ou seja, no momento em que se identificava a concomitância entre processos administrativo e judicial referentes à mesma matéria e ao mesmo sujeito passivo, determinava-se a suspensão do processo administrativo. Essa orientação demonstrou-se desastrosa do ponto de vista da gestão administrativa, pois inúmeros processos foram suspensos sem que houvesse adequado acompanhamento do andamento judicial. As delegacias de julgamento não eram comunicadas do resultado final do processo judicial, e certos processos ficavam paralisados por vários anos desnecessariamente, pois a decisão judicial já havia sido proferida muito tempo atrás.

Devido a esses problemas operacionais, optou-se pela renúncia à via administrativa quando o contribuinte opta por ir diretamente a juízo antes ou depois do lançamento tributário. Essa matéria se encontra, aliás, pacificada na jurisprudência administrativa, sendo objeto da edição da Súmula 1 do Conselho de Contribuintes. A declaração da renúncia à via administrativa pelo órgão de julgamento administrativo provoca o não-conhecimento da impugnação administrativa e a inscrição do débito em Dívida Ativa, para ajuizamento da execução fiscal.

Assim, a ida do contribuinte ao Poder Judiciário para debater uma exigência tributária provoca, na sistemática atual, duas ações judiciais tratando da mesma matéria. Discute-se a legalidade da exigência por meio da ação declaratória interposta pelo contribuinte e cobra-se o pagamento do mesmo débito pela via executiva. As últimas decisões do STJ têm admitido a conexão entre a ação declaratória e os embargos à execução fiscal.

A outra questão é: *No âmbito do processo administrativo, pode ser reconhecida pela Secretaria da Receita ou pelo Conselho de Contribuintes a validade de compensações realizadas apenas e tão-somente na contabilidade, em prestígio à verdade material que rege o processo administrativo?*

Na verdade, a possibilidade de compensação tributária foi sendo alterada ao longo do tempo. Primeiro, o art. 66 da Lei 8.383/1991 permitiu a compensação na escrita fiscal quando os tributos fossem da mesma espécie. Isso gerou uma discussão muito grande, porque não se sabia ao certo que tributos podiam ser considerados como da mesma espécie. O contribuinte, nesses casos, fazia automaticamente a compensação na sua escrita fiscal. Com o advento da Lei 9.430/1996 alterou-se a sistemática da compensação, permitindo-se ao contribuinte compensar tributos de espécies diferentes, desde que submetesse pedido à Secretaria da Receita Federal para que realizasse o encontro de contas. Essa exigência está fundamentada na existência de destinação constitucional diferente entre os tributos, bem como a sujeição de alguns impostos à repartição da arrecadação com Estados e Municípios. A partir da Lei 9.430/1996 a Receita Federal passou a alocar os pagamentos internamente, realizando lançamentos de débitos e créditos nas contas públicas, de maneira a que fosse garantida a destinação constitucional.

Então, a partir da Lei 9.430/1996 começou a surgir a necessidade de que a compensação, para produzir efeitos, fosse submetida à Secretaria da Receita Federal. E, mais recentemente, a partir da Lei 10.637/2002, introduziu-se a Declaração de Compensação – DComp – na sistemática de compensação. Essa declaração é elemento essencial na compensação. Só é possível realizar a compensação com a entrega dessa Declaração, que tem o efeito de extinguir o crédito tributário sob condição resolutória de ulterior homologação. Assim, depois da edição da Lei 10.637/2002 não há falar em compensação automática na escrita fiscal realizada pelo contribuinte.

Então, voltando à pergunta, o interessado alega que realizou a compensação em sua escrita fiscal à revelia da lei. De fato, ainda existem contribuintes que defendem que essa espécie de compensação ainda é possível. Ocorre que há possibilidade de esse contribuinte receber autuação fiscal cobrando o débito, pois a compensação não obedeceu à prescrição legal. Nessa nova sistemática implantada com o surgimento da DComp, a meu ver, não é mais possível realizar a compensação diretamente na escrita fiscal.

PROF. PAULO CÉSAR CONRADO – *Indaga-se sobre se a emissão de ato administrativo de cancelamento de compensação, sem que seja oportunizado o exercício da ampla defesa, do contraditório, é possível, nesse caso, no âmbito da Receita Federal. Indaga-se, ainda, se seria possível a apresentação eficaz de manifestação de inconformidade.*

Eu gostaria, aqui, de re-situar o problema. Parece-me que o ato administrativo que cancela, entre todas as aspas do universo, a compensação é o lançamento. Quando a autoridade jurisdicional diz que a compensação efetuada pelo contribuinte, mesmo que anteriormente autorizada, é indevida, ela o faz para lançar tributo devido, e nesse espaço, obviamente, necessário que o contribuinte seja previamente notificado, abrindo-se lhe oportunidade de impugnar o lançamento realizado, inclusive à luz do respectivo móvel, o lançamento teria sido feito em função do ato administrativo que anula anterior autorização para fins de compensação. Que a Administração Pública pode fazer isso, pode, sem dúvida alguma. Até porque ela tem a possibilidade de rever os próprios atos a qualquer tempo, desde que detecte algum vício ela assim procede, só que os efeitos derivados dessa atividade administrativa – que, no caso, seriam efeitos patrimoniais, porque a anulação pela Administração da anterior autorização implica lançamento posterior –, esses efeitos patrimoniais, só podem ser deflagrados em concreto mediante cumprimento do contraditório e ampla defesa E volto a lhes dizer: nesse particular, nós teríamos a possibilidade de o contribuinte impugnar o fato gerador da atividade administrativa de lançamento, o fato gerador é o cancelamento – usando, aqui, o vocábulo que se empregou – da compensação anterior.

Aqui na questão há um ponto adicional que se coloca: *E se essa atividade administrativa de cancelamento decorrer de cumprimento de ordem judicial?*

Aí, é óbvio que não. A autoridade administrativa que recebe a ordem judicial no sentido de revogar o regime de compensação de que gozava o contribuinte não tem que instalar processo administrativo para cumprir a ordem judicial. O contraditório e a ampla defesa em prol do contribuinte estariam sendo resolvidos lá no processo judicial de onde a ordem deriva, e não seriam reiterados no âmbito administrativo.

PROF. MARCOS VINICIUS NEDER – Uma outra pergunta: *A compensação é execução? Se sim, uma vez iniciada, há prazo de decadência? Se não, onde está na legislação a definição do prazo prescricional ou decadencial?*

Esta é uma pergunta interessante, não é? Que tem gerado muito debate. Onde é que estão previstos os prazos decadenciais para a compensação? O art. 68 do CTN estabelece o prazo de cinco anos para restituição de tributos. O art. 69 fixa o prazo de dois anos para o interessado ingressar com ação judicial contra o indeferimento da restituição de tributos. Então, o primeiro artigo trata de decadência, e o segundo artigo de prescrição, mas ambos regulam a restituição de tributos. E a compensação tributária?

A Administração Tributária e o Conselho de Contribuintes entendem que a compensação pressupõe um pedido de restituição. Primeiro, analisa-se o crédito; depois, faz-se o encontro de contas. Assim, os prazos de decadência do direito de compensar são os mesmos previstos para a restituição. Há, contudo, quem defenda que não há prazo estabelecido em lei para efetuar a compensação, que, sendo um direito potestativo, poderia ser exercido a qualquer tempo. Essa posição não tem prevalecido, tanto judicialmente quanto administrativamente.

Resta, ainda, examinar a hipótese em que a repetição de indébito é deferida pelo Poder Judiciário e o contribuinte decide pedir administrativamente a compensação. Nesse caso, qual seria o prazo prescricional? A Administração Tributária tem entendido que se aplica o antigo prazo prescricional de cinco anos do Decreto 20.910/1932.

Então, esse é o entendimento que está prevalecendo sobre essa matéria, mas que está longe de ser definitivo.

Obrigado!

COORDENADORA DA MESA (PROFA. MARIA RITA FERRAGUT) – Foi formulada uma pergunta bem interessante, que diz respeito à possibilidade de a decisão administrativa ser revista no Judiciário por provocação da Procuradoria.

A pergunta é a seguinte: *Existe algo parecido com a coisa julgada no processo administrativo, quando a Fazenda é vencida, pois a mesma não pode, nesse caso, recorrer ao Judiciário. Uma vez que nos tribunais administrativos paritários as decisões tendem a ser imparciais e somente o contribuinte pode se socorrer do Judiciário. Isso pode causar prejuízos à Admi-*

nistração, nos casos em que a Fazenda é vencida no âmbito administrativo, mas teria grande chance de vencer no Judiciário.

Entendo que a decisão administrativa pode ser revista se o fundamento para discussão dessa decisão for o controle de legalidade. Existe, como vocês sabem, a Portaria 820, que determina que, todas as vezes em que uma decisão envolver débitos acima de R$ 50.000.000,00, ou causar grave lesão ao patrimônio público ou – se não me engano, porque não estou com a portaria em mãos – houver relevância do fundamento, a Procuradoria seria competente para requerer a anulação da decisão do Conselho.

Quanto trato de fraude eu não tenho dúvida de que sim, essa decisão pode ser revista, porque a segurança jurídica, a certeza do direito, a moralidade administrativa, se sobreporiam, e o interesse público não poderia, de forma alguma, ser comprometido em função de uma decisão que "transitou em julgado" administrativamente. Não há esse trânsito em julgado, como o professor Paulo bem colocou, mas é uma decisão definitiva. Ela pode, sim, e deve, ser questionada perante o Poder Judiciário.

A dificuldade reside, em contrapartida, nas situações em que o valor envolvido for elevado ou houver um relevante interesse. Por que o fato de existir uma dívida de valor elevado significa que o Poder Judiciário tenha necessariamente que se pronunciar sobre a manutenção daquele crédito, uma vez que o processo administrativo existiu e que o próprio Conselho de Contribuintes – Conselho paritário, mas integrante da Administração Pública – concluiu pela inexistência do fato jurídico tributário, ou pela ilegalidade daquela atuação, seja por vício formal, seja por inexistência de provas?

Essa situação, em que a única razão é o valor envolvido – e, portanto, existe um motivo político para não deixar que essa decisão seja definitiva –, não é fato suficiente para ser excepcionado o direito do contribuinte de ter certeza de que aquela decisão, que percorreu todos os âmbitos administrativos e foi a ele favorável, pode ainda ser revista no Judiciário.

Para completar, a revisão, nos casos de controle de legalidade, pode e deve ser feita, desde que observados os prazos prescricionais. Então, não é a qualquer tempo que essa revisão pode ser feita, mas dentro do lapso temporal em que o fato gerador puder ainda ser discutido.

PROF. PAULO CÉSAR CONRADO – Eu gostaria de lembrar aos Srs. (eu penso como a professora Maria Rita, mas gostaria de lembrá-los) a redação do CTN, art. 156, eu não me recordo, agora, do inciso, se é o IX ou X, no sentido de que se extingue o crédito tributário pela a decisão administrativa irreformável, assim entendida aquela da qual não caiba mais ação anulatória. De onde se conclui que a decisão do Conselho, do que quer que seja, administrativa, mesmo que definitiva, na órbita administrativa, não extingue a obrigação tributária, a não ser que tenha decorrido o prazo para propositura da ação anulatória. Então, nós poderíamos falar: "Mas que ação anulatória é essa? Ela não está prevista no sistema".

Nem todas as ações estão previstas especificamente no sistema, é para isso que existe rito ordinário. Essa ação é anulatória por uma questão terminológica que nós estamos propondo agora, mas ela é uma ação de conhecimento metida a rito ordinário, proposta pela Administração Pública em função de um ato que não é propriamente administrativo, como lhes disse em princípio, é um ato jurisdicional; não é a Administração contra ela mesma, é a Administração contra um ato jurisdicional atipicamente produzido pela Administração Pública. E – vejam os Srs. – é uma questão de proporcionalidade. Se a coisa julgada judicial pode ser derrubada por rescisória, o que dirá esse "trem" que não é coisa julgada, que é uma "semicoisa julgada"? Seria algo completamente desproporcional num tempo em que nós estamos – gostemos ou não – interpretando o direito processual sempre debaixo daquela idéia de *leading case*, prevalência dos precedentes dos Tribunais superiores. Imaginem os Srs. uma decisão do Conselho, ou de quem quer que seja, que tenha se feito definitiva: amanhã ou depois o STJ – embora isso seja difícil – uniformiza sua jurisprudência em sentido diametralmente oposto àquele do Conselho. A Administração fica fechada em relação àquilo. Se fosse coisa julgada judicial, se a Administração tivesse perdido em juízo, ela poderia propor a rescisória. Agora, como ela não perdeu em juízo, ela perdeu na instância administrativa, não pode fazer nada.

Eu respeito, evidentemente, opiniões em sentido oposto, mas não me parece que a recusa ao cabimento dessa ação seja proporcional. Ou bem vamos recusar tudo, ou recusamos nada.

PROF. MARCOS VINICIUS NEDER – Queria pedir licença para intervir neste tema palpitante, para colocar algumas dúvidas minhas.

Primeiro: será que podemos dizer que o Poder Executivo está perdendo administrativamente quando a decisão é contrária à manutenção do lançamento tributário? Afinal, a Administração criou esse canal para o contribuinte possa se insurgir contra atos da Administração que considere ilegais, e os órgãos julgadores foram concebidos justamente para revisar tais atos e pronunciar a vontade da Administração sobre a legalidade do ato. Teria sentido falar em perder ou ganhar? Não seria a própria Administração que estaria se pronunciando a respeito de determinada questão litigiosa? É bom lembrar que a Câmara Superior de Recursos Fiscais é composta pelos presidentes e vice-presidentes das Câmaras dos Conselhos, todos cargos de confiança do Poder Executivo e nomeados pelo Ministro da Fazenda. Ou seja, o órgão de julgamento expressa claramente a vontade da Administração. Esse é o primeiro ponto.

O segundo ponto que eu questiono é: será que a Administração poderia provocar o Poder Judiciário para obter uma apreciação sobre a validade de suas decisões? A tutela jurisdicional não deveria ser prestada para proteção do contribuinte contra atos do Estado, e não para proteção da própria Administração contra atos de um de seus órgãos julgadores?

O terceiro ponto seria de ordem processual: quem entraria com essa ação? A Procuradoria da Fazenda Nacional é que defende os interesses do Ministério da Fazenda em questão tributária. Se alguém entra em juízo contra um ato administrativo do Ministério da Fazenda, é a Procuradoria chamada a defender o ato. A decisão do Conselho de Contribuintes que se tornou definitiva a favor do contribuinte, segundo o próprio art. 156 do CTN, produz a extinção do crédito tributário. A Procuradoria teria que ingressar em juízo para desconstituir tal ato decisório, e a mesma Procuradoria iria ser chamada a defender o mesmo ato. A Procuradoria seria autora e ré da mesma ação judicial. Gostaria de ouvir o professor Paulo Conrado sobre essas questões.

PROF. PAULO CÉSAR CONRADO – As premissas, professor Marcos, são diferentes. V. Exa. define a atividade do Conselho como atividade *administrativa*, e eu a defino como *jurisdicional*. Para quem define o ato, a decisão produzida por esses órgãos, como ato administrativo, aí é a Administração mutilando a si mesma. É uma ilogicidade.

Para quem define o ato como jurisdicional o problema não se apresenta, porque a Administração Pública, enquanto julgadora, não é Administração Pública. Agora, ali dentro, nós a identificamos não apenas como tal, senão também como parte. E me parece que dessa conclusão nós não podemos sair, querer qualificar o ato, a decisão, como decisão sob algum aspecto, sob certos aspectos, e sob outros aspectos não, sob outros aspectos é ato administrativo. A pergunta, parece-me que o dissenso decorre precisamente dessa premissa.

Agora, a questão que se formula por último me parece muito clara. A Administração Pública, quando ingressa com essa ação, se é que ingressa, a União, quando ingressa com essa ação, ela pretende a "repristinação" do lançamento. Então, ela vai promover a ação contra quem tem interesse na manutenção do ato que anulou o lançamento, que é o contribuinte. Não é contra quem quer que seja. A Administração, o Conselho, ele não existe como órgão que tenha personalidade jurídica, ele não vai ser integrado à lide como um coréu, tendo que ter o respectivo procurador ali. É a mesma coisa que acontece na rescisória. Quem entra com a rescisória? Quem perdeu. Contra quem? Quem ganhou. Mas quem é que prolatou o móvel da ação rescisória? É o juiz. E o juiz vai lá para defender: "Não, mantenham a minha decisão, porque é ela que deve (...)". Não me parece que assim seja.

Eu quero crer que, antes de mais nada, não tenho dúvida de que isso é indesejável. É óbvio que é indesejável. É a pior coisa do mundo. Agora, uma coisa é ser indesejável, e outra coisa é ser descabido. Ainda mais no ambiente em que nós vivemos, como disse aos Srs., em que se admite a rescisão da coisa julgada judicial, parece-me que esse não é um argumento técnico, mas é um argumento de convencimento, baseado na idéia de proporcionalidade, para que a gente tenha uma estrutura processual, sistemática, harmônica. Mas volto a dizer, as premissas é que determinam o resultado.

[*Alguém da platéia falou longe de microfone*]

PROF. PAULO CÉSAR CONRADO – Mas isso se o Sr. considerar que a Corte administrativa é um órgão administrativo, não é? Porque, senão, não se dá esse conflito que justifica a competência do STJ. Por isso, como disse antes, a premissa é absolutamente fundamental.

Há uma questão da professora Cláudia Junqueira sobre a questão da informalização do processo administrativo. Ela afirma que essa é uma tendência que se verifica na legislação que rege uma série de processos administrativos. Indaga sobre se isso não seria um contraponto ao princípio da informalidade que governa o processo administrativo.

Não vou gastar o tempo dos Srs., mas a questão é muito valiosa no momento em que nós nos encontramos, porque essa idéia de informalidade, assim, nos parece absolutamente equivocada. E ela está sendo levada, hoje, de maneira muito infeliz, para o Poder Judiciário, pela instalação de órgãos como juizados especiais. Tanto no âmbito estadual quanto no federal se diz que a tônica desses órgãos jurisdicionais é a informalidade.

Agora vejam, os Srs. já pensaram o que é "informalidade"? Informalidade, para mim, é ausência de forma. O que é isso? Aparece um sujeito, lá na Justiça, bate na porta, e fala assim: "Eu quero!". Aí, alguém pega uma caneta e começa a anotar o que o sujeito pretende, e fala para ele: "Olha, traz aí os documentos não sei das quantas", junta aqui, amanhã ou depois eu cito a parte contrária, numa audiência qualquer. Fala-se lá tudo que se tem que falar, e o juiz resolve tudo com base no "cheiro", porque é a única coisa que brota para ele; não tem cognição profunda, fica só no aspecto raso.

O que em tese se sustenta pela idéia de celeridade – nós estamos sempre com muita pressa, porque o Judiciário, os órgãos jurisdicionais, tanto administrativos quanto judiciais, são lerdos; então, nós estamos com pressa, nós estamos sempre empurrando esses órgãos, custe o que custar, mesmo que seja o nível mínimo de cognição.

Nós temos que refletir sobre se isso é efetivamente o desejável. Parece-me que não, parece-me que isso seja admissível. Se os órgãos julgadores administrativos estão caminhando em sentido contrário – ou seja, estão deixando de lado essa idéia de informalidade, de condução do processo à revelia de forma, aceitando tudo –, acredito que estão corretíssimos, porque o processo tem que ser quadrado, mesmo, se não a autoridade jurisdicional o conduz do jeito que ela quer. Então, o processo caiu com o relator "A", o relator "A" é flexível, ele permite que eu junte documentos até o último segundo do julgamento, e se juntar tudo fora do prazo ele vai baixar diligência, vai converter o julgamento em diligência; agora, o outro julgador não, esse é mais restritivo, esse não permite que haja esse tipo de coisa.

Vejam os Srs., parece que esse tipo de situação é desquerida pela legislação, em termos procedimentais nós temos que ser rigorosos. Liberdade para agir é em termos de apreciação do direito material. O processo administrativo não é diferente do judicial nesse ponto. O processo judicial governa-se pelo princípio da livre persuasão racional, o juiz interpreta os fatos de maneira livre, desde que motive. Mas isso, vejam, para solução do conflito, não para condução do procedimento. O procedimento não pode ser conduzido segundo padrões particulares do órgão julgador judicial, e me parece que também não do órgão administrativo.

Confesso aos Srs. que me causava espanto – embora esse espanto durasse dois, três minutos, porque aí depois se esquece, há coisas mais importantes para pensar... – quando eu ia em determinadas Cortes administrativas e ouvia, por exemplo: "Ah! Acontece muitas vezes que o processo está lá pautado para julgamento, aí alguém traz um documento que estava lá, mas guardado na manga, porque não é possível que o documento surja do nada, não é?". Uma mágica, e aparece de repente um documento que vai determinar a solução do negócio. E aí pára tudo para rever o voto – parece que isso é, no mínimo, estranho. Agora, se é esse o princípio que governa o processo administrativo, essa busca estranhíssima pela verdade, porque parece que existem duas verdades, não é? Existe uma "verdade verdadeira", que é a que é buscada pelo processo administrativo, e existe uma verdade que não é a verdadeira, é uma verdade que é só aquela "verdade-mentirinha", do papel. Essa é o julgador judicial que busca. O julgador judicial se satisfaz com as mentiras constantes do processo. O administrativo, não. O julgador administrativo é um superdotado de superpoderes, e ele vai atrás da "verdade verdadeira" e não da "semi-verdade". E, para isso, o que ele faz? Ele transforma o processo numa coisa amorfa, que tem começo, meio e fim, mas depois pode ter recomeço. E aí nós voltamos para o fim, depois vamos para o meio de novo – ou seja, o processo deixa de ser processo, porque todo processo é submetido a procedimento, e procedimento é forma de organização lógica e cronológica de atos processuais, submetida às idéias de segurança jurídica, legalidade e retroatividade.

Se nós pensamos assim para o direito material, me parece que devemos pensar também para o direito processual. Nesse sentido, à professora Cláudia, que propõe a pergunta, eu diria que é uma tendência positiva, no caso do administrativo, lamentavelmente não verificada no processo judicial.

Prof. Marcos Vinicius Neder – Sobre esse aspecto, cumpre observar que o processo administrativo fiscal não obriga à representação por advogados, e, por isso, existe uma orientação para a informalidade. Isso não poder ser levado ao extremo, daí se falar em *formalismo moderado* no processo administrativo fiscal. Sobre a apresentação extemporânea de documentos pelos contribuintes, o problema reside na autorização do Regimento Interno dos Conselhos para juntada de provas enquanto o processo não for colocado em pauta. Quer dizer, a portaria do Ministro da Fazenda que regula o procedimento interno dos julgamentos administrativos traz essa previsão. Deve-se atentar para as peculiaridades do processo administrativo fiscal, que o diferenciam do judicial. Realmente, são inconvenientes essas juntadas de provas no último instante, concordo com isso. Mas a aceitação deve ser examinada a partir de um juízo de proporcionalidade e razoabilidade. Afinal, em certas situações a prova pode evitar o ajuizamento de execução fiscal equivocada. Isso foi só um comentário que eu queria fazer.

Coordenadora da Mesa (Profa. Maria Rita Ferragut) – Em função do avançado da hora, infelizmente, teremos que concluir esta Oficina. Mas eu gostaria de dizer que permanecemos à disposição de vocês, porque algumas perguntas foram entregues e não terão como ser respondidas aqui em Plenário. Mas estamos à disposição para que sejam respondidas individualmente para as pessoas que as formularam.

Gostaria de agradecer a presença do nosso digníssimo Presidente do Congresso, Dr. Eugênio Doin Vieira, agradecer e parabenizar os meus colegas Marcos Vinicius e Paulo Conrado e também a todos vocês que participaram na elaboração dessas perguntas.

Uma boa noite para todos! [*Palmas*]

MESA DE DEBATES "E"

RESPONSABILIDADE TRIBUTÁRIA, COMPENSAÇÃO E PARCERIA PÚBLICO-PRIVADA

PRESIDENTE DA MESA: PROF. YOSHIAKI ICHIHARA

MEMBROS DA MESA: PROF. EURICO DE SANTI, PROF. RENATO LOPES BECHO, PROF. ESTEVÃO HORVATH

PRESIDENTE DA MESA (PROF. YOSHIAKI ICHIHARA) – Declaro, sem mais delonga, aberta a sessão "Responsabilidade Tributária, Compensação e Parceria Público-Privada", e passo a palavra ao conferencista Renato Lopes Becho.

COMPENSAÇÃO EM MATÉRIA TRIBUTÁRIA

PROF. RENATO LOPES BECHO – Gostaria, inicialmente, de cumprimentar a todos os presentes; agradecer o convite feito pelo professor Aires Fernandino Barreto, Presidente do IGA-IDEPE; cumprimentar o professor Eugênio Doin Vieira, Presidente deste Congresso; e os meus colegas de Mesa, o professor Estevão Horvath, o professor Eurico de Santi e, na Presidência, o professor Yoshiaki Ichihara.

O tema sobre o qual fui convidado a falar é a compensação do crédito tributário. Gostaria de propor aos colegas fazer, de certa forma, uma "continuação" da palestra do professor Roberto Quiroga Mosquera publicada na *RDTributário* 94, disponibilizada a todos os presentes. Muitos dos aspectos básicos da compensação foram por ele tratados no Congresso do ano passado, e eu fico mais à vontade em tratar de alguns outros temas relacionados à compensação.

O que é a compensação em matéria de direito tributário? Ela, como todos sabem, é uma causa de extinção do crédito tributário, prevista no art. 156, II, do CTN. É prevista logo em seguida ao pagamento (inciso I).

Pois bem, vai haver essa compensação quando Fisco e contribuinte forem, reciprocamente, credor e devedor um do outro. Pela compensação, eles farão um ajuste de contas recíprocas, acarretando a extinção do crédito tributário.

No meu início na Advocacia, em 1990, ainda peguei aquela fase em que se fazia ação de repetição de indébito ou se faziam pedidos administrativos de restituição de tributos. Mas, me recordo bem, os desencontros do governo Collor de Mello, em matéria de legislação tributária, acarretaram em certo momento, se não me falha a memória, relacionado à Lei 8.200/1991, que instituiu o INPC como índice para a correção monetária das demonstrações financeiras, uma variação, principalmente no IR das pessoas jurídicas tributadas pelo lucro real, completamente desproporcional. E o próprio Governo identificou, posteriormente, que foi recolhido muito mais tributo do que era de fato devido. Veio a Lei 8.383/9191 e autorizou legislativamente a compensação em matéria de legislação tributária (arts. 66 e 80-85) para as distorções criadas pela Lei 8.200. Mas autorizou a compensação com uma série de barreiras.

Um pouco antes, o escritório em que eu trabalhava como advogado-júnior havia proposto algumas ações solicitando, em juízo, que fosse reconhecido o direito à compensação dos valores recolhidos – a título de tributo – a maior, e alguns juízes concediam, por exemplo, medidas liminares, outros não concediam. Mas felizmente veio a Lei 8.383/1991 e deu força àquela que para alguns era apenas uma referência no CTN, no art. 156, II: a compensação.

Nós entendíamos – e eu compartilho a idéia do escritório de que participava àquela época – que a compensação já estava autorizada no art. 156, II, do CTN. Não precisaria, necessariamente, uma outra lei ordinária para que se fizesse reconhecer a aplicabilidade do dispositivo. Essa era, contudo, uma posição bastante minoritária.

Quando veio a Lei 8.383/1991, ela *instituiu* a compensação, mas com uma série de amarras, uma série de limitações. E essas limitações trouxeram alguns problemas em matéria de compensação. Vários desses problemas foram sendo sucessivamente resolvidos, através, por exemplo, das Leis 9.069/1995, 9.250/1995, 9.430/1996 e 10.637/2002. Esta (Lei 10.637), dando uma nova redação ao art. 74 da Lei 9.430.

O professor Roberto Quiroga Mosquera, no trabalho a que eu já me referi, concluiu que "a compensação tributária, nos dias atuais, guarda quase uma similitude total com o instituto da compensação civil. Daí por que – segundo ele – entendo que não temos grandes discussões legais ou constitucionais acerca do tema" (p. 147).

Quais são as principais características da compensação? A doutrina tradicional menciona quatro: a reciprocidade ou bilateralidade, a liquidez e certeza, o termo ou vencimento e a fungibilidade. Primeiro, para haver uma compensação de créditos precisa haver uma reciprocidade – é dizer, as partes precisam ser credores e devedores, reciprocamente. Segundo, é necessário haver certeza e liquidez das dívidas. A certeza refere-se à afirmação segura de que os créditos e os débitos de fato existem. Não pode haver dúvidas nesse sentido. A liquidez é o pressuposto do conhecimento exato de qual é o valor desses montantes. Terceiro, tem que haver um termo, o vencimento das dívidas, ou seja, saber que essa dívida assim como a outra já são vencidas ou estão vencendo, e nós sabemos exatamente quando elas vão vencer. Por exemplo, hoje é dia 27 de outubro. Sabemos que no dia 5 de novembro temos um determinado pagamento tributário, de um crédito tributário. Essa é uma dívida em que existe termo, mesmo que ela não tenha vencido anteriormente. E, em quarto lugar, é necessária a fungibilidade das dívidas. Essa é a capacidade de poder substituir o bem, que essa dívida possa de fato ser substituída. Não há fungibilidade – e, portanto, há um impedimento à compensação – quando uma das dívidas é personalíssima, como a contratação da pintura de um quadro para minha residência, mediante pagamento em dinheiro, entregando o pintor livros de sua autoria em substituição ao quadro contratado. Em situações que tais não é exigível a compensação.

Diante desse cenário (superados os maiores problemas legislativos e fixadas as premissas metodológicas), eu gostaria de enfocar dois temas. Primeiro, o art. 170-A do CTN, inserido pela Lei Complementar 104/2001. O outro tema é a questão da utilização de precatórios para realização dessa compensação.

O art. 170-A do CTN prevê que é vedada a compensação mediante aproveitamento de tributo, objeto de contestação judicial pelo sujeito passivo, antes do trânsito em julgado da respectiva decisão judicial.

É um dispositivo com que boa parte dos advogados e dos contribuintes, por via indireta, não concorda. Por que a necessidade de se aguardar o trânsito em julgado da decisão que antecipa o crédito do contribuinte diante do Fisco, por um tributo recolhido a maior ou por um débito que se discute se é devido? Por que não fazer uma compensação imediata, diante da concessão de liminar em mandado de segurança ou de uma antecipação de tutela?

Eu, particularmente, não vejo vícios em relação a essas limitações. Eu me recordo, num Congresso desses do IGA-IDEPE, na época em que o professor Geraldo Ataliba era vivo, de que um certo dia o professor Tércio Sampaio Ferraz Jr., numa conferência, disse que os tributaristas eram dos que mais defendiam o princípio da legalidade. E dos que mais viam inconstitucionalidades, também. O que não é um contra-senso. Eu, particularmente, não vejo contra-senso, eu acredito que a identificação da legalidade e fazer o confronto com a constitucionalidade são complementos naturais da mesma atividade. Nesse ambiente, é particularmente comum em temas tributários a localização de vícios legais a impedir a correta extinção das obrigações tributárias, surgindo por vezes até "contas correntes" com créditos e débitos entre Fisco e contribuintes.

Em relação a esse dispositivo (art. 170-A do CTN), o primeiro aspecto a ser visto é a existência de algum vício formal. Eu desconheço se existe algum vício formal, se ele não tiver cumprido com os trâmites legislativos previstos constitucionalmente. E, principalmente, não vejo qualquer inconstitucionalidade material, porque eu sustento que é possível haver inconstitucionalidade material mesmo que a lei seja amplamente constitucional no aspecto formal.

Não identifico vício material justamente porque, naquele segundo requisito que nós comentamos sobre compensação, os valores precisam ter liquidez e certeza. Onde está a certeza, principalmente, numa decisão judicial ainda não transitada em julgado? A questão que se coloca não é se a decisão é de primeiro grau ou de segundo grau. Aqui, o problema que está sendo colocado não é de hierarquia de jurisdição, é uma questão justamente de certeza do crédito.

Vejam bem, hoje, como mencionei, existe uma grande facilidade para se processar, procedimentalizar, as compensações, a ponto de a principal forma de se realizar as compensações ser através da atuação direta do contribuinte. Então, ele reconhece, ele identifica, que tem um crédito de natureza tributária com o Estado e ele já faz a compensação, ele já abate do valor que ele deveria recolher, e faz a compensação. Tem até o programa PER/DComp, que é específico e por via eletrônica, no qual o contribuinte realiza todos os procedimentos, sendo, então, *mutatis mutandis*, como o autolançamento: é a *autocompensação*. Então, já existe uma ampla possibilidade de o contribuinte realizar compensação.

Por que ele precisa ir ao Poder Judiciário e precisa obter, por exemplo, uma antecipação de tutela? Num primeiro momento me dá a sensação de que é alguma situação, no mínimo, incerta, no mínimo, não completamente clara, no mínimo, que não preencha todos os requisitos previstos em lei, que o motiva a pleitear a identificação judicial do crédito que, em um segundo momento, o contribuinte vai querer compensar com outros tributos que ele deve recolher aos cofres públicos. Pelo menos é essa a visão que eu tenho tido.

O art. 170-A do CTN veio consolidar o que já era um entendimento do STJ, firmado no mesmo sentido.

Pois bem, o outro tema que reputo importante é, talvez, um pouco mais complexo. É a questão da utilização de precatórios como moeda de troca – como moeda, aliás, não de troca, como moeda de compensação. O que nós temos, aqui? Eu acho que usualmente a compensação é: entrou dinheiro a mais nos cofres públicos, a débito do sujeito passivo, e ele mesmo vai fazer a compensação com o dinheiro que ele tem que recolher. Então, entrou o dinheiro nos cofres do Estado antes, e a mais, em seguida, então, o contribuinte vai fazer essa compensação. Como é esse estado de coisas em relação aos precatórios? A visão que eu tenho de precatórios é que deve sair dinheiro dos cofres públicos, numa determinada data, e o contribuinte, ao invés de vir buscar esse dinheiro no futuro, em princípio, ele já quer abater uma dívida atual com o valor que ele tem a receber.

Não vou, aqui, evidentemente – porque foge ao tema central –, fazer análise crítica dos precatórios como um todo, muito menos dos parcelamentos até previstos constitucionalmente. Eu os vejo como um grande equívoco estrutural, tanto de procedimento quanto de forma, o Estado protelar esses pagamentos. Não basta para o Estado, então, todo o uso que ele dá do Poder Judiciário como mecanismo de atraso para cumprir com seus deveres. Como se não bastasse ele utilizar o Judiciário, então, para postergar os pagamentos, ele, depois de vencido no Judiciário, ainda consegue parcelar unilateralmente esses valores.

Mas, sem entrar na discussão de mérito, eu vejo uma diferença muito significativa entre um dinheiro que entrou a mais nos cofres públicos e um dinheiro que deverá sair dos cofres públicos. Bom, de qualquer forma, muito importante destacar que existe uma opção do contribuinte, no caso – já que nós estamos falando de direito tributário –, ou do devedor, de utilizar a via de recebimento por precatórios. O que quero destacar, neste momento? A própria legislação hoje permite, no caso da legislação tributária, ao contribuinte vencedor, ou ao sujeito passivo vencedor de uma demanda judicial, compensar o valor obtido por essa vitória, como está no art. 74 da Lei 9.430, com a redação da lei que eu já mencionei. A norma prevê ou dispõe que o sujeito passivo que apurar crédito, inclusive os judiciais, com trânsito em julgado, relativo a tributos ou contribuições administradas pela Secretaria da Receita Federal, passível de restituição ou ressarcimento poderá utilizar uma compensação de débitos próprios, relativos a quaisquer tributos e contribuições administradas por aquele órgão. É dizer, antes de o vencedor optar pela via da execução do crédito, a execução da decisão judicial, e realizar, entrar na via dos precatórios, ele pode optar pela compensação. Então, já é um mecanismo bastante poderoso.

Pois bem, nós sabemos que a Constituição, através do ADCT, art. 78, § 2º, prevê que as prestações anuais a que se refere o *caput* – justamente precatórios – desse artigo terão, se não liquidadas até o final do exercício a que se referem, o poder liberatório do pagamento de tributos da entidade devedora. Há alguns aspectos a serem mencionados também em relação a esse dispositivo transitório da Constituição. O primeiro deles, o que ele prevê; no meu modo de ver, exclusivamente aqueles precatórios que já deveriam ter sido pagos e não o foram. Então, é dizer: o Estado deve pagar R$ 10.000,00 de precatório em 2006. Em janeiro/2007, como o Estado não pagou o precatório, o contribuinte solicita ou realiza a compensação. Em relação a essa utilização de precatórios eu não vejo maiores problemas. Agora, muitas vezes já aconteceu comigo na prática judiciária – aliás, acontece com alguma freqüência, atualmente até já diminuiu – a utilização, por exemplo, a tentativa de utilização de precatórios do Estado, se não me engano, de Rondônia, para serem utilizados como via de pagamento de tributos federais. Eu, particularmente, não vejo com uma clareza absoluta, a ponto de dar sustentação a esse pedido, que as partes sejam as mesmas. Tudo bem que a União pode ser garantidora das dívidas dos Estados, de quem ela quiser e tiver uma legislação que autorize. Agora, dizer que o Estado de Rondônia, por hipótese – não tenho exata certeza se é ele ou se é Roraima –, é a mesma pessoa que a União Federal, não é. Então, também já derruba esse aspecto.

E um problema maior em relação a precatórios é a questão da cessão de direitos. Acredito que há dois aspectos relacionados à utilização de precatórios de terceiros que, no mínimo, dificultam a posição do julgador, no meu ponto de vista, quando do tratamento dessa matéria.

O primeiro deles é a questão de prova. Qual questão de prova pode estar aqui relacionada? Será que esse credor, por precatórios, não transferiu esses títulos, esse crédito, para mais de uma pessoa? É uma questão de prova. E que, como eu disse, vai ser um dificultador processual.

Um outro aspecto: quem vai realizar esse encontro de contas? É a própria Secretaria da Receita Federal que tem o poder de acompanhar o pagamento de precatórios ou a obrigação de acompanhar os pagamentos desses precatórios, ou é outro órgão? Se o precatório for, por exemplo, do Estado de Rondônia, acho pouco provável que seja a Receita Federal a responsável por acompanhar seu pagamento. Então, vai surgir, também, processualmente, uma dificuldade em relação ao órgão que vai processar essa compensação, se ela for autorizada.

E, por último, há a questão do balcão de negócios, do balcão de títulos, balcão dos precatórios. Que até é notícia de jornal. Só para contextualizar – não que eu vá fazer ciência em cima do que os jornalistas falam, não é isso –, a *Folha de S. Paulo* da segunda-feira dessa semana (23.10.2006) trouxe no Caderno B, p. 3: "São Paulo autua empresas por uso de precatório", "Créditos com Estados foram comprados no mercado com descontos ao redor de 70% para abater débitos com ICMS" – e várias empresas foram autuadas.

Isso é um dificultador. Eu imagino, por parte do julgador, quando ele identifica a existência desse mercado paralelo, em um mercado que não tem um controle efetivo por parte dos Poderes Públicos. É por isso que eu disse: não se tem a garantia de que esses precatórios foram transferidos apenas para uma pessoa, de que aqueles precatórios vão ser facilmente compensáveis.

Além do que foi dito, há outro aspecto, mas eu não vou me deter exatamente nele: o da lista da seqüência legislativa. Esse aspecto procura identificar se a Constituição Federal já deu garantia e direito completo ao contribuinte ou se é necessário lei ordinária para fazer valer o art. 78 do ADCT. Esse tema também já foi bem tratado pela doutrina, e pretendo não abordá-lo. Até porque meu tempo acabou.

Então, nesse sentido, indo para o final, eu gostaria de dizer que nós temos, digamos, algumas possibilidades de fazer análise em relação ao tema da compensação tributária – como, aliás, tudo em Direito, não é? Como disse Norberto Bobbio, ninguém tem o monopólio da palavra "Direito". Então, existem os positivistas, os naturalistas, os realistas, os humanistas. E lógico que, de acordo com a característica da formação do intérprete, ele poderá ter uma sensação diversa da dos outros. Não é por outro motivo que às vezes se consegue uma antecipação de tutela de qualquer assunto com um juiz, se consegue a utilização, digamos, de precatório, mesmo que indiretamente, com outro.

Mas, enfim, eu procurei demonstrar aqui, para vocês, pelo menos o meu ponto de vista no sentido de que existem várias dificuldades em se aceitar essa compensação. E, evidentemente, coloco-me à disposição de todos para responder a eventuais questões relacionadas a este tema. Muito obrigado! [*Palmas*]

Presidente da Mesa (Prof. Yoshiaki Ichihara) – Aproveito a oportunidade para cumprimentar o ilustre palestrante pela brilhante exposição, e passo a palavra ao professor Estevão Horvath, para falar sobre o "Regime Tributário das Remunerações de Serviços Públicos e Parcerias Público-Privadas".

REGIME TRIBUTÁRIO DAS REMUNERAÇÕES DE SERVIÇOS PÚBLICOS E PARCERIAS PÚBLICO-PRIVADAS

Prof. Estevão Horvath – Muito bom dia a todos! É sempre uma satisfação renovada participar deste Congresso do IDEPE, entre outras razões porque normalmente a Mesa de que eu participo é composta de pessoas de grande projeção, de grande inteligência e de amigos realmente importantes.

Cumprimento o professor Yoshiaki Ichihara, o professor Renato Becho e o professor Eurico de Santi, e passo já a tratar do tema que me foi atribuído, que é o "Regime Tributário das Remunerações de Serviços Públicos e Parcerias Público-Privadas".

Quando eu recebi o título da palestra que teria que fazer, fiquei pensando o que se queria por trás deste nome um pouco extenso, o que se procurava encontrar por detrás deste nome. E, então, o que vou lhes expor agora é justamente aquilo que eu consegui apreender para falar um pouco sobre a remuneração dos serviços públicos e fazer comparação com as parcerias público-privadas.

Acho de todo conveniente começar falando das parcerias público-privadas, até porque são instituto recente do nosso direito positivo e, normalmente, também, os que versam direito tributário não estão muito familiarizados com esse tema.

Fui buscar na doutrina – e aqui vou citar alguns exemplos, às vezes sem mencionar autores. Mas a "historinha" das parcerias público-privadas começa com este nome ou com essa denominação que se pôde atribuir a elas, lá pelos anos 1990, quando se resolveu repensar o papel do Estado, se resolveu fazer a reforma do Estado. Não só no Brasil, mas o que nos interessa mencionar é como isso se deu aqui no Brasil.

Assim, funções e serviços que antes eram desempenhados ou deveriam ser, por sua natureza, desempenhados pelo Estado foram sendo delegados aos particulares. Então, nós passamos por privatizações de empresas estatais, por terceirização de serviços públicos, e culminamos nessas parcerias público-privadas. Na verdade, este nome – "parceria público-privada" – poderia abranger de forma bastante ampla uma série de outras parcerias que não esta especificamente tratada pela lei como parceria público-privada. As simples concessões, as concessões tradicionais de serviço público, não deixam de ser também uma espécie de parceria público-privada. Mas, evidentemente, o que se quis fazer aqui era referência à parceria público-privada tal como tratada no direito positivo brasileiro, especificamente pela Lei 11.079/2004.

A primeira idéia sobre essa parceria público-privada é de que ela é um tipo de concessão de serviço público. Na verdade, ela é uma especificidade do tema *concessão de serviço público*. Há algumas diferenças que fazem com que essa distinção possa ser elaborada, mas não deixa de ser uma concessão, portanto, uma transferência, uma delegação de um serviço do Estado para o particular, o concessionário.

A Lei das PPPs, uma lei federal, como os Srs. sabem, foi editada com base na autorização constitucional para a União tratar de normas gerais sobre licitações e contratos. Então, além da Lei 8.666/1993, nós temos também esta lei, que seria uma especificação, uma lei, praticamente, paralela à Lei 8.666, que é da Lei das PPPs. Ela divide essas parcerias em duas espécies, duas grandes espécies: a chamada *concessão patrocinada* e a *concessão comum*, que alguns chamam de "administrativa".

O que seria essa *concessão patrocinada*? Seria aquela pela qual a remuneração se dá por tarifas – eu vou usar, aqui, o nome que a legislação costuma dar e que os autores em geral tratam; então, a palavra "tarifa", por enquanto, está sendo usada no sentido não-técnico, no meu modo de ver, pelo menos no que me pareceria que fosse o modo técnico de ver isso. Assim, além das tarifas cobradas dos usuários desses serviços públicos, nós teríamos também uma remuneração feita por parte do Estado – essa seria a *concessão patrocinada*, um tipo de parceria público-privada.

E a segunda espécie, a concessão administrativa, a lei diz que ela vai ser feita para que o concessionário forneça direta ou indiretamente serviço ao próprio Estado. Quer dizer, considera-se que o concessionário se põe no lugar do Estado, fornece serviço ao próprio Estado (na verdade, indiretamente vai para a coletividade, mas se considera como prestado para o próprio Estado). Então, o que acontece aí? A remuneração é feita diretamente do Estado concedente para o concessionário nessa concessão chamada administrativa.

E quais seriam as características mais importantes dessas parcerias público-privadas, que as diferenciam das simples concessões da Lei 9.637/1996, das quais, na verdade, são outras leis que cuidam, por exemplo, das parcerias com o setor privado para obras, para funções assistenciais, como as ONGs, as chamadas OSCIPs, que são também espécies de parcerias público-privadas? E a Lei de Concessão de Serviço Público de 1995, federal, que trata também de normas gerais sobre as concessões? A Lei atual de PPPs é também uma lei que foi editada pela União. Há várias leis hoje em dia, pelo menos 10 Estados têm suas próprias leis que tratam das parcerias público-privadas, só que algumas anteriores à lei federal, e, portanto, devem obediência a ela naquilo que evidentemente for constitucional.

Mas quais seriam as principais diferenças entre a simples concessão e essa concessão especial que é a das parcerias público-privadas? Primeiro, tem que haver uma contraprestação pecuniária do parceiro público ao parceiro privado. Esta é uma distinção que aparece claramente nessa lei federal a que me referi. Então, mesmo que o concessionário cobre tarifas, o Estado tem que entrar com recursos públicos.

E isto, inclusive, motivou que parte da doutrina criticasse veementemente a existência dessas parcerias público-privadas. Por quê? Porque, se elas são feitas exatamente para que o Estado possa desenvolver atividades que sozinho não desenvolveria, então, por que o Estado tem que entrar, às vezes, com grande montante de recursos, também, para financiar estas parcerias público-privadas? Afinal de contas, os recursos também partem do Estado.

Esta seria a principal característica, eu diria, a de que sempre vai haver remuneração por parte do Estado para o concessionário nas parcerias público-privadas. Independentemente, como já ressaltei, de haver cobrança de tarifas.

E o que é mais significativo, e talvez mais discutível e criticado por parte da doutrina também, é a outra característica: são as garantias que o Poder Público oferece para as parcerias público-privadas. Essas garantias são infinitamente maiores que aquelas que são dadas nas simples licitações para contratações fundadas na Lei 8.666/1993 e nas concessões da Lei específica de Concessão de Serviço Público também. Como, por exemplo, pode haver vinculação de receitas orçamentárias para fazer frente a despesas com essas parcerias, como forma de obrigar o Poder Público a, de qualquer maneira, pagar e dar prioridade ao pagamento desses recursos para o parceiro privado? A instituição de fundo – de um fundo fiduciário, que é como a lei o denomina – para garantir a participação do Estado nessas parcerias. Essas garantias é que as diferenciam também, de forma bastante importante, das simples concessões de serviços públicos.

Têm-se, também, as restrições à possibilidade de celebração dessas parcerias. Em primeiro lugar, o parceiro privado tem que investir no mínimo R$ 20.000.000,00; o serviço a ser elaborado com essa parceria não pode ter menos que cinco anos de duração; não pode ser feita a parceria para simples fornecimento de mão-de-obra, embora possa envolver obra; não pode haver simples fornecimento de instalação e instalação de equipamentos; e não pode ser execução de obra pública pura e simples, embora também possa haver essa obra pública.

Essas restrições existem exatamente porque a contratação das parcerias público-privadas gera um especial benefício, uma especial garantia, uma situação completamente diferente com relação aos demais tipos de contratação. O que faz até com que o professor Celso Antônio Bandeira de Mello diga que seria inconstitucional essa legislação, porque viola o princípio da igualdade. Os outros contratantes com o Estado não têm esse tipo de regalias que os eventuais parceiros privados teriam nessas parcerias.

Entrando mais aproximadamente no que me parece ser a delimitação do tema, o requisito específico imprescindível para que se constitua uma parceria público-privada é a criação, por parte do ente privado, de uma Sociedade de Propósito Específico. Assim, quando se celebrar esse contrato de parceria, o ente privado tem que formar uma SPE, que vai gerir e implantar exatamente o objeto da parceria.

E aí surge a questão: como se fará a tributação desta Sociedade? Talvez toda a minha pesquisa a respeito do assunto tenha uma conclusão muito simples. Estas SPEs são sociedades como outras quaisquer, permitidas pelo direito privado. Então, em geral, poderão ser sociedades por quotas de responsabilidade limitada ou sociedades anônimas, havendo até alguns autores que admitem qualquer outro tipo de sociedade. E, portanto, a tributação dessas sociedades será feita exatamente da mesma maneira que qualquer outra sociedade que não tem esse nome oficial de "Sociedade de Propósito Específico". Ou seja: não existe contemplado na legislação mercantil ou civil esse tipo de sociedade. Este nome que se deu à essa sociedade, "Sociedade de Propósito Específico", abrange ou pode vir a ser uma sociedade limitada qualquer, ou uma sociedade anônima qualquer.

Então, por exemplo, quanto ao IR, se ela se sujeitar à tributação pelo lucro real, terá as mesmas regras que se aplicam para a tributação do lucro real; sujeitando-se à tributação pelo lucro presumido, idem. Da mesma forma com relação às contribuições para a COFINS, para o PIS, cumulativas ou não-cumulativas, a tributação vai variar de acordo com a apuração a ser feita, pelo lucro presumido ou pelo lucro real. Em resumo, a conclusão simples é essa: não há diferença de tributação por parte do parceiro privado nesse contrato de parceria público-privada. Ele tem as regalias oferecidas pela legislação e que serão aceitas pelo Estado, nos termos da legislação (se se entender que isso é constitucional); mas, à parte isso, a SPE é uma sociedade como outra qualquer, podendo assumir a forma de uma sociedade limitada ou de uma sociedade anônima, por exemplo, como já referi.

Agora nós vamos entrar no tema que está por trás de tudo isso: regime tributário das remunerações de serviços públicos. E aqui eu não vejo saída senão voltar àquela velha história do problema das taxas e tarifas, que é o que vai acontecer na parte, por exemplo, referente à cobrança de tarifas pelo concedente das parcerias público-privadas. Como acontece nas concessões puras e simples do direito administrativo – as tradicionais concessões – e nas contratações, nas permissões também, que o Poder Público der na delegação da execução do serviço público.

Eu trouxe uma frase do professor Celso Antônio Bandeira de Mello que diz o seguinte: *como a Lei das PPPs pretende que estas sejam consideradas modalidades de concessão de serviço público, obviamente seu objeto só pode ser a prestação de um serviço público, ainda que para isso necessite englobar outras atividades, vale dizer, se o objeto será necessariamente a prestação de utilidade ou comodidade material fruível, singularmente, pelos administrados.*

A partir daí, eu vou chegar às mesmas conclusões que atinjo sempre que estudo esse tema. Embora eu tenha tentado me convencer do posicionamento dominante, ainda me parece que no Brasil, segundo a Constituição, tratando-se de prestação de serviço público específico e divisível, a remuneração só pode ser feita por meio de taxas.

O que eu quero dizer com isso? Eu vejo sempre a posição do contribuinte na relação Estado/cidadão. Então, por este ângulo, parece-me que o contribuinte, o cidadão contribuinte brasileiro, tem o direito de pagar pela prestação de um serviço público específico e divisível, sempre, só e unicamente, taxa. Eu entendo a repercussão disso, sei os problemas práticos que isto pode causar, mas não acho incontornáveis, simplesmente é uma questão de sermos (ou, pelo menos, tentarmos ser) rigorosamente científicos. Como se disse desde o primeiro dia, como também dizia sempre o professor Geraldo Ataliba, neste Congresso nós procuramos fazer ciência. Então, estou tentando examinar o direito positivo, pelo menos vislumbrá-lo da maneira que eu consigo.

E no Brasil, por força do art. 145, II, da CF, serviço público específico e divisível somente pode ser remunerado por taxa. Independentemente de este serviço ser concedido – portanto, trate-se de uma concessão de serviço público normal, trate-se de uma concessão feita sob o título de "parceria público-privada" –, aquilo que for cobrado diretamente do cidadão, se e quando for cobrado diretamente do cidadão, só pode ser, para ele, taxa; portanto, seguindo o regime tributário.

Então, o que acontece quando a Constituição se refere à "política tarifária", quando diz que as imunidades não se aplicam quando o ente cobra tarifas ou preços dos usuários do serviço público, e o que acontece com toda a legislação que fala em tarifas? Eu diria, em primeiro lugar: "tarifa", como várias outras palavras utilizadas na legislação, não tem sentido unívoco. Normalmente, são palavras polissêmicas. E "tarifa" já significou, por exemplo, "tarifa alfandegária", ou seja, significou imposto de importação e imposto de exportação, na Constituição passada. "Política tarifária", para mim, é a política que tem que manter o Estado com relação ao concessionário; em última análise, perdurar ou fazer permanecer o equilíbrio econômico-financeiro do contrato celebrado.

Isso sempre vai ter que haver. Então, essa política tarifária ocorre com a relação do Estado com o concessionário. Por parte do contribuinte, do cidadão, do usuário do serviço, essa relação somente pode ser uma relação de cunho tributário, no meu modo de ver. Com todas as garantias constitucionais, como, por exemplo, o princípio da anterioridade e o princípio da legalidade, que têm que haver em qualquer tipo de concessão e de cobrança de taxa. Isso significando que o serviço público, a titularidade do serviço, sob qualquer forma de concessão ou permissão, continua sendo do Estado, ainda que ele seja concedido, porque só se concede a *execução* desse serviço. Então, para o cidadão, aquilo é um serviço público.

Em outras palavras, e finalizando: sendo serviço público, no meu modo de ver, no Brasil, só pode haver remuneração por meio de taxa. Repito: trate-se de um serviço público prestado diretamente pelo Estado, por um concessionário na concessão normal, corrente, ordinária, ou por um concessionário nas parcerias público-privadas.

Eu espero que isso tenha servido pelo menos para provocar a reflexão dos Srs. a respeito do tema, e aguardo perguntas e observações que virão depois, agradecendo pela atenção. Obrigado! [*Palmas*]

Presidente da Mesa (Prof. Yoshiaki Ichihara) – Cumprimento o ilustre palestrante Estevão Horvath pela brilhante exposição, e passo a palavra ao professor Eurico de Santi, que falará sobre o tema "Prescrição e Garantias do Crédito Fiscal em face da Lei Complementar 118/2005".

PRESCRIÇÃO E GARANTIAS DO CRÉDITO FISCAL EM FACE DA LEI COMPLEMENTAR 118/2005

Prof. Eurico de Santi – Agradeço o convite para participar desse magnífico Congresso, o XX. Lembro que assisti ao I Congresso, em 1992. É uma honra estar aqui, e hoje vou alterar um pouquinho meu estilo de exposição. Há mais de 10 anos faço as minhas exposições em oratória livre, mas faz algum tempo aprendi a usar *Datashow* e comecei a gostar de trabalhar com discurso e imagem ao mesmo tempo. Esta semana tive uma experiência interessante nas *Jornadas Latino-Americanas*: tinha cinco minutos para expor meu trabalho; então, escrevi minhas idéias em uma única lauda e li. Fiquei impressionado com a quantidade de comunicação que consegui colocar numa única página e em apenas cinco minutos de leitura.

Bem, inspirado por essa possibilidade, escrevi o que vou falar aqui, também. Nunca fiz isso, nunca li, sempre pensei e ouvi ser horroroso ler num Congresso. Alguns amigos mais indignados sempre reagiam negativamente: "Ora, se é para ler, então, manda o papel, que leio em casa". Mas é isso que farei: ler.

E o farei, primeiro, em homenagem ao professor Estevão Horvath, que hoje me honra com sua presença na platéia, mas que sempre reclama, nas Mesas em que participo, que ultrapasso meu tempo. Bem, professor Estevão, como diria aquela velha canção do Rei, "daqui pra frente, tudo vai ser diferente": minha exposição tomará exatos 20 minutos, nem um minuto a mais.

A segunda razão é uma homenagem aos Srs. Congressistas: preparei o máximo de informação para esses 20 minutos, sem histórias demais ou desvios argumentativos sobre o tema. Li, reli, e esse texto é exatamente o que gostaria de transmitir aos Srs.

A terceira e última razão é também facilitar minha vida. O duro não é falar, o castigo é, depois, compreender as notas taquigráficas e conseguir transcrever num texto: desta vez será diferente, o texto já está pronto.

Postos os desafios, peço que vocês me acompanhem. Projetarei minha fala no telão; assim, ao menos não lerei sozinho, vocês podem ler também. E prestem atenção, a argumentação é densa, mas o assunto é interessante e instigante: faz a gente pensar. Apesar de cansado de falar tanto desse tema (decadência e prescrição), cada vez mais percebo como é bom conhecer bem um tema, porque dentro de um grande tema estão todos os temas. Assim, aqui, dentro desse tema, está o problema da oscilação jurisprudencial no tema das isenções no STF, do crédito-prêmio do IPI no STF e do planejamento tributário no Conselho de Contribuintes.

São todas, no fundo, questões relativas à interpretação: aqui, o nó da questão é a interpretação do que é *legalidade*, ou seja, de certo modo, do que é o próprio direito tributário posto nas leis.

1. Desafios da interpretação-III, "a missão final": a tese dos 10 anos continua!

Em 9.2.2005 foi editada a Lei Complementar 118, dispondo sobre a interpretação do inciso I do art. 168 do CTN: "Art. 3º. Para efeito de interpretação do inciso I do art. 168 da Lei n. 5.172, de 25 de outubro de 1966 – Código Tributário Nacional, a extinção do crédito tributário ocorre, no caso de tributo sujeito a lançamento por homologação, no momento do pagamento antecipado de que trata o § 1º do art. 150 da referida Lei".

É de se notar que esse dispositivo em nada altera a letra do art. 168 do CTN, nem do art. 150, § 1º: ocorre que, na tentativa de produzir uma lei com conteúdo mínimo – maquiada, adequadamente, para fins interpretativos –, o legislador descuidou-se no exame da tese originária dos 5 + 5, mantendo, apesar desta inovação legislativa, seus pressupostos originais de aplicação.

Assim, mesmo com a nova letra do art. 3º da Lei Complementar 118 – segundo a qual a extinção do crédito tributário, para os efeitos do art. 168, se dá no momento do pagamento antecipado de que trata o § 1º do art. 150 do CTN –, ainda assim, como não foi revogado o inciso VII do art. 156 do CTN; este, permanecendo em vigor, continua dispondo que a extinção do crédito, além do (i) "pagamento antecipado", exige também (ii) "a homologação do lançamento nos termos do disposto no art. 150 e seus §§ 1º e 4º". E, como a homologação só ocorre cinco anos após o fato gerador, como disciplina o art. 150 § 4º, que também não foi revogado, podemos interpretar que a "extinção definitiva" continua pressupondo o pagamento antecipado e a homologação, isto é, 5 + 5: 10 anos!

Ou seja, como a tese dos 5 + 5 centra-se na re-significação da expressão "extinção do crédito", utilizada expressamente nos arts. 168 e 165 do CTN – que são, simplesmente, reiterados na Lei Complementar 118 –, e como não foi alterado o art. 156, VII, nem o art. 150 § 4º, então, é necessário concluir que o pagamento antecipado continua, como desde sempre *nesta tese*, extinguindo o crédito; mas que a "extinção do crédito" continua dependendo da homologação: está mantida a tese dos 10 anos.

Neste sentido, pode-se concluir que o art. 3º da Lei Complementar 118 é, efetivamente, fiel a esta interpretação do Código Tributário Nacional e inócuo como lei interpretativa, em nada inovando ou alterando o Direito posto: a tese dos 10 anos continua em vigor...

2. *Desafios da interpretação-II, "uma reflexão exemplar": a escravidão continua!*

Em 1991, em exercício semelhante, o professor Ricardo Guibourg propôs a um grupo de estudantes de Direito um curioso exercício: analisar o art. 15 da Constituição Nacional da República, mantido intacto desde sua promulgação em 1853, com o objetivo de construir uma interpretação plausível para a defesa do direito à possibilidade atual de se ter escravos na Argentina: "Art. 15. Na Nação Argentina não há escravos; os poucos que hoje existem ficam livres no ato da promulgação desta Constituição; e uma lei especial regrará as indenizações decorrentes desta declaração. Todo contrato de compra e venta de pessoas é um crime do qual serão responsáveis, não só os que o celebrarem como também o escrivão ou funcionário que o autorizar. E os escravos que de qualquer modo adentrarem neste país ficarão livres pelo simples fato de pisarem no território da República Argentina".

Depois de dois dias, os alunos ofereceram a resposta: a parte descritiva do texto constitucional contém asserções de fato contraditórias (inicia afirmando que "não há escravos", mas imediatamente em seguida reconhece que "ainda restam alguns") – e, portanto, sem valor jurídico algum – acerca da existência de escravos; a parte normativa do texto proíbe e qualifica como crime o envolvimento com a "compra e venda de pessoas", mas não restringe o direito de tê-las em propriedade, tampouco de recebê-las na forma de doação ou herança.

Destarte, segundo a "interpretação sistemática" desse dispositivo, só os escravos estrangeiros restam automaticamente livres no momento em que pisam o território argentino. Quanto aos argentinos (e em especial os nascidos depois de 1853), de acordo com esta proposta de interpretação, a escravidão não foi abolida – ou seja, a escravidão continua sendo permitida na Argentina!

3. *Desafios da interpretação-I, "o início do caos": a origem da tese dos 10 anos*

IR, IPI, ICMS, ISS, IPVA etc., demais contribuições e outros tributos, sujeitos ao lançamento por homologação, sempre tiveram suas leis discutidas e os respectivos indébitos reconhecidos em nome do princípio da legalidade, mas sempre sujeitos ao limite temporal desse controle da legalidade, balizado pela regra de prescrição do direito à repetição do indébito, cujo prazo desde a Constituição Federal de 1967 foi de cinco anos, contados do momento do pagamento indevido.

Assim foi recepcionada na Constituição Federal de 1988 a regra do art. 168 do CTN: "O direito de pleitear a restituição extingue-se com o decurso do prazo de 5 (cinco) anos, contados: (...) I – nas hipóteses dos incisos I ("pagamento espontâneo de tributo indevido ou maior que o devido em face da legislação tributária aplicável"_ e II do art. 165, da data da *extinção do crédito tributário*" (grifei).

Sendo que por quase 30 anos doutrina e jurisprudência foram uníssonas no entendimento de que o *dies a quo* deste prazo é o momento do pagamento indevido, isto é, a data da extinção do crédito: a regra parecia tão clara que sequer se falava de interpretação (tampouco em "tese"): passavam-se cinco anos e, simplesmente, "ocorria" a prescrição do direito de repetir o indébito (por exemplo, no TIT, decadência e prescrição sequer precisavam de paradigmas, no recurso especial).

Tudo começou com o reconhecimento, pelo STF, da inconstitucionalidade do art. 10, primeira parte, do Decreto-lei 2.288/1986, que instituiu o controvertido empréstimo compulsório sobre consumo de combustíveis, justamente depois de esgotado o prazo para propositura da ação de repetição do indébito deste tributo – isto é, cinco anos, contados da data da extinção do crédito tributário, *ex vi* do art. 168, I, do CTN.

Deveras, o simples fato era que havia ocorrido a prescrição: bastava aplicar, então, a clara regra prevista no art. 168 do CTN. É por isso que as regras de prescrição elegem em seus suportes fáticos o tempo; o tempo é um fator objetivo e indiscutível: todos tendem a concordar com os dias do calendário e com os ponteiros do relógio. Assim, pela legalidade da prescrição, a tipicidade do tempo realiza a segurança jurídica em detrimento da própria legalidade do tributo.

Além disso, convenhamos, tratava-se de um tributo irrelevante, contingente e provisório: o empréstimo compulsório sobre combustíveis. Que, aliás, enquanto empréstimo, mesmo passado o prazo de ação para questionar o indébito tributário, ensejaria, simplesmente, a exigência do cumprimento de sua cláusula de restituição, tal qual prevista na lei instituidora; novamente, bastava aplicar a lei.

4. Ruptura da legalidade: a sede de fazer justiça!

Mas a sede de "justiça" foi maior. Assim, em nome da luta pela reparação da *ilegalidade* do empréstimo compulsório, corrompeu-se, sistemicamente, a legalidade da regra de prescrição, disciplinada na própria Constituição, *ex vi* do art. 146, III, "c". A partir daí, os prazos de decadência e prescrição, que têm na segurança jurídica sua única razão de existir – servindo como técnicas de limitação do próprio princípio da legalidade –, encontraram-se modificados por mera tese.

Assim, sem a devida lei complementar e mediante mera e contingente interpretação, alterou-se o prazo de prescrição de praticamente todos nossos tributos federais, estaduais e municipais. Tudo decorrência de uma criativa e sedutora tese que clamava por "justiça". E o STJ fez sua justiça salomônica: tese de 10 para cá, tese de 10 para lá.

E todos nós ficamos no meio! Até hoje incertos do prazo, mas sempre certos de que somos sempre nós, contribuintes, que pagamos a conta. Não lutamos contra gigantes abstratos, o Estado é um moinho concreto que se alimenta do nosso trabalho: é nosso dinheiro que entra; e bem ou mal, é nosso dinheiro que sai para prover o numerário para as restituições de indébito pleiteadas. E se a carga tributária aumenta é, também, porque alguém tem que pagar mais para que outros, ou os mesmos, possam restituir mais.

Assim, corrompendo-se a legalidade em nome da legalidade, mas em absurdo desrespeito à segurança jurídica, o termo inicial do prazo deixou de ser o "pagamento antecipado" e passou a ser o momento da homologação tácita ou expressa desse pagamento, sob a alegação de que a extinção do crédito só se realiza com a ulterior homologação do pagamento, *ex vi* do art. 156, VII, do CTN. Firmou-se, assim, a denominada *tese dos 10 anos*, conforme o seguinte acórdão do STJ:

"*Ementa:* Tributário – Empréstimo compulsório sobre a aquisição de combustíveis – Decreto-lei n. 2.288/1986 – Restituição – Decadência – Prescrição – Inocorrência.

"Consoante entendimento fixado pela egrégia 1ª Seção, sendo o empréstimo compulsório sobre a aquisição de combustíveis sujeito a lançamento por homologação, à falta deste, o prazo decadencial só começa a fluir após o decurso de cinco anos da ocorrência do fato gerador, somados de mais cinco anos, contados estes da homologação tácita do lançamento. Por sua vez, o prazo prescricional tem como termo inicial a data da declaração de inconstitucionalidade da lei em que se fundamentou o gravame" (EDiv em REsp 43.995-5-RS, rel. Min. César Asfor Rocha, *DJU* 24.4.1995).

Projeto, agora, em homenagem ao querido Sidney Saraiva Apocalypse e para relaxar a seqüência da leitura, a cena clássica da Morte jogando xadrez com o Cavaleiro, numa praia fria e gélida, bem diferente das brasileiras, no filme *Sétimo Selo*, de Ingmar Bergman. Nada é por acaso: uma vez o professor Paulo de Barros Carvalho convidou o professor Lourival Vilanova para o Grupo de Estudos, ele nos contou que deu aula sobre Teoria do Cinema, dizia que: "A interpretação do Direito, de certa forma, lembra o cinema, porque as imagens e o preto e o branco se contrastam e através do contraste entre luz e sombra se constrói o sentido da cena, da imagem". Assim, entre sim e não, entre extinção e não-extinção, entre ponto claro e ponto escuro, entre afirmação e negação, podem ser delineadas infinitas figuras. Trata-se do plano de abertura do *Sétimo Selo*. É um duelo de xadrez que é preto e branco, em preto e branco: oposição entre a Morte e o Cavaleiro Antônio Bloch, que volta das cruzadas. Ele desafia a Morte: se perder, morre. E é interessante também porque isso retrata na Idade Média os chamados "4 Cavaleiros do Apocalipse": a Fome, a Peste, a Guerra e a Morte. Na interpretação, respectivamente: a falta do texto da informação (da legalidade estrita), a anemia semântica das palavras, o contraditório esvaziando e corrompendo a legalidade e, enfim, a morte: a total impossibilidade de comunicação. Se não há comunicação, não há Direito.

5. *Restaurando a legalidade: "dura lex, sed lex"*

A efetivação do princípio da legalidade exige o respeito à sua tríplice dimensão: irretroatividade, reserva legal e tipicidade. A tese dos 10 anos fere, num só golpe, estas três perspectivas: (i) corrompeu a *irretroatividade*, criando, projetando e introduzindo, no passado, novo critério legal de prescrição (como o efeito que agora se pretende com a Lei Complementar 118, só que, aqui, mediante lei); (ii) desrespeitou, flagrantemente, a reserva legal, arrostando matéria de lei para a discricionariedade do Poder Judiciário, ignorando o princípio da separação dos Poderes; e (iii) afrontou a tipicidade do art. 168, fundamental nas regras de decadência e prescrição, sobrepondo à clareza objetiva do critério da regra posta a incerta subjetividade de valores contingentes.

A legalidade realiza-se no ato de aplicação, mas não muda. O art. 168 sempre esteve lá, da mesma forma, e a Lei Complementar 118 em nada o alterou. O prazo legal sempre foi, e continua sendo, de cinco anos a contar do pagamento antecipado: primeiro porque "pagamento antecipado" não significa pagamento provisório à espera de seus efeitos, mas pagamento efetivo, realizado *antes* e independentemente de ato de lançamento; segundo porque se interpretou o "sob condição resolutória da ulterior homologação do lançamento" de forma equivocada, como se fosse, necessariamente, uma condição suspensiva que desloca o efeito do pagamento para a data da homologação.[1]

Ocorre que o art. 150, § 1º, se refere a "condição resolutiva", que, como tal, não

1. Luciano Amaro aponta a impropriedade técnica de o Código Tributário Nacional dirigir a homologação como condição resolutiva: "Ora, os sinais aí estão trocados. Ou se deveria prever, como condição resolutória, a negativa de homologação (de tal sorte que, implementada essa negativa, a extinção restaria resolvida), ou teria de definir-se, como condição suspensiva, a homologação (no sentido de que a extinção ficaria suspensa até o implemento da homologação)" (*Direito Tributário Brasileiro*, p. 344).

impede a plena eficácia do pagamento antecipado, que equivale, assim, para todos os efeitos, à *data da extinção do crédito tributário*, no caso dos tributos sujeitos ao art. 150 do CTN. Desta forma, é a data efetiva em que o contribuinte recolhe o valor, a título de tributo, que haverá de funcionar como *dies a quo* do prazo de prescrição. Em suma, legalmente, o contribuinte sempre gozou de 5 anos para pleitear o débito do Fisco, e nunca 10.

6. Concluindo: legalidade e as decisões judiciais

Herbert Hart,[2] analisando a definitividade e a infalibilidade das decisões dos tribunais superiores, faz uma instigante analogia com os jogos em que, num primeiro momento, não há a figura do juiz, mas que, quando instituído, funcionará como *marcador oficial* dos pontos e cujas decisões serão definitivas. Explica que nesse tipo de sistema passa a ocorrer um novo tipo de interação entre os atuantes do jogo, que deixam de opinar sobre a pontuação ou sobre as regras do jogo, porque as determinações do *marcador oficial* são indisputáveis e definitivas. E continua: não diferem dessa situação os julgados do STJ ("marcador oficial") com relação às regras do termo inicial do prazo de prescrição do direito ao indébito: é certo que a autoridade e a definitividade das decisões do STJ são inquestionáveis. Contudo, como ensina Herbert Hart: "'*O resultado é o que o marcador diz que é*' não é uma regra de marcação: é uma regra que atribui autoridade e definitividade à aplicação por ele em casos concretos da regra de pontuação".[3] Não é a legalidade: é o simples efeito concreto da coisa julgada.

Remanesce, assim, o seguinte problema, como diz o legendário titular da Cadeira de Jurisprudência da Universidade de Oxford: "O fato de as decisões oficiais em descompasso com a regra de jogo serem aceitas não significa que o jogo de críquete ou de beisebol já não esteja a jogar-se; por outro lado, se estas distorções forem freqüentes ou se o *juiz* repudiar a regra do jogo positivada, há que chegar um ponto em que ou os jogadores não aceitam mais as determinações destoantes do marcador ou, se o fazem, o jogo vem a alterar-se; já não é críquete ou beisebol que se joga, mas 'o jogo do juiz'".[4]

Enfim, a partir do Direito e da aplicação efetiva da legalidade, continuamos entendendo – como, aliás, vimos defendendo desde 23.5.2000 – que nunca coube falar em prazo de 10 anos: nem antes, nem depois da tese dos 10 anos; nem antes, nem depois da Lei Complementar 118.

Em suma, o prazo de prescrição no Código Tributário Nacional e o Direito continuam os mesmos: tudo não passou de um pesadelo, e, agora, o dia está amanhecendo, há luz, e todos nós, acordados, podemos nos dar conta deste simples fato: os tribunais interpretam a lei, podendo até alterar sua eficácia legal, mas não alteram a lei...

Bom dia! [*Palmas*]

PRESIDENTE DA MESA (PROF. YOSHIAKI ICHIHARA) – Cumprimento o professor Eurico de Santi pela brilhante palestra, mas também pela peculiar forma de apresentação da exposição do tema. Apesar de transparecer uma simplicidade, trata-se de um filósofo, não só tributarista, mas um filósofo de alta envergadura, não é? Nas entrelinhas há muita profundidade, quando disse a respeito da escravidão, da morte, da dor. Buda largou todo seu palácio para sair na peregrinação da busca da Iluminação. Talvez nós tenhamos mais alguns milênios para desvendar tudo aquilo que foi colocado.

Para passar às perguntas, eu pediria que se fosse breve. Nós temos, pela programação, cinco minutos, mas podemos pas-

2. Herbert Hart, *O Conceito de Direito*, pp. 155-156.

3. Idem, pp. 156-159.

4. Tradução livre do original: *The Concept of Law*, Oxford University Press, 1961.

sar um pouco mais. Quanto ao professor Renato Becho, eu passei as perguntas para ele poder escolher, em virtude do número de perguntas a ele dirigidas. Então, passo a palavra ao professor Estevão Horvath.

RESPOSTAS ÀS QUESTÕES FORMULADAS

PROF. ESTEVÃO HORVATH – A questão que me foi dirigida é a seguinte: *A manutenção e a conservação de monumentos públicos podem ser atribuídas ao particular por meio de parceria público-privada? Neste caso, essa parceria não poderia ser considerada como uma mera terceirização, para fins tributários?*

Parece-me, salvo melhor juízo, que sim, que se poderia atribuir ao particular esse tipo de realização estatal, que deveria ser estatal, por meio de parceria público-privada, desde que cumpridos aqueles requisitos. O prazo, eu creio que é facilmente perceptível que pode ser, tranqüilamente, mais de cinco anos e que o investimento fosse de R$ 20.000.000,00 ou mais.

E, sobre se poderia ser considerada como mera terceirização para fins tributários, como se trata de uma empresa que será constituída para esse fim, então, não se entra em cogitação sobre se para fins tributários será terceirização, ou não. Ela é uma empresa como outra qualquer, como se estivesse desempenhando diretamente um serviço seu mesmo. É o que me parece nesse primeiro momento.

PROF. RENATO LOPES BECHO – Professor Eurico, na quarta-feira à noite (dia 25 de outubro), quando eu estava dando aula para graduação na PUC/SP, ainda comentei com os meus alunos: "Quando eu estudei direito tributário, na UFMG, com Misabel, com Sacha, direito tributário era muito mais fácil que hoje". A próxima aula na graduação vai ser sobre decadência e prescrição. E eu terminei a aula afirmando: "Quando estudei decadência e prescrição, o tema era muito fácil, hoje... é mais difícil". Atualmente precisamos de muito tempo para ensinar decadência e prescrição, antes um tema fácil.

Várias questões me foram aqui apresentadas. E se, eventualmente, eu não conseguir responder a todas, em homenagem à continuidade do Congresso, eu me coloco à disposição dos que as formularam, para eventualmente declarar pessoalmente meu entendimento.

Com a primeira delas me honrou o Professor e Desembargador, Presidente desta Mesa, Yoshiaki Ichihara. Também resumindo, o que ele apresenta? As duas tensões da parte dos créditos, precatórios assim como os títulos da Dívida Pública, e do outro lado os óbices, falta de lei específica e uma questão muito importante: previsão de lei orçamentária.

O fato é que, como ele mesmo coloca na questão, e não há nem como responder: existe um conflito, na verdade até um conflito de princípios, moralidade *versus* eficiência, isonomia, ordem de pagamentos de precatórios – aí já entra numa pergunta em que não identificado o autor: *A compensação de uma dívida com precatório vencido não implica quebra da ordem, levando-se em conta que esse precatório seja, por exemplo, um dos últimos da lista de pagamentos?* Existe, existe essa discussão por isonomia. Afinal de contas, algumas pessoas podem vender seus precatórios por 20% para receber agora, e alguns outros podem não ter acesso a essa venda, podem ser pessoas que querem esperar do Estado. Então, isso engloba também o tema da isonomia. É nesses momentos que, como o professor Eurico bem apresentou, a legalidade é essencial, já que há esses conflitos.

Pois bem, outras questões, como a do Dr. Márcio Amato: *Haveria algum óbice em se proceder à compensação de tributos tidos por inconstitucionais, entretanto, continuar a pagá-los, com vistas a evitar possível autuação?* Eu creio que isso é uma escolha do contribuinte. Paga, sabendo que é inconstitucional, pelo menos ele sente que é inconstitucional, aguardando, eventualmente, depois, compensá-lo.

Do Dr. Alexandre Lemos: *Não resolveria a insegurança da cessão de direito de crédito do precatório o registro da cessão no ente fiscal devedor?* É uma possibilidade, desde que o legislador fizesse essa escolha, como nós já antes mencionamos. Resolve essa questão da segurança jurídica. Eu espero que antes eles ampliem a estrutura da Fazenda Nacional, principalmente, porque ela já não dá conta – sei que há, aqui, vários colegas congressistas da Fazenda Nacional –, isso é uma realidade, principalmente aqui em São Paulo, em que não se dá conta do trabalho da Fazenda Nacional, como já mencionei mais de uma vez, inclusive no meu Tribunal. Infelizmente, hoje, se o contribuinte junta uma guia original de pagamento na execução fiscal, a Fazenda Nacional gasta entre três e quatro anos para dizer que aquele pagamento está feito. E justamente por quê? Porque eles não têm estrutura. Eu já mencionei várias vezes que as execuções fiscais são muito mais de interesse do Poder Judiciário que do Poder Executivo. Aqui em São Paulo são 12 Varas Federais, teoricamente 24 juízes; não precisa de tantos, porque os processos não andam com tanta rapidez. São mais ou menos 600.00 processos, eu tenho 38.500 na minha Vara, são 300 funcionários da Justiça só nesse Fórum, fora estagiários etc. E eu pergunto: a Fazenda Nacional tem essa estrutura? Infelizmente, não tem. Então, ela não consegue dar andamento ao processo da mesma forma que o Judiciário consegue. E olha que nós fazemos deficientemente, todos sabem disso. Então, creio que é uma boa solução, tem que vir por lei e têm que ser dados os mecanismos, também. Eu preferiria, até, que, antes de preocupações como essa, o Poder Executivo, de fato, resolvesse agilizar as execuções fiscais. Até porque – o professor Eurico, em várias outras lições, recorda: "Não há direito sem sanção".

Então, o direito tributário, isso que nós estamos discutindo aqui, hoje, tem que ter na última ponta a execução fiscal. E, quanto mais eficiente for uma execução fiscal, mais eficiente vai ser toda a Administração Tributária, toda a arrecadação tributária. Desculpem-me ter fugido um pouco do tema.

As outras duas questões são quase cartas, eu não sei se vou conseguir responder, vou até mostrar para os colegas, para vocês verem que não estou mentindo. Não estou querendo fugir das questões, mas elas são muito longas. Vamos ver se eu consigo, pelo menos, resumir. A questão de habilitação prévia, acho que essa é do Dr. Alexandre, e já foi apresentada. A questão da súmula... Ah! A questão que vem do Dr. Leandro, que é advogado. Aquela saída para se solicitar em juízo a liminar ou antecipação de tutela – eu estou interpretando a pergunta –, não para se compensar, mas apenas para suspender a exigibilidade de uma compensação feita pelo contribuinte.

Eu acredito que nós estamos mudando os nomes e mantendo a mesma estrutura. Eu acompanho a Min. Eliana Calmon, que diz num voto – não me recordo, agora, qual seja – o seguinte: o efeito é o mesmo, então, só estamos jogando com as palavras. Eu venho e peço a compensação e uma autorização prévia para fazer a compensação; e a outra, eu não faço isso, eu digo que só não quero ser executado por essa coisa que vou fazer. Ou seja – sei que existem muitos pensamentos e uma linha de raciocínio estruturada, que não é essa minha –, eu acompanho a Min. Eliana Calmon, nesse caso. Acredito que só se mudaram os nomes, mas o acontecimento do direito material processual é o mesmo.

Muito obrigado! [*Palmas*]

Prof. Eurico de Santi – Perguntam-me, aqui, questão atual: *Na Lei Complementar 118 vale a alteração afirmando que o prazo de prescrição se interrompe com o despacho do juiz que ordena a citação. E aí? Que interrompe a prescrição?*

A tese que envolve esse problema é também relativa ao tema da legalidade. É a velha discussão sobre o que interrompe o prazo: a citação ou o despacho? A coisa me parece simples: o Código Tributário Nacional é lei ordinária. Durante a Constituição de 1967 as normas gerais de direito tributário eram, ainda, matéria de lei ordinária. A Lei 6.830/1980, que especificou que o despacho do juiz interrompe a prescrição, é lei ordinária que alterou lei ordinária anterior. Ulteriormente, a Lei de Execução Fiscal foi recepcionada como lei complementar pela Constituição de 1988.

Portanto, segundo meu entendimento, registrado no meu livro sobre o assunto: não há alteração alguma desse dispositivo, apenas reiteração.

Agradeço ao nosso presidente Yoshiaki Ichihara e ao meus companheiros de Mesa, Renato Becho e Estevão Horvath, pelo prazer de compor esta Mesa ao lado deles.

Obrigado! [*Palmas*]

PRESIDENTE DA MESA (PROF. YOSHIAKI ICHIHARA) – Agradeço a participação de todos, parabenizando-os pelo Congresso, e declaro encerrada a sessão.

MESA DE DEBATES "F"

IMPOSTO DE RENDA E PLANEJAMENTO TRIBUTÁRIO

PRESIDENTE DA MESA: PROF. PAULO B. BONILHA

MEMBROS DA MESA: PROF. MARCOS VINICIUS NEDER,
PROF. OSÍRIS DE AZEVEDO LOPES FILHO,
PROFA. BETINA TREIGER GRUPENMACHER, PROF. ROBERTO QUIROGA MOSQUERA

PRESIDENTE DA MESA (PROF. PAULO B. BONILHA) – Eu quero preliminarmente agradecer ao nosso Presidente do IDEPE, o professor Aires Barreto, e aos demais organizadores deste Congresso, o convite me foi feito para participar dos seus trabalhos. Muito me honra de estar aqui com todos, o que me é muito agradável e muito rico em idéias. Portanto, quero tornar público este agradecimento a todos.

Dou início aos trabalhos da nossa Mesa "F" de Trabalhos, que tem como tema "Imposto de Renda e Planejamento Tributário". No temário que tinha sido inicialmente fixado nós teremos uma alteração: O Dr. José Artur Lima Gonçalves não pôde comparecer por motivo importante, e ele será substituído na primeira exposição pelo Dr. Marcos Vinicius Neder, que falará sobre "Elisão Fiscal e Planejamento Tributário".

O Dr. Marcos Vinicius é Presidente da 7ª Câmara do 1º Conselho de Contribuintes, Professor da FGV e da PUC/Cogeae e também do IDEPE.

Daremos, então, início às exposições. Peço ao Dr. Marcos Vinicius que faça sua palestra.

ELISÃO FISCAL E PLANEJAMENTO TRIBUTÁRIO

PROF. MARCOS VINICIUS NEDER – Bom dia a todos! Primeiramente, gostaria de expressar minha satisfação de ter sido convidado a participar deste Congresso tão importante. É, sem dúvida, uma grande honra. Quero cumprimentar os ilustres Professores participantes da Mesa, Dr. Paulo Bonilha, Dr. Roberto Quiroga, Dr. Osíris Lopes e Dra. Betina Grupenmacher.

Coube-me apresentar algumas reflexões sobre o tema "Elisão Fiscal e Planejamento Tributário". Essa matéria tem sido muito debatida no meio jurídico nos últimos tempos, certamente gera inúmeros litígios, tanto judiciais como administrativos. Penso que minha contribuição neste debate será mais proveitosa se procurar retratar a evolução da jurisprudência sobre essa matéria, retratando-a sob o ponto de vista de um observador interno. Sob esse prisma, é possível identificar claramente dois momentos no contencioso administrativo tributário federal: no primeiro, os julgadores atuavam segundo premissas bem claras, que encontram fundamento no que o professor Humberto Ávila classificou, ontem, de "doutrina clássica ou formalista". O termo "formalista" empregado no sentido de uma técnica argumentativa que abstrai de todo elemento extratextual (valores, objetivos, interesses), apelando apenas para a letra do documento normativo ou para um sistema conceitual dogmático. Nesse contexto, todo planejamento tributário que chegasse para apreciação do Conselho de Contribuintes seria submetido a duas perguntas centrais: (i) A conduta do contribuinte é contrária à lei?; (ii) Há simulação? Se a resposta fosse negativa, a conduta do contribuinte seria tida como lícita e aceita, mesmo se visasse apenas à economia de tributos. Para fundamentar essa posição, a doutrina denominada "clássica ou formalista" elenca quatro razões principais: obediência à estrita legalidade, liberdade absoluta de contratar, vedação à analogia e ao preenchimento de lacunas existentes na lei tributária pela via da interpretação.

Nessa linha de raciocínio, se o conjunto de atos negociais não violasse diretamente a lei, a possível atuação da Fiscalização para cobrança de tributo restringia-se à identificação de simulação. Ocorre que a prova direta do ato dissimulado, via de regra, é muito difícil de ser feita, pois é preciso demonstrar a existência de uma intenção diferente daquela que expressam os contratos, as declarações, procurações e assembléias realizadas formalmente pelos contribuintes. Há necessidade de se evidenciar uma vontade real distinta da declarada. Daí a acusação de simulação, habitualmente, fundamentar-se apenas em provas circunstanciais, apoiando-se em presunções simples formadas a partir de indícios da ocorrência do fato probando. Ocorre que o convencimento do julgador da certeza da acusação fundada em raciocínio que se apóia tão-somente na experiência dos casos anteriores traz, naturalmente, uma alta dose de precariedade, passível de ser refutada pela defesa com certa facilidade. Em geral, a prova da simulação por presunção simples tem sido aceita nos casos mais abusivos e evidentes.

Sob tais premissas, a liberdade criativa dos planejadores para a economia de tributos é altamente estimulada, pois basta identificar lacunas na lei tributária para se conceber uma forma de evitar a tributação. Sob essa visão, a absoluta liberdade do contribuinte em se organizar não poderia ser questionada pelo Fisco, mesmo na presença de lacunas axiológicas, em que a regra tributária, apesar de suficientemente clara, era inadequada para a solução da situação concreta, por deixar de tratar determinada condição relevante. Em homenagem à segurança jurídica, não haveria possibilidade de o intérprete elaborar juízo de inadequação axiológica e apresentar uma solução normativa buscando compreender a regra coerentemente com sua finalidade.

Ressalte-se que não estamos nos referindo à hipótese clássica de lacuna normativa, em que o legislador não fornece solução para o caso e que teríamos que recorrer à integração. Há situações em que a solução normativa pode ser perfeitamente obtida por meio da análise coerente do texto legal com seu propósito de criação. Frederick Schauer oferece uma abordagem esclarecedora para resolver esse conflito decorrente dessas omissões legislativas. Para Schauer, as lacunas axiológicas que surgem a partir da divergência entre a norma e seu propósito de criação podem ser solucionadas por meio de generalizações que especificam melhor as condições de aplicação das regras.

Durante muitos anos a doutrina clássica prevaleceu sem debate e sua aplicação era pacífica no exame da validade dos planejamentos tributários. São raros os julgamentos em que se buscou um equilíbrio entre a forma engendrada pelo contribuinte para evitar o pagamento de impostos e a racionalidade econômica dessas operações negociais. Há o sempre citado exemplo de planejamento tributário do caso "Grendene", em que não foi aceita a conduta abusiva da pessoa jurídica em se subdividir formalmente em oito empresas menores apenas para enquadrar seu faturamento no regime tributário mais favorecido do lucro presumido. Mas esse caso-limite nada mais faz que confirmar a regra.

O resultado prático dessa total liberdade de auto-organização reflete-se no quadro divulgado há alguns anos pelo então Secretário da Receita Federal em que 50% das 500 maiores empresas do Brasil não pagavam IRPJ em sua apuração anual. Num cenário como esse, para se combater a erosão de sua base tributável, a Administração Tributária é forçada, a cada final de ano, a editar leis com a específica finalidade de fechar lacunas exploradas pelos planejamentos tributários. Esse pacote de normas antielisivas só soluciona o problema temporariamente, pois no ano seguinte surgem idéias para novos planejamentos, que serão combatidos no ano seguinte por um outro pacote. É o que Becker denominou "carnaval tributário".

Por outro lado, devemos nos perguntar como se explicam os recordes de arrecadação tributária apresentados todo ano pela Receita Federal se as pessoas que detêm maior capacidade contributiva não suportam o ônus tributário. Na verdade, a opção legislativa tem sido pelo aumento da tributação sobre rendimentos do trabalho, bem como sobre os tributos indiretos. Nesse sentido, foram introduzidas novas contribuições, como a CPMF e inúmeras CIDEs, e majoradas as já existentes, como a COFINS e o PIS. Aderimos, portanto, a um modelo de tributação que se alimenta preferencialmente de imposto sobre o consumo, aliviando-se a incidência dos tributos sobre a renda e o patrimônio. Ora, os impostos sobre o consumo, classicamente, são regressivos. Atingem de forma mais gravosa aqueles que têm menor capacidade de contribuir, além de desequilibrar preços relativos, afetando negativamente o crescimento da economia.

A partir dessas constatações, introduzem-se teses revisionistas da doutrina formalista. É possível identificar o advento do Código Civil de 2002 como fato relevante nessa discussão. O Código inova na ordem jurídica brasileira em vários sentidos, pois prevê como hipótese de nulidade do negócio jurídico "a ilicitude de seu motivo determinante"; tipifica o abuso de direito como ilícito; a fraude à lei e a simulação como causas de nulidade dos negócios jurídicos. Explicita princípios gerais como: eticidade, função social do contrato, boa-fé objetiva; e, o mais importante, confere maiores poderes ao juiz para construir a interpretação no caso concreto.

Essa tendência de ampliação dos poderes do julgador para análise da situação concreta, transplantada para a seara do direito tributário e, mais particularmente, para os julgamentos dos lançamentos tributários que combatem planejamentos tributários abusivos, foi paulatinamente absorvida. Verifica-se, a partir dos primeiros casos julgados sob essa nova orientação, que a discussão se situa não tanto na compreensão da norma geral e abstrata, mas na qualificação dos fatos jurídicos. Busca-se verificar se a descrição dos eventos econômicos realizada pelos contribuintes (contratos, assembléias, procurações) corresponde à realidade – ou seja: será que o fato alegado pelo contribuinte ocorreu da forma descrita por ele? Poderia o Fisco requalificar o ocorrido diferentemente do apresentado pelo contribuinte, e entender pela incidência da norma tributária?

Para melhor situarmos a discussão, seria adequado recorrer a uma situação concreta. É comum recorrermos, como exemplo de planejamento tributário, à operação denominada "casa e separa". Recentemente defrontei-me com caso concreto que muito se assemelha com o que usualmente se descreve nesse modelo de planejamento genérico. Uma empresa tinha selecionado investir em determinado setor de uma indústria nacional. Se ela adquirisse diretamente os ativos que lhe interessavam, haveria um expressivo ganho de capital e a obrigação de recolher o imposto. Então, idealizou um conjunto de operações que permitisse economizar esse valor no custo da operação de aquisição. Primeiro passo: criou-se uma nova sociedade, apenas temporária, que receberia como integralização de capital os ativos da indústria nacional avaliados pelo valor contábil. A empresa detentora dos recursos, logo após, subscreve capital dessa nova sociedade em dinheiro e paga um sobrevalor a título de ágio, sob o fundamento da existência de bens subavaliados no ativo. No passo seguinte, a indústria nacional, como coligada dessa nova sociedade, ajusta seu investimento pelo método da equivalência patrimonial.

A seguir, as duas empresas deliberam extinguir a sociedade e restituir capital aos acionistas. Daí a investidora recebe os ativos correspondentes ao setor da indústria que lhe interessava e a indústria nacional recebe o valor em dinheiro. Como o investimento no ativo da indústria já estava ajustado pela equivalência patrimonial, não há ganho algum a ser tributado.

Ressalte-se que toda a discussão é travada no plano dos fatos, pois a norma jurídica prevê o ganho de capital na alienação de ativos. A hipótese de incidência utiliza enunciado conotativo que vem captar na realidade certos predicados do fato que interessa ao Direito. Ao ocorrer o evento descrito em linguagem, cabe ao aplicador da lei verificar se esse fato pertence àquela classe de fatos prevista abstratamente na norma. Por um lado, o contribuinte alega que houve subscrição de capital seguida de cisão e que o fato jurídico ocorrido não se subsume à hipótese de ganho descrita pela norma tributária, e apresenta provas (contratos, assembléias, escrituração fiscal, o registro da cisão etc.). O Fisco, por sua vez, descreve o evento em linguagem de forma diferente. Por meio do lançamento tributário, é descrita a ocorrência de ganho de capital, e apresenta suas provas.

Formado o litígio, a questão é apreciada pelo julgador. Quem estaria com a verdade? A decisão jurídica aparece como fruto de uma discussão racional no processo. O julgador não tem acesso à realidade, apenas examina a retratação dessa realidade pelos documentos trazidos aos autos. Nesse ponto acompanho os ensinamentos do professor Paulo de Barros Carvalho, para quem a verdade é uma relação entre linguagens. Examinam-se a escrita fiscal do contribuinte, a descrição no livro Diário, os documentos, os contratos, as assembléias, os relatos das oitivas de terceiros, e assim por diante. Verifica-se, em toda essa documentação, a existência de inconsistências ou contradições. Chega-se a uma verdade jurídica a partir da coerência das alegações e provas apresentadas pelas partes.

Nesses casos, é importante analisar o negócio jurídico realizado, sua causa e forma. Se há falsidade ou ausência de causa, a hipótese é de simulação. Se, por outro lado, a finalidade do negócio e a forma adotada forem incoerentes, pode haver contradição no conjunto probatório. Nos últimos julgamentos do Conselho passou-se a empregar a racionalidade econômica do negócio como critério para se verificar a coerência dos atos. O Fisco, ao descrever a alienação de ativos e desacreditar a racionalidade da seqüência de atos apresentados pelo contribuinte, pode convencer o julgador de que o evento econômico está mais coerentemente descrito pelo lançamento fiscal. No caso antes descrito, o julgamento administrativo manteve o lançamento tributário, por entender caracterizado o ganho de capital.

Surge, então, uma terceira pergunta no exame dos planejamentos tributários. Não basta indagar se a conduta do contribuinte está proibida pela lei ou se há simulação. Deve-se perquirir também sobre a racionalidade econômica desse negócio.

Recentemente houve um outro julgamento em que essa discussão foi claramente abordada. A operação que desejo comentar é vulgarmente denominada "incorporação às avessas". Uma lucrativa empresa atacadista controlava uma pequena pessoa jurídica transportadora que apresentava prejuízo fiscal todos os anos. Diante dessa situação, sob a ótica da redução de tributos, a operação esperada seria a grande empresa incorporar a pequena. Ocorre que a lei veda expressamente o aproveitamento de prejuízos na incorporação. A solução encontrada pelos interessados foi realizar a incorporação em sentido oposto. A pequena transportadora incorpora a grande atacadista e compensa prejuízo próprio com o lucro da empresa incorporada. Não há vedação expressa na lei a essa espécie de compensação de prejuízos fiscais. No passo seguinte, a transportadora altera sua razão social e adota o nome da atacadista extinta na incorporação. Seis meses depois, abre uma transportadora. Ao final da operação, a vida e a organização do grupo econômico não haviam sido alteradas, apenas o prejuízo fiscal tinha sido inteiramente compensado.

Nesse caso, diferentemente de outros similares, o contribuinte conseguiu demonstrar que, além da economia tributária, havia outros motivos ligados à racionalidade econômica do negócio, eis que as empresas pertenciam ao mesmo grupo econômico, existiam há mais de 30 anos no mercado e a pequena empresa acumulava créditos inaproveitáveis em razão de sua atividade econômica. O julgamento acabou sendo favorável à tese defendida pelo contribuinte.

Dessa forma, nesta curta exposição meu objetivo foi demonstrar que, apesar de toda discussão teórica sobre o assunto, há dificuldade em apresentar uma teoria geral sobre o tema. Decerto, a racionalidade econômica passou a ser examinada como critério para se verificar a efetividade do negócio realizado ou se o conjunto de atos foi feito unicamente para evitar a incidência tributária. Mas os detalhes de cada caso influenciam o desenlace do litígio. Aos poucos, o Conselho de Contribuintes, com fundamento nos precedentes, começa a delinear critérios a serem adotados para análise dos planejamentos tributários.

São essas as minhas considerações. Eu agradeço a paciência de todos e fico à disposição para questionamentos. Obrigado! [*Palmas*]

Presidente da Mesa (Prof. Paulo B. Bonilha) – Minhas congratulações ao nosso convidado, Dr. Marcos Vinicius, sempre com muita objetividade, ao colocar essa questão tão complexa e difícil e – como ele mesmo salienta –, extremamente casuística, não admitindo generalizações mais simplificadoras. Cada caso tem um tratamento.

Ouviremos, agora, o professor Osíris de Azevedo Lopes Filho, que dispensa apresentação. Mas eu vou apenas citar três de suas atividades mais relevantes: Professor de Direito Tributário, Articulista de vários jornais atualmente e ex-Secretário da Receita Federal.

Ele vai falar sobre "O Tratamento Fiscal e Previdenciário Dispensado aos Prestadores de Serviços Intelectuais". Com a palavra, Dr. Osíris, por favor.

O TRATAMENTO FISCAL E PREVIDENCIÁRIO DISPENSADO AOS PRESTADORES DE SERVIÇOS INTELECTUAIS

Prof. Osíris de Azevedo Lopes Filho – Bom dia a todos! Eu não consigo abordar esse tema, que é um tema complexo, dentro do contexto tributário do país, sem começar com uma reflexão sobre a erosão do sistema tributário nacional.

Ainda que se fale em sistema tributário, em realidade, nós temos um não-sistema tributário. As características fundamentais do sistema, a sua congruência, a interdependência entre as figuras impositivas, a harmonia, a articulação do conjunto, não mais existem, pois estão em franco comprometimento, em face da volúpia arrecadatória e da manipulação que têm caracterizado a edição das medidas provisórias e a produção legislativa tributária.

Quem examinar o conjunto tributário e quiser resolver um problema micro, não considerando aspectos maiores, vai ficar perdido e sem orientação necessária, sem ver o norte realmente existente. E aí, nessa desarticulação, surge o problema do tratamento dos profissionais liberais e dos autônomos. A crise vem de longa data. O principal tributo que mobiliza a opinião pública, o IR, está na contramão constitucional, e numa falta de integração da tributação entre a pessoa jurídica e a pessoa física, e dentro da pessoa física impera a discriminação contra o trabalho. E há a desobediência da legislação tributária em relação aos princípios consagrados na nossa Constituição: o princípio da capacidade contributiva, o princípio da personalização do tributo, a vedação ao confisco. E as idéias que são importadas dos países centrais são deturpadas na nossa aplicação legislativa. Principalmente na integração entre a pessoa jurídica e a pessoa física, manifestada no desequilíbrio entre a incidência na fonte e a definitiva. Importamos o *pay as you earn*, que é chamado aqui no Brasil de "bases correntes", mas não existe equivalência ou correspondência entre incidência na fonte e a que vai ser definitiva na apuração do resultado final, a cada ano, pela pessoa física.

Além disso, se nós examinarmos o que ocorreu no IR, vamos ver que toda concepção de IR da pessoa jurídica está consagrada no Decreto-lei 1.598, que é resultado da adaptação, à Lei das Sociedades Anônimas, do IR, e se concebeu o lucro real, mas o lucro real tem um sistema de apuração muito custoso para a empresa, tanto que, hoje, o fenômeno moderno é as empresas, principalmente as multinacionais, saírem da estrutura de sociedade anônima e passarem para a estrutura de sociedade limitada.

Essa característica de se conceber o IR da pessoa jurídica com base na Lei das S/As, que são 20 mil num universo de 4 milhões e meio de empresas, obrigou a que se criasse a figura do lucro presumido, do lucro arbitrado, do lucro estimado, e se chegasse até o SIMPLES, para tentar colocar a microempresa e a pequena empresa dentro do sistema.

O que caracteriza os dias atuais é o falseamento e a falta de conhecimento do público a respeito do conjunto tributário. A imprensa fala em "imposto" o tempo todo, e o que é relevante financeiramente são as contribuições. As contribuições, hoje, representam mais de 70% da arrecadação federal. São figuras tributárias invadindo as bases econômicas dos impostos. E aí se faz o grande falseamento da realidade. Por exemplo, há pouco tempo o Presidente da República disse o seguinte: "Eu mandei um projeto de reforma tributária, não foi ainda votado, para acabar com a guerra fiscal. Foi aprovada uma reforma constitucional pela Emenda Constitucional 42, mas a relevante que era a do ICMS não foi adiante, e o Congresso não se pronuncia para acabar com a guerra fiscal".

Na realidade, se aprovado o que o Executivo deseja, vai tornar vitoriosa a guerra fiscal que está ocorrendo, da União contra os Estados e contra os Municípios do país. O PIS e a COFINS é que fazem a guerra fiscal. Estão incidindo sobre o faturamento. Mas faturamento relativo a quê? Venda de mercadorias e prestação de serviços. Mercadoria, de uma maneira geral, é alcançada pelo ICMS, que é o imposto mais poderoso do país em termos de abrangência, pois se aplica a todas as operações com as mercadorias e alcança, ainda, os dois serviços mais estratégicos num país continental como o Brasil: transportes e comunicações. As contribuições afetam também o Município. Este ente federado tem 25% da arrecadação do ICMS e a competência relativa ao ISS, que incide sobre serviços em geral. Essa é a guerra fiscal do país. E, se for aprovada essa emenda constitucional que está na Câmara, já aprovada pelo Senado, vai acabar com a Federação Brasileira. Ela consagra a vitória final da União de ter todo o poder tributário concentrado em sua competência.

E aí chego, finalmente, ao tema central que será objeto do meu pronunciamento: tratamento tributário e previdenciário dos ganhos dos profissionais liberais e profissionais intelectuais.

O pagamento realizado pela empresa contratante ao profissional autônomo, intelectual ou cultural, vai ter a incidência da contribuição previdenciária de 20% na fonte.

Se o profissional utilizar a forma de pessoa jurídica – portanto, aplicável o lucro presumido –, vai ter uma carga tributária, considerando IR, PIS, COFINS, em torno de 14,5%. Se tiver o tratamento de pessoa física, 27,5% nos ganhos acima de 2 mil Reais e poucos mensais, 12 mil e poucos anuais.

A questão básica decorre da falta de equilíbrio entre legislação tributária no âmbito do IRPF e da contribuição previdenciária, aplicável a esses operadores, na sua situação individualizada e a relativa à sua organização como empresa, submetida ao regime do lucro presumido.

Realmente, a defasagem entre os dois tratamentos tributários é muito grande, o que levou as empresas contratantes dessa mão-de-obra especializada a induzir a operação desses profissionais como pessoas jurídicas e estes profissionais a adotarem essa forma de estruturação jurídica, como mais econômica sob o ponto de vista financeiro. As vantagens, na perspectiva tributária, beneficiam ambas as partes, com redução da carga tributária correspondente. São ganhos imediatistas, embora haja prejuízo em relação ao direito do trabalho e previdenciário.

Evidente que a conjugação desses fatores leva à utilização da forma jurídica menos onerosa, principalmente se se considerar a diretriz emanada da CF que estabelece, em seu art. 5º, que versa sobre os direitos e garantias fundamentais, em seu inciso XIII, que "é livre o exercício de qualquer trabalho, ofício ou profissão, atendidas as qualificações profissionais que a lei estabelecer", bem como no inciso IX, que "é livre a expressão da atividade intelectual, artística, científica e de comunicação, independentemente de censura ou licença". Vale dizer, num regime de liberdade de expressão e de escolha da forma do exercício profissional, a conseqüência é que seus operadores possam adotar a forma jurídica mais adequada ao seu exercício laborativo.

O Fisco não se convenceu da correção jurídica praticada por alguns profissionais, agasalhados como pessoas jurídicas, prestadoras de serviços profissionais. Realizou a desconsideração dessa personalidade jurídica, tratando esses operadores como pessoas físicas, exigindo-lhes os tributos decorrentes, como mencionado anteriormente, mais gravosos.

Trata-se da aplicação da teoria da desconsideração da personalidade jurídica, na versão inglesa *disregard of legal entity*, que, nos países de onde ela é originária, gerou intensa polêmica.

No Brasil, em que o princípio tributário fundamental é o da legalidade, maiores serão as tensões jurídicas decorrentes da introdução, no plano prático, dessa inovação, que, a bem da verdade, não constitui novidade jurídica.

Desde a edição do CTN, em 1965, seu art. 135 consagrava, com relação a determinadas pessoas, basicamente administradoras de bens de terceiros, a responsabilidade pelos créditos tributários correspondentes a obrigações tributárias resultantes de atos praticados com excesso de poderes ou infração da lei, contrato social ou estatutos. Posteriormente, a Lei Complementar 105/2001 introduziu parágrafo único ao art. 116 do citado Código, possibilitando a desconsideração dos atos ou negócios jurídicos praticados com a finalidade de dissimular a ocorrência do fato gerador ou de elementos constitutivos da obrigação tributária. Deu-se a esse dispositivo a denominação de "cláusula antielisiva".

Mudaram o ambiente e a prática dos negócios no país. A partir da década de 90 do século passado ocorreu processo intensificado de fusões, incorporações e cisões de empresas. Essas transformações societárias, realizadas em busca de competitividade e eficácia operativa, também tiveram componente tributário, a economia de tributos.

O instrumento adotado foi o planejamento tributário, método destinado a realizar a elisão tributária, vale dizer, obter redução ou eliminação de tributos, utilizando meios legais.

A tentativa de disciplinar a viabilização processual da desconstituição da personalidade jurídica por decorrência de dissimulação, prevista pela Medida Provisória 66, não foi convertida em lei.

O Fisco, de seu lado, incorporou aos seus programas de fiscalização a teoria da desconstituição da personalidade jurídica para exigir tributos do que considerou, por processo interpretativo, objeto de simulação ou artifício malicioso.

É o que tem ocorrido na área da prestação de serviços. Determinados setores empresariais, que tradicionalmente utilizavam pessoas físicas nas suas atividades laborais, contratadas como submetidas ao vínculo trabalhista, em face da severa tributação (contribuição previdenciária e IR), mudaram seu comportamento. Começaram a dar preferência à utilização de prestações de serviços contratadas à pessoa jurídica. Essa opção tornou-se prevalecente no mercado, pois beneficia, por diminuição dos encargos tributários, tanto a empresa que necessita desses serviços como o prestador, sob a forma de empresa. Tal tipo de contratação alastrou-se pelo mercado.

Como já tem ocorrido tantas vezes na história legislativa dos tributos, a chamada "Medida Provisória do Bem", que, em realidade, havia tinha seu prazo de validade esgotado, foi ressuscitada na Medida Provisória 255, que continha parcos três artigos e se transformou, por magia negra legislativa, na Lei 11.196, de 22.11.2005, com 133 artigos.

Esse prodígio de alongamento normativo, entre os vários aditivos oportunistas introduzidos, apresenta o art. 129, cuja redação é a seguinte: "Art. 129. Para fins fiscais e previdenciários, a prestação de serviços intelectuais, inclusive os de natureza cientifica, artística ou cultural, em caráter personalíssimo ou não, com ou sem a designação de quaisquer obrigações a sócios ou empregados da sociedade prestadora de serviços, quando por esta realizada, se sujeita tão-somente à legislação aplicável às pessoas jurídicas, sem prejuízo da observância do disposto no art. 50 da Lei n. 10.406, de 10 de janeiro de 2002 – Código Civil".

Esse dispositivo visou a conter a ação fiscalizadora da Receita Federal em relação a certos profissionais que praticavam a forma operacional de pessoa jurídica em atividades cuja índole era personalista, valorizadora da individualização do trabalho e das características técnicas do conhecimento do prestador. A maior concentração dessa forma de contratação situava-se nos meios de comunicação, rádio, jornais, revistas e televisão. Daí a força política e econômica que provocou o sucesso da aprovação desse dispositivo, que resistiu, inclusive, à campanha para que fosse vetado pelo Presidente da República.

Há resistência à aplicação desse dispositivo por parte dos funcionários do Fisco, que o consideram de natureza restritiva ao exercício de suas funções. A questão que se coloca é a do princípio da legalidade, de natureza fundamental no nosso ordenamento jurídico. Toda a ação dos servidores do Fisco deve ser baseada na lei. Seu campo de atuação está baseado e delimitado pelo estabelecido na norma jurídica tributária.

A interpretação da norma jurídica proferida pelos agentes do Fisco não pode suprir lacunas da lei e suas insuficiências. Se o fizer, ter-se-á produção legislativa, e não mera ação de intérprete da lei. Dito de outra forma, os agentes do Fisco só têm garantida a validade de sua ação, sob o ponto de vista da legalidade, quando apoiada incontroversamente no disposto na lei. Dessa forma, enquanto não se materializa uma construção jurídica sobre essa matéria, produto da doutrina e da jurisprudência, vão surgir outros dispositivos análogos objetivando solucionar o conflito entre a interpretação dos agentes do Fisco e os interesses jurídicos e econômicos dos que praticam a elisão tributária, visando a obter economia de tributos.

O artificialismo da legislação tributária chegou a tal nível de intensidade, pela sua desconexão com as diretrizes e orientações contidas na Constituição, que dispositivos como este art. 129 da Lei 11.196/2005, de índole individualizadora, com endereço certo e determinado, representam a mercurialidade intensa que tipifica o quadro normativo do país, dessa vez em benefício do contribuinte – perdão, de certos contribuintes mais poderosos que a vala comum dos padecentes tributários –, cujo papel tem sido o de cordeiro, submetido à tosquia tributária inclemente do Fisco.

A superação desse cenário de prática da elisão tributária só vai ocorrer quando se estabelecer um equilíbrio entre as incidências tributárias e os remendos normativos cessarem ou, pelo menos, diminuírem no seu objetivo de aumentar a arrecadação a qualquer custo.

Entretanto, a reversão do processo que está instalado de obtenção de níveis crescentes de arrecadação via manipulação de norma tributária, demorará a ser estabelecida.

Nessas condições, convém ser disciplinado o previsto no art. 116, parágrafo único, *in fine*, do CTN, para que se tenha os procedimentos necessários à desconsideração dos atos ou negócios jurídicos, e, portanto, a necessária regulação processual da matéria, posto que a configuração efetiva dessa figura jurídica vai depender da doutrina e da jurisprudência pátrias.

Mas as tensões e litígios vão continuar a existir, pois a legislação está anárquica e com carga tributária excessiva e mal-distribuída, portanto, propiciando condições objetivas para a intensificação da elisão tributária.

Presidente da Mesa (Prof. Paulo B. Bonilha) – Quero parabenizar meu amigo e colega, professor Osíris, e salientar de passagem, mais uma vez, essa virtude – entre muitas que ele tem – de, com tão poucas palavras, pôr a nu, mostrar, o choque fiscal no nosso país. Nós, aqui, neste ambiente, estamos valorizando e enaltecendo a Constituição, os princípios constitucionais tributários, e, portanto, os direitos individuais, as garantias de direitos individuais. Esse choque do realismo fiscal é muito importante, e parece que você foi muitíssimo bem entendido pelos presentes, como vimos pela salva de palmas, que foi muito calorosa, demonstrando que essa valorização do formal tem que ser sempre olhada com vistas à realidade – que não é uma realidade tão bonita assim, não é verdade?

Vamos continuar nossos trabalhos. Antes, eu tenho uma nota, aqui: está entre nós o Min. Peçanha Martins, que muito honra este Congresso. Eu peço ao Sr. Ministro que se considere integrado à nossa Mesa. Ele pediu para ficar na platéia, mas, pelo menos espiritualmente, ele está aqui entre nós. E é uma honra tê-lo aqui.

Passamos, então, à palestra da professora Betina Treiger Grupenmacher. A professora Betina é muito conhecida: Doutora pela UFPR, Professora dos cursos de Graduação, Mestrado e Doutorado da UFPR. Vai tratar do tema "Os tratados Internacionais e o Planejamento Tributário".

OS TRATADOS INTERNACIONAIS E O PLANEJAMENTO TRIBUTÁRIO

Profa. Betina Treiger Grupenmacher – Bom dia a todos! De início eu gostaria de mais uma vez agradecer ao IDEPE por ter esta oportunidade de estar aqui participando de um evento de tão alto nível científico, tão prestigiado, e compondo uma Mesa ao lado de tão ilustres Juristas.

Pois bem, fui incumbida de lhes falar sobre "Os Tratados Internacionais e o Planejamento Tributário". O tema do planejamento tributário já foi abordado aqui pelo Dr. Marcos Vinicius e pelo Dr. Humberto Ávila. E o que nós faremos agora será analisar as operações que envolvem o planejamento internacional no intuito, então, de reduzir a carga tributária.

Quando se fala em planejamento tributário, o tema, em si, do planejamento tributário, especificamente no plano internacional, estamos nos referindo, fundamentalmente, ao IR. Digo "fundamentalmente" porque não "necessariamente". A possibilidade de se realizar um planejamento tributário envolvendo, vamos assim dizer, outros países, no intuito de reduzir a carga tributária, não apenas do IR, mas de outros tributos, também.

Mas a redução do pagamento do IR é sempre o foco principal nessas operações de planejamento tributário internacional. Esse tema do planejamento tributário internacional nos remete necessariamente aos conceitos de *elisão* e *evasão fiscal*, de todos nós conhecidos.

No que diz respeito aos comportamentos lícitos tendentes a afastar a incidência da norma tributária, no intuito de evitar o nascimento da relação jurídica tributária e, com ela, o dever de pagar o tributo, nós temos os comportamentos chamados *elisivos*, através dos quais se pretende afastar a incidência da norma ou evitar o nascimento da relação ou, ainda, reduzir o montante do tributo devido.

No que diz respeito à *evasão fiscal* nós estaríamos dentro do campo dos comportamentos ilícitos, tendentes a impedir a incidência da norma sobre o fato, mas agora mediante o comportamento fraudulento, mediante fraude, conluio, simulação. Enfim, esses comportamentos evasivos, de evasão fiscal, são aqueles que são repudiados pelo sistema, que são disciplinados no intuito de serem afastados. São nosso foco os comportamentos elisivos, aqueles que de fato caracterizam o planejamento tributário tendente a afastar incidência do imposto ou a reduzir o montante do tributo devido.

Então, o que nós estamos falando aqui, com eu disse, é do planejamento tributário, e o planejamento tributário envolve: comportamentos lícitos, o planejamento tributário nada mais é que uma organização dos negócios objetivando economia legítima de tributos através de posturas tendentes a afastar a incidência do tributo, reduzir seu montante ou diferir seu pagamento.

Em que medida seria, então, possível realizar um planejamento no plano internacional, em matéria tributária? Quatro são as formas buscadas fundamentalmente pelas pessoas jurídicas, também muitas vezes por pessoas físicas, mas precipuamente pelas pessoas jurídicas, para realizar um planejamento no plano internacional.

Em primeiro lugar, costuma-se buscar países com tributação favorecida, os chamados *tax heavens*, ou "paraísos fiscais". A expressão "paraíso fiscal" seria substituída por "países com tributação favorecida", porque se considerou que essa expressão "paraíso fiscal" tinha um tom pejorativo. Então, ela tem sido substituída, na doutrina assim como na jurisprudência, pela expressão "países com tributação favorecida".

Quando a empresa procura um país com tributação favorecida, o objetivo é reduzir a carga do IR no país de residência, através, enfim, da instalação de uma filial, de uma sucursal, nesse país de tributação favorecida.

Outra forma de planejamento tributário internacional é a utilização dos *treat shoppings*, ou tratados internacionais em matéria tributária.

Também a utilização da legislação referente aos preços de transferência, ou *transfer prices*, é uma forma de planejamento tributário internacional.

E, ainda, a *transferência da sede administrativa social ou dos ativos da empresa para o exterior*.

Essas seriam quatro formas de planejamento tributário no âmbito internacional, que muitas vezes levam a uma redução da carga tributária suportada no país de residência.

O que seriam, então, os "paraísos fiscais"? São, em tese – em tese não, na prática, efetivamente –, regiões geograficamente delimitadas onde há uma redução da carga tributária ou, efetivamente, a isenção de impostos. De que maneira esses países, esses "paraísos fiscais" ou "países com tributação favorecida", podem ser utilizados para fins de planejamento tributário internacional? Uma forma é a utilização de *holdings*. O que que seriam as *holdings*? Seriam, em síntese – aqui, nós temos muito pouco tempo para falar sobre isso –, sinteticamente, interpostas pessoas entre a filial e a matriz, localizadas em "paraísos fiscais", com o intuito de obter a isenção em relação a ganhos de capital e dividendos.

Outra possibilidade de utilização nos países com tributação favorecida é a instalação de *sociedades-base* nesses países de tributação favorecida, como, na verdade, sociedades condutoras para que se acumulem rendimentos no intuito de afastar a incidência do tributo que naturalmente esses rendimentos teriam no país de residência.

A outra possibilidade são as *trading companies*, que são espécies de *off shores*, empresas de comercialização de bens que são instaladas nos "paraísos fiscais" objetivando um planejamento tributário com preço de transferência.

E as chamadas *sociedades de artistas* instaladas em "paraísos fiscais", que são sociedades constituídas por artistas, esportistas, enfim, que percebem a remuneração desse artistas, desses esportistas – de um jogador de futebol, por exemplo; ele pode ter uma empresa num "paraíso fiscal" que percebe a remuneração a que ele faz jus, e nesse paraíso fiscal não será tributado. Essa é uma outra possibilidade de utilização dos "paraísos fiscais" como forma de planejamento tributário.

O objetivo de instalar uma dessas formas ou de optar por uma dessas formas de planejamento tributário em países com tributação favorecida é obter o menor nível de tributação, uma maior rentabilidade nas aplicações financeiras, confidencialidade e segurança e flexibilidade nas operações realizadas no exterior.

Com que olhos – digamos assim – o Brasil vê os chamados "países com tributação favorecida" ou "paraísos fiscais"? Naturalmente, não com bons olhos; nenhum país vê. No entanto, o que eu vou procurar demonstrar aqui, no tempo do qual disponho, é que muitas vezes é possível, sim, a utilização do país com tributação favorecida sem que esse comportamento caracterize, necessariamente, um comportamento de evasão, comportamento ilícito; ou, enfim, sem que se desconsidere – vamos assim dizer – a forma para se considerar efetivamente a substância, tomando aquilo como uma fraude à arrecadação tributária.

A legislação brasileira estabeleceu, genericamente falando, como "paraísos fiscais" aqueles países em que a alíquota do IR é inferior a 20%. Então, são países com carga tributária efetiva inferior a 20%. O que eu quero dizer com isso? A lei que estabelece, que contém, essa regra diz o seguinte: "É considerado 'paraíso fiscal' aquele país que tributa o IR com alíquota inferior a 20%".

No entanto, essa regra pode não nos levar, necessariamente, a um "paraíso fiscal". Aqui eu cito um exemplo das Antilhas Holandesas, que não são efetivamente um país, mas uma dependência do Reino dos Países Baixos, cuja alíquota do IR é de 35%, mas a base de cálculo é 8% do lucro; portanto, a tributação efetiva é de 2,8%. Então, a regra da legislação brasileira pode não nos conduzir necessariamente a um país com tributação favorecida. O que a legislação quis dizer é o seguinte: que a tributação efetiva sobre a totalidade da renda não pode ser inferior a 20%, e não propriamente a alíquota. Por isso que a carga tributária efetiva tem que ser inferior a 20% para que tenha efetividade.

Temos uma Instrução Normativa, n. 188/2002, em que o Brasil relaciona uma série de países que considera "paraísos fiscais". Trata-se de instrução normativa que, a teor das portarias, pode ser questionada. Eu estou, aqui, em um Congresso do IDEPE, um Congresso que me traz permanentemente a lembrança do professor Geraldo Ataliba – a quem, neste momento, eu rendo minhas homenagens –, e ele dizia que "portaria é coisa de porteiro". E, de fato, nas portarias a gente encontra uma série de atropelos.

Essa instrução normativa é importante, enumera alguns países, mas não é, no meu entendimento, taxativa; pode, eventualmente, ser ampliada diante de uma situação concreta, em que o agente da Fiscalização verifique que efetivamente determinado país pratica uma tributação do IR em um patamar inferior a 20%. Então, ela pode sofrer essa ampliação no intuito de se aplicar a Lei 9.799, que é aquela que estabeleceu que os "paraísos fiscais" seriam aqueles cuja tributação do IR fosse inferior a 20%.

Nessas hipóteses, o que diz essa lei, também? Sendo auferida renda por um não-residente num país com tributação favorecida, a renda auferida no Brasil terá aqui uma retenção à alíquota de 25%. Então, se a pessoa jurídica que estiver auferindo a renda estiver sediada num país com tributação favorecida, localizada fisicamente num país com tributação favorecida, e a renda for auferida no Brasil, deverá, por disposição expressa de lei, haver uma retenção de 25% dessa renda, que serão recolhidos à autoridade fazendária brasileira.

Há um questionamento em relação à taxatividade dessa lista. Por exemplo, nesta lista não estão o Uruguai e a Suíça. Todos nós sabemos que o Uruguai é muito utilizado para fins de planejamento tributário, e a Suíça por igual. E, de fato, esses dois países não estão na lista. Por isso que eu digo que é uma instrução normativa que é um exemplo, vamos dizer assim, mas de fato pode ser ampliada.

Outra observação importante é verificar o que efetivamente é o "paraíso fiscal". Será que "paraíso fiscal" é aquele que de fato não tributa renda a alíquota inferior a 20%? Será que o Brasil não poderia ser considerado, aos olhos de outros Estados, como um paraíso fiscal? Alguns países assim o consideram, porque nós temos aqui uma tributação para pessoas jurídicas, por exemplo, de acordo com o lucro presumido, o que representa uma redução importante da carga tributária.

E os Estados Unidos, seriam um "paraíso fiscal"? Em tese não são, mas os Estados Unidos isentam de juros os depósitos bancários de não-residentes com o objetivo de manter aqueles fundos no país. Isso pode ser caracterizado como um país com tributação favorecida. Muito embora nem o Brasil nem os Estados Unidos figurem necessariamente nas chamadas "listas negras" de outros países, como países com tributação favorecida.

O que é fundamental nos países com tributação favorecida? O que destaca, vamos assim dizer, o que chama atenção, é a questão do *sigilo bancário*. Na verdade, o sigilo bancário é uma garantia muito importante dos "paraísos fiscais", que assegura a privacidade em relação aos dados, aplicações, rendimentos, da pessoa física ou jurídica neles instalada. Quando se fala em *sigilo bancário*, nós, de imediato, verificamos uma tensão, por assim dizer, entre os interesses privados daquele que tem direito à intimidade, ao sigilo dos seus dados, e os interesses públicos. Então, na verdade, o que me parece que é mais grave nos "paraísos fiscais" é a garantia do sigilo bancário. Num primeiro momento parece-me perfeitamente possível que nos utilizemos de um "paraíso fiscal" para realizar o planejamento tributário, não com o objetivo de que nosso país de residência não conheça nossas operações, mas porque ele é um país com tributação favorecida. Se o objetivo for ocultar operações realizadas por pessoa jurídica que esteja praticando num "paraíso fiscal", não sendo a mesma conhecida pela autoridade brasileira, esse é o primeiro indício de evasão fiscal. Por que esconder da autoridade brasileira algo que legitimamente se tem o direito de fazer? Então, realmente o sigilo bancário é algo preocupante, que pode caracterizar o procedimento de evasão fiscal. Nós temos direito à intimidade, ao sigilo, em relação às nossas informações bancárias, mas a Constituição não pode servir de baluarte à impunidade nos procedimentos em que se objetiva a evasão fiscal no plano internacional.

A utilização de países com tributação favorecida, em geral, caracteriza uma presunção de fraude e evasão fiscal e leva à desconsideração da personalidade jurídica da empresa. O que me parece claro, aqui, é que em princípio é possível optar por uma jurisdição com regime tributário favorecido, e isso caracteriza, na verdade, perante nosso ordenamento constitucional, uma eleição legítima do contribuinte. Em nenhum momento o ordenamento interno exigiu que a pessoa jurídica optasse pelo caminho mais custoso, mais oneroso para a empresa. Então, não se pode, pura e simplesmente, desconsiderar uma operação com "paraíso fiscal", país com tributação favorecida, porque a empresa está lá sediada, porque não há obrigatoriedade de que a gente pague mais impostos necessariamente – como, aliás, fez referência o professor Osíris. A Constituição Federal garante a liberdade de atividade econômica e, portanto, a legítima economia de tributos. O empresário está sempre buscando a maximização dos seus resultados através da minimização de custos, dentro dos quais estão os impostos. Ou seja, no momento que se busca reduzir os custos para maximizar os lucros, se procura, conseqüentemente, reduzir a carga tributária – o que é uma eleição legítima do contribuinte.

Apenas com a realização concreta, ou seja, verificando-se cada caso em concreto, é que a gente vai ter uma percepção efetiva sobre se houve evasão fiscal ou economia legítima de tributos, verificando-se, em princípio a inidoneidade ou a idoneidade do negócio, adequação e licitude, um instrumento hábil utilizado para alcançar o objetivo.

É dado, efetivamente, aos Estados proteger seus ordenamentos contra violações, inclusive no que diz respeito à arrecadação tributária. Mas os Estados devem também se preocupar em proteger as operações transnacionais e incentivar a internacionalização dos negócios. E isto só será possível através de uma flexibilização em relação à questão do planejamento tributário.

Em regra, as medidas de controle adotadas pelos Estados podem ser bilaterais, que envolvem os tratados internacionais para evitar dupla tributação, e as internas. As internas, em regra, são a adoção de normas antielisivas, como nós temos o art. 116 do CTN, que desconsidera a forma, a partir da verificação da substância, a impossibilidade de dedução de despesas relativas a empresas sediadas em "paraísos fiscais", a aplicação de norma de preço de transferência entre empresas vinculadas e o princípio da universalidade, que é um princípio de fundamental importância no intuito de evitar evasão fiscal internacional. O *princípio da universalidade significa* que o IR alcançará a renda em qualquer lugar do mundo em que ela seja produzida. É o chamado *world wide income tax*, ou seja, a renda de um residente no Brasil, em qualquer lugar que ela seja produzida, será alcançada pela Lei do IR, numa concepção de extraterritorialidade da lei nacional, e em relação aos não-residentes isso significa retenção aqui no Brasil, na fonte, da renda produzida. O princípio da universalidade da renda evita fraude, por alcançar renda em qualquer lugar que ela seja produzida. Mas, efetivamente, as medidas mais eficientes para que o planejamento tributário internacional seja realizado estão nos *tratados internacionais*, que são tratados subscritos por dois ou mais países no intuito de evitar a dupla tributação e a evasão fiscal internacional.

Agora, o que me parece mais importante nesses tratados são as cláusulas para troca de informações. Com essas cláusulas a gente soluciona uma série de problemas relacionados à evasão fiscal, não apenas em relação ao IR, mas em relação a todos os demais tributos. Então, muito embora alguns desses tratados se restrinjam ao IR quando falam de cláusula de troca de informações, o art. 23 do convênio-modelo da OCDE autoriza que essas trocas de informações se dêem em relação a todos os tributos existentes em cada um dos Estados-partes.

Nós temos uma legislação excelente, internamente, no sentido de dar respaldo às cláusulas para troca de informações.

Temos a Lei 9.613, se não me engano de 1998, que disciplinou a "lavagem de dinheiro" e que prevê a possibilidade de o COAF pedir informações para as Administrações Fazendárias no intuito de subsidiar outros Estados ou atender a requerimento de outros Estados.

Temos o art. 199 do CTN, que foi alterado pela Lei Complementar 105, que autoriza as Fazendas Públicas a obterem informações do contribuinte no intuito de repassá-las a Estados com os quais o Brasil mantém tratados internacionais.

Além dessa legislação, o Brasil ainda tem outros procedimentos para identificação de países com tributação favorecida, como a Lei 9.430/1996, a Lei 9.779, aqui referida anteriormente, e a Lei 9.559, que ampliou a incidência do IR para remessas, para "paraísos fiscais", de 0% para 15% em alguns regimes especiais ou, então, para 25%.

O fato é que – e, aí, já caminhando para a conclusão –, realmente, a medida mais eficiente e que, de uma certa forma, afasta de imediato uma suspeita de evasão no planejamento tributário internacional é, realmente, a adoção de medidas previstas em tratados internacionais ou de instalação de empresas, essas todas que eu mencionei, *holdings* etc., sociedades condutoras, em países com os quais o país mantenha tratados internacionais para evitar dupla tributação. Essas são medidas as mais eficientes. Precisamos reconhecer a eficácia dos tratados no plano interno para que não se dê a desmoralização do Brasil no concerto internacional das Nações. Os tratados são, sim, a medida mais eficiente para se realizar um planejamento tributário no plano internacional.

Uma coisa é certa: se há "paraísos fiscais" é porque existem "infernos fiscais". E, sem sombra de dúvida, nós somos um caso desses.

Muito obrigada pela atenção! [*Palmas*]

PRESIDENTE DA MESA (PROF. PAULO B. BONILHA) – Parabéns, professora Betina, como sempre concisa e muito clara.

Vamos passar, então, à última apresentação, a palestra do nosso professor Roberto Quiroga Mosquera, que vai falar sobre "O Conceito de 'Estabelecimento Permanente' para Fins do Imposto sobre a Renda".

O professor Roberto Quiroga Mosquera é Mestre e Doutor pela PUC, e, como todos sabem, Professor na USP e na PUC. Por favor...

O CONCEITO DE "ESTABELECIMENTO PERMANENTE" PARA FINS DO IMPOSTO SOBRE A RENDA

PROF. ROBERTO QUIROGA MOSQUERA [*sem revisão do autor*] – Bom dia a todos! Atendendo ao pedido da Direção do Congresso, tendo em vista a impossibilidade do professor José Artur de estar presente para falar sobre "O Conceito de 'Estabelecimento Permanente' para fins de Imposto sobre a Renda", houve, então, uma troca de temas. O professor Marcos Vinicius já expôs sobre planejamento fiscal, e eu tentarei, dentro do meu tempo regulamentar de 20 minutos – não mais que isso –, abordar a questão do *estabelecimento permanente*, em especial seu conceito, tendo em vista a legislação brasileira, e quais as conseqüências para efeito de IR.

A importância desse tema está ligada basicamente às duas formas em que o não-residente vindo a atuar no Brasil ou um residente brasileiro atuando externamente podem realizar seus negócios. Basicamente, os trânsitos de capitais entre soberanias diferentes dão-se de forma direta ou de forma indireta. De forma direta quando o não-residente ou o residente brasileiro investindo fora do país realizam negócios individuais – ou, como se diz, de forma analítica; eu posso me dirigir ao exterior, realizar operações de compra e venda de determinados produtos, posso atuar no mercado financeiro, posso adquirir bens, de forma analítica, de forma individual, e, portanto, ser tributado de forma analítica em termos de legislação externa ou, mesmo, de legislação interna.

A segunda hipótese, tanto para não-residentes como para residentes, seria a tributação de forma sintética, por intermédio da qual, na verdade, não são vistas as operações de forma isolada, mas de forma coletiva, de forma grupal, tributadas aquelas operações como se se tratasse de uma entidade legal, de uma empresa, como se fosse uma pessoa jurídica, com personalidade jurídica, ou, mesmo, uma coletividade sem personalidade jurídica.

Daí por que esse tema tem sido colocado nos colóquios, tanto nacionais quanto internacionais, em matéria tributária, tendo em vista o grande fluxo de capitais, hoje, no mundo, entre soberanias diferentes. E, diante disso, o tema se revela importante não só pensando em multinacionais brasileiras, que se dirigem ao exterior para fazer negócios, mas também multinacionais estrangeiras que se dirigem ao Brasil também carreando negócios.

Além disso, seria importante ressaltar que esse tema, dos *estabelecimentos permanentes*, foi, recentemente, tema principal no Congresso da IFA – *International Fiscal Association* em Amsterdã, agora, em setembro/2006. Tivemos como relatora nacional uma brasileira [*falha na gravação*], e também tivemos a participação de brasileiros nesse colóquio internacional. Ou seja, um tema extremamente importante hoje, dentro de uma visão de Direito Internacional, foi tratado nesse seminário, como disse, há menos de um mês. E o Brasil teve sua representante expondo qual a visão do doutrinador brasileiro com relação às conseqüências tributárias quando a operação é efetuada via estabelecimento permanente.

Entrando diretamente na questão relacionada ao tema, a primeira colocação importante é definir o que é *estabelecimento permanente*. Infelizmente, não há uma definição clara de *estabelecimento permanente* no Direito Brasileiro, na legislação do direito positivo. O Brasil ainda não trouxe, de forma legislativa, uma clareza com relação à definição desse conceito. Porém, sob o ponto de vista de tratados, sob o ponto de vista das normas internacionais que posteriormente ingressam no sistema brasileiro positivo, aí, sim, perante a legislação de tratados, nós temos uma definição de *estabelecimento permanente*, seja uma definição mais ampla, de um sentido conotativo, como também uma definição mais restrita, no sentido denotativo. E nisso nós vamos ingressar em breve.

A primeira dificuldade que se coloca, portanto, quando se vai se estudar esse *estabelecimento permanente*, é saber como, hoje, um não-residente, vindo ao Brasil, ou um residente brasileiro, indo ao exterior, realizam seus negócios. E agora vamos falar só de maneira sintética, ou seja, a possibilidade de tributar suas operações de forma grupal, de forma coletiva, e não mais de forma individual, uma vez que operações individuais estão fora desse conceito a que nos referimos anteriormente.

Com relação à tributação brasileira, em termos de legislação interna, o único indicativo, a única norma que possibilita um entendimento não-legislativo, mas sim de doutrina, sobre esse conceito – *estabelecimento permanente* – nós encontramos no art. 126 do CTN, que coloca, na verdade, como pessoas jurídicas não só aquelas devidamente constituídas ou aquelas regularmente constituídas pelo Registro de Comércio respectivo, mas também toda e qualquer atuação relacionada a uma atividade comercial, mercantil ou, mesmo, civil dirigida e praticada em território brasileiro. Ou seja, este artigo diz que independem de capacidade, na verdade, as sociedades de fato, as sociedades ainda não regularmente constituídas, mas que realizam negócios com o intuito econômico num determinado território do Estado Brasileiro.

Portanto, é o art. 126 do CTN que, de uma certa forma, nos dá a primeira idéia, a primeira noção, sobre *estabelecimento permanente*. Portanto, poder-se-ia resumir esse artigo, buscando tanto as normas hoje vigentes do Código Civil, quanto aquelas de matéria tributária.

Considerar-se-ia *estabelecimento permanente* quando existe efetivamente uma entidade legalmente constituída ou que também realize negócios, ainda que de forma não regular, ainda que de forma não constituída sob as normas de Direito e do comércio do respectivo país, mas que realize com o intuito de negócios e, portanto, com finalidade econômica.

Esse é, como eu disse, doutrinário. Não há conceito legislativo dentro das normas brasileiras ou de direito positivo brasileiro.

Quais as conseqüências dessa definição doutrinária, tendo em vista a tributação pelo IR? A resposta é bastante singela, a resposta não requer grandes divagações em matéria fiscal. Basicamente, toda e qualquer entidade regularmente constituída no Brasil por não-residentes é considerada pessoa jurídica para fins brasileiros; portanto, tributada dentro dos moldes de qualquer outra pessoa jurídica, seja pelo lucro real, seja pelo lucro presumido, seja pelo lucro arbitrado. Portanto, quando nós estivermos diante de uma prática de *business*, ou de uma prática de negócios, de um não-residente no Brasil, por intermédio de entidade legalmente constituída, seja uma pessoa jurídica, seja uma própria filial de empresa estrangeira, será considerada pessoa jurídica para todos os fins de direito – e, portanto, deve ser tratado sob o ponto de vista do IR.

Diferentemente, quando eu tenho uma atividade de um não-residente não por intermédio de uma entidade regularmente constituída ou de fato, mas em operações isoladas, em operações individuais ou em realização de negócios particulares, deverei tributar esta operação como se fosse uma pessoa natural, uma pessoa física.

Exemplo: se a Nestlé vem aplicar no Brasil, em qualquer atividade no mercado financeiro, ou aplicar no Brasil em qualquer operação imobiliária individualmente, ela deve ser considerada uma pessoa física como qualquer outra; se ela não se constitui juridicamente como pessoa jurídica, se ela não desenvolve qualquer atividade como sociedade de fato, ela deve ser entendida, deve ser interpretada, como qualquer pessoa física realizando negócios no país.

Há uma exceção, expressa hoje na nossa legislação do IR: é quando, na verdade, se trata de atividade de um não-residente, por intermédio de comissários ou representantes assim constituídos. Então, quando eu exerço determinada atividade na área de importação por agente, por comissário ou por representante, aí, sim, eu posso ser considerado um estabelecimento permanente – e, portanto, tributado de forma sintética, e não de forma analítica, explicando que eu poderia, na verdade, nesta operação, ter todas as reduções de custos, de despesas, nesta atividade por comissário ou por representante, porém não tributarei as minhas operações de forma isolada. Essa é a única exceção hoje prevista na legislação do IR, além de eventuais filiais de entidades estrangeiras que realizam negócios no país.

Então, se eu tiver uma filial de um banco, uma filial de uma empresa industrial, uma filial de uma empresa prestadora de serviços no Brasil, ela será tributada como pessoa jurídica, considerado o estabelecimento permanente. Além disso, se eu tiver uma operação comercial relacionada a comércio exterior, mediante comissários ou mediante representantes, eu também considerarei como um estabelecimento permanente, tributando como se fosse uma pessoa jurídica brasileira qualquer.

Bem, por fim, cabe analisar a questão dos tratados. E aí, sim, como eu disse inicialmente, há uma definição nos tratados do que vem a ser *estabelecimento permanente*. E nos tratados assinados pelo Brasil, numa totalidade de 25 – salvo engano –, nós temos uma definição geral que se pode dizer uma definição conotativa, portanto, dando as propriedades, as características, do conceito. Mas também há na grande maioria dos tratados a definição do que é *estabelecimento permanente* sob o ponto de vista denotativo, ou seja, indicando as coisas que pertencem a esse conceito.

Basicamente, hoje, o conceito de *estabelecimento permanente* nos tratados, de forma conotativa ou de forma ampla, define-se por quatro características. Primeiro, a presença ou a existência de uma empresa, de uma entidade, de uma personalidade, seja jurídica de fato ou de direito. Segundo, a realização de negócios – ou *doing business*, como de diz –, ou seja, realização de negócios no exterior ou de um-não residente no país. Terceira característica: sede fixa. Há necessidade da identificação da sede fixa dessa empresa que realiza negócios no país. E, por fim, a execução, no todo ou em parte, dessas atividades antes mencionadas.

Presentes esses quatro requisitos – empresa, sede fixa, *doing business* e realização parcial ou total –, estaremos diante do denominado *estabelecimento permanente*, portanto, sujeito às regras que o tratado previr, que o tratado constituir.

Segundo o conceito de *estabelecimento permanente*, também na sua grande maioria, estatuído nos tratados internacionais, as definições são mais pontuais, mais específicas, ao se definir *estabelecimento permanente*, por exemplo, como lugar de gestão, filial, escritório, uma fábrica, uma mina ou pedreira, ou uma construção ou um canteiro de obra que exceda 12 meses na sua atividade. Estas são, portanto, definições específicas, definições especiais, porém estão também submetidas a um conceito maior, que é justamente esse conceito *lato sensu* de *estabelecimento permanente* que eu referi anteriormente.

Quais as conseqüências, na verdade, desses conceitos para a vida prática, quando eu falo de tratados? Basicamente é que, dependendo do tratado, ou na grande maioria dos tratados, os estabelecimentos permanentes são tributados no país respectivo, por vezes permitindo as chamadas cláusulas para não-bitributação, pelo método do *tax credit*, um crédito que eu dou, ou pelo método da isenção. Tributo num país, isenção no outro.

Basicamente, hoje os tratados permitem planejamentos dessa espécie quando eu adoto uma dessas sistemáticas para evitar a bitributação. Sistemática da isenção ou sistemática do crédito. O *tax credit*.

No Brasil, praticamente, nós podemos dizer que nós não temos casos de estabelecimento permanente que não estejam constituídos numa pessoa jurídica. Creio que todos nós temos a noção de que dificilmente nós teríamos uma construção no país sem que tivesse o CNPJ, uma fábrica sem CNPJ, uma mina sem CNPJ, uma pedreira sem CNPJ, para realizar esses negócios. Muitos se perguntam: qual a utilidade prática desse conceito? Realmente, no Brasil, hoje em dia, praticamente teríamos casos muito específicos, muito pontuais, de caracterização de um estabelecimento permanente por essas definições que eu referi.

Surge, na verdade, esse tema, hoje, como grande debate, nos chamados *mercados virtuais*, a chamada *Internet*, os sistemas virtuais, como estamos hoje estudando no mundo todo. Agora mesmo, no Instituto Latino-Americano de Direito Tributário, em conferência que nós tivemos na Argentina, em Córdoba, o segundo tema da discussão era justamente o *comércio eletrônico*, a questão em relação do comércio virtual, onde, sem dúvida alguma, talvez nós tenhamos a discussão do que é o *estabelecimento permanente*. Um servidor de determinada empresa alocado no Brasil, ainda que não constituído sob a forma de pessoa jurídica, estaríamos diante de um estabelecimento permanente ou não, e, portanto, ela deveria ser tributada como pessoa jurídica? Exemplo: uma empresa que comercializa livros, americana, se, na verdade, tiver o servidor aqui, onde todo e qualquer tipo de transmissão de dados para a compra de livros ou assemelhados se dê no Brasil; estamos, na verdade, tratando de um *estabelecimento permanente* – e, portanto, essa entidade que vende livros no Brasil seria tributada como pessoa jurídica no Brasil, e não só os rendimentos e ganhos serão auferidos na empresa externa.

A discussão atual, portanto, não diz respeito tanto a essas atividades mais formais ou mais estruturadas, totalmente conhecidas por nós, como a construção de uma hidroelétrica, como uma fábrica, como a realização de negócios de importação e exportação. Na verdade, o tema coloca-se de forma bastante profunda nesse *comér-*

cio virtual, que ainda é desconhecido e está sendo estudado. Em princípio, para minha visão, de uma forma bastante clara, entendo que, se obedecido o conceito de *estabelecimento permanente* previsto nos tratados – conceito geral, conceito restrito – e se entendido o *estabelecimento permanente* não com relação aos tratados, mas naquele conceito de filial ou comissários e representantes, creio que, sem dúvida alguma, se nós tivermos o desenvolvimento de atividades no Brasil, de estruturas virtuais, onde fique configurada a realização de negócios com intuito econômico, estaríamos diante de um conceito de *estabelecimento permanente* – portanto, sujeito às regras do IR brasileiro.

Peço desculpas pela correria, pela objetividade do tema, mas, como eu estou substituindo o professor José Artur, precisei ser bastante sintético, e deixo à colocação de vocês eventuais perguntas. Obrigado! [*Palmas*]

PRESIDENTE DA MESA (PROF. PAULO B. BONILHA) – Parabéns, professor Quiroga, pela concisão!

Vamos passar imediatamente às respostas às questões apresentadas pelos presentes. E eu também tenho uma comunicação: o professor Osíris pediu que eu transmitisse aos presentes as suas escusas, ele tinha outro compromisso aqui em São Paulo, com horário muito próximo, e ele teve que se retirar, e pede, portanto, desculpas pela sua ausência nesta parte final dos trabalhos.

Passo a palavra ao professor Marcos.

RESPOSTAS ÀS QUESTÕES FORMULADAS

PROF. MARCOS VINICIUS NEDER – Devido ao avançado da hora, vou procurar ser objetivo e agrupar perguntas comuns. A primeira delas faz comentários sobre a palestra do professor Humberto Ávila, sustentando que deveriam ser aplicadas regras, e não conceitos vagos como *solidariedade*, *boa-fé*, *Estado Social*, e apenas nos casos de abusos de forma é que poderiam ser invalidadas operações realizadas pelo contribuinte.

Cabe comentar, inicialmente, que achei também muito interessante a abordagem feita pelo professor Humberto Ávila, cuja contribuição para o entendimento do intrincado tema do planejamento tributário é extremamente relevante. Apesar do brilhantismo da exposição, ainda permaneci com algumas dúvidas. Por exemplo, se a atuação do Fisco se restringe aos casos de abuso de forma, precisamos saber bem claramente o que é *abuso de forma*. Do contrário, salvo melhor juízo, estaríamos apenas deslocando a pergunta. Minha experiência no julgamento dos casos de planejamento tributário indica que a solução dos litígios está a depender das provas apresentadas em cada caso. Se o Fisco entender que as operações descritas pelo contribuinte não representam a realidade, penso que é possível o questionamento com base em outras evidências. Essa doutrina que o autor intitulou "clássica ou tradicional" tem o pressuposto questionável de que "tudo que não é proibido é permitido".

Nesse sentido, posso recorrer a um exemplo bem singelo que ouvi numa exposição do professor Eurico de Santi e que achei extremamente didático. Imaginemos que em determinada localidade, bem conservadora, se estabeleça uma regra vedando a utilização de biquíni na praia. Fixa-se, na entrada da praia, placa com a seguinte ordem: "É proibido usar biquíni". Se partirmos, na interpretação desse enunciado, da premissa de que "tudo que não é proibido é permitido", chegaríamos ao absurdo de admitir pessoas andarem sem roupa nessa praia. Afinal, não há expressa previsão no texto vedando tal conduta. Ora, se não foram tratadas condições relevantes para a aplicação da regra e algumas situações, que o professor Juliano Maranhão chama de "experiências recalcitrantes", ficaram de fora, a solução normativa deve ser obtida a partir do exame do propósito da norma.

Numa comunidade de tradição conservadora, como a citada no exemplo, a possibilidade de se banhar sem roupa está descartada; mas se a comunidade fosse de amantes do Naturismo essa conduta realmente seria desejada pela norma.

Então, a meu ver, a solução deve ser obtida no exame caso a caso. Construir conceitos aplicáveis a todas as situações é uma tarefa árdua, pois teremos sempre situações bem evidentes de licitude e outras bem nebulosas. Como diz o professor Alcides Jorge Costa, na análise dos planejamentos tributários transitamos de um quadro branco para um negro, e o problema de conceituação surge na zona cinzenta, nos chamados *casos sensíveis*, em que é difícil identificar se há abuso de direito ou de forma na descrição genérica das operações negociais. A teoria das provas é relevantíssima para se chegar a um consenso sobre fatos.

A outra pergunta formulada é: *Ah! Mas o contribuinte, agora, é obrigado a adotar o maior tributo?* E conclui assim: *Encontrar a premissa do propósito negocial seria a chancela da interpretação pró-Fisco, tão odiosa quanto a interpretação contra-Fisco.*

Sobre essa abordagem, penso que não se deseja um sistema jurídico em que o Fisco não tenha o direito de controlar as condutas evasivas que levam à falta de pagamento de tributo. Se a descrição dos eventos econômicos não está satisfatoriamente retratada nos documentos apresentados pelos contribuintes e leva ao não-recolhimento de tributos, é dever da Fiscalização questioná-la. Isso não quer dizer que o questionamento do Fisco deverá prevalecer. O litígio será apreciado pelos órgãos julgadores. Primeiro órgãos de julgamento administrativo, e depois judiciais, ambos submetidos ao dever de atuação imparcial. Logo, não seria razoável pressupor uma chancela pró-Fisco. Há operações societárias que iniciam pela manhã, com criação de sociedades temporárias, processadas incorporações, assembléias, cisões, e ao meio-dia tudo se desfaz, não restando pedra sobre pedra. Impedir que o Fisco questione os efeitos tributários de negócios jurídicos atípicos seria prejudicial ao interesse de toda a sociedade.

Profa. Betina Treiger Grupenmacher – Então, rapidamente, uma pergunta do Dr. Sérgio Augusto Pereira de Souza, que eu considero da maior importância e que realmente esse é o objeto das minhas reflexões, mas não deu tempo de falar sobre isso. Então, vou falar rapidamente, agora.

Ele pergunta: *Em face das atualizações ocorridas nos convênios-modelos contra a bitributação da OCDE e da ONU, bem como do surgimento do convênio-modelo da OCDE para intercâmbio de informações tributárias de 2002, no sentido de que as diversas Administrações Tributárias devem cooperar entre si, inclusive com a finalidade de prevenir novas formas de evitação do tributo, não estariam internacionalmente superados os conceitos clássicos de evasão e elisão?*

Essa questão da troca de informações é fundamental, eu procurei deixar claro que eu acredito que a utilização de países com tributação favorecida não é necessariamente uma forma de evasão fiscal. Com isso, não estou fazendo uma apologia à fraude. Muito pelo contrário, eu acredito que nós temos um problema cultural de parte a parte, do contribuinte, do Estado. O contribuinte deixa de cumprir com suas obrigações sob o argumento de que o Estado não faz a parte dele. E o Estado não faz sua parte porque diz que o contribuinte é sonegador. Então, absolutamente, eu creio que cada um tem que passar a cumprir a sua parte. O que o Estado não pode fazer é impedir que o contribuinte busque formas eficientes de reduzir a carga tributária; e a utilização de países com tributação favorecida é uma opção delas. O que a empresa não pode ter como objetivo é omitir informações da autoridade brasileira. No momento que a empresa tem esse como objetivo, alguma coisa está errada. Por que a autoridade brasileira tem que desconhecer, necessariamente, as suas operações no exterior?

Temos "paraísos bancários", "paraísos societários", "paraísos penais". Mas os "paraísos bancários", estes, sim, esses países que não se sujeitam a esses modelos da ONU, da OCDE, e se negam a fornecer informações das empresas nele instaladas, são o grande problema. Essa legislação toda à qual fiz referência, inclusive a Lei 9.603/1998, no Brasil, que disciplinou a questão da "lavagem de dinheiro", essas disposições atinentes à troca de informações, têm um objetivo maior hoje, que é prevenir o terrorismo, o tráfico de entorpecentes; enfim, essa troca de informações tem um objetivo maior que só a tributação.

Então, penso que os conceitos de *evasão* e *elisão* não estão superados, diante da possibilidade de alguns países não cumprirem, não observarem, as novas regras estabelecidas no modelo da ONU ou da OCDE. Esses, sim, são países que não são "paraísos fiscais", são "paraísos bancários" que não se rendem, vamos assim dizer, à disciplina internacional de troca de informações. E aí, sim, as operações realizadas com países em que não haja troca de informações podem, muito provavelmente, se caracterizar como uma forma de evasão fiscal. Por isso que eu acredito que, em função da não-sujeição de alguns países, que se recusam a se sujeitar às regras de troca de informações, ainda permanecem em questão os temas da evasão e da elisão fiscal no plano internacional.

Obrigada!

Presidente da Mesa (Prof. Paulo B. Bonilha) – Obrigado, professora Betina! Finalmente, pacientes congressistas, a última resposta do professor Quiroga.

Prof. Roberto Quiroga Mosquera [*sem revisão do autor*] – A pergunta do colega Marcos diz respeito às provisões. Hoje nós temos, na legislação do IR, uma regra clara sobre provisões: só são admitidas as provisões estatuídas em norma e em lei. Portanto, não é permitida a dedutibilidade para fins de IR de toda e qualquer provisão feita dentro da contabilidade das empresas. E a pergunta diz respeito justamente a essa possibilidade em relação a não-residentes, para os quais uma regra de 1964, que é a Lei 4.506, permitiria toda e qualquer dedutibilidade de provisões, sejam quais forem. E a pergunta é a seguinte. *Realmente isto ofende a isonomia, não ofende a isonomia? É verdadeiro, não é verdadeiro?*

Bem, a primeira questão – sendo objetivo – é a seguinte: hoje há dúvidas sobre se realmente os arts. 63 e 64 da Lei 4.506/1964 não teriam sido revogados pelas novas normas de provisão, uma vez que seria legislação ordinária, e, portanto, passível de revogação ou [*falha na gravação*] uma pela outra. Admitindo-se a hipótese de que não tenham sido revogado – e, que portanto, as provisões antes previstas estariam plenamente eficazes no sentido de apuração do IR –, eu diria que, sem dúvida, nós teríamos, aí, um problema de ofensa à isonomia com relação ao tratamento do capital estrangeiro frente ao capital nacional. Mais que isso, de uma empresa brasileira de um não-residente frente a uma empresa brasileira de um residente. A questão prévia que eu coloco é se realmente nós estaríamos ainda diante da plena eficácia dos arts. 63 e 64. Num caso particular de que eu tratei – não sei se especificamente é esse colocado pelo colega – eu entendi que não mais teriam aplicação esses art. 63 e 64 para fins de estabelecimento permanente. Posso estar dando uma resposta geral, sem dizer especificamente o item colocado pelo colega. Mas eu diria que talvez nós tenhamos uma questão prévia, a questão da isonomia. Passada essa questão, não tenho dúvida de que nós teríamos um tratamento diferenciado.

Presidente da Mesa (Prof. Paulo B. Bonilha) – Muito bem. Uma questão do Dr. Luiz Alfredo Bianconi infelizmente ficou prejudicada pela retirada antecipada do Dr. Osíris. E, portanto, esgotam-se as questões.

Eu quero rapidamente agradecer aos componentes da Mesa o brilhante e competente trabalho aqui desenvolvido. E encerro os trabalhos desta Mesa.

Muito obrigado a todos! Passemos, então, ao horário de almoço. [*Palmas*]

MESA DE DEBATES "G"

CONTRIBUIÇÕES

PRESIDENTE DA MESA: PROF. AMÉRICO LACOMBE

MEMBROS DA MESA: PROF. PAULO AYRES BARRETO,
PROF. SACHA CALMON NAVARRO COÊLHO,
PROFA. FABIANA DEL PADRE TOMÉ, PROF. MAIRAN MAIA

PRESIDENTE DA MESA (PROF. AMÉRICO LACOMBE) – Esta Mesa vai tratar de uma maneira geral sobre as "Contribuições". Participam o professor Paulo Ayres Barreto, o professor Sacha Calmon Navarro Coêlho, a professora Fabiana Del Padre e o professor e desembargador federal Mairan Maia.

Cada um dos expositores terá 20 minutos para fazer sua exposição, e depois, então, os participantes poderão dirigir à Mesa as perguntas que quiserem. Mas, por favor, indiquem para quem é feita a pergunta.

Então, iniciando, dou a palavra ao professor Paulo Ayres Barreto, que terá 20 minutos para sua exposição.

CONTRIBUIÇÕES: CLASSIFICAÇÃO, DESTINAÇÃO E LIMITES

PROF. PAULO AYRES BARRETO – Eminente Presidente desta Mesa, professor Américo Lacombe, demais Membros que a compõem, professor Sacha Calmon Navarro Coêlho, professora Fabiana Del Padre Tomé, desembargador federal professor Mairan Maia, professor Aires Barreto.

Coube a mim discorrer sobre o tema "Contribuições: Classificação, Destinação e Limites". Eu diria que, depois das referências feitas pela professora Misabel Derzi na conferência inaugural deste Congresso, eu cheguei a dizer a ela que, idealmente, eu não deveria falar mais nada. Suas referências já eram, para mim, suficientes em relação a esse meu esforço de apresentar uma proposta sobre o tema. Algumas considerações iniciais sobre o tema se fazem necessárias. Em primeiro lugar, temos uma intensa atividade impositiva em matéria de contribuições nos últimos tempos. Nos últimos 20 anos eu diria que o tributo da moda atende pelo nome de "contribuição", pela voracidade com que esse tributo tem sido cobrado e pelo desequilíbrio federativo que tem gerado. Esses problemas que o tema apresenta têm razões distintas. Eu apontaria três.

A primeira delas, a ausência de uma melhor sistematização do próprio tema no direito positivo. Nós podemos voltar à própria edição do Código Tributário Nacional, em 1965, onde, aparentemente, se adota uma classificação tripartida dos tributos. E mesmo antes de o Código entrar em vigor é feita uma alteração em sua redação original, para que nele fosse inserido um artigo, o art. 217, que diz que, além de tudo que foi dito até aqui, são também tributos a contribuição previdenciária, a contribuição sindical, e assim por diante.

Ao lado disso, a própria doutrina tem trilhado caminhos bastante distintos e díspares relativamente ao tema "contribuição". *Contribuição*, nas acepções doutrinárias, pode ser: espécie de tributo redutível a imposto ou a taxa; espécie tributária autônoma; imposto de escopo; tributo finalístico; exação *sui generis*; exação não-tributária – e assim por diante. Evidentemente, para cada uma dessas posições doutrinárias, diferentes desdobramentos se põem no plano teórico.

Em face disso, os tribunais têm aceitado todo e qualquer tipo de argumentação no sentido de validar contribuições. Temos visto, notadamente no STF, situações nas quais, quando uma contribuição está eivada de vícios de toda natureza, é difícil constitucionalizá-la, puxa-se "do bolso do colete" o largo princípio da solidariedade e, com base nele, tudo se aceita em matéria de contribuição, toda contribuição torna-se constitucional.

Esse é o desafio que nós temos de enfrentar. Esse é o quadro no qual se insere a temática das contribuições. Procuraremos demonstrar, nesses 20 minutos que nós temos para discorrer sobre o tema, que contribuição é uma espécie tributária autônoma. Isso nos remete a dois aspectos: um mencionado pela professora Misabel Derzi, qual seja, a referência da teoria das causas, e outro ao tema da classificação dos tributos. Além disso, louvaremos demonstrar a relevância tributária da efetiva destinação do produto da arrecadação. Queremos provar que o direito tributário não necessariamente termina no DARF; não termina com a extinção do crédito tributário. Há direito tributário além do DARF. E, por fim, procuraremos identificar quais os efeitos da desvinculação do produto da arrecadação, do desvio do produto da arrecadação no plano fático, ou da tredestinação, como querem alguns. Qual o caminho para isso? Uma breve referência ao Direito Comparado, depois à teoria das causas, e, como já lhes disse, classificação dos tributos. A partir daí, eu vou expor as minhas conclusões sobre o tema.

Examinando o Direito Comparado, nós vamos identificar, em relação ao tema "contribuições", um posicionamento bastante linear. Na grande maioria dos ordenamentos jurídicos dos principais países europeus, e mesmo dos principais países da América Latina, as espécies tributárias são classificadas em três: impostos, taxas e contribuições.

Contribuições em relação às quais há sempre a referência a uma atividade estatal que não necessariamente está referida no critério material da regra-matriz de incidência. Atividade, essa, que se volta para um grupo de pessoas e que gera uma vantagem ou benefício ao contribuinte, devendo, ainda, ser aplicada nos fins para os quais ela foi instituída. Há uma ou outra exceção. Por exemplo, em Portugal adotam-se essas três espécies tributárias mas se diz claramente que as contribuições terão o mesmo regime jurídico dos impostos. Aqui, como vimos, essa clara adoção da corrente tripartida não se põe, e talvez seja essa uma das razões históricas para tanta discussão em torno do tema "contribuições".

Referindo-me ao tema da teoria das causas, que foi mencionado pela professora Misabel na conferência de abertura, quero enfatizar que compactuo com ela em relação a todas as críticas que faz à adoção da teoria das causas de uma perspectiva extrajurídica, e também concordo quando a eminente Professora diz ser importante trabalhar essa teoria de uma perspectiva normativa. E foi isso que procurei fazer em trabalho que desenvolvi sobre tal tema: estudar a teoria das causas dentro daquela visão própria do direito administrativo, em que a causa é o nexo lógico entre o motivo da instituição do tributo e sua estrutura normativa, em função de uma finalidade a ser atingida, para fins de avaliação da existência dos pressupostos para o exercício da competência impositiva.

Em relação à classificação dos tributos e à necessidade de classificar as espécies tributárias em face dos desdobramentos que esta classificação põe ao tema "contribuições", há um grande embate doutrinário. A partir da Constituição de 1988, duas posições se põem muito claramente: uma parcela da doutrina que remanesce numa visão bipartida ou tripartida das espécies tributárias, liderada por Geraldo Ataliba, Paulo de Barros Carvalho, Roque Antonio Carrazza; e outros doutrinadores defendendo classificações quadripartidas ou qüinqüipartidas dos tributos, como Ives Gandra Martins, Luciano Amaro, entre outros.

Relativamente ao tema, eu queria fazer algumas considerações. A primeira, para afirmar que classificar é um ato, acima de tudo, de natureza teórica, que tem de se submeter a todos os estudos sobre teoria das classes, isto é, aos conceitos lógicos que envolvem teoria das classes. A segunda, no sentido de que, se classificar é separar em grupos, pressupondo alguns critérios cada vez que divido uma classe qualquer, ou seja, a cada divisão de classe que faço, o grupo dividido tem que representar a integralidade daquele da classe maior. Se eu for dividir esse Auditório na turma da direita e na turma da esquerda, a somatória dos dois grupos tem de representar a totalidade do Auditório. Então, alguns lógicos advertem para a impropriedade de se buscar vários critérios, a um só tempo, para estabelecer classificação de qualquer natureza, inclusive a tributária.

Vale dizer, é fundamental proceder à classificação a partir de uma classe, que se entenda como classe superior, e, a partir daí, desdobrar essa classe superior em classes subordinadas. Nessa linha, quer me parecer que a classificação proposta por Geraldo Ataliba permanece radicalmente atual e rigorosa, na medida em que todos os tributos podem ser, e devem ser, classificados, em relação à materialidade das hipóteses de incidência, em vinculados e não-vinculados. A classificação em referência continua correta, atual e adequada.

Mas talvez seja necessário avançar um pouco em relação a dita classificação, procurar outros aspectos importantes em face do que dispõe o nosso direito positivo. No momento em que a Constituição de 1988 diz que os impostos não podem ter o produto de sua arrecadação vinculado a órgão, fundo ou despesa e, contrariamente, as contribuições, necessariamente, têm que ter o produto de sua arrecadação vinculado a órgão, fundo ou despesa, parece-me relevante distinguir uma espécie da outra, vez que examinando o mero critério material da regra-matriz de incidência é impossível fazê-lo.

O próprio professor Geral Ataliba, parece-me, já entendia necessária alguma mudança ou, pelo menos, algum desdobramento em relação à classificação que ele propunha. A prova mais evidente, parece-me, em relação a isso é a de que dois professores, muito próximos de Geraldo Ataliba, os professores Aires Barreto e José Artur Lima Gonçalves, cunharam classificações que trilhavam exatamente esse caminho de, a partir da classe "vinculados e não-vinculados", trabalhar outras subclasses de tributos – como destinado e não-destinado, restituível e não-restituível –, num processo classificatório absolutamente coerente com os princípios lógicos. E, a meu ver, esse é o caminho correto para identificar o papel das contribuições dentro do tema "classificação dos tributos".

"Contribuição" é signo que tem uma etimologia diferente de imposto e de taxa. Parece-me que tal consideração não pode ser desprezada. Se eu examinar meramente a etimologia, vou ter que "contribuição", genericamente falando, é a parte a que está sujeito um cidadão para formação de fundos necessários para o custeio de determinadas despesas.

Nesse sentido, toda vez que tivermos atividade estatal, cuja referência não está necessariamente no critério material da regra-matriz de incidência, que se volta para um grupo de pessoas, que gera vantagem ou benefício imediato, ainda que indireto, a esse grupo de pessoas que deve suportá-lo, havendo uma necessária co-relação entre a atividade desenvolvida e o custo a ser arrecadado em face dessa atividade, com a necessidade de esta arrecadação ser aplicada na finalidade que motivou a instituição da contribuição, eu estarei diante de uma espécie tributária autônoma, que não se confunde com imposto ou com taxa, que tem um regime jurídico próprio, que deve ser tratada de acordo com as suas peculiaridades e seus traços característicos. O reconhecimento de que essas peculiaridades existem, esses traços característicos devem ser observados, parece fundamental para bem controlar essa específica espécie tributária.

As contribuições são sujeitas a limites formais e a limites materiais, que lhes são próprios. Limites formais são: legalidade, anterioridade, retroatividade. Limites materiais são: necessidade, adequação, proibição de excesso, limites quantitativos, compatibilidade entre o custo da atividade estatal e o montante a ser arrecadado.

Quer me parecer ser absolutamente necessário e importante entender as contribuições nessa conformidade. Não basta referir, no critério material da regra-matriz de incidência, um fato de possível ocorrência. Isso é bom para os impostos. Em relação a eles cabe verificar o problema da subsunção. Nas contribuições temos que verificar se aquela atividade é necessária, é adequada, se não há excesso, se há uma compatibilidade entre o motivo que deu ensejo à instituição de tributo e a finalidade que se almeja atingir em face daquela nova exação, se o montante a ser arrecadado é compatível com o que se vai gastar àquele título, e assim sucessivamente.

Em face dessa estruturação da contribuição – que, ao meu ver, é muito própria, muito específica, distinta dos impostos e das taxas –, decorre uma série de desdobramentos no que se refere ao próprio controle do produto da arrecadação.

Relativamente a esse tema, nós temos que segregar a discussão em alguns aspectos que são bem distintos. Toda vez que há instituição de contribuição pode-se ter um desvio, uma desvinculação do produto de arrecadação em diferentes níveis. Essa desvinculação pode se dar no próprio plano constitucional, como lembrava a professora Misabel Derzi, com as emendas que deram ensejo ao Fundo de Emergência, Fundo Fiscal e, agora, Desvinculações da Receita da União – DRUs; pode se dar no plano legal, e aí se abrem outras variáveis importantes. Pode-se ter ausência de vinculação, alteração de vinculação, vinculação posta pela lei e alterada por lei posterior, vinculação posta pela norma geral e abstrata que instituiu o tributo e desvinculação posta por lei orçamentária. Cada uma dessas possibilidades há de gerar diferentes desdobramentos.

A desvinculação no plano constitucional subtrai, suprime direito e garantia fundamental do contribuinte. Em face do sistema tributário plasmado na Constituição de 1988, há autorização para a cobrança de impostos para gastos gerais; para a cobrança de taxas para remuneração do exercício do poder de polícia ou da prestação de serviço público específico e divisível. De outra parte, a Constituição só autoriza seja instituída contribuição se o montante arrecadado a esse título for efetivamente aplicado nos fins que motivaram sua instituição. Se assim não ocorrer, descabe a cobrança desse tributo. O contribuinte tem o direito individual de não ser submetido à tributação por intermédio de contribuição se parcela do montante arrecadado é desvinculada.

Se a desvinculação ocorre no plano legal e se temos uma contribuição que surge pelo motivo "A" mas, de repente, ela é alterada, porque surge o motivo "B", esse motivo "B" haverá de dar ensejo a um novo tributo, que deverá se submeter aos limites formais: anterioridade, retroatividade, e assim por diante. Se houver tal observância, nenhum problema; mas, se não houver, referida contribuição não será compatível com nosso ordenamento jurídico. E se a contribuição for perfeitamente criada no momento "A", por norma geral e abstrata, e no momento "B" lei orçamentária disser que àquele tributo arrecadado a título da CIDE-combustíveis, por exemplo, será dado um outro destino, esta desvinculação, posta no plano legal, também afetará radicalmente a espécie tributária.

Para não dizer que tudo isso é algo acadêmico, meramente teórico, e que não tem encontrado ressonância no Judiciário, eu gostaria de fazer referência a dois julgados que me parecem importantes nessa matéria. O primeiro deles o RE 183.906-SP, no qual o Min. Carlos Mário Velloso acabou por entender, ainda que em voto vencido, que, não havendo a aplicação do produto da arrecadação naqueles fins que deram ensejo à instituição de contribuição, tem o contribuinte o direito de não pagá-la. E – diria eu –, se o pagamento já ocorreu, caberá a restituição ou a repetição de indébito.

Já em outro julgado, também muito importante, que trata do aspecto relativo à lei orçamentária – ADI 2.925-8-DF –, o STF alterou seu posicionamento sobre o tema. Num primeiro momento, discutindo alterações veiculadas por intermédio de lei orçamentária em relação à destinação de contribuições, firmou posicionamento no sentido de que se tratava de matéria sujeita a controle difuso, por ser uma norma individual e concreta não submetida a controle concentrado.

Posteriormente, na ação direta de inconstitucionalidade antes referida, verificando a necessidade de que o exame da contribuição tenha em conta a regra-matriz de incidência, de um lado, e a norma jurídica que vincula a destinação, de outro – que à primeira se liga de forma umbilical –, temos que: dado o pagamento de determinada contribuição, deve ser a necessidade da aplicação na finalidade à qual a mesma estiver vinculada. Entendeu o Supremo que esta, sim, é regra geral e abstrata, sujeita a controle concentrado. Por essa razão, vários Ministros acabam reformulando sua posição e, por maioria, decidiram que não pode haver aplicação em finalidade diversa daquela que deu ensejo à instituição da contribuição. Nesse sentido votaram César Peluso, Gilmar Mendes, Carlos Velloso, Carlos Aires Brito e Sepúlveda Pertence. O Min. Sepúlveda Pertence chega a lamentar seu posicionamento anterior em relação à CPMF, dizendo que se, naquela primeira oportunidade, eles não tivessem trilhado o caminho no sentido de que a destinação das contribuições é matéria sujeita a controle, talvez a saúde no Brasil estivesse, hoje, em condições bem melhores do que efetivamente está.

Enfim, o orçamento só pode destinar verbas vinculadas ao respectivo órgão, fundo ou despesa que deu ensejo à instituição da contribuição. O STF chega a se referir à necessidade de que se avance nos estudos relativos à criação da regra-matriz da despesa pública. Nós nos ocupamos e trabalhamos muito com a regra-matriz de incidência tributária, sob as luzes do professor Paulo de Barros Carvalho, que efetivamente abriu um clarão importante em relação a esse aspecto da fenomenologia da incidência tributária.

Talvez tenhamos que avançar mais decisivamente nesse segundo aspecto, no controle desta segunda norma jurídica, que está umbilicalmente ligada à primeira e que haverá de controlar o destino do produto da arrecadação.

Em rápida síntese, diria eu o seguinte: o vocábulo "contribuição" tem significação própria, seja no uso comum, seja no uso técnico, que é distinta de imposto e taxa. O legislador constituinte fez menção às contribuições em várias oportunidades no texto constitucional. Se pretendesse, poderia até mencionar impostos e taxas. Se não o fez, tem-se importante indício de que as contribuições deles se distinguem. O legislador constituinte poderia também ter trilhado o caminho adotado pela legislação portuguesa, para dizer que as contribuições devem obedecer ao regime jurídico dos impostos. Não foi isso que ele fez.

Há no texto constitucional de 1988 diferentes mecanismos de outorga de competência. Por força disso, o exercício dessa competência está jungido à observância de critérios diversos. Os impostos, taxas, perquirem sobre a amplitude da competência constitucionalmente referida mediante indicação das materialidades, delimitadoras dessa competência, bem como sobre os requisitos para o exercício da chamada competência residual na União.

Nas contribuições o foco reside na causa para a instituição do tributo. O exame da necessidade e da adequação do tributo para o conceito da atividade estatal específica. As materialidades, quando referidas, representam o limite adicional a ser observado.

As receitas públicas geradas da declaração de impostos não podem ser vinculadas a órgão, fundo ou despesa. Nas contribuições tais vinculações são constitucionalmente exigidas. As receitas decorrentes das contribuições sujeitam-se a controle quantitativo e devem ser dimensionadas em conformidade com o dispêndio gerado pela atividade estatal que fundamentou as contribuições. O ente tributante tem o dever jurídico de usar integralmente o produto de arrecadação no fim colimado. A norma orçamentária que rompe esse vinculo desnatura a exigência. Abre ao contribuinte a possibilidade de não pagar o tributo ou pleitear a repetição do indébito tributário.

Essas conclusões, ou essas observações, essa visão do problema, seguem aquela advertência feita pelo professor Aires Barreto, citando o professor José Souto Maior Borges, no início destes trabalhos. Se elas estiverem erradas, que sirvam para que sob esses erros sejam construídos acertos. Se ainda assim não for, vale refletir sobre a frase de Victor Hugo no sentido de que não há nada como um sonho, para criar o futuro.

Muito obrigado! [*Palmas*]

Presidente da Mesa (Prof. Américo Lacombe) – Dou a palavra ao professor Sacha Calmon Navarro Coêlho, que falará sobre "CIDE – Critérios para Aferir sua Constitucionalidade", no prazo de 20 minutos.

CIDE – CRITÉRIOS PARA AFERIR SUA CONSTITUCIONALIDADE

Prof. Sacha Calmon Navarro Coêlho – Digníssimos Presidente e colegas de Mesa, meus amigos, digníssimos Srs. e Sras. que se postam no Auditório. A minha fala é relativa às CIDEs ou ao controle das CIDEs, das contribuições de intervenção no domínio econômico. Porém, a fala de Paulo, que me antecedeu, me obriga a fazer, na linha do que ele vinha fazendo, algumas reflexões, algumas meditações, e convidá-los para tanto.

Devo dizer que eu sou adepto da meditação. Vou até sugerir uma para os Srs. Perguntar ao homem o que é Deus é como perguntar ao peixe o que é o oceano onde ele nada. Vamos meditar sobre isso, não é? Ou, então, por que eu penso. Por que eu penso. Questão, mantra, até a meditação chegar.

O que são as contribuições? Eu queria fazer uma primeira advertência. Todos nós, inclusive eu, desde os pioneiros estudos de Ataliba, de Becker, depois de Paulo de Barros Carvalho, depois do meu livro também, sobre esse tema, nos viciamos muito em examinar o antecedente, a hipótese de incidência, o descritor da norma tributária, dos impostos. Qual é o fato gerador dos impostos? Do IPTU, do ITR, do ICMS. Viciamo-nos nisto. Nunca nos dedicamos muito a ver o aspecto material, pessoal, espacial, temporal, das taxas e das contribuições. Tem sido um vício nosso. É preciso chamar a atenção para tanto, porque, afinal de contas, os tributos ou são vinculados a uma atuação do Estado, ou são totalmente desvinculados de qualquer atuação do Estado, já que estão voltados a captar a capacidade contributiva das diversas atividades e estamentos sociais.

A segunda advertência, ainda numa linha meditativa, é sobre a irrelevância absoluta da finalidade. Por óbvio, todo tributo tem uma finalidade, se não seria um *non sense*. Tributo sem finalidade é um *non sense*. Porque o tributo, como a expropriação, tem por finalidade retirar pecúnia, dinheiro, do patrimônio particular para o patrimônio estatal, do bolso dos particulares, pessoas físicas ou jurídicas, para as burras estatais. Para se fazer esta agressão ao patrimônio, ao direito de propriedade, têm que haver um motivo e uma finalidade. Só que esse motivo e essa finalidade não se colocam propriamente no campo do jurídico, senão da filosofia do justo ou da axiologia jurídica.

Então, a finalidade é uma bobagem. Querer distinguir as espécies tributárias pela finalidade é um erro vitando, fatal, causador das maiores disceptações e perplexidades. Por isso mesmo, embora remontando no passado, ao ano de 1966, época em que veio à luz do dia o Código Tributário Nacional, seus fautores, sabendo que na tributarística internacional se travara por anos um infértil debate que não levou a lugar algum – pelo contrário, a prova foi o caos que revelou o *Relatório Schumann* a respeito das contribuições parafiscais –, com muita sabedoria, plasmaram o art. 4º, dizendo que a finalidade ou o destino da arrecadação e demais aspectos formais que revestiam as espécies tributárias não tinham a menor importância para a classificação dos tributos. Superado, sim, pode estar o art. 5º, ao encerrar a imensa versatilidade tributária tão-somente a impostos, taxas e contribuição de melhoria, mas isso estava de acordo com os autores do Código, que estavam na linha dualista, com uma derivação apenas para as contribuições de melhoria. O Gilberto de Ulhôa Canto, um dos partícipes, um dos fautores do Código, me disse pessoalmente, quando lhe indaguei: "Por que não se disciplinou na época, e esta era a ocasião, o tal do empréstimo compulsório e as tais contribuições que já existiam sob a Constituição de 1946 e ao tempo da Emenda 18 à Constituição de 1946?": "Não, é porque é um assunto muito polêmico e havia pressa do Governo Revolucionário, que tinha editado a Emenda 18, que queria o Código, porque logo viria a Constituição outorgada de 1967. Porque esses tributos vão se subsumir na figura da taxa ou do imposto. A doutrina dirá: o empréstimo compulsório é o imposto restituível, e as contribuições serão impostos com finalidades específicas". Acabou, foi por isso que eles se omitiram. E ficou essa dúvida. Quando veio a Carta de 1988, alguns disseram: "Epa! Mudou alguma coisa, agora a Constituição tem impostos finalísticos". E se criou a teoria do finalismo e do solidarismo.

Feita essas duas advertências, devo dizer o seguinte: primeiro, há um fundamento epistemológico de validez universal. Em qualquer lugar do mundo nós pagamos tributos porque temos capacidade contributiva, e por tê-la o Estado nos tributa. Porque temos propriedade, porque consumimos, porque temos renda, porque temos veículos automotores, ou nós pagamos tributos porque exigimos do Estado alguma prestação, um ato de poder de polícia, um passaporte, uma certidão, ou exigimos dele um serviço de utilidade, como o esgotamento sanitário, o serviço de lixo, ou porque um determinado grupo exige do Estado que lhe preste uma atenção especial, como é o caso dos sindicatos, das entidades de classe, que defendem – no nosso caso, a OAB – as nossas prerrogativas, punem aqueles elementos que estão conspurcando o exercício da profissão, exercem uma função de purificação ética primordial, defendem as nossas prerrogativas e têm uma outra série enorme de atuações. Tais contribuições corporativas, ou então interventivas, baseadas no art. 170, quando o Estado intervém em favor de um determinado grupo para sanar um desequilíbrio relativo. E, finalmente, as contribuições sociais, que compreendem a previdência, a saúde e assistência social, a seguridade, pelo menos no que diz respeito a infortunística, a previdência social. As pessoas pagam para ter em troca benefícios em manutenção, aposentadorias e pensões.

Então, os impostos estão baseados na capacidade contributiva ou estão vinculados a uma atuação estatal. As pessoas beneficiadas, em troca, pagam um determinado tributo, taxas e contribuições. No caso da contribuição de melhoria, porque houve uma obra pública valorizadora, a valorização não é o fato gerador, a obra valorizadora é que é o fato gerador. É uma atuação do Estado. É porque o meu imóvel se valorizou que pago ao Estado um tanto que reponha a minha parte no que ele gastou.

Então, esse é um critério epistemológico universal. Ou nós pagamos porque mostramos capacidade contributiva, ou nós pagamos porque o Estado atua em nosso prol, em prol de uns ou em prol de um. Em prol de um: taxa; em prol de uns: contribuição.

O segundo fundamento epistemológico é que somente o fato gerador dos impostos comporta valoração axiológica, como capacidade contributiva, progressividade, anterioridade, solidariedade, proporcionalidade, justiça; somente os impostos conferem valores. É na teoria dos impostos que nós avaliamos a axiologia jurídica que vem de eixo, a axiologia é de eixo, eixo dos valores que transcendem a positividade do Direito, de justiça, eqüidade, proporcionalidade, progressividade. Só os impostos podem comportar essa valoração, porque estão baseados na capacidade contributiva das pessoas e na diversidade que compõe a pluralidade social. Os tributos vinculados a uma atuação estatal não podem conferir esses valores, porque visam a financiar uma retribuição específica do Estado a uma pessoa ou a grupos de pessoas. Então, falar em solidariedade em termos de contribuição é virar a coisa de ponta-cabeça. Talvez se diga que pagamos COFINS, PIS, CSLL, em nome da solidariedade social. Claro, mas eles são impostos. A verdade é que não são contribuições. São impostos. Porque *ter faturamento* é o fato gerador. *Ter lucro* é o fato gerador. Isso nada tem a ver com a atuação do Estado. O fato é que a seguridade social é financiada por contribuições e por impostos, como ocorre na França. O imposto de solidariedade é exatamente para financiar a seguridade, não é?

Esse é um critério epistemológico. Daí eu passaria para uma classificação de tributos não-vinculados e vinculados a uma atuação estatal, que é a lição clássica dos nossos Mestres – e aqui, para reverenciá-lo mais uma vez, de Geraldo Ataliba, que tanta falta nos faz. Os tributos não-vinculados são apenas impostos, sejam finalísticos ou não, sejam restituíveis ou não; se forem restituíveis, vamos chamá-los de *empréstimo compulsório*; se estão afetados a uma finalidade específica, vamos chamá-los, na nossa terminologia, de *contribuição*; somente isso. O *nomen juris* é desimportante. Já está dito no art. 4º. É preciso distinguir a essência e o acidental. *Il y a la chose, il y a le nom* ("Existe a coisa, existe o nome"). Não é o nome que determina, é a coisa, isso vem desde a filosofia de Aristóteles.

Há casos muito evidentes de impostos especiais, a Alemanha está cheia deles. Como nós estamos insatisfeitos com as contribuições. Tem o imposto das parteiras, o imposto dos cães, estão criando impostos especiais na Alemanha. Na França tem um imposto, com base na capacidade contributiva, pago pelas famílias para sustentar a seguridade social. No cantão de Vaud tem imposto, como é noticiado por Alfredo Augusto Becker – ele é dualista –, baseado na mais-valia. Existe no cantão de Vaud o *impôt sur la plus-value immobilière*, o "imposto sobre a mais-valia imobiliária", que para nós é a contribuição de melhoria incidente sobre a valorização, diferente da Alemanha, que tem por base de cálculo apenas o custo da obra e por fato gerador a existência de uma obra realizada pelo Poder Público que redundou em valorização de imóvel particular.

É a razão pela qual em relação à nossa contribuição de melhoria, muito embora as valorizações somadas possam chegar a R$ 1.000.000,00, o montante a ser rateado não pode ser superior ao custo da obra. E os tributos vinculados são: a contribuição de melhoria (fato gerador a atuação do Estado, em obra valorizadora); contribuições sociais para a seguridade; e no nosso caso o direito positivo prevê contribuições corporativas ou sindicais e as contribuições interventivas.

As contribuições interventivas são as mais problemáticas. O controle das CIDEs, em princípio, quem devia pagar uma contribuição de intervenção seria o setor beneficiado pela intervenção estatal. Lembremo-nos do IBC e do IAA, que são as mais antigas contribuições. Havia o Instituto Brasileiro do Café, que cumpria funções de assinalada importância no tempo que o Brasil se sustentava nos cafezais. Então ele fazia sondagens internacionais, tinha armazéns reguladores, tinha preços mínimos, ele comprava, estocava café, para regular a demanda, e, por isso, todos os cafeicultores sofriam o chamado "confisco cambial", quer dizer, no momento da exportação deixava-se um tanto em prol do Governo, que era a contribuição para o IBC. O mesmo ocorria com o IAA, o mesmo ocorria com o hoje Adicional ao Frete para Renovação da Marinha Mercante, que era um tributo, pago originariamente por armadores, porque havia um instituto em prol do desenvolvimento da nossa Marinha Mercante, dada a imensidão das nossas costas marítimas.

Mais tarde é que houve a perversão das CIDEs, porque, por aquele desleixo, a que me referi no começo, do Código Tributário Nacional, porque a Constituição também dela não cuidou com parcimônia e percuciência e também porque não se exigiu, não venceu a idéia de que as CIDEs necessitariam de uma lei complementar prévia para definir os pressupostos, o que nós vemos hoje é uma proliferação de CIDEs que são verdadeiros impostos afetados a finalidades específicas. Para mim, criou-se mais um imposto partilhado com a CIDE-combustíveis, é o imposto que incide sobre o consumo de combustíveis e é direcionada a três finalidades que nada têm a ver com a situação do pagante. Então, criou-se o imposto para aqueles que adquirem combustíveis e o seu produto foi destinado a três finalidades específicas pela emenda constitucional, cabendo um tanto aos Estados e Municípios.

Aí nós temos um caso típico de imposto especial, tipo alemão, ou de um imposto finalístico. Essa perversão prossegue, nem no nível doutrinário, nem no nível jurisprudencial, nem no nível legislativo colocamos uma barreira a essa proliferação, e por isso o fenômeno é inquietante, e parece, como o Paulo referiu, antes, desta tribuna, que há um certo desarranjo constitucional. Por que há esse desarranjo, essa aparente antinomia constitucional? Porque o art. 167 da CF proíbe a afetação de impostos a órgão, fundo, programa ou despesa. No entanto, o rol das exceções já é tão grande, que a regra se tornou exceção. Primeiro há aquela desvinculação geral – como é que deram o nome? – DRU! Então, as contribuições passaram a ser hermafroditas, porque quando tem finalidade é contribuição, quando não tem vira imposto; é um ser ambíguo, não é? É no que dá distinguir pela finalidade, que não tem a mínima importância.

E, segundo, porque as exceções continuam. Vejam esse adicional do ICMS para combate à pobreza, e que foi sacramentado por emenda constitucional. Esse adicional continua o ICMS, ou é uma contribuição em prol da pobreza, da competência do Estado-membro? Apenas se afetou parte do ICMS a uma finalidade específica: combate à pobreza. Qual é o problema? Seria muito melhor que o sistema constitucional refletisse essa riqueza ou essa necessidade da sociedade brasileira atual, e não ficasse tergiversando, discutindo inutilmente sobre as espécies tributárias. Criamos um imposto, um novo imposto, e pronto.

Agora, a última observação que eu queria fazer é a seguinte: para a instituição das CIDEs – e por aí pode vir o seu controle, e não são poucos os juízes que assim pensam –, está em que uma CIDE só seria necessária se atendesse as exigências do art. 170 da Constituição, que cuida da ordem econômica, que é baseada em alguns princípios fundantes tais como: soberania nacional, prevalência da propriedade privada, sua função social, proteção da livre concorrência, defesa do consumidor, redução das desigualdades regionais e sociais, luta pelo pleno emprego e tratamento favorecido da pequena empresa. Esses são os pressupostos da ordem econômica. Então, num Estado que preza o não-intervencionismo, que se diz Liberal, baseado na livre iniciativa, por que criar contribuições de intervenção sem ter um motivo para intervir no mercado? Ele não pode, a qualquer momento, atropelar a ordem econômica sem que haja um motivo forte e ponderável; e isso não se tem feito. As CIDEs são criadas ao sabor dos interesses momentâneos do Tesouro Nacional, principalmente pela União, que comanda com maior liberdade os destinos da tributação, já que Estados e Municípios estão muito mais manietados em termos de competência impositiva que a União Federal.

Finalmente, para encerrar a minha fala, a tredestinação. Penso eu, em termos processuais, se fosse juiz, como juiz natural, examinaria o atingimento do orçado.

Bom, eu creio, porque está no Código, que a obrigação tributária, seja ela qual for, se extingue com o pagamento. Não há como esticar a obrigação tributária para lá do pagamento, ela se extingue no pagamento. O direito financeiro, o direito orçamentário, o direito da despesa pública, estes, sim, têm outras funções. Então, acredito que em caso de tredestinação ilegal – não é o caso da DRU, mas no caso de tredestinação ilegal, arrecadar e não aplicar nos fins –, primeiro geraria um efeito orçamentário, muito simples, a cargo da fiscalização do Poder Legislativo, ao tempo da votação do orçamento. Se no ano anterior se imaginou cobrar de CIDEs, e efetivamente se cobrou, digamos, R$ 40.000.000,00 com a CIDE-combustíveis e apenas foram aplicados R$ 5.000.000,00, o resto foi destinado à formação de superávits primários, para fazer face aos juros da nossa imensa dívida pública, caberia ao Legislativo, ao votar o orçamento seguinte, dizer assim: "Não, o ano passado só foi gasto "x" nos três fins constitucionalmente previstos; logo, este ano o orçamento vai ficar nesta altura, porque o resto não teve finalidade. Foi cobrado à toa, sobrou, não foi aplicado" – essa é uma primeira sanção de ordem política. Porque o Direito Tributário não resolve tudo. O segundo reflexo seria o chamado "desvio de finalidade", tão conhecido do direito administrativo, ou excesso de poder, com reflexo na responsabilização do agente público que promove a tredestinação de recursos tributários previamente vinculados pela Constituição; é caso de responsabilização não só na Lei de Responsabilidade Fiscal, mas de Responsabilidade Pessoal Administrativa e Civil e Penal do agente público desidioso. Mas não creio que a tredestinação enseja a repetição do indébito, até porque é muito difícil determinar sua quota no que foi tredestinado ou não.

Muito obrigado. *(Palmas)*

PRESIDENTE DA MESA (PROF. AMÉRICO LACOMBE) – Passo a palavra à professora Fabiana Del Padre Tomé, que vai discorrer sobre "PIS e COFINS. Tributação de Receita e Faturamento em Face das Decisões do STF".

PIS E COFINS. TRIBUTAÇÃO DA RECEITA E FATURAMENTO EM FACE DAS DECISÕES DO STF

PROFA. FABIANA DEL PADRE TOMÉ – Boa tarde a todos! É um prazer, uma honra, estar mais uma vez neste Congresso Brasileiro de Direito Tributário. Então, desde logo, agradeço ao Presidente do Instituto Geraldo Ataliba, Dr. Aires Barreto, pelo convite. Cumprimento meus ilustres colegas, Professor Ayres, professor Américo Lacombe, professor Sacha Calmon, professor Mairan Maia.

Vou deixar um pouco de lado essa discussão sobre a classificação das espécies tributárias, porque o tema que me foi atribuído diz respeito à contribuição ao PIS e à COFINS: "Tributação da Receita e Faturamento em face das Decisões do STF". Por isso, vamos, desde logo, partir para examinar as figuras do PIS e da COFINS, independentemente de se tratare de impostos com destinação constitucionalmente prevista ou de contribuições propriamente ditas. Não vou me intrometer nesse assunto, que já foi discutido pelos colegas que me antecederam.

É preciso ter em mente, porém, que, sempre que tratamos de algum tributo, necessário se faz examinar e levar em conta a repartição constitucional das competências tributárias. Nesse sentido, ao olharmos para o texto constitucional, verificamos que nos arts. 153, 155 e 156, quando o constituinte denominou e se referiu a "impostos", ele ali indicou quais seriam as possíveis hipóteses de incidência, quais seriam os fatos suscetíveis de tributação, e limitou, com isso, a atividade do legislador infraconstitucional, deixando aberta à União apenas a possibilidade de instituição de impostos residuais. E, nesse caso, no que diz respeito à figura dos "impostos", o constituinte, no art. 167, IV, veda que o produto da sua arrecadação seja vinculado a determinada despesa, órgão ou fundo.

Por outro lado, no art. 149 o constituinte faz referência a uma determinada figura que ele não caracteriza pela hipótese de incidência, não indicando ali quais são as materialidades suscetíveis de tributação. Ao se referir às contribuições, o constituinte indica a finalidade, o motivo ao qual elas se prestam ou a destinação, particularidades que, ao meu ver, estão relacionadas entre si.

Quando o constituinte prescreve que compete exclusivamente à União instituir contribuições sociais, de intervenção no domínio econômico e de interesse das categorias profissionais ou econômicas, como instrumento de atuação nas respectivas áreas, ele não indica quais são as hipóteses de incidência suscetíveis de serem eleitas. Mas isso não significa ter sido conferida uma carta em branco para a União. Existe, ali, um sistema constitucional que há de ser considerado. Existem princípios maiores. De modo que, a meu ver, não se pode instituir mais de uma contribuição social sobre uma determinada hipótese de incidência ou sobre uma mesma base de cálculo. Igualmente, penso ser inconcebível a instituição de mais de uma contribuição de intervenção domínio econômico para certa finalidade e com a mesma hipótese de incidência. Ou seja: há certos limites, sim; mas esses limites não dizem respeito propriamente a uma indicação direta, explícita, das hipóteses de incidência e das bases de cálculo, havendo certa margem de liberdade para o legislador infraconstitucional.

A despeito disso, em relação a um tipo específico de contribuição, que são as contribuições sociais destinadas ao financiamento da seguridade social, o constituinte foi mais rígido, mais rigoroso. Convém esclarecer que, quando o constituinte se refere a "contribuições sociais", a meu ver, esse "sociais" já tem um conteúdo constitucionalmente delimitado, qual seja, aquele constante do Título VIII, que disciplina a ordem social, abrangendo seguridade social, educação, cultura, desporto, ciência, tecnologia, comunicação social, meio ambiente, família, criança, adolescente, idoso e índios. Essa seria a nossa ordem social. Logo, uma contribuição social deve ser destinada, necessariamente, a essas finalidades.

Não bastasse isso, em relação a uma dessas modalidades de contribuição social, destinada ao financiamento da seguridade social, o constituinte optou por indicar expressamente os possíveis sujeitos passivos e bases de cálculo, enumerando-os no art. 195.

A Constituição de 1988 na redação originária desse art. 195 atribuía competência à União para instituir contribuições para a seguridade social, exigidas do empregador, incidentes sobre o faturamento, além de folha de salário e lucro. Interessa-nos, nesta oportunidade, a competência para tributar o faturamento. Com base nisso, foi instituída a nossa querida – ou não tão querida assim – COFINS: Contribuição para Financiamento da Seguridade Social, pela Lei Complementar 70/1991. Ao instituir a COFINS, o legislador elegeu como critério material da hipótese de incidência o fato de "auferir faturamento". E como base de cálculo indicou o valor desse faturamento, que consiste, segundo a própria Lei Complementar 70/1991, na receita bruta das vendas de mercadorias, de mercadorias e serviços, e de serviços de qualquer natureza.

Existia também, já nessa época, uma outra contribuição, incidente sobre o faturamento: a contribuição ao PIS – Programa de Integração Social. Por expressa previsão constitucional, no art. 239, esse tributo foi recepcionado pela Carta de 1988. Ao se manifestar sobre o assunto, o STF, nos autos da ADC 1, entendeu que não há problema nessa duplicidade de tributação sobre o faturamento. PIS e COFINS são duas contribuições suscetíveis de coexistência, visto que a própria Constituição assim autorizou: no art. 195 conferiu competência para sua instituição, e, mais à frente, no art. 239, recepcionou a Lei Complementar 7/1970. Passamos a ter, então, essas duas contribuições incidentes sobre o faturamento, ambas com distintos fundamentos de validade.

Em novembro/1998, no entanto, foi editada a Lei 9.718 (decorrente da conversão da Medida Provisória 1.724/1998), alterando a disciplina jurídica da contribuição ao PIS e da COFINS. Conquanto tenha determinado que esses tributos incidem sobre o faturamento, modificou o próprio conceito de faturamento. Nos termos daquela legislação, o faturamento, que antes abrangia apenas o produto da venda de mercadorias e serviços, passou a consistir na receita bruta total da pessoa jurídica, independentemente do tipo de atividade que ela exerça e da classificação contábil adotada para essas receitas.

Ora, ao fazer isso, referida legislação descaracterizou totalmente a figura do faturamento e de sua tributação. Embora a hipótese de incidência consista em "auferir faturamento", a base de cálculo passou a ser a receita bruta, sendo evidente a incompatibilidade entre ambas. Além disso, quando a Lei 9.718/1998 foi editada a tributação da receita bruta não tinha fundamento de validade constitucional, já que a Constituição autorizava a União a tributar apenas o faturamento. E foi na tentativa de corrigir esse erro que, alguns dias depois, adveio a Emenda Constitucional 20/1998, permitindo que fosse instituída contribuição para a seguridade social incidente sobre receita ou faturamento, exigida do empregador, empresa ou entidade a ela equiparada.

Diante de tal situação, foram levantadas várias discussões em torno do assunto. Os contribuintes se insurgiram, levando a demanda até o STF, que, no RE 357.950, decidiu pela inconstitucionalidade do § 1º do art. 3º da Lei 9.718/1998.

Para melhor compreendermos essa decisão e os efeitos que ela pode acarretar, é preciso compreender o motivo pelo qual o STF chegou a tal conclusão. A Corte Maior reportou-se, para tanto, ao julgamento do RE 150.755, em que se julgou a constitucionalidade da Lei 7.738/1989, instituidora do FINSOCIAL, e que determinava o recolhimento dessa contribuição com base na receita bruta. Naquela oportunidade o STF concluiu que referida exigência só seria constitucional se entendida a "receita bruta" nos exatos termos definidos pelo Decreto-lei 2.397/1987, ou seja, como receita decorrente da venda de mercadorias e serviços de qualquer natureza.

Isso significa que antes da Constituição de 1988 já havia um conceito legal de "faturamento". Quando o constituinte empregou esse termo para delimitar competência tributária, ele pressupôs aquele conceito previamente existente, dele se apropriando. Assim como acontece com a expressão "operação relativa à circulação de mercadorias", "prestação de serviços", dentre outras, o vocábulo "faturamento" não pode ter seu conceito simplesmente alterado pelo legislador infraconstitucional. Caso contrário estaríamos admitindo que este desvirtuasse a própria repartição das competências tributárias. De que adiantaria a Constituição repartir a competência pormenorizadamente entre as pessoas políticas, dizendo o que elas podem ou não fazer, se o próprio legislador infraconstitucional pudesse delimitar e definir aquilo que lhe cabe legislar? A respeito desse assunto, o professor Paulo de Barros Carvalho traz um exemplo interessante, imaginando como seria absurdo que o legislador infraconstitucional pudesse estabelecer que as máquinas de datilografia e os computadores são bens imóveis, sujeitando-se ao IPTU. É inadmissível e inconcebível algo desse tipo. E a situação posta pela Lei 9.718/1998 afigura-se bem semelhante, com manifesta alteração do significado do termo "faturamento".

Eis o motivo pelo qual o STF decidiu, acertadamente, pela inconstitucionalidade do dispositivo que equipara o faturamento à totalidade das receitas da pessoa jurídica. Resta, porém, a questão acerca das conseqüências de tal decisão.

Efeitos diretos, imediatos, haverá somente para as partes que integraram aquele processo, aquele recurso extraordinário, já que se trata de controle de constitucionalidade pela via difusa. Precisaríamos de uma resolução do Senado para que isso pudesse surtir efeitos *erga omnes*, abrangendo, desse modo, toda a coletividade.

Por outro lado, com base nesse importante precedente, os contribuintes não só podem como devem recorrer ao Judiciário, pleiteando: (i) que se declare a inconstitucionalidade do § 1º do art. 3º da Lei 9.718/1998; (ii) a restituição dos valores recolhidos a maior, seja pela forma de repetição ou de compensação; e (iii) que, futuramente, não sejam exigidos esses tributos sobre valores que não configurem faturamento.

Mas que é *faturamento*? E que é essa outra receita em relação à qual o STF repudiou a tributação? *Faturamento*, na literalidade do termo, seria o valor constante de uma fatura. No entanto, com fundamento nos ensinamentos do professor Geraldo Ataliba, os doutrinadores e o Poder Judiciário têm entendido que não pode ser essa a interpretação adotada, pois o faturamento passou a ser considerado pela legislação como o produto das vendas de mercadorias e serviços que integram o objeto social da pessoa jurídica.

Desse modo, se uma determinada pessoa jurídica tem por objeto social a prática de operações de circulação de mercadorias, os valores recebidos em virtude dessas operações consistem em faturamento. Quaisquer outros valores que ela receba – tais como aluguéis, indenizações, *royalties*, juros etc. – configuram receitas, mas não integram o faturamento. *Receita* é gênero do qual o *faturamento* se apresenta como espécie. O faturamento representa uma parcela da receita, não se confundindo com ela. Posto isso, e considerando o posicionamento do STF, as pessoas jurídicas que aufiram receitas financeiras, receitas de capital, de indenização, de *royalties*, dentre outras que não integram o faturamento, podem pleitear judicialmente que seja reconhecida a não-incidência da contribuição ao PIS e da COFINS sobre tais parcelas.

Mas essa não é a única conseqüência da recente decisão do STF. Essa manifestação jurisprudencial pode acarretar reflexos na apreciação de outras problemáticas que envolvam o conceito de *faturamento*. Uma delas, inclusive, já está sendo julgada: trata-se da exclusão do ICMS da base de cálculo da COFINS. Nesse caso, argumenta-se que os valores recebidos a título de ICMS, destacados na nota fiscal, não são produtos da venda de mercadorias, pois não passam a integrar o patrimônio da pessoa jurídica vendedora. Logo, não consistem em faturamento, e, portanto, deveriam ser excluídos da base de cálculo da COFINS.

E não é só isso. Vejamos outra conseqüência reflexa daquela decisão judicial, concernente aos atos cooperados. Antes havia isenção da COFINS relativamente a estes. Depois essa isenção foi revogada, e, apesar de terem sido mantidas algumas exclusões, estas são restritivas. Todavia, se considerarmos o conceito de *ato cooperado*, veremos que, quando uma cooperativa pratica essa espécie de ato, não está realizando operação mercantil, por exemplo, porque ela está atuando como uma projeção dos seus cooperados. E, nesse sentido, a cooperativa não tem um faturamento, pois não se trata de negócio jurídico entre sujeitos distintos, mas de intermediação das atividades de seus cooperados. Diante disso, seria até desnecessário que a lei prescrevesse a não-incidência da contribuição ao

PIS e da COFINS sobre o resultado econômico da prática de atos cooperados, visto que estamos diante de um típico caso de não-incidência tributária.

Tudo o que dissemos, porém, parece não ter mais sentido em face do advento das legislações que instituíram o regime da não-cumulatividade do PIS e da COFINS. Quando se fala nos efeitos dessa decisão do STF, costuma-se dizer que para as pessoas jurídicas que continuam sujeitas ao regime cumulativo – e, portanto, à Lei 9.718/1998 – se aplica o inteiro teor da manifestação da Corte Suprema, tanto para o passado (dentro do prazo prescricional, obviamente) como para o futuro, já que a base de cálculo das contribuições é o faturamento. Mas para aqueles contribuintes que estão sujeitos ao regime não-cumulativo haveria tão-somente a possibilidade de pleitear a restituição dos valores pagos a maior, no passado. Isso porque o regime não-cumulativo foi disciplinado por legislações posteriores à Emenda Constitucional 20/1998, de modo que as Leis 10.637/2002 e 10.833/2003 teriam determinado incidência da contribuição ao PIS e da COFINS sobre a receita bruta, fazendo-o com fundamento no texto constitucional em vigor.

Essa, porém, é uma conclusão apressada e que desconsidera a complexidade dos aspectos jurídicos envolvidos.

Na construção da regra-matriz de incidência tributária, a hipótese de incidência, o fato gerador abstrato, qualquer que seja o nome, tem que estar em harmonia com a base de cálculo. Quando nós fazemos a identificação de critérios da regra-matriz, temos por objetivo desmembrá-la ao máximo, para estudarmos cada um de seus aspectos em profundidade. Inadmissível que os consideremos isoladamente. É necessário que a hipótese de incidência esteja em harmonia com a base de cálculo.

Entretanto, mesmo com as Leis 10.637 e 10.833 eu não vejo essa harmonia. Hoje nós temos o fundamento de constitucionalidade para que seja instituída uma contribuição incidente sobre a receita. Mas, para que essa contribuição possa ser exigida, é preciso que o exercício da competência seja regularmente efetuado. E nessas legislações observamos que, embora o art. 1º prescreva que o "fato gerador" do tributo é o faturamento mensal, há, também, alteração do conceito de *faturamento*. Este é tomado como o total das receitas auferidas pela pessoa jurídica, independentemente da denominação ou classificação contábil, abrangendo, portanto, receitas próprias e alheias. Ou seja: também aqui, apesar de essas leis terem sido editadas com base numa Constituição que já prevê a tributação da receita, a forma como se deu essa instituição não é das melhores, violando o art. 110 do CTN – o qual, a meu ver, nem precisaria existir, pois o próprio texto constitucional exige essa harmonia, essa coerência, da regra de tributação.

Esses são alguns dos pontos que eu selecionei para que nós possamos pensar, refletir e discutir e, futuramente, aplicar o conteúdo e os fundamentos da mencionada decisão do STF em outras oportunidades.

Muito obrigada a todos! [*Palmas*]

PRESIDENTE DA MESA (PROF. AMÉRICO LACOMBE) – Com a palavra o professor Mairan Maia, que vai discorrer sobre "Contribuições e Ações Judiciais: Questão da Prova e do Pedido".

CONTRIBUIÇÕES E AÇÕES JUDICIAIS: QUESTÃO DA PROVA E DO PEDIDO

PROF. MAIRAN MAIA [*sem revisão do autor*] – Boa tarde a todos! Cumprimento meus eminentes colegas de Mesa, professor Américo Lacombe, em especial o professor Aires Barreto, professor Paulo Barreto, professor Sacha Calmon e professora Fabiana Tomé.

Meus Srs., minhas Sras., inicialmente eu gostaria de registrar minha satisfação de estar aqui mais uma vez, nesta tarde. Ao contrário dos meus eminentes Colegas de Mesa, a preocupação que me traz hoje aqui é um desrespeito aos aspectos materiais das contribuições. Mas há outras questões que podem, eventualmente, comprometer o direito material envolvidas, na medida em que ele venha a ser trazido à juízo.

É claro, a nossa CF assegura, no art. 5º, XXXV, a prestação da tutela jurisdicional e de uma maneira diferenciada, especificada, garantindo, na medida do necessário, a tutela adequada e precisa a assegurar a situação trazida em juízo.

O âmbito tributário, na maior parte das vezes, envolve questões discutindo a constitucionalidade da norma que veicula os elementos do tipo tributário, assim como há pouco mencionado pela minha colega que me antecedeu. Porém, em outras situações a questão adquire uma natureza individualizada ou particularizada, em especial quando se pretende discutir, como também foi mencionado, repetições de indébito ou ainda, mais especificamente, desconstituições de autos de infração.

E nesse particular, então, é que as questões de natureza processual podem comprometer o êxito da parte que vai a juízo, deduzir a sua pretensão, e, assim, prejudicar o eventual direito material, já que, como os Srs. e as Sras. bem o sabem, em inúmeras situações o processo não chega a atingir seu termo, que deveria chegar com o julgamento de mérito, sendo a questão extinta sem apreciação do pedido deduzido pelo autor.

Daí por que, em especial, eu destaquei, no que se refere às questões processuais, dois temas: o *pedido* e a *prova*. É claro, a importância do pedido, em primeiro lugar, vem pelo fato de ele definir a natureza da tutela jurisdicional. Nós sabemos que a tutela jurisdicional pode assumir naturezas distintas, seja satisfativa, como eventualmente ação coordenatória, preventiva, como nas possessórias, mandados de segurança, pedidos com tutela antecipada e cautelares, bem como sabemos também que o juízo se encontra vinculado à tutela jurisdicional pedida pelo autor na inicial. Assim, em primeiro lugar, o pedido destaca-se pela definição da natureza da tutela jurisdicional pedida e pela vinculação do juízo ao pedido deduzido. E é claro que, nesse aspecto, convém lembrar, que ele admite desdobramento, inclusive possibilitando-se a cumulação com pedidos de naturezas distintas, pedidos de natureza satisfativa e cautelar – como, por exemplo, agora o permite o art. 273, § 7º, do CPC, com a redação dada pela Lei 10.444/2002.

Daí nós temos, então, o seguinte aspecto. Muitas vezes, no que se refere a esse ponto inicial definidor – e, na verdade, a petição inicial talvez seja, dos dados processuais, o mais importante, pois vai definir o processo –, o autor cumula pedidos de naturezas distintas ou mesmo de naturezas semelhantes, veiculando, contudo, um pedido liminar e, ao final, cumulando um pedido de natureza definitiva.

Essa separação é importante, na medida em que o pedido liminar pode ser distinto do pedido definitivo formulado a final, e, nesse aspecto, tem uma conseqüência prática muito grande; é que os efeitos objetivos da coisa julgada serão definidos pelo pedido definitivo formulado a final. E o que ocorre em inúmeras situações é que, na verdade, se formula um pedido liminar, e quando chega o momento oportuno de definir qual a natureza da tutela a ser formulada a final, requer-se tão-somente a confirmação da liminar inicialmente requerida, e muitas vezes essa confirmação não atende à natureza da tutela jurisdicional que seria, de rigor, necessária naquela determinada situação, ensejando a possibilidade da extinção do feito sem a apreciação do mérito.

Com relação ao pedido nós temos, ainda, dois princípios que devem ser destacados nessa oportunidade, e que nos levam ao outro tema a ser abordado. O primeiro deles é o *princípio da substanciação*. O que vem a ser, então, o *princípio da substanciação*? Ora, na inicial, na medida que eu deduzo um pedido para que me seja deferida a tutela que eu desejo para aquela específica situação, eu tenho o ônus ou o dever de fundamentá-lo; e essa fundamentação abrange os fatos jurídicos bem como os fundamentos jurídicos que embasam meu pedido. A petição inicial necessariamente deve refletir um silogismo lógico e jurídico. Então, o pedido vai ser uma conseqüência lógica dos fatos e fundamentos jurídicos. Conseqüentemente, a tutela jurisdicional a ser também veiculada deverá ter vínculo de instrumentalidade com aquela situação que é apresentada na inicial pelos fatos e pelos fundamentos jurídicos. Esse é um dos pontos.

O segundo ponto está ligado [*falha na gravação*] o *princípio da congruência* [*falha na gravação*]. Muitas vezes os Srs. vêem o juiz decidindo o pedido de uma forma ampla, restrita ou de maneira distinta do que foi deduzido; daí se configurar uma sentença viciada, que pode vir a ensejar, por ser *extra*, *ultra* ou *infra petita*, a propositura de eventual ação rescisória, já que, nesses casos, nos termos do art. 485 do CPC, estamos diante de uma nulidade absoluta. Assim, nós temos, em razão do pedido, da fixação dos fatos e dos fundamentos jurídicos, a definição, a delimitação, da tutela a ser deferida a final. Como conseqüência dessa primeira observação, deve o pedido ser necessário, adequado e apto a ser veiculado pelo meio processual que foi escolhido pela parte; ou seja, não se pode ou não se deve deduzir pedido de natureza condenatória por meio de uma ação cautelar, ou um mandado de segurança não é ação própria específica para veicular petição de natureza restituitória, repetitória. Um meio processual adequado, em atenção ao princípio da especificação da tutela jurisdicional, deve ser apto a veicular a tutela, que, por sua vez, é definida, então, pelo pedido que é deduzido na inicial.

E aí, então, eu faço a seguinte pergunta. O juiz vai deferir a tutela. Mas com base em quê o juiz vai deferir a tutela? Com base em quê o juiz vai formar sua convicção? Nós temos, então, agora, a prova. E a prova, em primeiro lugar, deve ser entendida como direito de natureza constitucional, ou seja, ela não pode ser excluída ou restringida por normas infraconstitucionais, na medida em que ela é o corolário do princípio do devido processo legal e se vincula essencialmente aos princípios do contraditório e da ampla defesa, que também são princípios constitucionais.

Mas, então, qual a finalidade da prova? Eu venho justificar aquela minha primeira afirmação: formar a convicção do juiz. Mas como é que se forma a convicção do juiz? Em primeiro lugar, o processo é dialético, é o meio dialético, forma-se a convicção do juiz atribuindo às partes o dever ou o ônus de comprovar, de traduzir juridicamente, segundo as regras processuais, os fatos jurídicos dos quais elas pretendem ver reconhecida aquelas conseqüências que desejam lhes sejam deferidas.

Nós temos então, como primeira finalidade da prova a formação da convicção do juiz. E essa formação da convicção do juiz é uma formação decorrente necessariamente da participação ativa das partes do processo. As partes é que vão levar ao juiz meios próprios e adequados para que ele, dentro do princípio da persuasão racional, forme sua convicção. E o resultado da decisão proferida vai ser uma conseqüência lógica e natural da aptidão daquelas provas que foram produzidas pelas partes. Se as provas vierem efetivamente a demonstrar a ocorrência dos fatos jurídicos apresentados na inicial, conseqüentemente, teremos a procedência do pedido, na maioria das vezes.

E é claro, que nesse aspecto, o juiz não fica atrelado à manifestação das partes ou à qualificação jurídica que as partes atribuem aos fatos descritos na inicial. Os fatos descritos na inicial são imutáveis, porém não as qualificações jurídicas que as partes a eles podem atribuir.

O tema "prova" admite significados múltiplos. Mas aqui, especificamente, eu gostaria de identificar ou de prestigiar três deles: a prova como *atividade*, a prova como *meio* e a prova como *resultado*.

A prova como *atividade*, dentro do processo, refere-se a toda a conduta, ao conjunto de atos realizados pelo juiz e pelas partes, de uma forma lógica, para conhecimento dos fatos apresentados, deduzidos, na petição inicial.

Nós temos, na verdade, pela disciplina da prova, a legitimação da conduta das partes bem como da conduta do juiz, e, conseqüentemente da decisão final a ser produzida.

Segundo, como *meio*. A prova como instrumento necessário a transmitir aquela realidade fenomênica que existe extraprocessualmente para o processo, pois somente com base nos elementos que constam nos autos é que o juiz poderá decidir; é uma limitação deduzida do próprio sistema.

E, terceiro, a prova como *resultado*. Ou seja, consideram-se provados aqueles fatos que tiveram sucesso no que se refere à sua demonstração no âmbito do processo.

Quando falamos em *direito de prova*, nós estamos, na verdade, abordando quatro fases ou quatro elementos. Em primeiro lugar, *oportunidade para produzir provas*; segundo, *oportunidade para acompanhar a produção das provas*; terceiro, *oportunidade para se manifestar sobre essas provas produzidas*; e quarto, *oportunidade para impugnar a decisão judicial que valora as provas*.

No primeiro desses itens, quando se fala em *oportunidade para produzir provas* se está vinculando essa situação justamente ao princípio da ampla defesa. A norma disciplina a atividade de cada uma das partes, cada uma das partes controla a atividade da outra no que se refere à instrução probatória. E qual é a importância desse controle? Para que se justifique e para que se propicie o equilíbrio processual ou a efetiva isonomia das partes no processo.

Segundo, a *oportunidade de acompanhar a produção das provas*. Refere-se o quê? A ciência da prova produzida. A participação efetiva na produção da prova, como por meio da designação de assistente técnico, bem como pedindo-se esclarecimentos aos peritos.

No terceiro, *manifestação sobre as provas*. Na medida em que se tem uma prova técnica produzida, deve ser assegurado o direito à parte – isso é comum acontecer em processos de natureza tributária –, a oportunidade, para se manifestar sobre as conclusões do perito técnico.

E, por fim, como conseqüência da finalidade da prova, na medida em que a prova se destina a formar a convicção do juiz – e "formar convicção" significa valorar efetivamente, fundamentadamente, se as provas produzidas se encontram-se adequadas aos fatos indicados na inicial –, é assegurada às partes a possibilidade de *impugnar a decisão que valora essas provas*.

Então, esses quatro elementos compõem, integram, o direito de prova. Desses elementos, em razão do tempo que me é destinado, eu gostaria de destacar, com relação à instrução probatória, à instrução probatória como atividade, o *objeto da instrução probatória*.

Eu mencionei há pouco que são os fatos destacados pelo autor na inicial, bem como pelo réu na contestação, que irão compor o núcleo fático do processo sobre o qual o juiz irá se debruçar. E é claro que sem fatos não há direito, é inarredável a afirmação de que o direito não existe dissociado de fatos. Então, os fatos são os elementos principais dentro do processo.

Já estou recebendo "cartão amarelo", aqui. Então, considerando os fatos que são trazidos pelas partes, no âmbito tributário especificamente, nós temos uma qualificação desses fatos. Os fatos a serem mensurados, a serem objeto de prova, evidentemente, são os fatos tidos por relevantes para a formação da convicção do juiz. E no âmbito da tributação esses fatos dizem respeito, ou diretamente, ou indiretamente, ao tipo tributário.

Quais são os elementos que formam, que integram, o tipo tributário? Os fatos que serão suscetíveis de prova, de uma forma direta, bem como eventuais fatos que possam ensejar a não-incidência do tributo – como, por exemplo, em situações em que se esteja diante de uma isenção condicional, em que a parte tem que comprovar que de fato cumpriu sua parte para fazer jus à isenção, ou ainda em situações nas quais se deduz a prescrição, como é comum nos casos de embargos à execução fiscal.

Há necessidade de que se demonstre isso. Ainda no âmbito da prescrição, a prescrição pode ser suscetível de suspensão, de interrupção, de prova de que não houve causa suspensiva ou interruptiva da prescrição.

No que se refere aos fatos processuais, eles podem classificar-se como fatos controversos ou controvertidos e fatos incontroversos.

Os *fatos controvertidos*, por sua própria natureza, ensejam o âmago ou o núcleo da atividade probatória que venha representar aqueles fatos, a que eu me referi, destacados pelo autor na inicial e pelo réu na contestação.

Fatos incontroversos são aqueles sobre os quais, em primeiro lugar, ou o réu não os impugnou, não atendendo ao ônus da impugnação específica – e nesse aspecto, no âmbito da tributação não incide o disposto no art. 302, I, do CPC, em razão da natureza indisponível da matéria –, bem como os fatos confessados pela parte, os fatos admitidos pela parte. E esse qualificativo "incontroversos" não significa dizer que o fato não tenha sido provado. A própria confissão, na verdade, é um meio de prova, e no âmbito tributário a confissão se manifesta de uma forma muito comum, por meio dos parcelamentos bem como por meio dos autos de lançamento por homologação.

Partindo e fixando bem esse núcleo que vem a ser o *objeto da prova*, eu queria destacar como meios de prova, no âmbito do processo tributário em especial, as seguintes observações. Primeiro, com relação à prova, nós temos um sistema aberto, ou seja, o CC, no art. 212, quando elenca os meios de prova, o faz exemplificativamente. Então, em princípio, são admitidos todos os meios de prova não-ilícitos ou não-ilegítimos. Em segundo lugar, a partir do momento em que as provas, em geral, em Direito, são admitidas no processo tributário, nós temos a possibilidade de, dentro da específica situação, termos restrições em relação ao meio de prova específico – como, um exemplo claro: se se pretende demonstrar uma situação ou um estado de uma pessoa civil, o estado de casado, a única prova admitida é a certidão de casamento, da mesma forma, no âmbito tributário, se se pretende demonstrar a ocorrência do fato imponível, preferencialmente a prova vai ser o lançamento, como ato administrativo que deve ser feito após a verificação dos pressupostos fáticos que ensejam o nascimento da obrigação tributária.

Então, nós podemos ter também a restrição ao meio da prova em razão do meio processual utilizado. É comum falar em *fase instrutória*. Fase instrutória ou fase probatória, no processo, vem a ser a possibilidade de desenvolver ou produzir prova no âmbito da ação propriamente [*falha na gravação*] mas a atividade probatória se inicia quando da propositura da ação, já que, principalmente nas ações de natureza tributária, a prova documental é essencial e acompanha a inicial, bem como em inúmeras situações ela é produzida pelo réu na contestação.

Assim, a atividade probatória encontra-se restrita a determinados instrumentos ou ações processuais com os quais ela seja compatível. Por exemplo, no mandado de segurança não se admite o desenvolvimento de instrução probatória. Essa restrição, ao contrário do que a muitos possa parecer, é absolutamente legítima, na medida em que eu tenho, aqui, aquela adequação da tutela ao meio e ao pedido. Foi uma opção desenvolvida pela parte, que poderia ter optado por um outro meio processual; mas, como aquele era mais adequado à sua situação, o fez, e, fazendo-o, deverá se submeter às regras processuais próprias para o meio processual utilizado.

E é claro que quando a gente fala de *meio processual* não se pode deixar de atentar para o qualificativo da pertinência bem como da aptidão da prova produzida. A pertinência vem a se referir à vinculação do meio de prova para demonstração do fato, à adequação do meio de prova para demonstração do fato. Nas ações de natureza tributária nós temos a confissão, que se materializa também documentalmente pelo parcelamento, pelo ato de homologação – aliás, pelo lançamento por homologação; as provas documentais, que nas ações de repetição de indébito vêm configuradas pelo DARF; recolhimento do tributo; e nas ações eventualmente envolvendo anulação de auto de infração nós temos a possibilidade bem como a necessidade, muitas vezes, de examinar os livros contábeis da empresa. Então, a prova documental, aqui, vem a ter uma precípua relevância, já que, em razão da matéria discutida, posso ter uma restrição no que se refere ao meio de prova a ser veiculado na ação.

Há ainda a questão relativa à perícia como meio técnico, mas, em razão do tempo, peço vênia aos Srs. e às Sras. para não abordar o tema, e tratar de um outro aspecto, que vem a ser a *presunção*, que, na verdade, apesar de arrolada pelo art. 212 do CC como meio de prova, não constitui, propriamente, meio de prova.

A lei italiana, no art. 2.727, preceitua que as presunções, as conseqüências que a lei e o juiz extraem de um fato conhecido para remontar um fato ignorado, na verdade, vêm a ser um processo lógico, dedutivo, fundado em determinado indício. Esse indício pode ter por base uma pressuposição legal – e eu estou, aí, diante de uma presunção legal – ou pode ter por base um fato ou fatos aos quais o CPC brasileiro se refere, no art. 335, como presunções *omnis*, ou utiliza a denominação "máximas de experiência comum".

A questão é: as presunções são compatíveis em ações envolvendo questões de natureza tributária? A meu ver, as presunções relativas o são, e as presunções relativas são gêneros do qual posso ter presunção legal ou presunção *omnis*, são espécies de presunções relativas.

E aqui eu coloco a seguinte consideração, o seguinte problema: a presunção afasta ou inverte o ônus probatório? Essa questão é posta muitas vezes em razão da presunção de legitimidade dos atos administrativos, já que a princípio se atribuiria ao Fisco, a autoridade administrativa, a desnecessidade de provar a correção ou a legitimidade dos atos administrativos. Na verdade, o que ocorre é que essa prova é feita numa fase anterior ao processo. O ato de lançamento assim como o auto de infração, como os Srs. e as Sras. sabem, constitui a atividade administrativa plenamente vinculada. Então, quando de sua realização, o Fisco o faz com base em elementos fáticos decorrentes de uma atividade fiscalizatória, e toda essa atividade é documentada. Quando esse documento vem para o processo é que se dispensa a repetição de toda aquela atividade que feita na fase anteprocessual ou pré-processual. Daí por que se fala na inversão do ônus da prova, no seguinte sentido: no processo, ao contribuinte vai ser atribuído o ônus ou encargo da prova necessária para infirmar as afirmações a princípio deduzidas pela autoridade administrativa.

Isso não significa dizer que o juiz esteja vinculado aos fatos descritos pela Administração no auto de infração; ou seja, o juiz não está vinculado àquela prova, e pode determinar a realização de prova com base nos seus poderes instrutórios, mesmo no caso de a parte interessada não se desincumbir. E qual é a razão dessa possibilidade? Ora, ao juiz é vedado o *non liquet*, ele não pode deixar de decidir. Mas, se a ele é atribuído o dever de decidir, ele deve fazê-lo fundamentadamente, com convencimento. Daí por que o Código de Processo Civil faculta ao juiz, por exemplo, determinar o depoimento ou a oitiva de ofício de uma testemunha, determinar nova perícia de ofício, determinar de ofício a realização de inspeção judicial...

Finalizando, concluindo, nós temos um pedido que define a natureza da tutela, esse pedido vai ter seu sucesso ou não, vinculado a uma atividade que vai ser exercida por meios próprios, segundo regras próprias, tendo por objeto os fatos que foram delimitados na inicial. E, dependendo do bom desempenho, do bom desenvolvimento dessa atividade, bem como da boa utilização dos meios adequados para demonstração dos fatos inicialmente apresentados, eu vou ter ou não o acolhimento, o deferimento, daquela tutela pleiteada.

Daí, então, nós temos, desde o início ao fim, esse vínculo que liga o pedido, a prova e a tutela. E há uma correlação lógica, onde eu tenho uma necessidade de que o pedido e a prova sejam adequados, não apenas a tutela, mas também o meio processual utilizado. E no âmbito tributário eu tenho delimitações de natureza material, no que se refere aos fatos, que vão exigir, em razão dessa própria natureza, a utilização de meios de prova específicos, bem como podem se submeter a regramento ou a disciplina de prova que leve em consideração essas atividades em função da natureza do ato a ser praticado, praticamente considerando que nós estamos diante de uma questão que envolve direito público – portanto, direito indisponível.

Eu teria ainda algumas considerações a fazer aos Srs., mas, antes que o "cartão vermelho" me seja apresentado, encerro por aqui, agradecendo a atenção e, mais uma vez, a gentileza do convite.

Muito obrigado! [*Palmas*]

Presidente da Mesa (Prof. Américo Lacombe) – Antes de encerrar, eu queria transmitir as desculpas do Prof. Sacha Calmon, que teve que se retirar, porque o avião dele sai às 5h. E as perguntas a ele dirigidas, ele as respondeu por escrito. As pessoas, por favor, podem pegar aqui as respostas. Os demais não vão poder responder oralmente, devido ao adiantado da hora: daqui a 5 minutos começa a palestra do professor Paulo de Barros Carvalho. Portanto, dirijam-se aos conferencistas após o encerramento aí na platéia. Muito obrigado! [*Palmas*]

SEGURANÇA JURÍDICA EM FACE DA RECORRENTE ALTERAÇÃO DE POSICIONAMENTO DOS TRIBUNAIS SUPERIORES

Prof. Paulo de Barros Carvalho – Boa tarde a todos! Sr. Presidente deste Congresso, Dr. Eugênio Doin Vieira, Presidente do Instituto Geraldo Ataliba – que com palavras tão bonitas acaba de me saudar –, Ilustres professores Roque Carrazza e Eduardo Bottallo, ilustre Min. Peçanha Martins, ilustres colegas, professores, magistrados, aqui presentes nesse *XX Congresso Brasileiro de Direito Tributário*.

Devo dizer que desde a primeira realização deste evento estive ao lado das ilustres figuras que acabei de mencionar. Tal acontecimento, que foi concebido há muitos anos, passou por várias mudanças, atravessou muitas experiências, e aqui está, novamente, para trazer à tona os grandes problemas jurídicos tributários do país.

O tema que me coube é bem difícil, como sói acontecer: "Segurança Jurídica em Face da Recorrente Alteração de Posicionamento dos Tribunais Superiores". Quero ser bem objetivo com todos os presentes, dizendo que acho perfeitamente possível os tribunais, magistrados, advogados, procuradores e agentes da Administração modificarem seus posicionamentos em face da interpretação do Direito. De modo que não há problema algum – para espanto de certos advogados – em que um tribunal que vinha julgando por unanimidade certo conflito de interesses venha a refazer sua posição. É uma demonstração de que o tribunal está vivo, de que ele está acompanhando a turbulenta vida social, com todas as suas modificações, com as mutações de valores que nós vemos ocorrer a cada instante. E não vejo problema algum nisso. É claro que desagrada a muitos. E claro que, em excesso, isso fere princípios que iluminam o equilíbrio entre o Fisco e o contribuinte, pois altera aquela expectativa de previsibilidade que estas relações devem manter. Tudo em excesso faz mal. Tudo em excesso é veneno. Mas alteração, pura e simples, não o é, se realizada acompanhando as modificações pelas quais a sociedade passa, acompanhando os novos talentos retóricos que aparecem. Quantas vezes não vemos aparecer um jurista que, com argumentos poderosos, nos convence acerca de uma posição diversa. E aqui me vem logo à lembrança a imagem do fundador deste Instituto, professor Geraldo Ataliba, que tinha uma força, um vigor retórico, impressionante, e que muitas vezes mexia na circunstância, punha o dedo na problemática, fazendo com que as pessoas mudassem de opinião. Aqueles que o conheceram sabem muito bem disso. E nós experimentamos, quantas vezes, esse novo convencimento após idéias vibrantemente postas por uma pessoa com o seu talento e com o seu poder retórico.

De modo que, até aí, penso que as modificações que têm ocorrido podem, realmente, ocorrer. Até certo ponto, devem ocorrer, porque o mundo continua girando, o mundo continua fomentando modificações, alterações. E só aqueles que são mortos, que já não podem reagir perante essas modificações, é que não terão chances de mudar de opinião.

Em todo caso, repito que tudo isso se faz dentro de um campo de expectativas. Tudo isso é possível dentro de uma faixa de possibilidades que dizem respeito aos horizontes da nossa cultura. E a nossa cultura vai de um ponto a outro. Esclareço que quando se diz "de um ponto a outro" parece muito vago, mas nada há de mais vago que as delimitações da cultura. Onde começa uma cultura, onde termina uma cultura, por onde passa uma cultura, nada há de mais vago que isso.

Eis o motivo pelo qual acabo de dizer que é "de ponto a ponto", "entre os limites", "entre os horizontes" da nossa cultura que se dão todas essas modificações. De modo que a minha mensagem, em termos bem objetivos, é nesse sentido: é perfeitamente possível que haja mudanças de opinião dos tribunais, dos magistrados, assim como dos procuradores, dos advogados e de todos aqueles que lidam com as normas jurídicas, com as unidades prescritivas do nosso ordenamento. É perfeitamente possível que haja essas mudanças.

É claro que quando elas excedem certo limite – e esse "certo limite" fica no ar também – cria-se a instabilidade, cria-se a insegurança, e fala-se em violação do princípio da segurança jurídica.

Agora, que é *segurança jurídica*? Eu me permitiria ler algumas linhas que escrevi no meu *Curso de Direito Tributário* a respeito disso: "O princípio da segurança jurídica dirige-se à implantação de um valor específico: coordenar o fluxo das interações humanas no sentido de propagar no seio da comunidade social o sentimento de previsibilidade quanto aos efeitos jurídicos da regulação da conduta. Tal sentimento tranqüiliza os cidadãos, abrindo espaço para o planejamento de ações futuras, cuja disciplina jurídica conhecem, confiantes que estão no modo pelo qual a aplicação das normas do Direito se realiza".

Ora, a segurança jurídica assume uma posição de grande relevo, a ponto de podermos chamá-la de *sobreprincípio*. Não é simplesmente um valor, ao lado de outros valores. É um sobrevalor, é um valor de sobrenível, porque depende, para sua implantação, do respeito e da atinência que seja mantida com relação a outros valores. Como é que se realiza a segurança jurídica? Respeitando-se o princípio da legalidade, o princípio da igualdade, o princípio da irretroatividade – enfim, aquele somatório de princípios que a nossa Constituição tão bem manifesta.

Na primeira palestra, ou numa das primeiras palestras, o meu grande amigo, o mestre Humberto Ávila, fazia distinção de normas jurídicas implícitas e explícitas, e há muito tempo eu venho pensando a respeito desse tema. Todas as normas jurídicas são, necessariamente, implícitas. Não há normas explícitas. Tanto assim que, diante de uma formulação expressa da Constituição ou do Código Tributário Nacional, é muito fácil haver divergência de entendimentos. Uma pessoa, lendo aquela formulação expressa, constrói uma norma jurídica, enquanto outra, que está ao seu lado, conclui de forma diversa. Vamos pensar, por exemplo, num tribunal: um ministro formula, constrói, a sua norma; o outro, baseado naquela mesma fórmula digital, na literalidade daquele mesmo dispositivo, constrói outra. E onde está o *explícito*? Para que serviu o *explícito*? O explícito é o ponto de partida para a construção do espírito, para aquilo que nós chamamos de trajeto gerador de sentido, percurso gerador de sentido. Com o primeiro contato, com a função "leitura", desenvolve-se no nosso espírito o levantamento de possibilidades semânticas. Essas possibilidades semânticas entram numa combinatória, até um determinado momento em que nós articulamos as normas jurídicas. Normas jurídicas são, portanto, construções do nosso espírito.

É por isso que o Direito escrito dá um grande passo em termos de estabilidade das relações jurídicas, mas não resolve definitivamente os problemas. E é por isso que os tribunais estão cheios de questões a serem resolvidas. Os tribunais administrativos e os tribunais do Poder Judiciário estão apinhados de questões sobre problemas explicitamente colocados. A explicitude, isto é, a fórmula expressa que o Direito – pós-moderno, principalmente – reclama, é algo que dá segurança, mas é apenas um início, é apenas uma proposta para construção das significações.

As normas jurídicas são, portanto, necessariamente implícitas, todas elas. A distinção entre normas e princípios implícitos e normas e princípios explícitos perde sua razão de ser, porque todos eles são implícitos. O que nós temos, aqui, é o ordenamento básico do Estado Brasileiro. Temos, aqui, a concepção brasileira.

Agora, cada sujeito, segundo seus valores, segundo sua ideologia, segundo seus interesses pessoais, legítimos ou ilegítimos – nós sabemos que as coisas se processam assim –, vai construir o seu direito. Mas isso não gera uma confusão muito grande? Não. Eu acredito que não, porque existe uma cultura dentro da qual nós estamos. Existe um momento histórico dentro do qual nós estamos; e, portanto, há uma tendência de unificação das opiniões.

Sempre que surgirem atritos, conflitos de interesses, há o Poder Judiciário, com a missão constitucional de dirimir esses conflitos. De modo que o Direito é assim aqui no Brasil, e é assim no mundo todo. E sempre o foi. De um modo mais rígido, mais rigoroso, ou de um modo mais laço, de um modo mais solto, mas em todos os lugares do mundo o Direito sempre foi assim.

Ocorre que o direito tributário passou por uma série de modificações. Os Srs. sabem que houve uma conquista muito grande quando a relação jurídica tributária, a obrigação tributária, deixou de ser uma relação de poder. Antes, o Estado-Administração, investido das suas prerrogativas, exigia, pelo poder de império, pura e simplesmente, prestações dos administrados. Foi uma conquista secular para a qual muitos trabalharam durante um longo período, de modo que, num determinado momento, se reconheceu que o direito tributário, a obrigação tributária, a relação jurídica tributária, era uma relação posta nos termos do ordenamento positivo. Isto é, Fisco e contribuinte não compareciam àquele confronto, simplesmente num ambiente onde o Fisco, desfrutando de supremacia, em função do seu poder de império, exigia o tributo. Não. Agora, numa relação jurídica, numa relação regida pelo Direito, o Estado figura de um lado, com seus direitos subjetivos, as suas competências, as suas prerrogativas constitucionais, e de outro lado está o contribuinte, garantido também constitucionalmente, cheio de proteções, como o é no nosso Direito. Portanto, nós chegamos a uma situação de equilíbrio. Essa situação de equilíbrio dá uma tranqüilidade muito grande a todos nós. O Fisco não pode exigir a torto e a direito, como se fazia em tempos passados, o tributo. Não. Ele tem que exigir nos termos da lei, segundo os parâmetros da lei e seguindo os procedimentos que a lei estabelece. O contribuinte, garantido por essa mesma lei que dá poderes ao Fisco, sente-se protegido, e, havendo qualquer dúvida, há o Poder Judiciário, que é o órgão credenciado para dizer o Direito para o caso concreto.

Diante disso, causa espécie nós pensarmos que o Fisco pode fazer seu planejamento e que o faz todos os anos. Todos os anos, os Fiscos Federal, Estadual, Municipal, naturalmente pelos seus órgãos técnicos, pelos seus grupos, segmentos de pesquisa, fazem seu projeto, optam por certos programas em detrimento de outros. E, com isso, fazem seu planejamento tributário para aquele ano. E disse "causa espécie" quando nós pensamos que o contribuinte não pode fazer isso. O contribuinte tem em volta de si todo aquele clima de possibilidades lícitas, porque o Direito se biparte em duas regiões, o lícito e o ilícito; de modo que tudo que não for lícito é ilícito, sendo dois domínios complementares.

O contribuinte pode se movimentar como bem lhe aprouver nesse domínio, assim o Fisco o faz, e nunca ninguém reclamou de qualquer planejamento fiscal que tenha sido promovido pelas autoridades da Fazenda Pública. Eu nunca ouvi. Parece até um absurdo pensar isso, mas não parece um absurdo pensar que o contribuinte se vê tolhido por uma série de empecilhos, por uma série de obstáculos postos pela legislação, às vezes de uma forma até, segundo penso, ridícula, como a cláusula geral antielisiva, a qual me parece uma tentativa vã, uma tentativa totalmente infrutífera de se legislar sobre esse tema.

O contribuinte tem o mesmo direito que o Fisco de fazer seu planejamento. Dentro da lei, ele pode fazer as operações que quiser, desde que essas operações, naturalmente, estejam dentro da lei, no domínio do lícito.

Aquilo que sempre ocorreu na história do Direito foi o legislador estar em descompasso com a realidade subjacente que ele pretende disciplinar. Acontecem as coisas, surgem as pressões, surgem os grupos de dominação etc.; e, aí, o legislador passa a tomar providências. Sempre foi assim. O Direito vem depois do fato social. O Direito é também o fato social, mas, nesses termos, o Direito vem depois do fato social: primeiro ocorre o fato social, depois esse fato social é juridicizado pela norma. Nisso, há um descompasso entre o sistema normativo e o subsolo das relações inter-humanas.

Pois bem. A marcha normal dos acontecimentos é a seguinte: assim que surgirem questões, assim que surgirem procedimentos abusivos por parte do contribuinte, o legislador cria a norma que fecha – digamos assim –, essa janela, que fecha esse vão, essa fresta, e continuam as relações entre o Fisco e o contribuinte.

É claro que isso dá trabalho, isso faz com que o Fisco esteja sempre atento, para tomar ciência de onde vêm as evasões de tributo, isto faz com que haja grupos de estudos, de pesquisa, de levantamento de situações conflituosas entre Fisco e contribuinte, para que o Fisco, fazendo pressão junto ao Poder Legislativo, possa conseguir o fechamento dessas situações que estão provocando a evasão de tributos. Dá trabalho, mas tem que ser assim.

A cláusula geral antielisiva traz o absurdo de pretender, com uma norma muito simples, com uma norma singela, fechar ao mesmo tempo todas as portas, todas as janelas, todas as frestas. Tanto as que já existem como as que porventura venham a existir. Por conta disso, a cláusula geral antielisiva tem dado um resultado muito pequeno e, geralmente, por paradoxal que pareça, a favor do contribuinte, porque se passa a exigir do Fisco um procedimento especial – procedimento especial, esse, que é exigido pelo contribuinte em relação ao Fisco. O Fisco, para desqualificar uma situação promovida pelo particular, tem que tomar uma série de medidas sob a vigilância do contribuinte, o qual acompanha a fiscalização e fica exigindo do Fisco a observância desses itens.

A cláusula geral antielisiva é, digamos assim, uma tentativa de se resolver sem trabalho, sem esforço, sem o procedimento normal que a tributação reclama, essas situações em que escapa pelos dedos o tributo que o Fisco pretenderia exigir. Por quê? Porque se invoca uma tal de "interpretação econômica", que Alfredo Augusto Becker combateu tenazmente nos idos de 1965. Ele expediu um documento e mandou para todas as instituições de ensino jurídico do país, para todos os tribunais, para todas as autoridades administrativas, por conta dele, sem editora alguma, financiado por ele. Tratava-se de um estudo mostrando o absurdo que representaria a chamada "interpretação econômica". Mas, hoje, a interpretação econômica pode ser desconstituída de uma forma muito simples – tudo é simples para quem acha que é simples, não há dúvida. Mas vejam o seguinte: o fato de estarmos aqui – esse exemplo eu tenho dado, alguns já ouviram –, o fato de estarmos aqui, é claro que é uma dimensão econômica, é um fato econômico, dependendo do corte que se faça. Um economista saberia recortar adequadamente o evento de estarmos aqui para construir o fato econômico dizendo "esse é um fato econômico". O jurista faria a mesma coisa, só que recortaria a seu modo, e nós teríamos o "fato jurídico" de estarmos aqui, e é realmente um fato jurídico, todos nós sabemos, mas também é um fato histórico. O historiador saberá traçar todos os contornos que fariam e que fazem desse acontecimento um fato histórico, e eu relatei no início tratar-se do *XX Congresso*, fazendo, como um leigo em História, uma simples recordação dos primeiros ou do primeiro evento, do primeiro Congresso que nós realizamos há tanto tempo.

De modo que, vejam, até agora, é um fato econômico, é um fato jurídico, é um fato histórico. E eu diria que também é um fato político, que também é um fato de várias naturezas, por uma questão muito simples: não existe o fato puro, o fato nu, o fato despojado de recortes. O fato que não foi recortado por ninguém não existe. O fato de estarmos aqui é econômico para o economista, é jurídico para o jurista, é político para o político, é histórico para o historiador – e assim por diante.

Pois bem, o que eu quero dizer com tudo isso? Quero dizer, simplesmente, que por muito e muito tempo se imaginou que o chamado "fato gerador", que o professor Geraldo Ataliba chamava de "fato imponível", era um fato jurídico de conteúdo econômico. É uma frase bonita, é uma frase de efeito – "o fato gerador é um fato jurídico de conteúdo econômico" –, só que é uma afirmação que não resiste à análise do primeiro momento, por uma questão muito simples: se é um fato jurídico, mas tem conteúdo econômico, eu já vejo grandes dificuldades para enfrentá-lo, e vou ter que chamar um economista para falar sobre o conteúdo desse fato. A minha formação é jurídica. Eu sei que há colegas que têm formação no campo da Economia e em outros campos, mas o fato jurídico é, apenas, aquele que foi recortado juridicamente. Aquilo que interessou e aquilo que não interessou nessa fase de demarcação é estritamente de natureza jurídica. É por isso que a interpretação que cabe é a interpretação jurídica, e só a interpretação jurídica. Não há aquela subjacência econômica que Amílcar de Araújo Falcão declarou existir, naturalmente, renovando afirmações do direito continental europeu que já diziam com bastante força que o fato gerador da obrigação tributária era um fato jurídico de conteúdo econômico.

Aí, pensaram em mudar, dizendo que "é um fato econômico de relevância jurídica", como se o Direito precisasse pedir emprestado fatos à Economia, à Política, à Ética, à Religião, para, juridicizando-os, torná-los pertencentes a seu patrimônio, ao patrimônio dos fatos jurídicos. Não. O Direito não pede emprestado as realidades de outros mundos. Ele constrói as suas realidades e, às vezes, até ao arrepio daquilo que se chama "bom senso". Não há bom senso algum em um avião, por exemplo, ou um navio, ser considerado, para certos fins, um bem imóvel. É por isso que quando se perguntava se "Direito é bom senso", o professor Geraldo Ataliba dizia: "Não, direito é senso jurídico". E esse é um exemplo bem característico: vejo o navio passar e percebo que ali está um bem imóvel – para certos fins, naturalmente.

Então, vejam, toda cultura que se formou em torno do fato gerador da obrigação tributária tinha essa influência decisiva de que debaixo de uma forma jurídica se escondia uma realidade econômica. Isto ensejaria duas direções: uma que serviria para compor a norma jurídica, digamos assim, o assunto jurídico, o tema jurídico que seria objeto da tributação; e a outra, a consistência econômica daquele acontecimento que o legislador resolveu tributar por questões de política fiscal. Esse é o clima que nós atravessamos durante todo o nosso tempo, durante toda a nossa experiência, nos últimos 50 anos.

Eu fiz várias experiências – e peço aos Srs. que, quando tiverem tempo, façam também – que são muito esclarecedoras. Tomemos uma norma jurídica que permite, como toda norma jurídica, mais de uma interpretação. Digamos, alguns artigos, um ou mais artigos, do Direito posto, e vamos construir a norma jurídica. Nós sabemos que há situações em que ao contribuinte convém construir uma norma em que, feitas algumas operações, ele vá pagar menos tributo que naquela outra certamente adotada pelo Fisco, pela qual, feitas as operações devidas, o contribuinte pagaria um pouco mais a título de tributo. E vamos analisar a interpretação nos dois casos.

Na situação "A", que interessa ao contribuinte, ele lida com quê? Com norma jurídica, com relação jurídica, com direito subjetivo, com dever subjetivo também, ou dever jurídico, com base de cálculo, com alíquota. Vejam, são, todas, categorias jurídicas. É com isso que lida o contribuinte que está interpretando o dispositivo legal. E chega à conclusão, no final, de que, multiplicando uma alíquota, posta também pela lei, e a base de cálculo estipulada na lei, vai-se chegar a um determinado valor, e esse valor é o tributo devido, e deve ser recolhido num determinado prazo, prazo que está na lei também. Tudo isso está na lei. Como é que o Fisco faz a sua interpretação? Usando as mesmas categorias. Fato gerador, base de cálculo, alíquota, direito subjetivo, dever jurídico, sujeito ativo, sujeito passivo, isenções, imunidades – ou seja, as mesmíssimas categorias. Não há a interposição de categoria econômica nenhuma, absolutamente nenhuma. Apenas ele faz a interpretação utilizando essas entidades, todas elas jurídicas, e chega a um resultado final que é um número, um número que, por acaso, é maior que o número a que chegou o contribuinte. Ele vai chamar a esta segunda de "interpretação econômica". Muitos – para não dizer "todos" – chamam a essa dualidade de criação de normas de "interpretação econômica". Mas onde está o "econômico", aí? Será que na multiplicação da base de cálculo pela alíquota? Não. Essa é uma operação juridicizada pela norma. Será que na expressão numérica dos valores? Também não, pois isso está juridicizado, e, portanto, está legalmente posto como o montante a ser cobrado pelo Fisco e que deve ser pago pelo sujeito passivo. Onde é que está a interpretação econômica? Simplesmente não está. Por quê? Porque é uma situação jurídica, é um fato jurídico, que desencadeou uma relação de direito, onde estão presentes o sujeito ativo portador do direito subjetivo de exigir, o sujeito passivo cometido do dever jurídico de pagar e o quanto a pagar. Aquilo que está na lei. É lendo a lei, sem sair da lei, naturalmente, e aplicando a ao caso concreto. Poder-se-ia argumentar: "Ah, bom! Mas a economia estaria no exame do caso concreto". Não. O caso concreto é uma situação à espera de interpretação, e é por isso que dei o exemplo de estarmos aqui. O fato de estarmos aqui pode ser objeto de um estudo histórico, como nós já fizemos.

O professor Eurico de Santi lembra disso, pois a idéia foi dele, e nós temos um estudo histórico sobre o I Congresso do IBET, tendo, inclusive, saído um volume publicado sobre isso. Contratamos uma doutora em História, e ela ressaltou, do I Congresso do Instituto Brasileiro de Estudos Tributários, o que aquele acontecimento tinha de histórico, o que ele tinha a ponto de interessar a uma visão histórica do Congresso. E foi feito um livro, que foi distribuído, obra de uma historiadora, de uma doutora em História pela USP.

Então, vejam, o Congresso visto pelo ângulo do historiador. Agora, é claro que esse livro, esse livreto, não é uma visão jurídica do Congresso. Dista de ser um estudo econômico do Congresso, e também está longe de ser um estudo político do Congresso. É apenas um corte, o corte escolhido para aquele momento, o corte que nos interessava, para ressaltar o dado da História, a História como uma análise longitudinal da realidade. Foi assim que ela fez, e foi assim que saiu esse estudo. E é por isso que dei esse exemplo, aqui. O exemplo de estarmos no *XX Congresso Brasileiro de Direito Tributário* do Instituto Geraldo Ataliba, porque ele pode ser visto de várias maneiras, conforme nossa escolha. O mesmo ocorre com o fato que chega às mãos do magistrado, que chega às mãos do agente da Fazenda Pública, que chega às mãos do advogado, para ser analisado, compreendido, e para receber o influxo das normas jurídicas que regulam as condutas intersubjetivas que ele abriga.

É nesse sentido que eu não vejo como se possa defender a análise econômica no Direito. É claro que existe o fato econômico, existe o fato sujeito à análise econômica, mas isso nos confins da Economia. Como trazer isso para o Direito, fazendo com que o Direito se ocupe de outros campo, de outros setores, da vida social e tornando mais difícil ainda a vida do jurista? O jurista, no meu entender, tem uma atividade muito intensa em termos intelectuais, porque a todo momento ele está indo da realidade social aos conteúdos das normas e voltando, nesse processo empírico-dialético que é próprio de todo fato da cultura. Todo fato da cultura tem como método o método empírico-dialético.

É exatamente esse aspecto que foi tão bem salientado por Lourival Villanova quando participando de uma semana em homenagem a Pontes de Miranda, em Roma. Coube a ele discorrer sobre Pontes de Miranda enquanto teórico geral do Direito. E ele disse que aquela destreza de Pontes em viajar, em percorrer esse espaço do concreto para o abstrato e do abstrato para o concreto, ele havia auferido graças aos seus mais de 11 anos como magistrado. Não há dúvida quanto a isso, pois a vida do magistrado consiste em sair do caso concreto, ir ao abstrato das normas, voltar ao caso concreto, e ficar nesse ir-e-vir do processo empírico-dialético.

Eu entendi que esse elogio, naturalmente, foi muito bem atribuído a Pontes de Miranda, pela sua destreza no manejar as categorias do Direito. Isso sempre foi algo impressionante. Mas essa é a tarefa de todos nós. Não é apenas do magistrado, mas de todos nós. O advogado trava contato com o caso concreto, procura entender o caso concreto, e parte para o mundo das normas, para saber que normas ele há de aplicar para orientar a conduta do consulente. O mesmo faz o funcionário da Administração, o procurador da Fazenda, todos. De qualquer maneira, o que vale, aqui, é a homenagem que foi feita pelo professor Lourival Villanova ao ilustríssimo Pontes de Miranda, no que concerne ao seu ângulo de teórico geral do Direito.

Coube ao professor Tércio Sampaio Ferraz falar de Pontes de Miranda como filósofo do Direito. Ao Min. Moreira Alves, tratar Pontes de Miranda como romanista. E, com isso, lá se foi a semana de homenagens prestadas, com justiça, a Pontes Miranda, em Roma.

Observem que não há essa dualidade que se pretende fazer existente entre Economia e Direito, o lado econômico do fato tributado e o lado jurídico do fato tributado. Existe o aspecto econômico do fato tributado, mas isso fica posto de lado. Existe o fato jurídico, o fato tributado, visto pelo ângulo jurídico, como existe também o fato tributado visto pelo ângulo político. Quem é que não conhece trabalhos que mostram, explicam, as evoluções, as mutações, no campo da tributação? Há um trabalho histórico muito interessante a esse respeito. Mas esse é apenas um aproveitamento político do fato tributado. O fato tributado terá, certamente, um aproveitamento econômico, um aproveitamento social em sentido estrito, religioso, como queiram, mas eu reservo para o nosso interesse e como uma mensagem para esse Congresso que o fato jurídico, para o jurista, é estritamente jurídico. Ele não requer um milímetro de conhecimento de Economia. Os conhecimentos de Economia, de Contabilidade, de Administração e de outras matérias que são freqüentes, eu diria muito úteis etc., mas aqueles de que o Direito precisa estão todos juridicizados pela norma. Quando eu digo "pela norma", eu quero me referir à norma como o direito positivo, o conjunto de todas as unidades prescritivas do Direito posto.

Bem, eu disse pouca coisa sobre o tema. Procurei fazer apenas algumas meditações, algumas reflexões sobre esse problema, mas quero deixar uma mensagem final. Esse é o momento preciso para nós nos voltarmos à metodologia do Direito – e, no nosso caso, à metodologia do direito tributário. Fazermos um pequeno retrocesso, darmos alguns passos atrás, pensarmos no Direito, o que representa o Direito, quais os modos de aproximação que o sujeito cognoscente pode adotar para estudar esse fenômeno e, com isto, seguir um caminho. A disputa pelos métodos não tem solução pronta. Aliás, a verdade absoluta, nos tempos da pós-Modernidade, com o giro lingüístico, está totalmente desprestigiada. Nós acabamos de ver ser desfeita uma proposição, inteiramente verdadeira, proclamada em todo mundo pelos astrônomos como verdadeira: Plutão era um planeta, agora não é mais. Em um mês, um planeta deixou de ser um planeta. E vejam, numa ciência que pretende ser exata, que é a Física. A Astronomia é uma parte da Física, uma parte da Física Geral. Um planeta deixou de ser planeta, assim como a Terra deixou de ser o centro do nosso sistema para ser o Sol, para dar o lugar ao Sol. Nós poderíamos pensar, tranqüilamente, que seria possível que no mês subseqüente a Lua venha a ser o centro do nosso planeta. Eu não acredito que isso ocorra, mas tudo é possível, porque a verdade absoluta está em xeque. A verdade absoluta está negada em todos os setores, inclusive no campo das Ciências ideais, Matemática, Lógica. Com o teorema de Göedel, que está de pé ainda, não há a decidibilidade completa, definitiva, absoluta, até nesses setores.

De modo que, com essas observações, eu creio que nós devemos estudar o Direito – e quando digo "o Direito" estou projetando nele o direito tributário – como um conjunto de enunciados, enunciados lingüísticos, com a função semiótica estudada pela Pragmática. Com a função pragmática de regular as condutas intersubjetivas. Isso dentro de um processo comunicacional. Hoje existe a Semiótica, que nos abre um caminho maravilhoso para explorarmos os textos escritos e não-escritos, estudando-os no plano sintático, semântico e pragmático. Agora, tudo isso, penetrado, de começo a fim, por uma teoria dos valores, aquilo que Miguel Reale disse de forma tão insistente, às vezes até abusando um pouco: "Direito é valor". Aí, cobrávamos: "Bom, mas o Sr. não disse que o Direito era norma, fato e valor?". Ele disse: "Sim, o Direito é norma, fato e valor, mas eu quero enfatizar a presença do valor, e é por isso que eu digo 'Direito é valor'; sem uma teoria dos valores não poderemos dar muitos passos". E a teoria dos valores está inteiramente ligado ao tema de hoje, porque a segurança jurídica é não só um valor, mas, eu diria, um sobrevalor, um valor de sobrenível, um valor que se implanta pela realização de outros valores.

Quero agradecer imensamente a atenção que todos me dispensaram, cumprimentar os ilustres promotores deste *XX Congresso*, o que faço na pessoa do seu grande Presidente, professor Aires Barreto, Presidente do Instituto, e do Presidente do Congresso, Eugênio Doin Vieira, e cumprimentar a todos os ilustres Colegas que tiveram a paciência de me ouvir. Muito obrigado a todos! [*Palmas*]

CONFERÊNCIA

CRÉDITO-PRÊMIO DE IPI

MIN. PEÇANHA MARTINS

DES. PAULO OTÁVIO BATISTA PEREIRA – Srs., a minha incumbência, além da presidência desse trabalho de encerramento do Congresso, seria de apresentação do Min. Francisco Peçanha Martins. Seria fácil consultar os dados bibliográficos à disposição de todos no *site* do STJ ou de outros órgãos públicos, e simplesmente relatar as inúmeras funções que S. Exa. exerceu no decorrer de sua carreira jurídica, até de sua carreira estudantil – como, por exemplo, Membro da União Nacional dos Estudantes da Bahia, a nossa UNE de lá, como integrante ativo, portanto, na ocasião, nos idos de 1960, 1961.

A despeito disso, peço permissão a S. Exa. para tecer algumas considerações sobre a figura de Francisco Peçanha Martins, que está hoje aqui conosco e irá, a seguir, proferir a magnânima palestra de encerramento.

O Min. Peçanha Martins – "baiano da gema", como nós dizemos aqui em São Paulo – nasceu em Salvador. Aliás, terra dos seus pais. Seu pai é Álvaro Peçanha Martins. Para quem não o conhece, foi Ministro do TFR e, antes de se tornar Juiz Federal em 1967, participou de atividades políticas na Bahia, sendo, inclusive, Deputado Estadual da Assembléia daquele querido Estado. Sua mãe, D. Guiomar, teve dois filhos, Solange e Francisco, que é Ministro, hoje.

A maioria talvez não se lembre, mas a Justiça Federal foi instalada em 1967, embora criada em 1964, por Castello Branco e Álvaro Peçanha Martins, que, por sua militância na Advocacia, chegou, inclusive, a presidir a Sessão da OAB da Bahia, onde exerceu atividade jornalística e até política, porque seus inflamados discursos foram para os anais daquela casa e, na ocasião, foram publicados no *Jornal de Oposição* ao Estado então, que era, na verdade, de intervenção, isso em 1944. Foi um lutador, um batalhador pela redemocratização do país, no movimento chamado "Movimento Rui Barbosa da Bahia", quase igual àquele movimento constitucionalista – lógico, guardadas as proporções dos outros anos, de 1932 –, e os discursos do então deputado Álvaro foram noticiados nesse *Jornal de Oposição*, daquela situação do Estado Novo, até desembocar, que historicamente todos sabem, em 1946 e na nossa Constituição, na volta da vida democrática normal do país, que infelizmente durou pouco também.

Mas, em todo caso, esse baiano da cepa se espelhou, tanto ele como a irmã Solange, no pai, que teve atuação no antigo TFR, e abraçaram a carreira jurídica. Peçanha Martins começou como advogado, exerceu inúmeros cargos em secretarias do Estado, passou por variados movimentos e até conseguiu, pelo terço constitucional, como sabemos, ser um dos nomes indicados pelo Conselho Federal na lista sêxtupla; e, escolhido na lista tríplice, foi, então, nomeado Ministro do STJ.

Esse breve relato pessoal que faço, com a permissão do Ministro, é porque quero lhes dizer, aqui, com sinceridade, que tive a oportunidade de conhecer S. Exa. por ocasião de um Congresso não dessa grandeza, mas não menos importante em propagação das idéias, quando S. Exa. estava em Ribeirão Preto. Lá travamos um conhecimento pessoal, acompanhado que estava da sua afável esposa Clara Maria.

O Min. Peçanha Martins, para mim, é a prova mais inconteste daquilo que eu aprendi com o meu pai. O juiz, antes de mais nada, não é o juiz oficial, é o juiz-advogado. Ou, sintetizando, o primeiro juiz da causa é o advogado. Peçanha Martins não foi juiz a não ser antes de sê-lo só advogado, e mostra, depois de investido na toga, as qualidades que tem como juiz. Tanto que, nas áreas de atuação que teve no Tribunal Superior, hoje, no exercício da Vice-Presidência, tem se destacado com judiciosas opiniões – inclusive no ramo tributário, para nossa surpresa.

Se me permite, pois, embora não seja da área, vou ser obrigado a traçar essa característica personalíssima, S. Exa., há poucos meses, proferiu um voto no Órgão Especial daquela Corte... Lembrando à memória de todos, ainda que não estejamos vivendo mais o tempo do "chumbo grosso", que o nosso país tem umas coisas que a gente não compreende, às vezes. Até brincava eu com o professor Roque Carrazza, quando o professor Paulo de Barros falou em Plutão e que a Terra seria o centro do sistema solar, disse a ele: "Coitado de Paulo de Barros se estivesse na Inquisição falando isso, estaria na fogueira". Isso não ocorre porque a sociedade, principalmente a nossa, foi conquistando suas liberdades públicas a duras penas, e tenho certeza inequívoca de que Peçanha Martins é um dos que colaboraram efetivamente para isso. S. Exa. proferiu um voto – não vou citar especificamente, pois que isso não vem a calhar – num caso em que o Ministério Público, certo ou errado, imputava a um juiz, que teria dado uma decisão em autos de processos, o crime de falsidade ideológica. S. Exa., não só de per si para assegurar a liberdade, independência, não só de um juiz, mas de um advogado, de um promotor, de um leigo, a liberdade de opinião, de pensar, trouxe à lembrança escorço do genial Rui Barbosa: disse que o Ministério Público estava querendo instituir ou reinstituir o chamado "crime de hermenêutica", aquele em que, Srs., se abríssemos novamente espaço a ele, nenhum de nós seria capaz de pensar.

Este, portanto, é o perfil do conferencista dessa tarde. Um homem afável, amável. E, se me permite também aqui testemunhar, é um "pechincheiro" de pequenas antigüidades, e baratas, de primeira, como observei enquanto aguardávamos o avião lá em Ribeirão Preto, para voltar aos nossos destinos, onde tivemos a oportunidade de almoçar juntos e dar uma volta no "Santa Úrsula", que é o *shopping* de Ribeirão. Como, inclusive, me confessou a sua amável consorte Clara Maria: "Não passa numa feirinha sem tentar comprar uma peça e, logicamente, sem pechinchar como um mouro".

Enfim, é uma figura impar, é uma das inteligências nacionais que mais uma vez a Bahia cede ao nosso mundo jurídico. E esta, eu acho, é a melhor apresentação de Peçanha Martins. Ouçamo-lo, portanto! [*Palmas*]

Prof. Eugênio Doin Vieira – Muitíssimo obrigado, Des. Paulo Otávio Batista Pereira. Passamos a palavra, ante a expectativa do Auditório, ao Min. Peçanha Martins, a quem pedimos seja recepcionado com uma salva de palmas! [*Palmas*]

Min. Peçanha Martins – Des. Paulo Otávio, Dr. Eugênio Doin Vieira, nas pessoas de quem saúdo a todos os Mestres componentes da Mesa, minhas Sras., meus Srs. Quero lhes dizer que não acreditem em tudo que disse o Des. Paulo Batista, senão na evocação do exemplo que tive de vida, a quem devo toda a minha trajetória. Se mérito tive, já o disse, foi o de palmilhar os caminhos abertos por Álvaro Peçanha Martins. Graças a ele, e antes, mesmo, dele, aos meus avós, que me deram livros para ler e me incutiram a defesa das liberdades públicas e a vocação despertada para o Direito e a Justiça, na Democracia é que me decidi pelo Bacharelado e pela Advocacia.

Foram meus colegas que afinal entenderam que eu deveria mudar de profissão, ainda que cultivando o Direito, e entenderam de indicar meu nome para ser magistrado. Eu lhes digo que não conheço nada mais nobre que fazer justiça. E no STJ, ao lado de grandes vultos do Direito Brasileiro, isso tenho procurado fazer dentro das minhas forças, acertando, errando, mas sempre buscando a satisfação própria do dever cumprido, não me importando em saber como julgariam as minhas decisões. Por isso às vezes eu me vejo em posição discordante da grande maioria, como ocorreu em São Paulo, quando restabeleci o mandato de um célebre prefeito desta Capital, ou mesmo quando mantive no Brasil a permanência de um correspondente estrangeiro, ainda mais recentemente.

Mas assim faço por um dever, por uma – como eu diria – imposição do DNA. E foi assim que revi ponto de vista que antes houvera assentado no julgamento de uma matéria que envolve vultosos interesses na área tributária. Eu lhes falo do crédito-prêmio de IPI. Vejam: no ano da graça de 1969, no dia 5 de março, o Governo Revolucionário editou o Decreto-lei 491, instituindo benefício fiscal em prol das empresas fabricantes e exportadoras de produtos manufaturados. No seu art. 1º e §§, prescrevia que as empresas fabricantes e exportadoras de produtos manufaturados passariam a gozar, a título de incentivo fiscal, de créditos tributários sobre suas vendas para o exterior, como ressarcimento de tributos pagos internamente. Os créditos tributários acima mencionados seriam deduzidos do valor do IPI incidente sobre as operações no mercado interno.

Nascia, então, o famoso crédito-prêmio de IPI, sem termo *ad quem* de valia. Seguiram-se decretos-leis e outros instrumentos adequados ao arbítrio, hoje substituídos pelas medidas provisórias. Vivia-se o período revolucionário, imperando o princípio dogmático de que o fato econômico é o determinante da conduta dos indivíduos e das Nações. Foi a era da condução pelo Estado daquela classe que assomou o poder, substituindo os bacharéis pelos economistas. Pressionado por países concorrentes no mercado internacional, o Brasil cedeu, estabelecendo, também mediante decretos-leis, formas e datas para a extinção daquele benefício fiscal. Assim é que foram editados, sucessivamente, os Decretos-leis 1.658, 1.722, 1.724 e 1.894, respectivamente em 24.1.1979, 3.12.1979, 7.12.1979 e 16.12.1981.

O primeiro deles, o de n. 1.658, era composto por apenas dois artigos e estabelecia que "o estímulo fiscal de que trata o art. 1º do Decreto-lei n. 491 será reduzido gradualmente até a sua definitiva extinção" – enumerando, então, o termo parcial em que se daria a diminuição do incentivo ao longo do tempo, até culminar com a data de total extinção, a 30.6.1983.

No mês de dezembro/1979 foi editado o Decreto-lei 1.722, determinando que "os estímulos fiscais previstos nos arts. 1º e 5º do Decreto-lei n. 491, de 5 de março de 1919, serão utilizados pelo beneficiário na forma, condições e prazo estabelecidos pelo Poder Executivo". Estabelecia, ainda: "Este Decreto-lei entrará em vigor na data de sua publicação, produzindo efeitos a partir de 1º de janeiro de 1980, data em que ficarão revogados os §§ 1º e 2º do art. 1º do Decreto-lei n. 491, (...)".

Além das alterações introduzidas no escalonamento do benefício, é importante frisar a expressa revogação dos §§ 1º e 2º do art. 1º do Decreto-lei 491. Dias depois foi editado o Decreto-lei 1.724, precisamente no dia 7 de dezembro, composto de dois artigos: "Art. 1º. O Ministro de Estado da Fazenda fica autorizado a aumentar ou reduzir, temporária ou definitivamente, ou extinguir os estímulos fiscais de que tratam os arts. 1º e 5º do Decreto n. 491, de 5 de março de 1969". No art. 2º, a clássica forma da revogação das disposições em contrário. Com base nesse diploma, delegatório de competência, o Ministro da Fazenda baixou portarias, inclusive a de n. 960/1979, suspendendo o pagamento do crédito-prêmio à exportação, até a edição da Portaria 78, quando restabeleceu o estímulo em patamares inferiores aos anteriormente pagos e excluiu alguns produtos, culminando com a de n. 176/1984, que fixava o termo final em 1.5.1985, quando a União deixou de pagar o referido crédito-prêmio.

Note-se que tais portarias foram editadas com apoio na delegação de poderes conferida pelo Decreto-lei 1.724. Ocorre que exportadores inconformados com a extinção e com a diminuição do incentivo fiscal bateram às portas dos tribunais e, em processo de apelação no antigo TFR, em incidente de inconstitucionalidade suscitado pelo então Ministro Carlo Mário Velloso, a matéria foi examinada e foi declarada a inconstitucionalidade do Decreto-lei 1.724. Isso é o incidente de inconstitucionalidade instaurado na ACi 109.896, e o relator é o Min. Pádua Ribeiro, e esse acórdão foi publicado em 22.10.1987, decisão parcialmente mantida posteriormente pelo STF, em vários recursos extraordinários. E por que "parcialmente"? É que, nas suas decisões, o Supremo limitou a declaração de inconstitucionalidade a expressões que delegavam tais poderes.

Foram retiradas, então, do mundo jurídico as expressões "ou reduzir, temporária ou definitivamente, ou extinguir", contidas no art. 1º do Decreto 1.724, e as constantes do art. 3º do Decreto-lei 1.897/1981. Sobre o assunto foi editada a Resolução 71/2005 do Senado Federal, tudo em conformidade com o inciso X do art. 52 da CF.

Seguiu-se a esse decreto-lei, de n. 1.724, aquele outro de n. 1.894/1981, que, no art. 2º, modificou a redação do art. 3º do Decreto-lei 1.248, de 29.11.1972, que também já teve declaradas inconstitucionais algumas das expressões. Diz-se que este dispositivo teria revigorado o crédito-prêmio, sem prazo determinado. Está dito no referido artigo que seriam assegurados "ao produtor-vendedor, nas operações de que trata o art. 1º deste Decreto-lei, [*Decreto-lei 1.248/1972*] os benefícios fiscais concedidos por lei para incentivo à exportação, à exceção do previsto no art. 1º do Decreto-lei n. 491, de 5 de março de 1969, ao qual fará jus apenas a empresa comercial exportadora". A verdade é que os eminentes pareceristas que têm discutido a matéria afirmam que, a partir desse decreto, o crédito-prêmio, ao contrário do que se estabelecera no Decreto-lei 1.658, teria sido, então, mantido por tempo indeterminado.

Suspensas – digo eu –, por inconstitucionais, as expressões delegatórias de poderes ao Ministro da Fazenda, contidas no inciso I do art. 3º, o que vemos de importante para o deslinde da controvérsia são as regras constantes do art. 1º, II, e a expressa revogação do art. 4º do Decreto-lei 491, de março/1969, e a concessão do crédito-prêmio às empresas exportadoras que exportarem mercadorias adquiridas antes da vigência do decreto-lei, nos termos do Decreto-lei 1.248, de 29.11.1972.

Vejam que nesse decreto se ampliaram ou se transferiram poderes, ou créditos, ou estímulos, antes indicados àqueles produtores vendedores exportadores, àqueles simplesmente exportadores, ou seja, ampliando o rol dos beneficiários. Isto porque em 1981 estávamos ainda assim em plena vigência daquele crédito-prêmio (e é de se dizer que se enfatiza crédito-prêmio para se particularizar aquele estímulo concedido ao produtor-vendedor exportador, porque outros créditos e outros estímulos têm sido dados e foram dados a outra categoria de exportadores, como fez o Decreto-lei 1.894, de dezembro/1991).

Muito bem. Com apoio nesse decreto-lei, foram emitidos pareceres defendendo a integridade desse crédito-prêmio, sem limitações de prazo ou de vigência. Esta era a tese prevalecente na 1ª e na 2ª Turmas do STJ, inclusive com a minha adesão ao *leading case* estabelecido pela egrégia 1ª Turma no julgamento do Ag. 250.914, relatado pelo eminente Min. Delgado e aprovado à unanimidade (*DJU* 8.2.2000).

Acompanhei o precedente ao relatar o Processo 239.716, em cujo voto declarei que o Decreto-lei 1.894 restaurara o benefício do crédito-prêmio do IPI sem definição do prazo. Este meu voto foi reproduzido em muitos livros e pareceres que li.

A questão prejudicial, e que ainda permanece em discussão, diz respeito à divergência doutrinária e jurisprudencial quanto aos efeitos do Decreto-lei 1.894, de dezembro/1981, que, no seu art. 1º, assegura esses benefícios "às empresas que exportarem, contra pagamento em moeda estrangeira conversível, produtos de fabricação nacional, adquiridos no mercado interno". Vejam, já não é mais aquele produtor-vendedor contemplado com o crédito-prêmio do Decreto-lei 491, mas qualquer empresa exportadora que adquirisse o bem no mercado externo para exportar.

Naquela época, em 1981, ainda não se havia extinto o crédito-prêmio. O crédito-prêmio estava, sim, sendo subordinado à diminuição de alíquotas, ou seja, ele estava diminuindo no tempo, até alcançar a data final da sua extinção, em 1983. E se disse, nos incisos I e II do art. 1º do Decreto-lei 1.894/1981: "I – o crédito do IPI que haja incidido na aquisição dos mesmos; II – o crédito de que trata o art. 1º do Decreto-lei n. 491, de 5 de março de 1969". Note-se que a beneficiária de duplo estímulo era a empresa exportadora, ficando vedada ao produtor-vendedor a fruição dos incentivos fiscais à exportação nas vendas para o exterior efetuadas por outras empresas que adquirissem os bens no mercado interno, como se constata no § 2º do art. 1º; o que significa operar-se a transferência do crédito-prêmio previsto na hipótese do art. 1º do Decreto-lei 491, caso os produtos produzidos e vendidos no mercado interno fossem exportados pela empresa simplesmente exportadora. E isso por quê? Exatamente para evitar a duplicidade de créditos, da empresa vendedora e da empresa exportadora. A empresa vendedora continuava a manter o crédito-prêmio se fosse ela a própria exportadora, dentro das limitações estabelecidas quanto à sua extensão, e em 1981 tinha o direito também aquela empresa exportadora que adquirisse esses produtos e os exportasse; ou seja, ocorreu uma extensão no rol dos beneficiários do crédito-prêmio.

O crédito-prêmio estabelecido no Decreto-lei 491 já não se limitava às empresas fabricantes exportadoras de produtos manufaturados. O benefício fiscal se estendera à empresa exportadora que adquirisse no mercado interno tais produtos e os exportasse. Aliás, o art. 2º do Decreto-lei 1.894/1981 expressamente excluiu o produtor-vendedor do benefício fiscal estabelecido no art. 1º, dando nova redação ao art. 3º do Decreto-lei 1.248, de 29.11.1972.

O fato inafastável é que, estendendo à empresa exportadora o benefício do art. 1º do Decreto-lei 491, declarou expressamente revogado apenas o art. 4º do Decreto-lei 491 e o Decreto-lei 1.456, de 7.4.1976. No seu texto sequer consta a fórmula clássica genérica de revogação das disposições em contrário. A extensão do benefício fiscal pelo Decreto-lei 1.894 se deu, repito, em plena vigência dos Decretos-leis 491, 1.658 e 1.722.

Alega-se que edição dos Decretos-leis 1.724 e 1.894, delegando ao Ministro da Fazenda poderes para reduzir, suspender ou extinguir o estímulo fiscal, revelava a vontade do legislador de manter sem limitação temporal a sua vigência. Ocorre que fui aluno e amigo de Aliomar Baleeiro, e dele ouvi permanentes lições, uma delas a de que: "Meu filho, leia a lei". Era a primeira das suas lições. E a segunda, que colhi de um voto seu: "Vontade ou intenção do legislador, mormente quando arbitrária, é coisa de psiquiatra". A interpretação sistemática – aprendi – é a de se ater ao sistema legal, respeitadas as regras e os princípios da Hermenêutica e, sobretudo, os métodos recomendados de exame da lei dentro do universo do sistema legal.

A declaração de inconstitucionalidade, que é fato, a essa altura já com a declaração do Senado, expungidas as expressões da norma do mundo jurídico, afasta, sem qualquer dúvida, a pretensa vontade prorrogatória da vigência do crédito-prêmio do exercente arbitrário do poder. E todos os atos que tenha praticado por força da abusiva delegação, como portarias, são nulos de pleno direito e estão fora do mundo jurídico. Sendo inconstitucional a delegação de poderes de reduzir, suspender ou extinguir o benefício fiscal, pergunta-se: como admitir a vontade ou a intenção proibida do legislador? E como se poderia atribuir efeito revogatório à lei nova que não dispôs em contrário das anteriores ou que não as revogou expressamente?

Penso, pedindo muitas vênias aos pareceristas, que permanecem hígidos e válidos os Decretos-leis 491, 1.658 e 1.722. O Decreto-lei 1.894, ao contrário do que alegam alguns, os manteve. Manteve, portanto, os benefícios nos termos explicitados, convalidando o estímulo e ampliando o rol dos beneficiários, mantida hígida a legislação anterior.

Argumentam alguns que o Decreto-lei 1.891 revogara o Decreto-lei 1.658, persistindo o crédito-prêmio no tempo após a recepção pela Constituição Federal, e confirmada sua revalidação pela Lei 8.402/1992. Outros dizem que o incentivo se submeteria à regra do art. 41, § 1º, do ADCT, e fora revogado dois anos após a promulgação da Constituição Federal – ou seja, em 1990.

Data maxima venia, tenho por válidos os Decretos-leis 1.658 e 1.722 e encerrada a vigência do crédito em 30.6.1983, como expressamente prescrito, sem revogação. Sem revogação expressa ou tácita, não podendo admitir sua recepção pela Constituição de 1988. Além do mais, concordo com a tese que afirma não se tratar de incentivo setorial; e aí estou inteiramente de acordo com o autor do *leading case*, que é o Min. Delgado.

Defendem também outros que a Lei 8.402 teria restaurado o crédito-prêmio. Vejamos se tal ocorreu, reproduzindo o que diz expressamente a lei em questão: "Art. 1º. São restabelecidos os seguintes incentivos fiscais: (...) II – manutenção e utilização do crédito do imposto sobre produtos industrializados relativo aos insumos empregados na industrialização de produtos exportados de que trata o art. 5º do Decreto-lei n. 491, de 5 de março de 1969; III – crédito do imposto sobre produtos industrializados, incidente sobre bens de fabricação nacional, adquiridos no mercado interno e exportados, de que trata o art. 1º, inciso I, do Decreto-lei n. 1.894, de 16 de dezembro de 1981".

As hipóteses acima descritas, de incentivos fiscais restaurados, não se compatibilizam com as condições estabelecidas para garantir o estímulo denominado *crédito-prêmio*, descrito no art. 1º do Decreto-lei 491. O incentivo do art. 5º do decreto-lei jamais poderá confundir-se com o estabelecido no art. 1º deste novo diploma. Por isso mesmo que este é atribuído às empresas fabricantes e exportadoras, e aquele contemplativo de benefício fiscal do crédito do IPI relativo às mercadorias, matérias-primas, produtos intermediários, material de embalagem efetivamente utilizados na industrialização dos produtos exportados. Aqui é produto de embalagem: "Art. 5º. Quanto ao crédito de IPI de que trata o art. 1º, I, do Decreto-lei n. 1.894, não se confunde com previsto no inciso II do mesmo diploma" – este, sim, crédito-prêmio, instituído pelo art. 1º do decreto-Lei, como expressamente declarado. Impõe-se também observar que o art. 2º do Decreto-lei 1.894 expressamente dispôs: "O art. 3º do Decreto-lei n. 1.248, de 29 de novembro de 1972, passa a vigorar com a seguinte redação: 'Art. 3º. São assegurados ao produtor-vendedor, nas operações de que trata o art. 1º deste Decreto-lei, os benefícios fiscais concedidos por lei para incentivo à exportação, à exceção do previsto no art. 1º do Decreto-lei n. 491, de 5 de março de 1969, ao qual fará jus apenas a empresa comercial exportadora'".

Como se constata, o crédito-prêmio relativo ao produtor-vendedor não foi restabelecido pela Lei 8.402. O crédito do IPI referido no inciso III do art. 1º desta lei, de que trata o art. 1º, I, do Decreto-lei 1.894, só beneficia a empresa comercial exportadora, *ex vi* do disposto no art. 3º do Decreto-lei 1.248/1972, com a redação que lhe deu o art. 2º do Decreto-lei 1.894.

No que se refere ao suposto restabelecimento, na verdade, não se pode dizer que esta lei tenha efeito retroativo, porque ela expressamente não se diz repristinatória. Aliás, em torno disto está se travando uma nova discussão no mundo jurídico brasileiro a propósito de uma interpretação que a Receita pretende seja dada à questão do prazo estabelecido para que os contribuintes possam exercer o seu direito de crédito naqueles impostos por homologação. Nós tínhamos, a princípio – até contra o meu voto – estabelecido que, assim como para a Fazenda existem dois prazos de decadência – um para a constituição do crédito e o de prescrição propriamente dito –, também para aquele que declara o imposto o direito para restituir seu montante nasceria do momento da homologação tácita, porque, nestes casos, o Fisco jamais esteve em qualquer empresa para fiscalizar os livros.

É que eu próprio não confundo *lançamento contábil* com *lançamento tributário*. Isso porque, nos termos do Código Tributário Nacional, o lançamento do tributo é atividade vinculada, que só pode ser exercida pela própria Administração, não obstante sejam muitos os Mestres que defendem o autolançamento. Eu não acredito que, em termos jurídicos – pelo menos com base na lei que o STF consagrou como complementar, norteadora da cidadania –, se possa construir uma interpretação diversa daquilo que a ciência, ao longo do tempo, ensinou a respeito da atividade típica do Estado na constituição do crédito tributário.

Enfim, a Fazenda, por meio da edição de lei complementar, fez prevalecer uma nova interpretação, que, aliás, reproduz a interpretação que o STF há muito tempo vinha prestigiando. Todavia, nós, da 1ª Seção, entendemos que esta lei, na verdade, não seria interpretativa, e, por isso mesmo, não teria efeito retrooperante.

Enfim, também entendo que, no que diz respeito ao crédito-prêmio, não obstante a utilização pela lei do termo "restabelecer", isto não significa ter havido a repristinação daquele direito; direito, este, que também não entendo aplicável ao vendedor-exportador.

Acredito ser importante esclarecer que vim a este debate depois de ter, por anos a fio, recusado insistentes convites do meu amigo e confrade Ives Gandra para falar sobre temas tributários. É que, sendo juiz, ainda que antes disso tenha exercido a Advocacia, entendo que o magistrado não pode externar opinião ou vincular-se a opinião enquanto juiz, enquanto julgador. E por isso sempre me recusei a vir, a escrever, a dar opiniões sobre assuntos que poderia vir a julgar. Não é mais o caso. Hoje, como só julgo na Corte Oficial, dificilmente questões como estas irão por lá. Daí entendi, sim, que deveria externar a minha opinião ou justificar, mesmo, aquela minha divergência operada na 1ª Seção do meu Tribunal.

Disse que todos os Ministros já haviam concordado com a tese anterior, e é verdade. O Min. Delgado, aliás, fez questão, num voto que deu, mantendo a sua opinião, de relacionar o voto de cada um de nós. Mas a verdade é que somente quando o assunto foi levado à 1ª Seção, com o bombardeio de livros, pareceres etc., a matéria nos despertou a atenção.

Por isso é que, influenciado por Voltaire, que nos disse que só os mortos e os néscios não mudam de opinião, mas sobretudo pelas indulgências que poderia obter seguindo a indicação do sábio São Tomás de Aquino – para quem "errar é humano, persistir no erro é diabólico" –, modifiquei minha opinião.

Neste centro de debates, a emoção da lembrança me faz recordar a figura ímpar do meu amigo Geraldo Ataliba, amizade que fiz nos idos da política universitária, ou retornando mesmo de um célebre congresso universitário da UNE, a que comparecemos no interior de São Paulo. Daí, nos fizemos amigos, até por ligação com a família dos Bandeira de Mello. O fato é que tivemos uma boa relação, e estivemos juntos 30 dias antes da sua morte, palestrando no Rio de Janeiro, no Hotel dos Frades – eu defendendo uma tese contrária àquela que ele antes defendera sobre a possibilidade jurídica de aumento dos impostos via decreto de reavaliação pelo Estado e pelas Prefeituras. Enfim, para mim, hoje, é um motivo de dupla satisfação, portanto, estar falando aqui neste Instituto que leva seu nome, e na presença de tão grandes Mestres do direito tributário.

Mas, vejam, falou-se muito na minha Seção, e aqui, hoje, revimos o tema da segurança jurídica. Por isso, queria, então, chamar-lhes a atenção para um aspecto. Não sei se deu para perceber que enfatizei muito as datas. Disse-lhes que, no ano da graça de 1969, em pleno Governo autoritário, se estabeleceu o crédito-prêmio. Estamos em 2006, a matéria continua sendo discutida na sede do STJ, e, por certo, irá ao STF. Aliás, em abono, mesmo, do meu ponto de vista, eu lhes trago aqui um voto, ainda que *obter dicto*, do eminente constitucionalista Gilmar Mendes, do STF, no RE 208.260, e que parcialmente transcrevi e leio: "Em face da declaração de inconstitucionalidade, entendo, apenas como *obter dicto*, que os dispositivos do Decreto-lei n. 1.658 e do Decreto-lei n. 1.722 se mantiveram plenamente eficazes e vigentes. Assim, a extinção do crédito-prêmio de IPI deu-se gradativamente, tal como se pode verificar: em 1979, redução de 30%, sendo 10% em 24 de janeiro, 5% em 31 de março, 5% em 31 de junho, 5% em 30 de setembro e 5% em dezembro; em 1980, redução de 20%; em 1981, redução de 20%; em 1982, redução de 20%; e 10% até 30.6.1983".

Vejam, são mais de 25 anos decorridos desde a edição dos Decretos-leis 1.658, 1.722 e 1.891, e a questão permanece em discussão nos Tribunais superiores. Acusa-se de moroso o Poder Judiciário, e é procedente a assertiva. Mas os seus juízes e serventuários não são preguiçosos, tardinheiros, como definiu Rui Barbosa, ou que não cumprem com os seus deveres por desídia. Ao contrário, trabalha-se muito e carrega-se água em cesto para apagar o incêndio social. Não dispõem das ferramentas adequadas para proceder à busca da verdade a fim de poder dar a cada um o que é seu em tempo hábil.

O processo brasileiro tem uma linha-de-montagem obsoleta, cujo curso é constantemente interrompido pelo uso de recursos incompatíveis com o *procedere*, com o caminhar para a frente, na seqüência de atos necessários ao esclarecimento dos fatos da lide, de modo a que, exercendo a jurisdição, possa o Estado-juiz exarar a sentença. O processo é essencial à pacificação social, somente alcançável sob o pálio da garantia da igualdade das partes pela neutralidade do julgador. A sua importância transcende a simples solução dos litígios individuais. Mormente no Estado Democrático de Direito, a cidadania se opõe ao arbítrio, à ilegalidade e ao abuso cometido por seus agentes.

No caso brasileiro, a morosidade do Judiciário tem motivado críticas ferozes de economistas, industriais e comerciantes, que reclamam por não poderem formular planos, projetos de longo prazo, em face da morosidade procedimental e da instabilidade jurídica motivada pela febre legislativa, acentuada pela adoção das medidas provisórias impositivas de regras novas, muitas vezes conflitantes e sempre mais onerosas no campo tributário. E, por falta de ferramentas adequadas à solução das lides contra os entes públicos, estas se arrastam no longo caminho das quatro instâncias da vetusta linha-de-montagem processual.

Aconteceu conosco um fato interessante, que corrobora, mais ou menos, essa linha-de-montagem emperrada. Estávamos aqui em São Paulo, em Campos do Jordão, e fomos a uma palestra, um círculo de conferências patrocinado pela Procuradoria do Estado. À noite, fomos convidados a ir a um espetáculo em que um grupo estava tocando as músicas dos Beatles. O fato é que, terminado o espetáculo, nos dirigimos ao estacionamento. Eu estava, no caso, num desses novos carros – uma Renault –, e verificou-se que o pneu estava furado. E todos os procuradores acorreram para mudar o pneu, que era algo simples. Eu várias vezes mudei pneu de Volkswagen etc., mas não houve quem conseguisse tirar a calota. [*Risos na platéia*] E o resultado é que tivemos que voltar de carona num outro carro, porque ninguém, nem os eminentes Procuradores do Estado, sabia como tirar a calota do Renault, percebe? Caminhonetezinha Renault. No dia seguinte, o técnico tirou a calota e soubemos, então, que era necessária uma ferramenta especial. Isso porque, no resguardo do interesse do proprietário, a fábrica Renault dificulta o roubo da calota com este mecanismo – o que ninguém sabia. Como não se tinha a ferramenta, não se tirou a calota, não se trocou o pneu.

Coisa semelhante acontece com o nosso procedimento judicial. Há pouco tempo, até escrevi um trabalho sobre as medidas cautelares, quando disse que o *procedere* é, na verdade, uma linha-de-montagem, iniciada com o chassi, que é a petição inicial, à qual, sob a vigilância do juiz, as partes vão agregando peças, sobretudo a contestação. Se Henry Ford utilizasse esta linha-de-montagem, até hoje não teria nem um Ford T, dadas as suas idas e vindas. É o que acontece com os 25 anos do crédito-prêmio.

No momento em que se obtiver a última decisão do STJ, já indicada está pelo voto do eminente constitucionalista a possibilidade do recurso extraordinário. E serão novos anos de espera por uma sociedade que descobriu o processo industrial tarde, porque não ouviu Rui Barbosa, porque ficamos exportando matérias-primas, café, cacau, e não fizemos a indústria em tempo. Somente em 1946 é que, na verdade, começamos a fazê-lo, mas o fato é que a estamos fazendo às correrias, caindo, levantando, inflação aqui, inflação acolá, e o mais perverso dos impostos corrige a inflação, planos etc. Tudo isso acabou com o sistema judiciário brasileiro, que não foi pensado para acudir a uma sociedade industrial.

Hoje já se fala, até, no *processo virtual*, mas continuamos com a mesma forma de proceder, com a escolha pela parte do procedimento a ser adotado. Isso, a meu ver, parece uma afronta ao princípio da igualdade de todos perante a lei, e graças a essa escolha e a esse processo que beneficia apenas o réu temos, hoje, pelos réus, que, na verdade, são as grandes empresas e bancos, a inviabilidade do TST, onde 90% dos recursos são das empresas. Praticamente não se vê recurso do empregado, e lá, como no STJ e no STF, os processos se arrastam pelos agravos, pelos recursos, pelos embargos etc., e essa resposta não é dada. E isso, veja-se, numa sociedade que aspira a ser pelo menos contemporânea ou moderna. Como imaginar, por exemplo, que possa um comerciante, um fabricante exportador, ficar no aguardo por 25, 30 anos, da solução jurídica de um procedimento tributário? Que planejamento é possível fazer? Eu assisti às conferências na parte da manhã e penso: que planejamento é possível a uma empresa, seja ela do comércio ou seja ela uma indústria? Imaginar que um crédito qualquer que lhe seja dado possa ficar no aguardo de uma interpretação jurídica ao longo de 25, 30 anos? Em 25, 30 anos, as empresas já morreram, a maioria. Esta é a nossa triste realidade.

Estamos praticando um processo que não conduz a um resultado hábil. E já tivemos no passado, também por Rui, a crítica da Justiça morosa. E, se já era morosa ao tempo de Rui, imaginem hoje! E vejam as angústias a que estão submetidos aqueles que exercem a nobre missão de julgar. No STJ a média este ano deve variar em torno de 11.000 recursos. No STF também é por aí.

Pois bem, em face disso, se está fazendo uma reforma. Mas nela eu não antevejo um novo processo, mas um processo comprometido, ou seja, uma obra que não vai servir, a meu ver, a esse porvir necessário de celeridade maior na condução dos problemas jurídicos. Isso tudo se faz sem se atentar para a necessidade de adoção de institutos, que são institutos democráticos. E eu lhes falo, por exemplo, da avocatória. Não é possível que uma matéria dessa ordem, sobretudo aquela que se confunde com a própria ou que está inserida, como está o direito tributário, na Constituição, possa aguardar por tanto tempo sua interpretação. É necessário restabelecer o instituto que já tivemos, sim, porque este é um instituto democrático, praticado na maior Democracia do mundo ocidental, e graças a ele, por exemplo, pôde comemorar-se, na morte da cidadã que foi a beneficiária de uma das avocações que se fez na América, uma decisão que pôs por terra a segregação racial. Era um caso sem importância na Geórgia, de uma menina que fora impedida de tomar um ônibus escolar de alunas brancas. Vejam, não há nada que seja mais democrático.

E ainda há dias eu estava conversando com amigos, e um ilustre Juiz me fez a pergunta, célebre afinal: "Mas isso não contrariaria o juízo natural?" Mas que juízo natural? O que é juízo natural diante da regra de que o juiz não pode julgar segundo as suas circunstâncias, e sim de acordo com o que nos autos se contiver? Ora, os autos eu levo para onde for, e os fatos que nele estiverem contidos vão ser interpretados em quaisquer cantos, por qualquer juiz. E por que não pelo melhor tribunal do país? Por aquele que reúne, digamos, aquelas personalidades que, ao menos em tese, conhecem o Direito e a lei, como o STF ou a Corte Especial do STJ? Por que ficar aguardando ao longo do tempo e inviabilizando mesmo as iniciativas? Iniciativas benfazejas, todas elas voltadas à felicidade do povo? Precisamos de mais empregos, precisamos de uma melhor organização social, enfim, precisamos de mais impostos. Mas como fazer movimentar essa indústria, e esse comércio e essas vocações produtivas se nosso instrumental jurídico, primeiro, é falho, por uma distorção do próprio processo legislativo, e, segundo, pela interpretação que se faz dessas leis, não raro desassociadas da realidade econômica brasileira?

Enfim, sou um homem que, pelo berço que tive, não posso desassociar a prática jurídica do conhecimento do mundo que me cerca, da sociedade, da política. E, por isso mesmo, me preocupa e me leva a pensar em soluções outras, não aquelas que estejam só na lei, mas, quem sabe, por um dever-ser que me parece nos poderá conduzir a dias melhores.

A todos, muito obrigado pela atenção! [*Palmas*]

DES. PAULO OTÁVIO BATISTA PEREIRA – Creio que estava eu certo em não apresentar, porque se apresenta por si mesma a figura de Peçanha Martins, não é?

Enfim, já estamos tarde. Eu, na condição de Presidente dessa pequena parte do Congresso, dou por encerrados estes trabalhos e passo a palavra ao Presidente do Congresso, Dr. Eugênio Doin Vieira, para fazer o encerramento do Congresso.

SESSÃO ENCERRAMENTO

PROF. EUGÊNIO DOIN VIEIRA

Quando nasceste, todos sorriam, só tu choravas.
Vive de tal maneira que, quando partires, os outros chorem, mas tu sorrias.

Sr. Presidente desta Mesa solene, Des. Paulo Otávio; Sr. Presidente do IDEPE, professor Aires Barreto; Sr. Presidente de honra do IDEPE, professor Paulo de Barros Carvalho; Srs. Professores componentes da Mesa, caríssimo Min. Peçanha Martins. Heróicos remanescentes, congressistas da platéia.

Encerra-se o *XX Congresso*.

Minha honrosa e dupla tarefa neste momento, a de presidi-lo e a de fazer o discurso de encerramento, pesa-me demais no restrito fôlego que a estrutura humana ainda me propicia.

Vinte anos, vinte encerramentos.

Começou tudo neste local, neste Plenário, nos idos de 1981.

Desde então, tenho estado com os meus irmãos congressistas para dizer-lhes a última palavra, rompendo geralmente o protocolo frio da Ciência do Direito, para falar-lhes com o calor da Ciência da Vida.

Vamos registrar os méritos deste Congresso e os agradecimentos àqueles que os merecem.

Às Presidências já mencionadas. Aires Barreto, Paulo de Barros Carvalho.

Aos Presidentes das Comissões Executivas, Sidney Saraiva Apocalypse e sua equipe.

Da Comissão de Trabalhos, Cristiano Carvalho.

Da Comissão Científica, Paulo de Barros Carvalho.

Aos Presidentes das Mesas de Debates e aos Coordenadores das Oficinas.

Aos jovens doutores e mestres que surgem de todos os cantos, debatedores, escritores, autores de teses e de teorias.

Aos conferencistas que nos brindaram com o encantamento de sua palavra.

Misabel Derzi, que nos falou da causa formal e da causa material e que nos conduziu pela mão por difíceis caminhos do Direito e da Lógica.

A Humberto Ávila, que, com a precisão que herdou de seu pai, René Isoldi Ávila – que tão bem conciliava os títulos de advogado e de contabilista –, nos falou da simulação, da dissimulação, da elisão e da evasão.

E, agora, este simpático e humano Min. Peçanha Martins, que dissertou com tanta precisão e objetividade sobre o crédito-prêmio de exportação.

Caríssimo Ministro, para conquistar o meu coração basta saber que V. Exa. é soteropolitano. Diria que sei tudo sobre Salvador. Só não o digo, aqui e agora, porque, como Presidente do Congresso, sou um Presidente, e os presidentes hoje em dia dizem: "Não sei de nada". [*Muitas Palmas*]

Des. Paulo Otávio Batista Pereira, cuja cabeça brilha, na luminosidade dos cabelos brancos, gratos pela presença de V. Exa. Leve à Dra. Diva Malerbi as nossas homenagens e o nosso pesar por sua ausência.

Mas me dirijo, sim, especialmente à planície. A planície de cabeça descoberta, e a planície que cobre a cabeça, e que tem como característica o chapéu permanente. Respeitemo-la. Juristas, procuradores, agentes do Fisco, professores, advogados, estudantes, executivos, pareceristas, filósofos, e os estudantes jovens trazidos aqui pela batuta do mestre Roque Antonio Carrazza.

Somos 500 congressistas. Éramos 500 congressistas. Vinte e dois Estados da Federação aqui presentes. São Paulo com 330 participações, Rio de Janeiro 23 e, ainda no pódio, Ceará com 17, Brasília com 16, Paraná com 14.

Setenta e um Municípios. Municípios que alguns colegas nem sabem que existiam. Gente de Arapongas e de Adamantina, de Botafogo, de Cascavel, de Catalão e de Estância. Gente que veio de muito longe, de cidades pequeninas, que ontem eram apenas burgos esquecidos, mas que hoje são focos luminosos desta rede que o IDEPE espalhou por toda a superfície do Brasil.

A eles, as nossas homenagens.

E também àqueles que não falaram, não participaram, mas aplaudiram, vibraram, estavam presentes e em seu olhar se lia o fogo sagrado dos que buscam conhecer, aperfeiçoar-se e progredir.

Queremos, como de hábito nosso, prestar uma homenagem especial à presença feminina. Observei com atenção e vi que, neste Congresso, até as feias são bonitas. Eu as saúdo a todas, e me refiro a algumas delas: Elizabeth Nazar Carrazza, Fabiana Del Padre Tomé, Helga Klug Doin Vieira (neste item, eu faria um discurso em separado, uma mensagem de muita gratidão e uma manifestação de muito amor), Malvina Corujo Lopes, Anna Emília Cordelli Alves, Maria Leonor Leite Vieira, Maria Rita Ferragut, Mary Elbe Queiroz, Misabel Derzi, Regina Helena Costa, Rosoléa Folgosi, Susy Hoffmann, e muitas outras, omitidas pelo meu verbo, não pelo meu coração.

Presto homenagem especial a um congressista que, como nós, está aqui há 20 anos, 20 Congressos sucessivos, sem faltar a nenhum deles. Eu me refiro a Régis Pereira Lima, de Uberlândia. Ele, fiel ao seu compromisso com o Congresso, comparece religiosamente. É o primeiro a chegar. Geralmente é o primeiro a sair, também. [*Risos na platéia*]

Colegas congressistas, alguém no Plenário, que veio de muito longe, nos lembra que hoje é o dia do Código Tributário Nacional. Há 40 anos exatos, no momento que instalávamos este Congresso, surgia no Brasil este diploma que ganhou foro de lei complementar, e que é devido ao brilho de alguns juristas eméritos – entre eles menciono apenas Rubens Gomes de Sousa –, que constitui, ainda até hoje, a linha da diretriz do comportamento, o guia de todos aqueles que se dedicam ao tributarismo brasileiro.

***

Um momento de saudade aos que partiram e que eu vejo, de vez em quando, flutuando nesta sala, apegados que estão pelo coração a essa tradição maravilhosa que se criou em torno do Congresso do IDEPE.

Lembram os colegas que falamos em prosa.

Mas queremos falar também, como fizemos tantas vezes, em poesia.

Se proibido não for, assim faremos para saudar os que partiram.

Seja-nos permitido neste instante
iniciar a canção da despedida
prestando homenagem bem tocante
aos que, da nossa grei, gente querida,
transportados na barca de Caronte,
deixaram a vida e vivem noutra vida.

Juristas de expressão, queridos Mestres,
que reverenciamos com carinho
e que hoje, no Panteão da eternidade,
reúnem-se em tertúlias tributárias.
Alfredo Becker, genial,
Baleeiro, o nobre baiano,
e Rubens Gomes de Sousa,
Fanuk, o Fábio, um irmão,
o teuto, Amílcar Falcão,
e o nosso Sampaio Dória,
nenhum nos sai da memória.
E Pércio Oliveira Lima,
de nossa especial estima.

O irmão Cleber, lembro tanto...
Gilberto de Ulhôa Canto,
Célio de Freitas Batalha,
guerreiro em cota de malha.
Francisco de Almeida Prado,
bom colega, bom soldado.
Saúdo a todos, em verdade
com uma ponta de saudade.

Cai uma gota de pranto.
Faz 11 anos, bem me lembro,
pois a 15 de novembro,
data em que se comemora
a República de agora,
se foi Geraldo Ataliba,
levado em clarões de aurora.

Ficou um vazio profundo
no mundo universitário.
Ficou mais quieto este mundo
jurídico-tributário,
depois que ele foi embora.

E eu me apanho imaginando
o trabalho que ele está dando
ao pobre São Pedro, agora. [*Risos*]

***

O alto nível jurídico do nosso Congresso não precisaria aqui ser ressaltado.

Ele se evidenciou bem nas conferências, nas belas conferências a que aqui assistimos.

Mas queremos falar, como já dissemos, não é da Ciência do direito tributário, é da Ciência da Vida.

Da Vida que prossegue e que continua, da Ciência do Espírito e da Esperança.

E para isso me dirijo especialmente à planície.

É um momento excepcional este que vive o Brasil, de intensa expectativa e de incerteza, uma expectativa que está exigindo, inclusive, um distanciamento histórico que só tempo trará, para o compreendermos melhor.

Não queremos é admitir que, a pretexto de um interesse eleitoral transitório, se estabeleça um maniqueísmo neste país entre os excluídos e aqueles que se alimentam todo dia. O país é maior que isso, a vida prosseguirá. Estaremos todos vigilantes na defesa não de um momento, mas de uma eternidade.

Temos um exemplo a dar ao mundo.

Quando estivermos muito pessimistas, revivamos os dados que nos informam os institutos de pesquisa e de verificação. Em 100 anos, 1900 para 2000, nossa população saltou de 17 para 170 milhões de habitantes. O PIB *per capita*, de R$ 516,00 para R$ 6.060,00 ao ano. O índice de analfabetos se reduziu de 65 para 13%. A expectativa de vida, que era de 33 anos, saltou para 69 anos. O número de filhos por mulher desceu de 6.2 para 2.3, e a população urbana, que em 1900 era de 31%, ao fim do século era de 81%.

Isso no nosso Brasil.

E o que é que vemos no mundo, nós, juristas do Direito? A marcha alucinada do direito da força, a impor uma nova ordem internacional alicerçada no poderio militar. Ignorando todas as conquistas da Humanidade, todas as conquistas do direito das gentes, todas as estruturas éticas e jurídicas internacionais que se instauraram através do tempo.

E o que temos com isso, nós, os congressistas do direito tributário?

Somos cultores do Direito.

Fizemos dele profissão de fé.

Somos uma categoria privilegiada neste país adolescente.

Não podemos reduzir nossa vida às tarefas meramente materiais do cotidiano, que nos asseguram o pão-de-cada-dia, porque somos almas imortais fadadas a muito mais que isso.

A Democracia vive um momento difícil, e de repente vemos alguém sonhando, quem sabe com a aristocracia, onde só os cultos e os doutos decidem? Quem sabe com a militocracia, onde os mais fortes comandam? Quem sabe com a plutocracia, onde os mais importantes governam?

Não se iludam. Já tem sido repetido: com todos os seus defeitos e ausência de qualidades, a Democracia representativa é o melhor regime que existe. Vamos levá-la avante. E, se queremos aperfeiçoá-la, vamos aperfeiçoar a nós mesmos. Porque é o povo que faz a lei, é o povo que faz o espírito, é o povo que faz o clima, é o povo que constrói a Democracia, e ela será mais perfeita quando mais perfeitos formos nós. Não sonhemos com qualquer outro tipo de regime.

Já lembrei certa ocasião que, no Iraque, o poder dominante obtinha 100% dos votos nas eleições. Na Síria, chegou a obter 104%. [*Risos na platéia*]

Vamos viver esperanças e perspectivas. O Brasil é muito mais que um momento eleitoral. Ele amadurece, está fazendo a catarse dos seus problemas, das suas pobrezas, das suas misérias, que são, afinal, processos que minam a nossa cidadania.

As instituições se consolidam e voltam a progredir. Nós, os congressistas do IDEPE, nós, os 500 da Galiléia, nós, os privilegiados da cultura e do bem-estar, temos um compromisso permanente diante do país, diante da vida.

Queremos prestar homenagem especial ao Min. Peçanha Martins e, através do Vice-Presidente Batista Pereira, à Presidente do TER-3ª Região, professora Diva Marcondes Malerbi.

Min. Peçanha, vou rememorar para V. Exa. um fato lendário ou histórico, que com certeza V. Exa. conhece, mas que vestiremos com o colorido da nossa sensibilidade. Ele descreve um momento em que se entrosam – por incrível que pareça – tributarismo e poesia. A mais bela lição de remissão e anistia tributária. Ela está consagrada em formoso poema de Dennyson que tem uma tradução primorosa de Fernando Pessoa.

Foi na velha Inglaterra romântica do século XI, em Coventry.

Leofric, o *Lord*, Conde de Chester, dominava seu feudo com mão-de-ferro. Cobrava os tributos com uma eficiência de fazer inveja ao nosso sempre lembrado Everardo Maciel [*risos na platéia*] e poderia, inclusive, servir de lição para os coletores de impostos da Floresta de Sherwood.

Um dia, ele impôs novo tributo. O povo sofrido vergou um pouco mais a cerviz. Mas as mulheres resolveram protestar e pedir socorro. Dirigiram-se à castelã.

Lady Godiva era bela como uma estátua de Fídias, loura como os trigais maduros batidos pela brisa do entardecer.

Ela as ouviu porque as queria como irmãs. E prometeu ajudá-las. Correu a seu amo e senhor, expôs o problema, a angústia e sua reivindicação. Pediu, implorou, exigiu, solicitou, que ele revogasse o novo tributo. *Lord* Leofric, com aquele sorriso que caracteriza os poderosos – e que todos nós conhecemos das imagens de televisão, quando George Bush comparece ao jardim palaciano para dizer à imprensa que vai tudo muito bem no Iraque –, com aquele sorriso meio de Monalisa, Leofric sorriu e disse: "Acreditas que elas te amam. Pois eu te faço um desafio. Se tu desfilares nua pela rua principal do burgo o tributo será suspenso".

O que se chamaria, hoje, uma *proposta indecente*. [*Risos na platéia*]

Godiva não titubeou: "Aceito o teu desafio". Recolheu e reuniu as mulheres do povo, expôs-lhes a situação e o propósito a que se dispusera. E no dia seguinte, quando o bronze da capela soou a primeira pancada do meio-dia, ela se despiu das vestes imperiais, retirou jóias e adereços, desnastrou os cabelos, que lhe caíram longos até a cintura, desceu apressada a escadaria e, correndo de coluna em coluna, esquiva e tímida, foi até o pátio onde a aguardava o belo cavalo branco ajaezado em prata. Montou, abriram-se os portões, e ela saiu a passo. Ouvia-se apenas o bater dos cascos dos corcéis na cantaria e, ao longe, o latido de alguns cachorros vadios.

Fecharam-se as portas das casas, cerraram-se as janelas. A cidade ficou deserta. Godiva desfilava a sua beleza nua. Diz a lenda que um pobre homem celibatário e solitário não resistiu à tentação e abriu a fresta de sua porta. No mesmo instante seus olhos saltaram na poeira da estrada. E ele ficou conhecido como o *peeping Tom*, o Tom cujos olhos haviam saltado.

Godiva prosseguiu até o fim da rua principal, retornou, e quando o perfume de rosmaninho já indicava seu retorno aos muros do castelo, adentrou o pátio, saltou, correu aos aposentos, vestiu-se novamente de rainha, recolocou adereços e jóias, nastrou os cabelos com nastro dourado, e compareceu perante seu amo e senhor: "Fiz a minha parte, cumpre-te agora fazer a tua". Ele sorriu com aquele sorriso que nós já conhecemos, de quem manda, de quem tem poder. Chamou os áulicos, deu-lhes recomendações. O tributo foi cancelado, os devedores foram remidos O imposto foi lançado ao esquecimento, e Godiva projetada para a história e para a lenda.

***

Min. Peçanha Martins, V. Exa. sabe, agora, que somos um defensor do Estado de Direito. Fazemos questão, inclusive, de que se mantenha a ordem pública. Por isso, sempre que nos é dada a oportunidade de relembrar a figura escultural de Godiva, dizemos também às nossas jovens e louras congressistas: "Contenham-se, por favor, não pensem nem de longe em imitar um exemplo tão antigo, mesmo neste país que tem a carga tributária mais pesada do mundo. Os tempos são outros. As janelas e as portas estão cheias de celibatários solitários, e hoje até os celulares são máquinas fotográficas para flagrar esses momentos especiais e inesperados. Contenham-se e esperem a evolução natural das coisas".

Colegas congressistas: "Mais amara, se não fora, para tão longo amor, tão curta a vida" – isso é Camões. Quero, partindo para o encerramento, renovar as palavras de amor e de esperança, de otimismo e de confiança, dignidade humana e imortalidade, espiritualidade de fé, de fraternidade e de felicidade.

Relembro o exemplo que deu o pequenino Butão, perdido nas montanhas do Himalaia, quando, pelos novos líderes que formou no exterior e retornaram à pátria, suprimiu os velhos conceitos de PIB, substituindo PIB pela FIB – Felicidade Interna Bruta; e a renda *per capita* pela *Felicitas per Corde*, a Felicidade pelo Coração. Mudando os enfoques do mundo puramente material, para aquele que é o mundo verdadeiro, que nos faz felizes. É hora, por isso mesmo, de repensarmos um pouco na recolocação de nossos valores.

Vamos falar de vida, de otimismo, relembrando os ipês engalanados dessa Paulicéia que estão alcatifando de ouro as nossas calçadas, e as pitangueiras nos caminhos dos doutores, avenida Sumaré, hoje pejadas de pequenos frutos vermelhos. Falemos, abramos os olhos de quem não as viu, das vetustas árvores desta São Paulo, com suas raízes aéreas e adventícias, esculpidas exoticamente em estalactites e estalagmites vegetais. Falemos do milagre que se renova da maternidade, das crianças que continuam sorrindo, e hão de nos fazer alegres. Falemos dos gestos de amor e de carinho, de renúncia e dedicação que denunciam a origem divina de nossa alma imortal. Falemos da certeza de que a renovação e o progresso da nossa Humanidade só se realizarão pelo progresso e pela evolução de cada um de nós. Porque, sim, repito, nós somos o sal da terra, e muito a nós foi dado pelo que muito nos será pedido.

Retornaremos em outubro de 2007. Nós e o Regis de Uberlândia, com toda certeza, retornaremos todos. Viremos ainda uma vez participar dessa festa do pensamento.

Mas, hoje, pedimos permissão para uma manifestação muito especial.

É nossa mensagem de despedida. Durante 20 anos, com o coração aberto falamos aos nossos irmãos da platéia. Bebemos, nestes olhos ansiosos, estímulo e vibração para prosseguir. Agora, o espírito, cada vez mais forte, suporta e carrega um corpo cada vez mais fraco. Relembramos as palavras do velho General francês quando no fragor da batalha tremia-lhe o corpo e ele, espírito valente, exclamou: *Tu trembles, vieille carcasse? Tu tremblerais plus encore si tu savais où je vais te conduire bien d'avantage*. Em língua de Camões: "Estás tremendo, velha carcaça? Tremerias mais ainda se soubesses para onde vou te conduzir agora". E, esporeando o ginete, jogando a brida, endereçou-se para onde o fragor da batalha era mais violento.

É o espírito a dominar o corpo.

Tantas vezes falamos aqui em prosa, falamos aqui em versos.

A idade, é interessante, nos dá o direito de dar conselhos que não foram pedidos. E nós queremos transmitir alguns aos nossos jovens congressistas. Vou ensinar-lhes uma palavra nova, que pouquíssimos conhecem: é o verbo "nictitar" [*do latim "nictare": piscar os olhos, pestanejar*]. As aves migrantes, que voam à altura do sol e fazem milhares de quilômetros por dia, numa destinação que lhes está marcada no DNA, têm necessidade de se proteger do excesso de luminosidade; e elas têm sob a pálpebra uma membrana bem fina, que elas descem sobre os olhos, vedando parcialmente a visão. Perdem os pormenores, perdem as minúcias, mas têm a visão do principal, dos vultos, dos rumos e dos valores que lhes devem direcionar a jornada.

Na vida, meus amigos, meus jovens amigos, é preciso nictitar um pouco. Preocupar-se com os grandes valores, desprezar os pequenos vícios e imperfeições inerentes a todos nós, criaturas humanas imperfeitas.

Aliás, esta é a lição de Chester, quando diz: "Amar, só vale a pena quando se ama aqueles que são difíceis de serem amados, porque do contrário amar não é virtude nenhuma. Perdoar só tem valor quando se perdoa aquele que não merece perdão. Porque perdoar aqueles que se arrependem não constitui também virtude nenhuma. Isso é muito fácil".

Sim, há os eternos valores da dignidade e da honestidade, que devem ser preservados.

Ter três BMW na garagem é um encantamento, mas é um encantamento muito maior ter três Ferrari Testarossa no pensamento e três Lamborghini zero km no coração.

Porque estes são valores eternos, aqueles que, segundo a mensagem bíblica, os ladrões não roubam, as traças não roem e a ferrugem não consome. Vendam, jovens profissionais, seu talento, sua competência, sua capacidade, seu raciocínio. Não vendam sua dignidade. O homem que vende sua dignidade não vale o pó que tem nos sapatos que calça.

Lembro Martin Luther King neste momento histórico: "O que mais me preocupa – dizia ele – não é nem o grito dos violentos, dos corruptos, dos desonestos, dos sem caráter, dos sem ética. O que mais me preocupa é o silêncio dos bons. Os bons não devem ficar silenciosos".

Dirijo-me aos meus pares, àqueles com quem convivi todos esses anos, graças – por ironia do destino –, à sanção que me cassou o mandato parlamentar, e que me jogou nos braços desta encantadora e sofrida Pontifícia Universidade Católica.

E falo de Aires Fernandino Barreto, de Alcides Jorge Costa, de Eduardo Domingos Bottallo, de Estevão Horvath, de José Eduardo Soares de Melo, de José Souto Maior Borges, de Marcelo Fortes (o meu piauiense), de Osíris Lopes Filho, de Paulo Ayres Barreto, de Paulo de Barros Carvalho, de Roque Antonio Carrazza (o meu dileto inventor do *teleprompter* visual) – quem não souber o que é, explico depois –, de Sidney Saraiva Apocalypse, de Valdir de Oliveira Rocha e de tantos outros amigos que foram estímulo e lenitivo para o meu coração nesta longa jornada de amizade, de cultura e de estudo.

Agora que a idade avança – não informo, porque seria indiscrição, mas dentro de poucos dias estarei completando 80 anos –, leio Tereza de Beauvoir e Norberto Bobbio, para bem viver a idade da senectude, como fazem todos bons intelectuais. Leio também Wittgenstein, e finjo que entendo, como também fazem todos bons intelectuais. [*Risos na platéia*]

Aos professores me permito lembrar esta bela lição do mestre francês Roland Barthes, quando inaugurou o curso de Semiologia Literária no Colégio de França. Atentem bem: "Há uma idade – diz ele – em que se ensina o que se sabe; mas vem em seguida outra, em que se ensina o que não se sabe. Isso se chama pesquisar; mas depois dela, virá uma terceira ainda, é uma outra experiência, a de desaprender, de deixar o cérebro trabalhar, na sedimentação dos saberes. Essa experiência tem um nome ilustre, mas está um pouco fora de moda, sapiência: nenhum poder, um pouco de saber, um pouco de sabedoria e um máximo de sabor".

Aos jovens doutores e doutorandos quero lembrar a lição de Charles Baudelaire em seus pequenos poemas em prosa. "É preciso estar sempre embriagado; de vinho, de poesia ou de virtude, mas embriaguem-se".

Minhas despedidas:

É hora do sol poente.
Momento das despedidas.
Vamos, caro Presidente,
retornar às nossas vidas.

À sua cátedra volta o professor.
O advogado à sua banca,
o procurador às lides funcionais,
e o julgador volta a julgar.
Encerra-se o Congresso.
Até outubro estamos em recesso.
Mas não se encerra nosso compromisso
perante a vida, que ele é mais que isso.
Somos o sal da terra, a nossa grei
artesãos do Direito, homens da lei.
Onde estivermos nós, aqui, lá fora,
nas grandes capitais, nos longes burgos,
continuamos a ser o sol, a aurora
da Lei, do Direito e da Justiça.

De nós se exige a eterna vigilância
do Estado de Direito, e pouco importa
se a prepotência nos arromba a porta,
subvertendo o regime de arrogância
e atropelando a Carta-cidadã.

Ergamos o ***panache****, companheiros.*
Que o Brasil, somos nós os brasileiros
e cabe a nós construí-lo.
O povo é o rei!
E aos mestres do Direito, aos pegureiros
compete a guarda do respeito à lei.

***

Em outubro de 2007 estaremos, sim, nós, aqui!

Não na Tribuna, não na Mesa dos eleitos, mas na primeira fila da planície.

Entretanto, se a sabedoria do Supremo Arquiteto do Universo nos convocar antes, para irmos encerrar as tertúlias tributárias virtuais de Geraldo Ataliba e sua equipe de mortos imortais – por certo levaremos junto o querido Franciulli Neto –, se tal acontecer, ainda assim estaremos aqui. E, quando perceberem perpassar uma brisa estranha e diferente, algo de espiritual, somos nós que estamos chegando e queremos participar dos trabalhos.

Saibamos aprender a lição que a Natureza nos dá, saibamos aprender. Quanto mais pesada a escuridão, quanto mais cerradas as trevas, mais significa que estamos perto do alvorecer. Dentro de poucos segundos, uma linha de ouro líquido há que se estender no horizonte e, a seguir, labaredas vermelhas inundarão o Oriente, dividindo o céu em dois hemisférios. Neste momento surge a aurora; neste momento, se aguçarmos o ouvido, distinguiremos ao longe um toque musical vibrante e harmonioso. É a alvorada que chega, é a vida que recomeça, é o dia que se renova, é o sol que traz a vida, são as aves cantando, as flores que desabrocham, as esperanças que renascem, as crianças que sorriem, as forjas que cantam, os homens que trabalham, a vida que recomeça.

Despeço-me de todos, com muito carinho, com muita emoção, e com esta mesma emoção, na qualidade honrosa de Presidente deste encontro de líderes, declaro encerrado o *XX Congresso Brasileiro de Direito Tributário*!

Muito obrigado, meus irmãos! [*Muitas Palmas*]

TESE APROVADA NO XX CONGRESSO

RESPONSABILIDADE DOS SÓCIOS E ADMINISTRADORES EM MATÉRIA TRIBUTÁRIA

DANIEL MONTEIRO PEIXOTO
Doutorando e Mestre em Direito Tributário pela PUC/SP
– Especialista em Direito Tributário pelo IBET– Professor nos Cursos
de Especialização em Direito Tributário do IBET, da PUC/Cogeae e da FGV/GV-*Law*
– Pesquisador do Núcleo de Tributação e Finanças Públicas da EDESP/FGV-SP

1. Considerações iniciais. 2. Nos domínios gerais da responsabilidade tributária: 2.1 Da identificação do contribuinte – 2.2 Identificando (ou quase) o responsável tributário: 2.2.1 Regras, justificações e o mito da disposição geral de responsabilidade no art. 128 do CTN – 2.2.2 Responsabilização pela responsabilidade tributária: reais elementos de justificação – 2.3 Desafios à classificação do Código Tributário Nacional. 3. Sobre a responsabilidade dos sócios e administradores. Notas preliminares: 3.1 A condição de sócio e a responsabilização – 3.2 Limites à interpretação literal do art. 135 do CTN – 3.3 Do não-pagamento como fato ilícito – 3.4 Do tipo de dano que transforma a pessoalidade em subsidiariedade. 4. Sobre a responsabilidade solidária por débitos perante a seguridade social: 4.1 Lei complementar, normas gerais de direito tributário e a responsabilidade tributária: 4.1.1 Premissas acerca desta espécie normativa – 4.1.2 Da responsabilidade enquanto tema de lei complementar – 4.2 Responsabilidade solidária e o art. 124 do CTN. 5. Conclusões.

1. Considerações iniciais

Este trabalho tem por objetivo o estudo dos aspectos gerais da responsabilidade tributária no Direito Brasileiro e, no contexto dos lineamentos estruturais do tema, a análise das regras sobre desconsideração da personalidade da empresa em direção ao patrimônio dos sócios e/ou administradores. É curioso observar que, mesmo com os 40 anos de existência do Código Tributário Nacional, o tema ainda tem sido objeto de intensos debates. A nosso ver, uma dos motivos é a confusa sistematização imprimida pelo Código Tributário Nacional, que, por exemplo, coloca em posição central o art. 128, artificiosamente denominado de "disposição geral" sobre responsabilidade, quando, em verdade, nada ajuda na compreensão das hipóteses especiais; por outro lado, o próprio esforço classificatório das espécies de responsabilidade (nas Seções II, III e IV do Capítulo V [*do Título II do Livro Segundo*]) incorre em impropriedades ao eleger como critérios relevantes traços comuns a outros tipos: basta ver que a responsabilidade "dos sucessores" ou a responsabilidade "por infrações" configuram também responsabilidade "de terceiros".

Veremos também que a dificuldade na interpretação dos termos que compõem o *caput* do art. 135 do CTN decorre de importação, pelo legislador, de termos que eram empregados nas Leis das Limitadas e das S/A, vigentes à época da promulgação do Código, sem a devida adaptação às características da obrigação tributária, que não decorre de eventual poder de representação do administrador, mas da situação objetiva "fato gerador".

Nossa estratégia descritiva, portanto, consistirá em revisitar alguns temas centrais na estruturação da responsabilidade tributária para, em função do pano de fundo traçado, apontar os principais problemas quando o assunto é saber os limites da responsabilidade dos sócios e administradores em matéria tributária. Também será analisada, por conexão temática, a viabilidade de responsabilização objetiva e solidária dos sócios, nos moldes pretendidos pela Lei 8.620/1993, que, apesar de antiga, só recentemente foi submetida a controle concentrado de constitucionalidade.

2. *Nos domínios gerais da responsabilidade tributária*

A expressão "responsabilidade tributária" no Código Tributário Nacional assume variadas conotações: ora é tratada como um conceito que se opõe ao de contribuinte; ora num sentido comum da doutrina obrigacional, como noção que pode coincidir com a de contribuinte, podendo o próprio devedor ser também o responsável a partir do inadimplemento; também há emprego da expressão para denominar outros tipos de responsabilidade que não aquela ligada ao pagamento do tributo, como a chamada "responsabilidade por infrações".

A responsabilidade tributária tem seu desenho normativo traçado a partir do art. 121 do CTN, que apresenta o seguinte teor:

"Art. 121. Sujeito passivo da obrigação principal é a pessoa obrigada ao pagamento de tributo ou penalidade pecuniária.

"Parágrafo único. O sujeito passivo da obrigação principal diz-se: I – contribuinte, quando tenha relação pessoal e direta com a situação que constitua o respectivo fato gerador; II – responsável, quando, sem revestir a condição de contribuinte, sua obrigação decorra de disposição expressa de lei."

Portanto, sob o gênero "sujeito passivo" – aí enquadrado qualquer um que venha a ser colocado na condição de obrigado ao pagamento de tributo – há duas espécies: *contribuinte* e *responsável*. *Contribuinte* é aquele que tem "relação pessoal e direta com a situação que constitua o respectivo fato gerador"; *responsável*, por exclusão, é todo aquele que não é contribuinte mas, por designação legal, é submetido ao dever de pagar.

2.1 Da identificação do contribuinte

Para identificarmos o *contribuinte*, devemos compreender o significado da chamada "relação pessoal e direta com a situação que constitua o respectivo fato gerador", a que alude o art. 121, parágrafo único, I, do CTN.

A delimitação do fato gerador do crédito tributário pressupõe sempre a previsão em lei ordinária. É nesta que encontraremos a hipótese de incidência, ou seja, o conjunto de notas abstratas que permitem identificar, dentre a seqüência dos acontecimentos sociais, o fato gerador (fato jurídico tributário). Indo um pouco mais além, temos que esta lei ordinária deverá guardar fundamento na Constituição Federal, que, mediante distribuição de materialidades específicas a cada um dos entes federativos, restringe o âmbito de criatividade do legislador.

Assim, *e.g.*, a União Federal poderá instituir impostos sobre as materialidades "renda", "produtos industrializados", "propriedade territorial rural" etc. (CF, art. 153). Importa destacar que estes vocábulos não chegam a esgotar o desenho da exação a ser determinada por lei; apenas apontam, com maior ou menor precisão, um núcleo a ser observado.

Deste modo, em torno da materialidade "produtos industrializados" (CF, art. 153, IV) podem ser criados impostos sobre diferentes condutas humanas, como *importar* produtos industrializados, *fabricar* produtos industrializados, *comercializar* produtos industrializados, *arrematar* produtos industrializados (apreendidos ou abandonados e levados a leilão). Os diversos verbos acima indicam diferentes condutas humanas passíveis de ocasionar o dever de pagar o referido imposto: basta que estejam conjugados ao complemento "produtos industrializados". Outro limite, também constitucional, é que a conduta eleita seja um acontecimento que revele capacidade contributiva (CF, art. 145, § 1º).

Assim, podemos perceber que a Constituição Federal não chega a identificar, expressamente, qual será a conduta eleita (o chamado fato gerador) ou, ainda, o contribuinte – este papel é do legislador ordinário. Isto não quer dizer, contudo, que não haja um limitado espectro para a criação das hipóteses de incidência ou dos contribuintes.

Uma vez definida, por lei ordinária, a ação que fará nascer o vínculo obrigacional tributário, o contribuinte haverá de ser, necessariamente, aquele que praticar esta conduta escolhida pelo legislador ordinário, reveladora de capacidade contributiva.

Exemplificando, com o propósito de tornar mais claras as idéias acima expostas: se a materialidade constitucional for "renda" (art. 153, III), a *hipótese de incidência* a ser estipulada em lei deverá ser "auferir renda" (ou formulação com sentido equivalente), e o *contribuinte* haverá de ser, forçosamente, aquele que tiver acréscimo em seu patrimônio; se a Constituição indicar "serviços de qualquer natureza" (art. 156, III), a lei indicará, como *hipótese de incidência*, a conduta "prestar serviços de qualquer natureza", resultando como *contribuinte* aquele que for identificado como prestador do serviço.[1]

Portanto, *contribuinte* é aquele que "pratica o fato gerador"; ou, em termos mais rigorosos, é aquela pessoa, física ou jurídica, que se coloca na condição de sujeito da ação descrita na hipótese de incidência tributária. Qualquer outra pessoa que a lei indicar como sujeito passivo, isto é, como indivíduo que terá que pagar o tributo, mas que não se identifica como o agente do comportamento previsto na hipótese de incidência, contribuinte não será: são os *responsáveis tributários*, na acepção restrita traçada pelo art. 121 do CTN.

2.2 *Identificando (ou quase) o responsável tributário*

Retomando a dicção do art. 121, parágrafo único, II, do CTN, observa-se que este fornece duas coordenadas básicas no que respeita à identificação do responsável tributário: (i) trata-se de terceira pessoa, distinta do contribuinte, e (ii) cabe à lei definir quem será.

Até aqui, pouco se sabe acerca dos limites para a delimitação do responsável tributário. Remeter a uma posterior identificação por lei ordinária nada esclarece sobre o tema, visto que também o contribuinte deve ser demarcado pela via legislativa, ante o imperativo da legalidade tributária, inscrito no art. 150, I, da CF e no art. 97, III, do próprio CTN. Dizer ainda que responsável é alguém que não seja contribuinte peca em definição pela negativa, que remete a um campo ilimitado de possibilidades.

Resta nos socorrermos dos dispositivos subseqüentes, em busca dos parâmetros para a demarcação dos eventuais responsáveis pelo crédito tributário. O art. 128, apresentado logo na abertura do Capítulo V ("Responsabilidade Tributária") [*do Título II do Livro Segundo*], como único enunciado da Seção I ("Disposição Geral"), tem a seguinte redação: "Art. 128. Sem prejuízo do disposto neste Capítulo, *a lei pode atribuir de modo expresso a responsabilidade pelo crédito tributário a terceira pessoa, vinculada ao fato gerador* da respectiva obrigação, excluindo a responsabilida-

1. Luciano Amaro aponta a impropriedade técnica de o Código Tributário Nacional dirigir a homologação como condição resolutiva: "Ora, os sinais aí estão trocados. Ou se deveria prever, como condição resolutória, a negativa de homologação (de tal sorte que, implementada essa negativa, a extinção restaria resolvida), ou teria de definir-se, como condição suspensiva, a homologação (no sentido de que a extinção ficaria suspensa até o implemento da homologação)" (*Direito Tributário Brasileiro*, p. 344).

de do contribuinte ou atribuindo-a a este em caráter supletivo do cumprimento total ou parcial da referida obrigação" (grifamos).

Segundo o dispositivo, o traço para a identificação do responsável é a circunstância de estar "vinculado ao fato gerador da respectiva obrigação". Portanto, se contribuinte é aquele que tem uma relação *direta*, o responsável deverá ser eleito dentre aqueles que tiverem *relação indireta com o fato jurídico tributário*. Esta relação a que alude o Código é, na verdade, uma *relação jurídica direta com a pessoa que o pratica*. Não uma qualquer, mas uma relação negocial da qual decorra prestação tipificada normativamente como fato jurídico tributário.

Exemplificando: suponha-se que determinada empresa contrate uma pessoa física para a prestação de um serviço. Em decorrência desta relação negocial, a empresa deverá pagar determinada quantia em dinheiro em contraprestação. A lei poderá, nesta situação, estabelecer a responsabilidade da empresa pela retenção e recolhimento do ISS devido. Observe-se que o contribuinte é aquele que praticou o fato gerador consistente em "prestar serviços". A empresa atua como alguém que, em função de sua proximidade à situação econômica manifestadora de capacidade contributiva, é submetida ao dever de reter o imposto na fonte e efetuar o respectivo pagamento.

Outro exemplo bem similar é o da responsabilidade pelo pagamento do IR/Fonte. Aqui, há vínculo de natureza variada entre quem efetua o pagamento de rendimento e quem o recebe, sendo este o contribuinte, o sujeito que irá praticar o fato gerador "aquisição de disponibilidade econômica ou jurídica de renda ou proventos de qualquer natureza" (art. 43 do CTN). À fonte pagadora caberá o dever de – assim como no exemplo anterior – reter e pagar o imposto incidente (art. 45, parágrafo único, do CTN).[2]

2. Herbert Hart, *O Conceito de Direito*, pp. 155-156.

O âmbito de abrangência da dicção do art. 128 do CTN, ora analisada, limita-se a casos deste tipo, configurando a chamada *responsabilidade da fonte pagadora* (também chamada de *responsabilidade por substituição*, visto que a lei atribui o dever de pagar a pessoa diversa do contribuinte). Acontece que, se considerado este conjunto de situações como objeto de regulação pelo referido preceito, constata-se que se erigiu como "disposição geral" da responsabilidade tributária enunciado de relação transversa ao tema, mas que não trata, a rigor, de responsabilidade. É o que tentaremos demonstrar a seguir.

2.2.1 Regras, justificações e o mito da disposição geral de responsabilidade no art. 128 do CTN

Conforme apontamento de Atienza e Manero,[3] juntamente ao aspecto diretivo do ordenamento jurídico há o aspecto justificativo, base de sustentação das regras. No Direito, um importante elemento de justificação das regras que instituem tributos é o valor *capacidade contributiva*: é com base neste que se excepciona outro valor, consistente na *preservação do direito ao patrimônio*, firmando o suporte axiológico para que se retire, via tributação, determinada parcela de riqueza das pessoas.

Talvez com esta intuição de que, sobre as regras, o aspecto justificativo deve estar presente e da consideração de que a responsabilização tributária excepciona o direito ao patrimônio, constitucionalmente assegurado, o Código Tributário Nacional, no intuito de "blindar" as regras de responsabilidade, enunciou, como preceito geral, que o responsável será surpreendido dentre as pessoas que estejam de alguma forma conectadas ao fato jurídico tributário (art. 128). Busca, assim, apontar como elemento justificador da responsabilidade uma pretensa capacidade contributiva, decorrente da proximidade do responsável à situa-

3. Idem, pp. 156-159.

ção econômica em que se traduz o fato gerador.

Todavia, o preceito geral ali descrito trata de responsabilidade tributária em um sentido impróprio, sendo que as autênticas situações de responsabilidade são trazidas nos enunciados seguintes, todos eles excepcionando a idéia de fundamentação em capacidade contributiva. Isto se dá, por exemplo, na chamada "responsabilidade de terceiros", nitidamente justificada na *prática de ato ilícito* pelo sujeito a ser responsabilizado, ou mesmo na "responsabilidade dos sucessores", em que não há qualquer vínculo com o fato gerador, ocorrido anteriormente ao fato jurídico "sucessão".

Cabe observar que a "responsabilidade da fonte pagadora", exemplo contemplado pela idéia central do dispositivo, não traduz dever de pagamento de tributo. O fato de a fonte "entregar dinheiro ao Estado" não significa que esteja cumprindo obrigação de dar (pagamento), apesar de esta circunstância impressionar muitos dos doutrinadores pátrios, que advogam a tese de responsabilidade tributária na presente circunstância.

Ocorre que, quando a fonte efetua a retenção do valor do tributo, dentre a quantia a ser paga ao contribuinte, e o entrega ao Fisco, nada mais está fazendo que cumprir uma obrigação de fazer, em si mesma, insuscetível de valoração pecuniária. Se a quantia não lhe pertence (lembre-se que o dinheiro retido, mesmo que não entregue ao contribuinte, passa pela sua esfera de disponibilidade jurídica), não se pode dizer que esteja pagando.[4] A fonte recolhe tributo, mas o faz em nome de outrem; importando lembrar que o regime jurídico aplicável à tributação é o do sujeito retido, de modo que, se este fizer jus, por exemplo, a uma isenção de caráter pessoal, não haverá tributo a ser retido.

A obrigação da fonte não configura, deste modo, "obrigação tributária principal", definida pelo Código como aquela que "tem por objeto o *pagamento de tributo* ou penalidade pecuniária" (art. 113, § 1º – grifamos), mas autêntica "obrigação assessória", definida como dever que "tem por objeto as prestações positivas ou negativas (...) no interesse da arrecadação ou da fiscalização dos tributos" (art. 113, § 2º). Importa lembrar que o Código Tributário Nacional distingue sujeitos passivos da obrigação principal e da obrigação acessória.

Retomando o teor art. 121, inicialmente analisado, constata-se que *responsabilidade tributária* é uma das modalidades de sujeição passiva da obrigação principal. Não sendo este o tipo de obrigação da fonte pagadora, não se pode falar em responsabilidade tributária.

Trata-se, como bem colocado por Luís César Souza de Queiroz, de dever administrativo, atribuído ao particular, de colaborar com a arrecadação dos tributos. Em suas palavras, nestes casos "a norma permite ('P') que o denominado substituto (agente arrecadador do Estado) retire (retenha definitivamente – 'p') o dinheiro, que, apesar de estar em sua posse (do substituto), já é da disponibilidade jurídica do contribuinte, o que caracteriza fato-signo de riqueza (é o caso, por exemplo, das normas que dispõem sobre o imposto sobre a renda retido na fonte – IRRF)".[5]

Portanto, nos casos em análise, a relação entre o Estado e a fonte pagadora é de

4. Tradução livre do original: *The Concept of Law*, Oxford University Press, 1961.

5. Ao abordar o tema, Luciano Amaro demonstra com precisão que esta inferência do contribuinte a partir da descrição do fato gerador nem sempre é clara, pois "existem situações de direito privado (que a lei tributária elege como fato gerador de tributo) que envolvem mais de uma pessoa, podendo qualquer delas ser eleita como contribuinte. Por exemplo, se o fato gerador do tributo é a transmissão de imóveis, podemos ter como contribuinte qualquer das partes na operação". Este autor observa, ainda, que no caso do IPI, em que o fato gerador é a "saída do estabelecimento", o contribuinte eleito pela lei é o industrial, vendedor que promove a saída, mas não seria o legislador censurado se elegesse como contribuinte o adquirente (Luciano Amaro, *Direito Tributário Brasileiro*, p. 300).

caráter meramente administrativo, funcionando esta como agente arrecadador, cujo dever consiste num fazer, relativo à retenção e entrega de dinheiro de outrem, e não num pagamento propriamente dito.

Parece-nos que, em que pese à tentativa do art. 128 de fornecer, simbolicamente, elemento de justificação da responsabilidade tributária, este acaba obscurecendo a constatação de que, ao lado ou até mesmo em sobreposição à capacidade contributiva, há outros parâmetros de racionalidade que servem de supedâneo às regras que estabelecem o dever do responsável. São eles que devem ser colocados em mesa, num movimento de "responsabilização pela responsabilidade", descrito por Klaus Günther como tomada de consciência acerca dos motivos reais que levam à criação de determinados vínculos de imputação.[6]

2.2.2 Responsabilização pela responsabilidade tributária: reais elementos de justificação

O afastamento do art. 128 enquanto premissa geral da responsabilidade tributária – e, com ele, da idéia de que sempre deverá haver vínculo com o fato gerador da obrigação tributária (ou seja, proximidade à situação econômica de manifestação de capacidade contributiva) para que haja responsabilidade – é esclarecedor, no sentido de propiciar uma melhor observação dos seus reais fundamentos, de acordo com o Código Tributário Nacional.

A noção de responsabilidade tributária em decorrência da prática de ato ilícito, comissivo ou omissivo, já foi apontada com nitidez pela doutrina pátria,[7] notadamente a partir do previsto nos arts. 134 e 135 do CTN, que tratam da "responsabilidade de terceiros".[8]

Interessantes conclusões podem ser obtidas a partir da análise dos preceitos que versam sobre a "responsabilidade dos sucessores" (arts. 129-133 do CTN). Ali estão previstas, dentre outras, situações como: (i) responsabilidade dos adquirentes de bens imóveis relativa aos tributos incidentes sobre a propriedade, domínio útil ou posse, mesmo que o fato gerador tenha se dado antes da transmissão (art. 130); (ii) dos herdeiros, pelos tributos devidos pelo *de cujus* até a data da partilha ou adjudicação, limitada às forças da herança (art. 131, II); (iii) da pessoa jurídica incorporadora, pelos tributos devidos pela sociedade incorporada (art. 132); (iv) da pessoa natural ou jurídica que adquirir de outra estabelecimento empresarial, relativa aos tributos devidos até a data do ato de transmissão (art. 133).

Em nenhum destes casos a responsabilidade tem como justificação necessária a capacidade contributiva decorrente de vínculo com o fato gerador: a assunção de determinado patrimônio, como num caso de incorporação de empresa, por exemplo, pode não indicar um acréscimo de riqueza (basta acudir a possibilidade de o passivo patrimonial da incorporada superar o ativo), e mesmo assim haverá responsabilidade da incorporadora pelos débitos tributários em aberto. Destaque-se, ainda, a ausência de vínculo ao fato gerador, visto que, em todos os casos, a responsabilização se dá posteriormente à sua ocorrência: um filho, por exemplo, terá de arcar com os tributos devidos pelo pai em razão de fato jurídico tributário ocorrido muitos anos antes da abertura da sucessão *causa mortis*.

Em algumas hipóteses o fundamento da responsabilização será a ocorrência de

6. Art. 45, parágrafo único: "A lei pode atribuir à fonte pagadora da renda ou dos proventos tributáveis a condição de responsável pelo imposto cuja retenção e recolhimento lhe caibam".

7. Cf. Manuel Atienza e Juan Ruiz Manero, *Ilícitos Atípicos: sobre el Abuso del Derecho, el Fraude de Ley e la Desviación de Poder*, Madri, Editorial Trota, 2000, p. 20.

8. A coadunar com o argumento quase que evidente de que o dinheiro retido não pertence à fonte pagadora, mas ao sujeito retido, basta ver que a falta de recolhimento posterior é penalmente tipificada como *apropriação indébita*, figura criminal que não se configura na hipótese de mero inadimplemento, isto é, quando se deixa de pagar tributo próprio.

fato ilícito. É o caso do art. 130 do CTN, no qual a responsabilidade decorre da omissão (culpa *in vigilando*) em exigir comprovação de regularidade fiscal por parte do alienante. Tanto é verdadeira a constatação que, quando constar do título a prova de quitação prévia, não há de se falar em responsabilidade do adquirente, *ex vi* da redação da parte final do referido dispositivo.[9]

Diversamente do que afirmam alguns autores, não nos parece que a exclusão da responsabilidade, neste caso, decorra da "evidente" extinção do crédito tributário pelo pagamento. Se esta fosse a *ratio* do aludido dispositivo, não faria sentido a ressalva, bastando o teor do art. 156, I, do CTN. A cláusula vai além. Imagine-se, por hipótese, que o vendedor, por ato fraudulento, obtenha falso documento demonstrando o pagamento do tributo. Seguir-se-ão a transcrição do título por parte do tabelião de boa-fé e, ainda, a conclusão do negócio por parte do adquirente que, também de boa-fé, reputou efetiva a quitação prévia dos tributos. Numa tentativa de responsabilização do comprador por parte da Fazenda Pública, este poderá eximir-se da imputação comprovando que tomou todas as cautelas que lhe caberiam, ao exigir a prova da quitação.

Cabe advertir que, ausente o vínculo com o fato gerador, nem sempre o fundamento da responsabilidade tributária recairá na constatação de fato ilícito. Estamos nos referindo à ocorrência de autêntica *responsabilidade objetiva* no Código Tributário Nacional, fenômeno que não tem sido observado com a devida atenção pela doutrina brasileira.

Tradicionalmente se diz que há responsabilidade objetiva quando, (i) demonstrado o fato ilícito, prescinde-se da caracterização de culpabilidade (culpa ou dolo) para sua caracterização[10] ou (ii) prescinde-se da própria demonstração da ocorrência de fato ilícito, havendo responsabilidade ante a constatação do resultado dano.[11]

Em nosso Direito esta segunda modalidade de responsabilidade objetiva (decorrente de fato lícito) aparece muito claramente em algumas hipóteses de sucessão, a exemplo da prevista no art. 133 do CTN, relativa à compra de estabelecimento empresarial. Nesta circunstância, o adquirente deve se certificar da regularidade fiscal do estabelecimento por todos os meios disponíveis (checagem de certidões, auditoria contábil etc.). Todavia, ainda que tenha tomado todas as cautelas pertinentes, é possível que haja algum débito que não foi objeto de registro pelo vendedor, e muito menos de constituição por lançamento ou autolançamento. Parece-nos que mesmo neste caso o adquirente será responsabilizado (integralmente ou subsidiariamente, dependendo da continuação ou não da atividade pelo vendedor, *ex vi* dos incisos I e II do art. 133), restando patente tratar-se de responsabilidade objetiva, pois não há ilícito que lhe possa ser imputado. Em outras palavras, é irrelevante que o adquirente demonstre a ausência de *conduta ilícita*, consistente na omissão quanto à fiscalização da regularidade fiscal do estabelecimento, pois, havendo débito, será responsabilizado.

Neste ponto reside uma das dessemelhanças entre as regras civis e tributárias sobre aquisição de estabelecimento: enquanto o Código Civil de 2002 só responsabiliza o adquirente pelos débitos "regularmente contabilizados" (art. 1.146)[12] – o que demonstra que, naquele segmento de regulação, a responsabilidade é subjetiva (só há responsabilidade se há possibilidade de fiscalização prévia pelo adquirente) –, o CTN estende a responsabilidade a todos os débitos tributários preexistentes,

9. Luís César Souza de Queiroz, *Sujeição Passiva Tributária*, Rio de Janeiro, Forense, 1999, p. 201.

10. Cf. Klaus Günther, "Responsabilização na sociedade civil" (trad. de Flávia P. Püschel), *Novos Estudos CEBRAP* 63/107, julho/2002.

11. Cf., dentre outros, Paulo de Barros Carvalho, *Curso de Direito Tributário*, 14ª ed., São Paulo, Saraiva, 2002, pp. 319-320.

12. A ilicitude enquanto pressuposto de responsabilização será abordada com maiores detalhamentos a partir do item 3, *infra*.

como se infere do seu art. 129.[13] O fundamento da responsabilidade objetiva, neste caso, é o da sub-rogação em determinado patrimônio, assumindo o adquirente os ativos e passivos.

2.3 Desafios à classificação do Código Tributário Nacional

Os preceitos do Código Tributário Nacional sobre responsabilidade tributária encontram-se classificados em três espécies: (i) responsabilidade dos sucessores [*Livro Segundo, Título II*] (Seção II – arts. 129-133); (ii) responsabilidade de terceiros (Seção III – arts. 134 e 135) e (iii) responsabilidade por infrações (Seção IV – arts. 136-138).

Ao observar com um pouco de cuidado o teor dos dispositivos que compõem cada uma destas Seções, constata-se que a *responsabilidade por sucessão* nada mais é que a responsabilidade de uma *terceira pessoa* que assumiu a titularidade de determinado patrimônio em que um dos componentes (passivos) é a dívida tributária, e que a *responsabilidade de terceiros*, invariavelmente, decorre da prática de um *fato ilícito*, mas que, ainda assim, não está aglutinada sob o tópico "responsabilidade por infrações".

Esta falta de precisão na classificação, que transparece no fato de que os elementos classificados têm características adicionais que permitiriam, perfeitamente, o agrupamento sob conjunto diverso, decorre de circunstância de que os critérios (i) *ilicitude*, (ii) *culpabilidade*, (iii) *fato de terceiro* e (iv) *resultado* caminham sempre juntos, positiva ou negativamente, na composição combinatória que irá moldar as várias formas de responsabilidade no direito positivo.

Portanto, é de se esperar a ocorrência de casos em que, ainda que a hipótese de responsabilidade tome por parâmetro uma conduta ilícita (infração) por parte do agente a ser responsabilizado, também decorra de um fato de terceiro: isto se dá, *v.g.*, na regra do art. 135, III, do CTN (prevê a responsabilidade dos administradores das empresas), que, apesar de estar localizada na Seção "Responsabilidade de Terceiros", exige, para que haja a responsabilização do administrador pela dívida da empresa, a prática de um fato ilícito de sua parte.

Por sua vez, fora da seção "Responsabilidade de Terceiros" há casos em que uma pessoa será responsabilizada por dívida de outrem. É o que ocorre, *v.g.*, quando alguém compra um estabelecimento comercial de uma outra pessoa, sendo o comprador responsabilizado pelo não-pagamento de tributo por parte deste terceiro (art. 133 do CTN).

Em que pese à falta de precisão do Código neste aspecto, devemos reconhecer que o contexto dos preceitos ali dispostos revela o que de comum neles se contém, a justificar a aglutinação sob o mesmo signo:

– Dentro de "Responsabilidade dos Sucessores" estão os preceitos que estabelecem o dever de responder pelo crédito por parte daqueles que assumiram a posição de titulares de riqueza que, sob a titularidade do sucedido, deu origem a determinado fato gerador (o sucessor é um terceiro, chamado à responsabilização em razão de um dos fatores que fizeram nascer seu dever, como o recebimento de herança, a compra de uma empresa etc.).;

– Sob o rótulo "Responsabilidade de Terceiros" estão agregadas várias hipóteses de responsabilização, como a do inventariante pelos tributos devidos pelo espólio, do síndico pelos tributos devidos pela massa falida, dos diretores pelos tributos devidos pela pessoa jurídica, dentre outras,

13. "Art. 130. Os créditos tributários relativos a impostos cujo fato gerador seja a propriedade, o domínio útil ou a posse de bens imóveis, e bem assim os relativos a taxas pela prestação de serviços referentes a tais bens, ou a contribuições de melhoria, sub-rogam-se na pessoa dos respectivos adquirentes, *salvo quando conste do título a prova de sua quitação*" (grifamos).

em que a imputação do dever ao terceiro decorre de ter praticado fato ilícito, sempre.[14] Todavia, a preocupação do Código Tributário Nacional neste ponto não foi ressaltar a ilicitude (apesar de pressuposta), mas o fato de que certas pessoas poderão ser responsabilizadas a despeito da sua exterioridade em relação à situação que constitui o fato gerador da obrigação tributária.

– Por fim, em "Responsabilidade por Infrações" se encontram situações em que, assim como na Seção anterior, a responsabilidade decorre de fato ilícito. Mas, aqui, o diferencial está no tipo de conseqüência jurídica do ilícito: não mais se trata de ressarcir a Fazenda Pública pelo crédito tributário não recolhido por outrem, mas de se submeter a determinada sanção administrativa ou penal em decorrência de um fato próprio. Trata-se de uma responsabilidade com caráter de punição, diferente da prevista acima, que tem caráter de ressarcimento.[15]

Portanto, ainda que o Código empregue, nos títulos das referidas Seções, os vocábulos "terceiros" e "infrações", devemos ter em mente que não está levando à risca estes signos enquanto critérios de classificação. Apesar de a análise contextual ajudar a entender, no fundo, o que se quis expressar, o caminho adotado pelo Código Tributário Nacional obscurece que os caracteres "fato de terceiro", "ilicitude" e "resultado" estão combinados sob formas diversas, a despeito da designação dos aludidos títulos.

3. Sobre a responsabilidade dos sócios e administradores. Notas preliminares

Um dos lugares-comuns da doutrina, que deve ser trazido à reflexão, é a assertiva que, quando justificada a responsabilidade tributária na prática de uma conduta ilícita (é o caso da responsabilidade dos administradores), o dever decorrente tem a natureza de sanção. A prestação não seria tributo, mas multa por infração, ainda que tenha o mesmo valor do crédito tributário não recolhido.

Todavia, a responsabilização decorrente de fato ilícito pode ter tanto caráter de punição (paradigma penal) como de ressarcimento (paradigma civil). Parece-nos que a assertiva em torno da idéia de multa (punição) não descreve com exatidão a responsabilidade tributária.

Mesmo se formos buscar fundamentos na teoria geral – em Hans Kelsen, por exemplo, que define o ilícito com apoio na idéia de *sanção* (só é fato ilícito se ligado à sanção) –, veremos que o termo "sanção" não tem significado restrito às punições. O próprio Kelsen separava as "sanções" em duas categorias: penal (castigo) e civil (execução forçada de bens)[16] – donde se vê que o fato de a responsabilidade tributária se

14. Exemplo de responsabilidade objetiva por fato ilícito, sem necessidade de demonstração de culpabilidade, se dá em alguns casos passíveis de enquadramento na primeira parte do art. 187 do CC de 2002, a citar: "Também comete ato ilícito o titular de um direito que, ao exercê-lo, excede manifestamente os limites impostos pelo seu fim econômico ou social, *pela boa-fé ou pelos bons costumes*" (grifamos). Resultando dano da conduta tomada por ilícita nestes parâmetros, o dever de indenizar se impõe. Outro exemplo de responsabilidade objetiva por ilícito, sem culpa, é aquele trazido no art. 136 do CTN, que assim estipula: "Salvo disposição de lei em contrário, a responsabilidade por infrações da legislação tributária *independe da intenção do agente ou do responsável* e da efetividade, natureza e extensão dos efeitos do ato" (grifamos).

15. É o que se dá, em nosso direito civil, na chamada *responsabilidade pelo risco criado*, do parágrafo único do art. 927 do CC, *verbis*: "Haverá obrigação de reparar o dano, independentemente de culpa, nos casos especificados em lei, ou quando a atividade normalmente desenvolvida pelo autor do dano implicar, por sua natureza, risco para os direitos de outrem".

16. "Art. 1.146. O adquirente do estabelecimento responde pelo pagamento dos débitos anteriores à transferência, *desde que regularmente contabilizados*, continuando o devedor primitivo solidariamente obrigado pelo prazo de 1 (um) ano, a partir, quanto aos créditos vencidos, da publicação, e, quanto aos outros, da data do vencimento."

justificar num ilícito não autoriza a conclusão de se tratar de uma multa (castigo).

Ao revés, pensamos que a responsabilidade tributária – tanto nos casos do art. 134 como nas hipóteses do art. 135 –, consistente na entrega do valor do tributo à Fazenda Pública, tem o caráter de ressarcimento pelo não-recolhimento por parte do devedor originário (o contribuinte), ou, mais precisamente, pela impossibilidade de cobrança em face daquele. Neste contexto a responsabilidade dos administradores, prescrita no art. 135, III, do CTN: "Art. 135. São pessoalmente responsáveis pelos créditos correspondentes a obrigações tributárias resultantes de atos praticados com excesso de poderes ou infração de lei, contrato social ou estatutos: (...) III – os diretores, gerentes ou representantes de pessoas jurídicas de direito privado".

O dispositivo em questão, apesar de ser objeto de interpretação relativamente uniforme nas Cortes, notadamente no STJ, tem alguns aspectos cuja compreensão é bem intrigante, como, por exemplo, que tipo de infração de lei, exatamente, autorizaria o direcionamento da cobrança contra os administradores. Mais difícil ainda é determinar quais infrações ao contrato social (nas limitadas) ou estatutos (nas sociedades anônimas) têm igual efeito.

Outro tema a ser considerado é saber se a responsabilização dos administradores deve seguir o padrão das hipóteses do art. 134 (subsidiariedade) ou se a expressão "pessoalmente responsáveis" indica que deve haver o direcionamento da responsabilidade contra estes, desonerando a pessoa jurídica.

3.1 A condição de sócio e a responsabilização

Um dos pontos de partida para a discussão do tema é o de que a personalidade da pessoa jurídica bem como seu patrimônio não se confundem com os dos sócios que a integram. Este princípio vinha expressamente previsto no art. 20 do CC de 1916 e, ainda que não reproduzido no atual, se encontra implicitamente contemplado em diversos de seus dispositivos.[17]

Assim, a regra é que, se o tributo decorre de fato jurídico tributário praticado pela empresa, somente a esta devem ser imputadas as conseqüências do inadimplemento. Não é permitido, portanto, buscar a solução do débito em patrimônio diverso do pertencente à pessoa jurídica. Quando se fala em sociedades anônimas ou sociedades limitadas, tipos societários de maior expressividade no ordenamento brasileiro, a idéia de separação dos âmbitos de responsabilidade é bastante clara.

No primeiro tipo esta noção decorre do art. 1.052 do CC: "Art. 1.052. Na sociedade limitada, a responsabilidade de cada sócio é restrita ao valor de suas quotas, mas todos respondem solidariamente pela integralização do capital social".

Dentre os termos do contrato social, um deles, necessariamente, diz respeito à quantia de recursos que será disponibilizada do patrimônio de cada um para formar o capital da pessoa jurídica. Quando do ajuste de vontades, diz-se que o capital foi *subscrito*, havendo um compromisso de entrega efetiva desta quantia em dinheiro, bem ou crédito em data não necessariamente coincidente com a da subscrição. A esta disponibilização efetiva de recursos dá-se o nome de *integralização*. Portanto, se houver dívidas contraídas pela empresa, os sócios só deverão responder nos limites do capital subscrito.

Em relação às sociedades anônimas a regra é parecida, devendo os acionistas responder pelo preço das ações subscritas ou adquiridas (a referência ao preço decorre da possibilidade de emissão de ações sem valor nominal[18]). É o que dispõe a Lei 6.404/

17. "Art. 129. O disposto nesta Seção aplica-se por igual aos créditos tributários definitivamente constituídos ou em curso de constituição à data dos atos nela referidos, e aos constituídos posteriormente aos mesmos atos, desde que relativos a obrigações tributárias surgidas até a referida data."

18. Caracterizado nas duas primeiras situações pela omissão consistente na falta de diligência e fis-

1976, logo em seu art. 1º: "Art. 1º. A companhia ou sociedade anônima terá o capital dividido em ações, e a responsabilidade dos sócios ou acionistas será limitada ao preço de emissão das ações subscritas ou adquiridas".

Portanto, a regra é a separação patrimonial, admitindo-se a responsabilização nos limites da quota ou ação subscrita/adquirida. O Código Tributário Nacional não rompe, em absoluto, este preceito. A diretriz do seu art. 135, III, prevê meios de se ultrapassar a personalidade jurídica da empresa, mas isto não se dá em direção aos sócios. Não é esta condição, como equivocadamente se supõe, o fator determinante da responsabilização tributária segundo o dispositivo, mas a de pessoa investida em poderes de administrador (posição que independe do *status* de sócio – diga-se de passagem). A esta condição de gestor da sociedade devem estar associados outros pressupostos, dentre eles a constatação de comportamento ilícito, prejudicial ao credor-Fisco.

3.2 Limites à interpretação literal do art. 135 do CTN

Os termos utilizados pelo art. 135, III, do CTN (Lei 5.172/1966) são inspirados, de certo modo, nos dispositivos que cuidavam, à época de sua criação, da responsabilidade dos "sócios-gerentes" nas limitadas e dos "diretores" nas sociedades anônimas. Trata-se, respectivamente, do art. 10 do Decreto 3.708/1919 e do art. 121 do Decreto-lei 2.627/1940,[19] assim redigidos:

"Art. 10. Os sócios-gerentes ou que derem o nome à firma não respondem pessoalmente pelas obrigações contraídas em nome da sociedade, mas respondem para com esta e para com terceiros solidária e ilimitadamente pelo excesso de mandato e pelos atos praticados com violação do contrato ou da lei".

"Art. 121. Os diretores não são pessoalmente responsáveis pelas obrigações que contraírem em nome da sociedade e em virtude de ato regular de gestão.

"§ 1º. Respondem, porém, civilmente, pelos prejuízos que causarem, quando procederem: I – dentro de suas atribuições ou poderes, com culpa ou dolo; II – com violação da lei ou dos estatutos (...)."

A impressão que fica é que, quando da criação do Código Tributário Nacional, se procurou importar modelos de responsabilização já existentes no direito positivo brasileiro, sem que se tivesse exata perspectiva quanto à aplicabilidade de algumas das noções vigentes ao contexto da relação obrigacional tributária. Da mesma forma que o art. 135, III, do CTN, observa-se que os referidos dispositivos já contemplavam a idéia de *responsabilidade pessoal* do administrador em caso de *excesso de poderes* e de *infração à lei, contrato social ou estatutos*.

O raciocínio que estava por detrás daqueles antigos preceitos e que se mantém no direito societário atualmente em vigência pode ser assim pontuado: (i) os administradores são os agentes de manifestação da vontade da empresa; (ii) os limites de suas atribuições são aqueles presentes no contrato social ou no estatuto, veículos de autênticas regras de competência para que se possam firmar, com terceiros, os atos decorrentes do exercício da autonomia da vontade; (iii) se o administrador incorreu em violação literal às regras de competência[20] ou às finalidades[21] presentes naque-

calização quanto ao recolhimento do tributo devido por outrem, e na última pela prática de algum ilícito que levou à impossibilidade de solução da dívida no patrimônio da empresa.

19. Sobre os dois grandes paradigmas em torno dos quais se desenvolveu a noção de responsabilidade – penal, com o traço da punição, e civil, com o traço do ressarcimento –, v. Pablo Larañaga, "El concepto de responsabilidad", BÉFDP 72/23, México, Fontanamara, 2000.

20. "As sanções no sentido específico desta palavra aparecem – no domínio das ordens jurídicas estaduais – sob duas formas diferentes: como pena (no sentido estrito da palavra) e como execução (execução forçada) (...). Também a execução é a produção compulsória de um mal. Distingue-se, porém,

les instrumentos de outorga, as conseqüências do ato firmado devem ser imputadas à pessoa do administrador.[22]

Numa primeira visão, poder-se-ia imaginar que esta formulação seria apta a excluir, diante de terceiros, a responsabilidade da empresa pelos atos firmados fora dos limites das atribuições do administrador, de modo a recair direta e *pessoalmente* sobre este. Acontece que, ainda que esta seja a interpretação a ser feita em alguns casos excepcionais, há uma tendência muito forte de se aceitar o entendimento segundo o qual, se o ato foi praticado no interesse da empresa e mantém certa conexão com os negócios ordinários por esta realizados, não se pode prejudicar o terceiro de boa-fé. Deste modo, o ato será plenamente eficaz, vinculando a empresa enquanto responsável. É a chamada *teoria da aparência*, que mitiga a irresponsabilidade da empresa diante de terceiros de boa-fé.

O mesmo raciocínio aplica-se, por exemplo, quando determinado administrador pratica ato que excede o objeto social da empresa. A doutrina inglesa, sob o rótulo *ultra vires doctrine*, procurou explicar este fenômeno tirando conclusões bem rígidas no sentido de que seriam nulos os atos, não podendo vincular a pessoa jurídica (nem mesmo poderiam ser objeto de ratificação por esta, haja vista a exterioridade ao objeto social). Todavia, como bem observa Fábio Ulhoa Coelho, a irresponsabilização da empresa ante a prática do ato externo ao objeto social nunca impressionou tanto a doutrina brasileira, haja vista o imperativo da boa-fé de terceiros e a segurança que deve haver nas relações jurídicas. São suas palavras: "Embora a nossa doutrina do início do século XX lecionasse que os administradores de sociedade anônima, contratando atos estranhos às finalidades da companhia, obrigavam-se pessoalmente e não vinculavam a pessoa jurídica, de modo geral, os problemas relacionados à extrapolação dos limites do objeto social sempre foram, e ainda têm sido, examinados à luz da teoria da aparência, com vistas à proteção dos interesses dos terceiros de boa-fé que contratam com sociedades. Da teoria inglesa, apenas a responsabilização, em regresso, dos administradores pela prática da extravagância entusiasma, por vezes, a tecnologia jurídica brasileira".[23]

A digressão acima serve para demonstrar que mesmo em âmbito das relações privadas a idéia de *responsabilidade pessoal* não significa tanto o afastamento da responsabilidade da pessoa jurídica para fazê-la recair na pessoa do administrador, visto haver interesses de terceiros que não necessariamente têm condições de saber, exatamente, quais os limites do contrato ou estatuto social ou, ainda, de antemão, se está havendo infração às leis.[24]

Em âmbito tributário fica ainda mais complicada a questão de saber o que significa dizer que os administradores são "pessoalmente responsáveis pelos créditos correspondentes a obrigações tributárias resul-

da pena pelo fato de – como costuma dizer-se – ser levada a efeito para compensar (indenizar) o ilícito que consiste na conduta contra a qual esta sanção é dirigida como reação. A chamada indenização do ilícito consiste em pôr termo à situação criada em virtude da conduta contrária ao Direito (situação que, nestes termos, é também contrária ao Direito) e em produzir ou restabelecer uma situação conforme ao Direito" (Hans Kelsen, *Teoria Pura do Direito*, São Paulo, Martins Fontes, 1999, pp. 121-122).

21. Para uma detalhada demonstração da presença deste postulado na implicitude de vários dispositivos do Código de 2002, v.: Maria Rita Ferragut, *Responsabilidade Tributária e o Código Civil de 2002*, São Paulo, Noeses, 2005, pp. 19-23. Dentre os diversos preceitos trazidos a análise, a autora aponta o art. 50, que trata da desconsideração da personalidade jurídica, instituto que só se justifica ante a pressuposição de que a sociedade tem personalidade diferenciada da dos sócios.

22. Cf. Modesto Carvalhosa, *Comentários à Lei de Sociedades Anônimas*, 4ª ed., 1º vol., São Paulo, Saraiva, 2002, p. 4.

23. Cabe ressaltar que o primeiro veículo legislativo se encontra quase que completamente revogado pela Lei 10.406/2002 (Código Civil), e o segundo pela Lei 6.404/1976 (Lei das S/A).

24. Em caso de "infração ao contrato social ou estatutos".

tantes de atos praticados com excesso de poderes ou infração de lei, contrato social ou estatutos" (art. 135, *caput*, do CTN).

No plano das relações privadas, se a obrigação resulta do ato praticado com excesso ou ilegalidade, sua atribuição ao administrador ocorre (quando ocorre) ante a falta de poderes para manifestar a vontade da empresa naquele caso específico. No direito tributário, como se sabe, a obrigação não decorre de qualquer ajuste de vontades, mas da situação objetiva em que se traduz o fato jurídico tributário. Mesmo que, subjacente ao fato jurídico tributário, esteja pressuposto um acordo de direito privado (uma operação de compra e venda, por exemplo), para efeitos tributários só importa se há manifestação de capacidade contributiva e tipificação prévia em regra de incidência tributária.[25]

Um exemplo talvez ajude na compreensão deste ponto: Mendonça & Mendoncinha Ltda. prevê em seu contrato social, arquivado no Registro competente, que seu objeto social é a confecção de camisetas, broches e bonés para campanhas publicitárias. Determinado administrador, em nome da empresa, contrata com um cliente, candidato a deputado federal, a prestação de serviço consistente na organização de comício eleitoral, comprometendo-se, além de toda a parte burocrática (obtenção de licenças etc.), a subcontratar empresa de sonorização e de montagem de palanques para o êxito do evento. Para tanto, cobra o valor de R$ 1.500.000,00 pelos serviços prestados, pagos à vista e antecipadamente. Na data combinada o evento é realizado; todavia, sem o sucesso esperado, diante da falta de *know-how* da empresa para aquele tipo de atividade.

Sob o ponto de vista da relação negocial, poderá o cliente lesado demandar diretamente da empresa eventuais perdas e danos resultantes da conduta do administrador, mesmo que a contratação tenha se dado à margem do objeto social da empresa. Como visto, prevalecerá, no caso, a boa-fé do contratante, que foi levado a crer que se tratava de atividade normal da sociedade. Isto não impedirá, obviamente, que a pessoa jurídica adote as medidas cabíveis parar se ressarcir perante o administrador por eventuais prejuízos que a conduta excessiva tenha gerado.

Na perspectiva da legislação tributária, todavia, basta a ocorrência do fato jurídico tributário "prestação de serviços", pouco importando se aquele tipo de prestação era, ou não, contemplado no objeto social da empresa. Será devido o crédito tributário. Mais: deverá ser pago pela *empresa*, visto tratar-se da contribuinte, isto é, a pessoa que praticou o fato gerador e que manifestou capacidade contributiva. O fato de a obrigação tributária ter "resultado", em linha de desdobramento causal, de uma conduta excedente ao contrato social não autoriza a exclusão da empresa do pólo passivo da demanda tributária, mesmo que este entendimento esteja contemplado na literalidade do art. 135 do CTN, quando fala em "responsabilidade pessoal".

Interpretação neste sentido briga com a própria finalidade da regra de responsabilização, que é estabelecer meios de assegurar o adimplemento do crédito tributário. Lembre-se que nem mesmo no plano privado as regras de responsabilização, análogas à do Código Tributário Nacional aqui comentada, servem como artifício para livrar a pessoa jurídica das conseqüências dos atos que pratica por intermédio de seus administradores.[26] Portanto, o caminho não

25. Em caso de "excesso de poderes". Nesta hipótese, a conduta do administrador segue, numa primeira análise, os estritos termos e fórmulas do contrato ou estatuto social, excedendo, todavia, o interesse da empresa ou sua função social.

26. Interessante levantamento de alguns problemas de representação na jurisprudência italiana é feito por Modesto Carvalhosa, elencando: "(1) atos de diretores com violação dos limites de poder estatutário de representação; (2) atos de diretores munidos de representação, cuja eleição ou investidura sejam nulas; (3) atos de diretores munidos de representação social, mas privados de poder de deliberar a respeito do negócio jurídico; (4) atos de administrador que não têm estatutariamente poder de repre-

é investigar *se a obrigação tributária resulta* ou não da conduta ilícita (em sentido amplo) do administrador, mas *se a impossibilidade de cobrança em face da empresa decorre de fato atribuível ao administrador*. Destaque-se que o mero inadimplemento não tem o condão de direcionar a responsabilidade para o gestor.

3.3 Do não-pagamento como fato ilícito

A Fazenda Pública tem procurado, em diversas ocasiões, sustentar que a "infração de lei" que daria suporte à aludida responsabilidade seria a falta de pagamento do tributo. Todavia, o STJ – a nosso ver, acertadamente – consolidou entendimento no sentido de que, apesar de se configurar ilícito, não configura suporte fático suficiente à aplicação do art. 135, III, do CTN. A titulo de ilustração, cabe referir o seguinte acórdão nos EDv 374.139-RS:

"Tributário – Embargos de divergência – Responsabilidade do sócio-gerente – Inadimplemento.

"1. A ausência de recolhimento do tributo não gera, necessariamente, a responsabilidade solidária do sócio-gerente, sem que se tenha prova de que agiu com excesso de poderes ou infração à lei, ao contrato social ou ao estatuto da empresa.

"2. Embargos de divergência rejeitados" (STJ, 1ª Seção, EDvREsp 374.139-RS, rel. Min. Castro Meira, j. 10.11.2004, v.u., *DJU* 28.2.2005).

O argumento-chave para este entendimento é o de que, a considerar o mero inadimplemento como fator de responsabilização dos administradores, perderia qualquer sentido a limitação da responsabilidade, pois estes seriam passíveis de acionamento em todos os processos de cobrança tributária, cujo pressuposto é, justamente, o inadimplemento.[27]

Ademais, como bem aponta José de Aguiar Dias, em observação que bem se adapta ao presente caso, no sistema de responsabilidade fundado na culpa "o dano só pode acarretar obrigação de reparos para aquele que o pratica. Cada um responde pessoalmente pelos seus atos (...), na realidade a responsabilidade por fato de outrem é responsabilidade por fato próprio, porque as pessoas que respondem a esse título terão sempre contribuído para o fato danoso".[28] Em analogia, não basta identificar o fato ilícito da pessoa jurídica consistente no inadimplemento do tributo; deve haver um fato próprio, imputável ao administrador, que esteja em nexo causal com aqueloutro.

De certo que, se é o administrador quem decide pelo pagamento, ou não, do crédito tributário, sua conduta não deixa de estar conectada à conduta da pessoa jurídica, que age conforme a determinação do gestor. Mas daí, como vimos, não faria sentido a separação de responsabilidades.

Parece-nos que ao não-recebimento do valor do tributo, enquanto dano passível de ressarcimento, *deve estar adicionada a circunstância de a conduta ilícita dos administradores ter atuado como causa que impossibilite a solvabilidade via patrimônio da própria empresa*. Por isto que se tem reconhecido a aplicação do preceito para os casos de dissolução irregular da empresa.[29] Outro exemplo de infração que

sentação, mas a quem é outorgada procuração, havendo, no entanto, excesso de mandato; (5) atos de representação individual de diretor, que somente poderia exercê-la conjuntamente; (6) atos de representação em negócios jurídicos estranhos ao objeto social" (*Comentários à Lei de Sociedades Anônimas*, p. 180).

27. Fábio Ulhoa Coelho, *A Sociedade Limitada no Novo Código Civil*, São Paulo, Saraiva, 2003, p. 69. No mesmo sentido Modesto Carvalhosa, *Comentários à Lei de Sociedades Anônimas*, p. 183.

28. Em tais situações (infração à lei), a efetiva boa-fé do terceiro poderá ser mais facilmente afastada se demonstrado que tinha plenos meios de alcançar, ante a clareza da situação fática, o caráter anormal da atuação do administrador.

29. Importa lembrar, ainda, o teor do art. 118 do CTN: "A definição legal do fato gerador é interpretada abstraindo-se: I – da validade jurídica dos atos efetivamente praticados pelos contribuintes, responsáveis, ou terceiros, bem como da natureza do

leva a este tipo de conseqüência pode ser cogitado em caso de liberalidade por parte do administrador às custas do patrimônio da empresa, conduta expressamente vedada pela Lei das S/A (art. 154, § 2º, "a").

3.4 Do tipo de dano que transforma a pessoalidade em subsidiariedade

Voltando a analisar a letra do *caput* do artigo 135 do CTN, percebe-se que este alude à responsabilidade "pessoal" dos diretores, gerentes ou representantes de pessoas jurídicas de direito privado com relação às "obrigações resultantes de atos praticados com excesso de poderes ou infração de lei, contrato social ou estatutos".

Há diversos e importantes trabalhos que se propuseram a discorrer sobre o aludido dispositivo, interpretando-o no sentido de que em sua aplicação deve ser excluída a pessoa jurídica do pólo passivo da relação obrigacional para que o administrador-infrator responda no lugar daquela pelo adimplemento do crédito.[30] Reconhecemos que esta interpretação, no contexto das premissas lançadas pelos referidos autores, é a que melhor se ajusta ao texto do enunciado prescritivo.

Todavia, já destacamos linhas acima que a formulação literal do dispositivo, inspirada no direito comercial, sofre temperamentos quando ambientada ao contexto tributário. Assim, ao lado das considerações já feitas no sentido de que não pode a empresa alegar a *pessoalidade* como meio de se furtar à sua responsabilização, parece-nos que algumas outras ponderações se fazem pertinentes: a primeira diz respeito a uma análise funcional das regras sobre responsabilidade tributária do Código Tributário Nacional; outra, de ordem semântica, com o tipo de dano que deve ser objeto de reparação pelo administrador.

Quanto ao aspecto funcional, pensamos que cada âmbito de responsabilização, penal, civil, societária, consumerista, ambiental etc., tem um tipo de relações que pretende resguardar. No caso tributário, pode até existir um viés de proteção da sociedade contra os atos dos administradores, como acontece na Lei das S/A (Lei 6.404/1976) e em determinados comandos do Código Civil (ainda aqui, como vimos, a questão se resolve mais enfaticamente no plano do direito de regresso, e não no afastamento da responsabilidade da empresa). No Código Tributário Nacional, todavia, os preceitos sobre responsabilidade têm a enfática finalidade de resguardar o recebimento do crédito tributário quando estiver em jogo a ocorrência de fatos que dificultem ou inviabilizem a efetivação deste direito. Tudo de modo a respeitar, de outra parte, os direitos e garantias das pessoas jurídicas e dos cidadãos em geral, visto que a tributação se encontra em tensão permanente com o direito de propriedade.

Pretender afastar a pessoa jurídica da responsabilidade pelo crédito tributário, que, além de ser efetivamente a contribuinte ante a prática do fato gerador que deu origem ao tributo devido, é quem tem maiores condições patrimoniais para saldar o débito, para, em seu lugar, colocar o administrador (que, muitas vezes, nem é sócio da empresa, como acontece em grande parte das empresas de gestão profissionalizada), acaba indo, a nosso ver, contra a finalidade do instituto da responsabilidade no Código Tributário Nacional.

O outro aspecto está ligado à interpretação a que nos filiamos em tópico precedente, na qual o *dano* a ser objeto de ressarcimento pelo responsável (administra-

seu objeto ou dos seus efeitos; II – dos efeitos dos fatos efetivamente ocorridos".

30. Mais uma vez, bastante elucidativa a lição de Carvalhosa, ao destacar: "A responsabilidade da companhia está baseada no princípio da segurança das relações jurídicas. Conseqüentemente, a prática de atos ilícitos pelos administradores não pode ser argüida à frente de terceiros de boa-fé, que tenham contratado com a companhia. Não pode a sociedade eximir-se das obrigações e responsabilidades que tenha contraído com terceiros, argüindo abuso de poder ou descumprimento da lei ou do estatuto por parte de seus administradores" (*Comentários à Lei de Sociedades Anônimas*, p. 366).

dor) é o não-recebimento do tributo *associado* à impossibilidade de satisfação no patrimônio da empresa. Neste sentido, a pessoalidade afirma-se no sentido de que o administrador-infrator responde, sim, pessoalmente, mas desde que, antes, se demonstre a impossibilidade de cobrança do próprio contribuinte, cuja responsabilidade deve se antepor. Assim, a pessoalidade traduz-se em autêntica subsidiariedade.

4. *Sobre a responsabilidade solidária por débitos perante a seguridade social*

Preceito que tem causado bastante discussão é o art. 13 da Lei 8.620/1993, notadamente sob o fundamento de que extrapola os limites traçados pelo art. 135, III, do CTN. Confira-se:

"Art. 13. O titular da firma individual e os sócios das empresas por cotas de responsabilidade limitada respondem solidariamente, com seus bens pessoais, pelos débitos junto à seguridade social.

"Parágrafo único. Os acionistas controladores, os administradores, os gerentes e os diretores respondem solidariamente e subsidiariamente, com seus bens pessoais, quanto ao inadimplemento das obrigações para com a seguridade social, por dolo ou culpa."

O artigo em questão tem dois dispositivos sobre responsabilização por dívidas previdenciárias, diferenciados sob os seguintes aspectos.

(i) O *caput* contempla regras que tomam como pressuposto o predicado "ser titular de firma individual ou sócio de empresa por cotas de responsabilidade limitada", implicando o dever de responder solidariamente pelos referidos débitos. Importa observar que não se aplica aos acionistas de sociedades anônimas.

(ii) O parágrafo único, por sua vez, traz comandos um pouco mais exigentes no sentido de eleger como critério relevante a ocorrência de efetiva atividade de gestão, em causalidade direta (no caso dos administradores, gerentes e diretores) ou indireta (no caso dos acionistas controladores) com o inadimplemento, implicando o dever de responder "solidariamente e subsidiariamente" pelos débitos para com a seguridade social. Destaque-se que não toma como critério determinante a circunstância de ser sócio ou acionista, mas de exercer gestão.

Em primeira aproximação ao teor do *caput*, percebe-se não haver maiores problemas em relação à responsabilidade dos titulares de firma individual (substituídos pela figura do empresário, nos termos do 966 do CC de 2002), visto que, neste caso, a regra geral é de não-separação entre personalidades jurídicas,[31] implicando responsabilidade ilimitada. Os problemas surgem com relação à responsabilização dos sócios das sociedades limitadas, visto que o preceito impõe autêntica responsabilidade objetiva, estabelecendo o dever diante do fato lícito "ser sócio", e não de um acontecimento ilícito, rompendo a própria idéia de separação patrimonial inerente a este tipo societário.

Quanto ao parágrafo único, apesar da infeliz redação, parece-nos que haja um modo de interpretá-lo que garanta sua conformidade ao Código Tributário Nacional e, conseqüentemente, à Constituição, qual seja: a de que a expressão "respondem solidariamente e subsidiariamente" alude, (i) num primeiro momento, à responsabilidade *subsidiaria* dos gestores em relação à sociedade (ou seja, uma vez constatada a

31. Este argumento é bem destacado por Hugo de Brito Machado quando afirma que, "se o não-pagamento do tributo fosse infração à lei capaz de ensejar a responsabilidade dos diretores de uma sociedade por quotas ou de uma sociedade anônima, simplesmente inexistiria qualquer limitação da responsabilidade destes com relação ao Fisco. Aliás, inexistiria essa limitação mesmo em relação a terceiros (...). Não se pode admitir que o não-pagamento do tributo configure a infração de lei capaz de ensejar tal responsabilidade, porque isto levaria a suprimir-se a regra, fazendo prevalecer, em todos os casos, a exceção" (*Curso de Direito Tributário*, 26ª ed., São Paulo, Malheiros Editores, 2005, pp. 167-168).

impossibilidade de satisfação do crédito no patrimônio da sociedade, em virtude de ato praticado com dolo ou culpa), e (ii) se, e somente se, transposto este requisito, abrir-se-á responsabilidade *solidária* dos gestores entre si. Interpretação diversa, que ignora o termo "subsidiariamente" e salta para a responsabilidade solidária pelo mero não-pagamento, acaba resvalando, sem dúvida, para o campo da inconstitucionalidade, como iremos demonstrar em relação ao *caput* do art. 13.

Postas estas considerações, direcionaremos nosso enfoque para a análise dos problemas que têm sido levantados com relação ao *caput* do art. 13, tentando responder às seguintes perguntas:

(1) O legislador ordinário pode criar hipóteses de responsabilidade sem observância do Código Tributário Nacional?

(2) Sendo negativa a primeira resposta, o CTN permite que a lei ordinária concretize hipótese de responsabilidade solidária, pela válvula do art. 124, II?

4.1 Lei complementar, normas gerais de direito tributário e a responsabilidade tributária

O foco da discussão, neste ponto, é saber se o art. 146 da CF, ao erigir a figura da lei complementar para a regulamentação de determinados temas, contemplou, dentre eles, a *responsabilidade tributária*. Caso negativa a resposta, há de se entender que os preceitos do Código Tributário Nacional que tratam do tema foram recepcionados como lei ordinária, sendo, portanto, passíveis de derrogação por leis de mesma hierarquia – no caso, pela Lei 8.620/1993.

4.1.1 Premissas acerca desta espécie normativa

Quando o assunto é *normas gerais em matéria tributária*, via lei complementar, quatro premissas devem ser levadas em consideração.

(i) Uma de suas funções consiste em traçar parâmetros de delimitação das competências legislativas tributárias dos entes federativos nas zonas de potencial conflito (exemplos: lei complementar que disciplina a forma pela qual, mediante convênio, serão concedidos incentivos fiscais no ICMS; lei complementar que disciplina o local de recolhimento do ISS, quando o serviço for prestado em Município diferente daquele em que situado o estabelecimento prestador; lei complementar que deverá disciplinar o Estado de recolhimento do ITCMD quando, por exemplo, o doador tiver domicílio ou residência no exterior). Outra função consiste na regulação das limitações constitucionais ao poder de tributar; há também um papel harmonizador previsto nas situações expressamente descritas no inciso III do art. 146 da CF.

(ii) Para que possa cumprir estas funções, o termo "normas gerais" não deve ser interpretado na acepção de normas de conteúdo genérico, mas de preceitos que se impõem à generalidade dos destinatários, isto é, com força vinculante também aos próprios agentes políticos que irão exercer a competência legislativa tributária. Daí a necessidade de compreensão deste tipo de lei complementar enquanto "lei nacional", ou seja, veículo normativo que compõe o sistema jurídico global, ao lado de outros, como, por exemplo, determinadas resoluções do Senado que delimitam alíquotas em matéria de ICMS e ITBI.[32]

(iii) O Congresso Nacional, órgão legislativo comum à ordem total e à ordem federal, não poderá, a pretexto de exercer este papel harmonizador, invadir ou esvaziar a competência dos Estados ou dos Municípios quanto à criação de seus próprios tributos. Deve limitar-se aos comandos de cunho uniformizador. É por isto que não é tão relevante determinar, de antemão, se são somente duas ou mais as funções da lei complementar em matéria tributária, isto é,

32. José de Aguiar Dias, *Da Responsabilidade Civil*, 5ª ed., vol. II, Rio de Janeiro, Forense, 1973, pp. 145-146.

se a criação de normas gerais deve cingir-se, ou não, à concretização dos ditames dos incisos I (prevenir conflitos de competência) e II (regular limitações ao poder de tributar) do art. 146 da CF. Importa saber se, em razão da edição de determinada lei complementar, houve desrespeito à autonomia dos entes federativos. Mas isto se dará à luz dos casos concretos e dos princípios que informam a arquitetura do sistema tributário brasileiro.

Neste sentido a oportuna consideração de Eurico de Santi: "Note-se que, com esse sentido, a expressão cunhada por Aliomar Baleeiro, de que derivou a expressão *normas gerais em matéria de legislação tributária*, não arranha o pacto federativo, como querem aqueles que levam em consideração apenas os incisos I e II do art. 146. Pelo contrário, funciona como expediente demarcador desse pacto, posto que, com sua generalidade, além de uniformizar a legislação, evitando eventuais conflitos interpretativos entre as pessoas políticas, garante o postulado da isonomia entre União, Estados, Distrito Federal e Municípios. (...). Nenhum exercício de competência pode apresentar-se como uma carta em branco ao legislador complementar ou ordinário, pois toda competência legislativa, administrativa ou judicial já nasce limitada pelo influxo dos princípios constitucionais que informam o sistema tributário nacional. Do plexo de dispositivos expressos e princípios resulta o pacto federativo positivo firmado na Constituição Federal de 1988 e surge a expressa competência constitucional para, mediante lei complementar, disciplinar sobre as matérias relacionadas nas alíneas do art. 146, III, da CF. Portanto, o legislador complementar que tratar dessas matérias deve dirigir essas regras igualmente à União, aos Estados, aos Municípios e ao Distrito Federal, pois a garantia do princípio federativo e da autonomia dos Municípios está jungida à generalidade dos destinatários, realizando também o primado da isonomia das pessoas políticas".[33]

33. V., dentre outros, o REsp 474.105-SP.

(iv) Deste modo, o exercício da competência prevista nas alíneas do inciso III do art. 146 da CF também deve ser considerado válido, cumpridor da missão atribuída às normas gerais, ainda que não se atenha às funções específicas dos incisos I e II. O estabelecimento de regras sobre prescrição, decadência e lançamento (alínea "a"), por exemplo, nada tem a ver com aquelas duas funções, pois, ao invés de traçar uniformidade material, visa a criar harmonização referente à forma, ao processo de constituição e cobrança do crédito tributário.[34]

4.1.2 Da responsabilidade enquanto tema de lei complementar

Nosso direito positivo pode ser demarcado em diferentes subsistemas, correspondentes às ordens nacional, federal, estadual e municipal. Por vezes há incerteza quanto ao enquadramento de determinado preceito em uma das duas primeiras, ante a coincidência de *órgão legislativo* apto à produção das regras (notadamente o Congresso Nacional) e de *âmbito territorial* de vigência (todo o território brasileiro).

Por isto os desafios relativos ao Código Tributário Nacional, veículo introdutor de enunciados prescritivos pertencentes a sistemas diversos. A demarcação da natureza de suas regras há de ser feita caso a caso, ante a *matéria* objeto de regulação. Assim, apesar de editado sob o corpo de lei ordinária (sob a vigência da Constituição de 1946, alterada pela Emenda Constitucional 18/1965), foi recepcionado com *status* de lei complementar no que respeita aos dispositivos que cumprem determinadas matérias filtradas pelo art. 146 da CF de 1988 (elementos da ordem nacional). Os demais têm regime de revogação por lei ordinária (elementos da ordem federal).

34. Cf., neste sentido: Luciano Amaro, *Direito Tributário Brasileiro*, p. 327; Renato Lopes Becho, *Sujeição Passiva e Responsabilidade Tributária*, São Paulo, Dialética, 2000, p. 174; Maria Rita Ferragut, *Responsabilidade Tributária e o Código Civil de 2002*, p. 137.

Nesta linha, não nos parece acertado o argumento no qual os preceitos sobre *responsabilidade tributária* são passíveis de revogação por lei federal, visto que, por coerência, implicaria aceitar que pertencem à ordem federal, e, portanto, não podem sequer ser objeto de aplicação pelos atos de lançamento praticados pelos Municípios ou Estados. Neste sentido, num caso concreto em que houvesse incorporação de empresa com diversos débitos de ISS e ICMS, a empresa incorporadora ver-se-ia livre da responsabilidade, ante a impossibilidade de aplicação do art. 132 do CTN, por exemplo.

Deste modo, o tema responsabilidade tributária ajusta-se ao espectro semântico do art. 146 da CF de 1988, visto que seu tratamento por norma geral de direito tributário cumpre dois parâmetros de harmonização do sistema tributário brasileiro: um positivo, consistente no oferecimento de regras de responsabilização aplicáveis de imediato por quaisquer dos entes federativos, independentemente de terem lei ordinária específica (exemplo: arts. 129-135 do CTN); outro de cunho negativo, ao impedir que sejam criadas hipóteses de responsabilização de modo desencontrado entre os diversos entes políticos que compõem a Federação Brasileira.

Imagine-se, por exemplo, determinada pessoa, sócia de empresas localizadas em pontos diferentes do território nacional. Levando a sério o argumento da plena autonomia para a criação de novas hipóteses por lei ordinária, esta mesma pessoa poderia ser, com relação a um mesmo tributo (ISS, por exemplo): responsável solidária e ilimitadamente com relação aos débitos no Município "X"; responsável pelo mero não-pagamento do tributo pela empresa no Município "Y", porém de modo limitado à participação societária etc. – retirando qualquer segurança jurídica das empresas e das pessoas quando forem definir o espaço para alocar seus investimentos, ferindo, por via transversa, a própria livre iniciativa. Poderia acontecer também o fenômeno inverso, qual seja, a ocorrência, por mecanismos variados, de um movimento de irresponsabilização (ou responsabilização parcial) pelos entes federativos como técnica de burla aos preceitos constitucionais que visam a impedir fenômenos como a guerra fiscal.

Mesmo a literalidade do art. 146, III, "b", da CF inclui dentre os temas de lei complementar o estabelecimento de normas gerais sobre obrigação tributária. Confira-se: "Art. 146. Cabe à lei complementar: (...) III – estabelecer normas gerais em matéria de legislação tributária, especialmente sobre: a) definição de tributos e de suas espécies, bem como, em relação aos impostos discriminados nesta Constituição, a dos respectivos fatos geradores, bases de cálculo e contribuintes; b) *obrigação*, lançamento, crédito, prescrição e decadência tributários; (...)" (grifamos).

Como se sabe, a obrigação tributária principal é o vínculo relacional que liga sujeito ativo (pessoa encarregada da arrecadação do tributo) e sujeito passivo (aquele que deverá pagar). Por sua vez, a sujeição passiva desdobra-se nas modalidades *contribuinte* e *responsável*, conforme esclarece e disciplina o art. 121 do CTN. Deste modo, "responsabilidade tributária" é subtema do gênero "obrigação tributária" – e, portanto, deve ser disciplinado pelo veículo *lei complementar*.

Ademais do argumento literal, sempre deve ser levada em consideração a função primordial da lei complementar em matéria tributária, consistente na harmonização do sistema tributário, quando estiverem em jogo potenciais ofensas a princípios como: segurança jurídica em matéria tributária, livre iniciativa e o próprio arranjo federativo, moldado pela Constituição Federal de 1988, enquanto "federalismo cooperativo", que, nas palavras de Tércio Sampaio Ferraz Jr., "vê na necessidade de uniformização de certos interesses um ponto básico da colaboração. Assim, toda matéria que extravase o interesse circunscrito de uma unidade (estadual, em face da União; municipal, em face do Estado) ou porque é comum (todos têm o mesmo interesse) ou porque envolve tipologias, conceituações que, se particularizadas num âmbito autônomo, engendrariam conflitos ou dificuldades no intercâmbio nacional, constitui matéria de norma geral".[35]

4.2 Responsabilidade solidária e o art. 124 do CTN

Um dos argumentos freqüentemente utilizados na tentativa de se sustentar a validade do art. 13 da Lei 8.620/1993 é a fundamentação da responsabilidade solidária ali inscrita no art. 124, II, do CTN: "Art. 124. São solidariamente obrigadas: I – as pessoas que tenham interesse comum na situação que constitua o fato gerador da obrigação principal; II – *as pessoas expressamente designadas por lei*" (grifamos).

A idéia, que num primeiro momento pode parecer atraente, não resiste à reflexão mais detida acerca do contexto em que inserido o referido dispositivo.

Se considerado de forma isolada, como buscam fazer aqueles que advogam a tese da validade da regra previdenciária, o preceito acaba conduzindo à conclusão de que há total liberdade para que a lei ordinária estabeleça hipóteses de responsabilidade solidária. Assim, qualquer ente federativo poderá estabelecer regra similar ou mais abrangente, desde que traga como conseqüência a pluralidade passiva simultânea (solidariedade). Nesta linha interpretativa, só haveria dois requisitos a serem atendidos para fundamentação no inciso II do art. 124 do CTN: (i) emprego do veículo introdutor *lei ordinária*; (ii) estipulação de dever solidário. E quanto aos pressupostos fáticos para o dever de pagar solidariamente? A prevalecer a noção exposta, aqueles que forem convenientes ao legislador ordinário.

Este raciocínio, como pode ser observado sem maiores esforços, esvazia de sentido todo o Capítulo V [*do Título II do Livro Segundo*] do Código Tributário Nacional, que, embora sujeito a críticas, desenha com riqueza de detalhes o regime jurídico da responsabilidade tributária no direito positivo brasileiro. Se é correto o argumento do INSS, por que, então, insistem os demais órgãos fazendários em lançar mão de responsabilidade subsidiária (arts. 134, 135, e 132, II, por exemplo), submetendo-se a entraves como a necessidade de constatação prévia de impossibilidade de cobrança do devedor originário e, ainda, de demonstração de todos aqueles requisitos fáticos, se há plena autorização para o emprego de responsabilidade objetiva e solidária a partir de mera previsão em lei? Observe-se que, em última análise, cairia por terra o próprio art. 146, III, "b", da CF, pois teríamos que reconhecer que o Código Tributário Nacional delegou à lei ordinária o estabelecimento de um regime alternativo de responsabilidade tributária.

Paradoxalmente, invoca-se o Código Tributário Nacional como artifício para negar o próprio Código Tributário Nacional.

Os critérios e limites para a desconsideração da personalidade jurídica das limitadas em direção a patrimônios pessoais encontram-se disciplinados no art. 135, III, do CTN, não havendo sequer espaço para regulamentação por lei ordinária. Seu sentido, apesar de equívoco em sua literalidade, está consolidado em construção pretoriana, cabendo recordar: (i) não basta a condição de sócio, (ii) deve haver exercício de atos de gestão, e (iii) não é o mero inadimplemento, mas a ilicitude, que impossibilita a solução do débito fiscal no patrimônio da empresa que possibilita a imputação do débito. Responsabilizar o sócio, solidária e objetivamente, pelos débitos da empresa rompe com todo o balizamento dado pelo Código quanto tratou do tema.

Na linha do entendimento aqui exposto a orientação que se vem consolidando no STJ, notadamente a partir do julgamento do REsp 717.717-SP pela 1ª Seção:

"Tributário e processual civil – Execução fiscal – Débitos para com a seguri-

35. Apenas para alguns efeitos pontuais, o Direito assemelha o tratamento do empresário individual ao de pessoa jurídica, como ocorre em relação à apuração do IR (RIR, art. 150).

dade social – Redirecionamento – Responsabilidade do sócio (sociedade por quotas de responsabilidade limitada) – Solidariedade – Previsão pela Lei n. 8.620/1993, art. 13.

"(...).

"3. A solidariedade prevista no art. 124, II, do CTN é denominada 'de direito'. Ela só tem validade e eficácia quando a lei que a estabelece for interpretada de acordo com os propósitos da Constituição Federal e do próprio Código Tributário Nacional.

"4. Inteiramente desprovidas de validade são as disposições da Lei n. 8.620/1993, ou de qualquer outra lei ordinária, que indevidamente pretenderam alargar a responsabilidade dos sócios e dirigentes das pessoas jurídicas. O art. 146, inciso III, "b", da CF estabelece que as normas sobre responsabilidade tributária deverão se revestir obrigatoriamente de lei complementar.

"5. O CTN, art. 135, III, estabelece que os sócios só respondem por dívidas tributárias quando exercerem gerência da sociedade ou qualquer outro ato de gestão vinculado ao fato gerador. O art. 13 da Lei n. 8.620/1993, portanto, só pode ser aplicado quando presentes as condições do art. 135, III, do CTN, não podendo ser interpretado, exclusivamente, em combinação com o art. 124, II, do CTN.

"(...).

"8. Não há como se aplicar a questão de tamanha complexidade e repercussão patrimonial, empresarial, fiscal e econômica interpretação literal e dissociada do contexto legal no qual se insere o direito em debate. Deve-se, ao revés, buscar amparo em interpretações sistemática e teleológica, adicionando-se os comandos da Constituição Federal, do Código Tributário Nacional e do Código Civil para, por fim, alcançar-se uma resultante legal que, de forma coerente e juridicamente adequada, não desnature as sociedades limitadas e, mais ainda, que a bem do consumidor e da própria livre iniciativa privada (princípio constitucional) preserve os fundamentos e a natureza desse tipo societário.

"9. Recurso especial improvido" (STJ, REsp 717.717-SP, 1ª Seção, rel. Min. José Delgado, j. 28.9.2005, *DJU* 8.5.2006 p. 172).

A orientação em referência, além de reconduzir ao tratamento já conferido pelo art. 135, III, do CTN, afastando o modelo de responsabilização pretendido pelo INSS, preserva a uniformização do sistema tributário nacional em torno do tema, coibindo novas modalidades de extensão de responsabilidade nos sistemas parciais (federal, estadual e municipal). Apesar do seu teor paradigmático, a decisão em tela não tem força vinculante para além dos casos concretos já submetidos ao STJ. Por esta razão, na expectativa de decisão que impeça, em definitivo, a aplicação do indigitado preceito, foram propostas duas ações diretas de inconstitucionalidade pela CNI – Confederação Nacional da Indústria (n. 3.672) e pela CNT – Confederação Nacional do Transporte (n. 3.642), ainda sem pronunciamento de mérito por parte do STF.

5. Conclusões

5.1 A identificação do contribuinte tributário se dá a partir do momento em que, das materialidades oferecidas pela Constituição e no influxo dos demais princípios constitucionais tributários, se elege, via lei ordinária, o núcleo da hipótese de incidência. Contribuinte será o sujeito da conduta prevista como pressuposto para o surgimento do vínculo obrigacional tributário. Esta a relação *pessoal e direta* a que alude o art. 121, I, do CTN.

5.2 O art. 121 do CTN, ao definir as espécies de sujeito passivo, pouco ajuda na compreensão da responsabilidade: dizer que *o responsável será um terceiro* peca em definição pela negativa, remetendo a um campo ilimitado de possibilidades; dizer que *será definido em lei* apenas reitera o princípio da legalidade, aplicável também na definição dos contribuintes.

5.3 O "vínculo ao fato gerador" a que alude o art. 128 do CTN só pode ser indireto (somente o contribuinte terá vínculo direto), correspondendo a uma *relação jurídica direta com a pessoa que o pratica.* Não uma qualquer, mas uma relação negocial da qual decorra prestação tipificada normativamente como fato jurídico tributário. É o caso, por exemplo, da "responsabilidade pela retenção na fonte".

5.3.1 Todavia, trata-se de responsabilidade em sentido impróprio, visto que, em realidade, a fonte não realiza o cumprimento de obrigação tributária principal, mas de dever instrumental consistente na retenção e entrega de quantia pertencente a outrem. Em última análise, o art. 128 do CTN se apresenta como "disposição geral de responsabilidade" com o propósito de fornecer pretensa justificação da responsabilidade tributária na capacidade contributiva.

5.3.2 Da análise dos arts. 134 e 135 do CTN – "responsabilidade de terceiros" – constata-se que o fundamento de responsabilização não reside na capacidade contributiva, mas na prática de fato ilícito; os arts. 129 a 133 do CTN – "responsabilidade dos sucessores" –, por sua vez, demonstram que a responsabilidade ali descrita não decorre de vínculo ao fato gerador e não necessariamente de acréscimo de riqueza (incorporação de empresa deficitária, *v.g.*), mas de fato lícito, objetivamente considerado.

5.4 A responsabilidade tributária dos administradores, inscrita no art. 135, III, do CTN, é tipicamente responsabilidade de terceiro por fato ilícito. Apesar de pressuposta a ilicitude, a prestação do responsável não assume características de multa (paradigma penal), mas de ressarcimento (paradigma civil) pelo tributo que não pôde ser obtido a partir do patrimônio do devedor originário.

5.5 Não é a condição de sócio, nas limitadas ou nas sociedades anônimas, que ensejará a responsabilidade pelos débitos tributários, visto que, nos termos do art. 1.052 do CC de 2002 e do art. 1º da Lei 6.404/1976 (Lei das S/A), só respondem pela integralização do capital subscrito, no primeiro caso, ou pelo preço da ação subscrita/adquirida, no segundo. Nos termos do art. 135, III, do CTN, *ser sócio* não é fator determinante da responsabilização, mas *gestor* da sociedade (posição que independe do *status* de sócio).

5.6 A incorporação, no *caput* do art. 135, de expressões como "responsabilidade pessoal" do administrador, em caso de "excesso de poderes" e de "infração à lei, contrato social ou estatutos" decorre de influência da legislação societária (art. 10 do Decreto 3.708/1919 e art. 121 do Decreto-lei 2.627/1940) vigente à época da promulgação do Código Tributário Nacional. Todavia, estas expressões devem ser interpretadas em observância às peculiaridades do vínculo obrigacional tributário, que, diferentemente dos vínculos de direito privado, não decorre de ajuste de vontades, mas da situação objetiva em que se traduz o fato gerador.

5.6.1 Deste modo, se determinado administrador realizar operação não constante, por exemplo, do objeto social da empresa, não se pode excluí-la do pólo passivo da cobrança, de modo a direcioná-la diretamente ao administrador. Nem mesmo no direito privado a irresponsabilização da sociedade perante terceiros é a regra (teoria da aparência). Assim, o enunciado prescritivo no qual o administrador "responde pessoalmente" deve ser interpretado com reservas.

5.6.2 O fato ilícito ("infração de lei") que autoriza a responsabilização do administrador não é o mero não-pagamento do tributo pela empresa, mas a conduta que tenha ocasionado a impossibilidade de solução da dívida no patrimônio da pessoa jurídica. Este resultado é o dano que dá sustentação à responsabilidade. O administrador responde pessoalmente, mas pelo fato da impossibilidade de cobrança em face da empresa. Por isto, a pessoalidade se transforma em autêntica subsidiariedade.

5.7 A responsabilidade solidária dos sócios, estabelecida pelo *caput* do art. 13

da Lei 8.620/1993, não se ajusta aos parâmetros constitucionais para a regulamentação do tema, visto que: (i) a matéria "responsabilidade tributária" deve ser tratada por lei complementar, cuja função é traçar critérios de harmonização entre os preceitos a serem empregados pelos diversos entes federativos (neste sentido a previsão do art. 146, III, "b", da CF de 1988); (ii) o art. 124, II, do CTN não pode ser interpretado isoladamente, como válvula para a criação de critérios diferentes daqueles previstos no art. 135, III, pois este raciocínio, paradoxalmente, invoca o Código Tributário Nacional como artifício para negar o próprio Código Tributário Nacional.

INSTITUTO GERALDO ATALIBA – IDEPE
Instituto Internacional de Direito Público e Empresarial
PRESIDENTE: PROF. AIRES BARRETO

XXI CONGRESSO BRASILEIRO DE DIREITO TRIBUTÁRIO

17 a 19 de outubro de 2007

Sistema Tributário Brasileiro: uma visão do presente e do futuro

PRESIDENTE DO CONGRESSO

PAULO AYRES BARRETO

Professores:
AIRES F. BARRETO
ALCIDES JORGE COSTA
ANNA EMÍLIA CORDELLI ALVES
BETINA TREIGER GRUPENMACHER
EDUARDO DOMINGOS BOTTALLO
EURICO DE SANTI
ELIZABETH NAZAR CARRAZZA
ESTEVÃO HORVATH
EUGÊNIO DOIN VIEIRA
HUMBERTO ÁVILA
JOSÉ EDUARDO SOARES DE MELO
MARIA LEONOR LEITE VIEIRA
MISABEL DERZI
MARY ELBE QUEIROZ
OSÍRIS DE AZEVEDO L. FILHO
PAULO AYRES BARRETO
PAULO DE BARROS CARVALHO
REGINA HELENA COSTA
ROQUE ANTONIO CARRAZZA
SACHA CALMON N. COÊLHO
SIDNEY SARAIVA APOCALYPSE
SUSY GOMES HOFFMANN
VALDIR DE OLIVEIRA ROCHA

TEMÁRIO

Sistema Tributário Brasileiro: Alterações e Propostas de Reforma

Reforma tributária.

Super receita: aspectos relevantes.

Super Simples (microempresa e empresa de pequeno porte).

Anteprojeto de reforma da lei de execuções fiscais.

Anteprojeto da lei de transações fiscais.

Praticidade, simplificação e capacidade contributiva.

Eficiência administrativa e a supressão dè direitos do contribuinte.

Infrações Penais e Administrativas: linha divisória.

Direitos humanos e tributação.

Processo Administrativo

Arrolamento prévio de bens pela Fazenda Nacional: limites.

Tribunais administrativos. Competência, missão constitucional e revisibilidade de suas decisões.

Efeitos jurídicos das informações prestadas pelo particular na constituição do crédito tributário.

Fiscalização e direitos fundamentais do contribuinte.

Processo administrativo eletrônico.

Responsabilidade tributária dos sócios e administrativos na sucessão empresarial: configurações de ato ilícito.

Processo Judicial

Responsabilidade tributária e redirecionamento da execução fiscal.

Penhora sobre o faturamento, saldos bancários e garantias à execução fiscal.

Súmulas vinculantes em matéria tributária.

Compensação em matéria tributária.

Controle concentrado de constitucionalidade e seus reflexos (coisa julgada, compensação e repetição do indébito).

Tributos Federais

A não-cumulativídade das contribuições de PIS/COFINS. A compensação de créditos entre os diferentes regimes.

Tributação da renda e sua quantificação por depósitos bancários.

Qualificação jurídica de "receita" em face das normas de incidência do IR, CSL, PIS e COFINS.

PIS e COFINS na importação.

Planejamento tributário e a possibilidade descaracterização de negócios jurídicos por autoridades administrativas.

Pena de perdimento de mercadorias.

Contribuições interventivas.

Tributos Estaduais

ICMS — Competência para exigência do tributo nas importações e operações interestaduais.

ICMS e os serviços de comunicação.

Não cumulatividade e guerra fiscal.

ITCMD — Base de cálculo: aspectos relevantes.

Tributos Municipais

Substituição tributária e domicílio do prestador e local de prestação.

ISS – Importação e exportação de serviços.

ISS, IPI, ICMS e taxas: conflitos.

IPTU – Domínio útil e posse: incidência.

OFICINAS (temas):

Processo Administrativo

Processo Judicial

IR

ICMS

ISS

Planejamento Tributário.

A Diretoria do IGA – IDEPE

* * *

GRÁFICA PAYM
Tel. (011) 4392-3344 · paym@terra.com.br

RDT 98

XX CONGRESSO BRASILEIRO DE DIREITO TRIBUTÁRIO

CONFERÊNCIAS

- Revisitando as Contribuições da Constituição da República – Misabel Derzi
- Planejamento Tributário – Humberto Ávila
- Crédito-Prêmio de IPI – Peçanha Martins

MESAS DE DEBATES

A) Direitos Fundamentais e Tributação
B) Tributos Municipais
C) Processo Administrativo e Judicial
D) Tributos Estaduais
E) Responsabilidade Tributária, Compensação e Parceria Público-Privada
F) Imposto de Renda e Planejamento Tributário
G) Contribuições

OFICINAS

- Processo Judicial
- Processo Administrativo

SESSÃO DE ENCERRAMENTO – Eugênio Doin Vieira

TESE APROVADA NO XX CONGRESSO

- Responsabilidade dos Sócios e Administradores em Matéria Tributária – Daniel Monteiro Peixoto

XXI CONGRESSO BRASILEIRO DE DIREITO TRIBUTÁRIO

- Sistema Tributário Brasileiro: uma Visão do Presente e do Futuro

MALHEIROS EDITORES